21 世纪高职高专规划教材 · 财经管理系列

实用经济法

（第 2 版）

主　编　张冬云

副主编　唐树伶　刘树艺

北京交通大学出版社

· 北京 ·

内 容 简 介

本书将经济管理领域中涉及的法律知识，设计成项目形式，具体有：指出经济法律关系的构成要素；设计投资备选方案；制定有限责任公司章程；制订外商投资方案；签订合同书；制订合同风险防范方案；设计担保方案；制订商标注册申请方案；制订专利权申请方案；制订产品质量责任事故索赔方案；撰写一份消费者权益保护手册；设计对不正当竞争行为的处罚方案；设计票据拒付后的追索方案；制订证券违法行为处理方案；签订一份劳动合同；指出会计违法行为；模拟开庭等17个项目。通过任务导入、理论知识要点、实施与评价要点、重点概括等环节的系统介绍，使教学和学生能够高效率地储备综合能力。

本教材不仅适用于高职高专院校的学生使用，也广泛适用于经济、管理的理论和实践工作者自学参考。

图书在版编目（CIP）数据

实用经济法 / 张冬云主编. —2版. —北京 ：北京交通大学出版社，2017. 8
ISBN 978-7-5121-3298-6

Ⅰ. ① 实…　Ⅱ. ① 张…　Ⅲ. ① 经济法-中国-高等学校-教材　Ⅳ. ① D922. 29

中国版本图书馆CIP数据核字（2017）第178456号

实用经济法
SHIYONG JINGJIFA

责任编辑：赵彩云　　助理编辑：刘　蕊
出版发行：北京交通大学出版社　　电话：010-51686414　　http://www. bjtup. com. cn
地　　址：北京市海淀区高梁桥斜街44号　　邮编：100044
印 刷 者：北京时代华都印刷有限公司
经　　销：全国新华书店
开　　本：185 mm×230 mm　　印张：22. 75　　字数：510千字
版　　次：2017年8月第2版　　2017年8月第1次印刷
书　　号：ISBN 978-7-5121-3298-6/D · 211
印　　数：1～2 000册　　定价：45. 00元

本书如有质量问题，请向北京交通大学出版社质监组反映。对您的意见和批评，我们表示欢迎和感谢。
投诉电话：010-51686043，51686008；传真：010-62225406；E-mail：press@bjtu. edu. cn。

出版说明

高职高专教育是我国高等教育的重要组成部分，它的根本任务是培养生产、建设、管理和服务第一线需要的德、智、体、美全面发展的高等技术应用型专门人才，所培养的学生在掌握必要的基础理论和专业知识的基础上，应重点掌握从事本专业领域实际工作的基本知识和职业技能，因而与其对应的教材也必须有自己的体系和特色。

为了适应我国高职高专教育发展及其对教学改革和教材建设的需要，在教育部的指导下，我们在全国范围内组织并成立了“21 世纪高职高专教育教材研究与编审委员会”（以下简称“教材研究与编审委员会”）。“教材研究与编审委员会”的成员单位皆为教学改革成效较大、办学特色鲜明、办学实力强的高等专科学校、高等职业学校、成人高等学校及高等院校主办的二级职业技术学院，其中一些学校是国家重点建设的示范性职业技术学院。

为了保证规划教材的出版质量，“教材研究与编审委员会”在全国范围内选聘“21 世纪高职高专规划教材编审委员会”（以下简称“教材编审委员会”）成员和征集教材，并要求“教材编审委员会”成员和规划教材的编著者必须是从事高职高专教学第一线的优秀教师或生产第一线的专家。“教材编审委员会”组织各专业的专家、教授对所征集的教材进行评选，对所列选教材进行审定。

目前，“教材研究与编审委员会”计划用 2～3 年的时间出版各类高职高专教材 200 种，范围覆盖计算机应用、电子电气、财会与管理、商务英语等专业的主要课程。此次规划教材全部按教育部制定的“高职高专教育基础课程教学基本要求”编写，其中部分教材是教育部《新世纪高职高专教育人才培养模式和教学内容体系改革与建设项目计划》的研究成果。此次规划教材按照突出应用性、实践性和针对性的原则编写并重组系列课程教材结构，力求反映高职高专课程和教学内容体系改革方向；反映当前教学的新内容，突出基础理论知识的应用和实践技能的培养；适应“实践的要求和岗位的需要”，不依照“学科”体系，即贴近岗位，淡化学科；在兼顾理论和实践内容的同时，避免“全”而“深”的面面俱到，基础理论以应用为目的，以必要、够用为度；尽量体现新知识、新技术、新工艺、新方法，以利于学生综合素质的形成和科学思维方式与创新能力的培养。

此外，为了使规划教材更具广泛性、科学性、先进性和代表性，我们希望全国从事高职高专教育的院校能够积极加入到“教材研究与编审委员会”中来，推荐“教材编审委员会”成员和有特色的、有创新的教材。同时，希望将教学实践中的意见与建议，及时反馈给我们，以便对已出版的教材不断修订、完善，不断提高教材质量，完善教材体系，为社会奉献更多更新的与高职高专教育配套的高质量教材。

此次所有规划教材由全国重点大学出版社——清华大学出版社与北京交通大学出版社联合出版，适合于各类高等专科学校、高等职业学校、成人高等学校及高等院校主办的二级职业技术学院使用。

21 世纪高职高专教育教材研究与编审委员会

2017 年 7 月

前　　言

在目前的职业教育课程中，理论课与实践课之间联系不紧密的现象普遍存在，把“课程应用”仅仅理解为从知识到行动的简单线性演绎。于是，打破以往仅仅关注“知识点”的观念，引入职业需求知识和技能，构建基于工作过程项目化的课程体系，就成了当今职业教育改革的一项重要工作。社会经济不断发展，法律时有修订更新，本教材在原有体例基础上，对相关法律的内容进行了修改，使广大读者能读到最前沿的法律教科书。

在本教材编写之前，编者走访了大型商业企业、工业企业的行业专家，每位行业专家都是在经济管理一线的中高级管理人员。通过调查问卷及专家说明的方式，对于经济管理领域中管理人员应该具备的各方面的法律知识进行了归纳和总结，确定了 17 个方面的法律知识点。为了使高等职业院校所培养的学生能够具有实际经济管理能力，我们对经济管理职业能力进行了分析，把这 17 个方面的法律知识以项目形式展现出来，并将其作为本教材的编写内容。其中加“ * ”的章节为拓展内容。

本教材的特点如下。

（1）项目引领。对每一个项目提出项目内容和项目要求，并概括提出完成项目应掌握的知识目标和能力目标，并对如何完成项目进行任务分析，指导实施完成项目，对完成的项目进行分析、总结、评价。

（2）配套练习。专门配备配套的练习对完成项目所应该达到的知识目标和能力目标进行检测，使学生通过教材的学习达到经济管理人才应该具备的法律能力。

（3）丰富的案例。本教材在介绍经济法理论知识的同时，为了让学生更好地掌握知识，对一些学生不易理解的问题，穿插一些案例，通过对案例的分析讲解，使其活学活用经济法知识，加深理解。

（4）方便教学。为了方便广大教师教学，本书配有电子课件。授课教师可以从北京交通大学出版社网站（http://press. bjtu. edu. cn）下载，或发邮件至 cbswce@ jg. bjtu. edu. cn 索取。

本教材编写人员既有在教学一线并且在社会担任兼职律师的双师型教师，还有具有多年丰富经济管理经验并致力于高等教育理论研究的专家级教师，此外，还邀请了律师界的专职律师共同打造这本教材。

本书在编写过程中，参阅了许多专家学者的文献资料，在此特向有关单位和个人表示衷心的感谢！由于编者的水平有限，书中难免存在疏漏和不妥之处，敬请广大读者批评指正。

编　者

2017 年 7 月

目　　录

项目 1

指出经济法律关系的构成要素

【任务导入】

1. 项目内容

通过本项目的学习，能够了解不同的经济法律关系，正确判断经济法律关系的构成要素，正确指出买卖关系、运输关系、商标法律关系、税收法律关系的主体、客体和内容。

2. 项目要求

(1) 能够判断经济法律关系的构成要素；

(2) 能够知道每一经济法律关系主体所享有的经济权利和应承担的经济义务；

(3) 能够判断每一经济法律关系的客体。

【理论知识要点】

1. 知识目标

(1) 能正确阐述经济法的调整对象；

(2) 能熟知经济法律关系的主体、客体和内容；

(3) 能了解经济法体系。

2. 能力目标

(1) 能够判断经济法律关系的构成要素；

(2) 能知道经济法律关系主体所享有的经济权利和应承担的经济义务。

案例导入

甲公司将闲置的厂房出租给乙公司，双方签订了厂房租赁合同，租期 1 年，租金为 3 万元，应于合同签订之日起 3 日内一次付清，甲方收到租金的当日将厂房移交乙公司使用。试分析：(1) 甲公司与乙公司之间是否形成了经济法律关系？(2) 如果形成了经济法律关系，请分析其三要素各是什么？

【理论内容】

1.1 经济法的产生和发展

1.1.1 经济法概念的提出

据史料记载，经济法这个概念最早是由法国空想共产主义者摩莱里（Morelly）在其1755年所著《自然法典》一书中提出来的。

最早提出接近现代经济法理念的是法国著名经济学家和政治家蒲鲁东。蒲鲁东在其所著《论工人阶级的政治能力》一书中提出：法律应当通过普遍和解来解决社会生活矛盾，为此需要改组社会，由“经济法”来构成新社会组织的基础。因为公法会造成政府过多地限制经济自由，私法则无法影响经济活动的整个结构，必须将社会组织建立在“作为政治法和民法之补充和必然结果的经济法”之上。

进入20世纪，德国学者莱特（Ritter）在1906年创刊的《世界经济年鉴》中使用了“经济法”这一概念，用来说明与世界经济有关的各种法规。

现代经济法概念的形成始于第一次世界大战前后的德国，当时德国颁布了一系列国家干预经济的法规，有的直接以经济法命名，如1919年颁布的《煤炭经济法》等。这些法规有一个共同特征，即国家对社会经济的干预。按其规定，国家以自己为一方主体同其他社会主体发生权利义务关系，它突破了长期以来自由主义经济的自由放任原则，与确保个体自由的民法显著不同；同时它也不同于传统的行政法，它重在影响和调节社会经济的结构和运行，促进社会经济的协调、稳定与发展。这引起德国法学界的注意，并对此展开研究和讨论。20世纪20年代德国学者撰写了大量的经济法论著，对经济法的概念和其他理论问题进行了广泛的探讨。经济法的概念就这样首先在德国流行开来，并陆续传播到国外。

我国从1979年以来，在全国人大的文件和中共中央、国务院的文件中，以及在第九届全国人大常委会制定的五年立法规划中，都使用了“经济法”这一概念；与此同时，在我国的法学教材、专著、论文、工具书、资料中，也广泛使用“经济法”这一概念。

1.1.2 经济法产生的经济原因

经济法产生的社会经济原因是市场缺陷的存在和社会经济结构的变化。

1. 市场缺陷的存在

资产阶级革命胜利后，建立了资本主义制度，崇尚自由、平等。在自由资本主义时期，国家的经济发展充分发挥价值规律的作用，国家并不怎么介入经济生活，充分发挥市场主体的积极性、创造性，再加上产业革命的完成，自由资本主义制度使社会经济发展发生了前所未有的、不可想象的变化，极大地促进了社会经济的发展和社会财富的增加。但随着经济的发展，周期性经济危机的爆发、社会矛盾的激化和其他社会问题的产生，人们发现，市场不是万能的，国家应转变职能，不能只是充当守护神，应对国家经济的发展承担起监督、管理的职责。

（1）市场障碍的存在。市场障碍是指市场调节机制作用的障碍，主要指竞争秩序的问题。竞争是市场不可缺少的因素，是市场机制发生作用的前提和基础；没有竞争，市场就没有动力，价值规律和市场机制便不能启动。但竞争必然伴随着限制竞争和不正当竞争这两件副产品。因为竞争的过程加快了部分经营者扩大其资本与经营规模的进程，以致形成对市场的支配地位和垄断，导致部分限制竞争行为的产生；追求利益的心理驱使某些竞争者采取各种不正当的竞争行为。这两种行为的后果是使某些竞争者获得超额利润；正当竞争者的利益受到损害，市场调节机制不能充分有效地发挥作用。

（2）市场的唯利性。市场的唯利性是指投资经营者所关注的是经济利益，并往往表现为眼前可实现的利益；对于当前盈利率低或无利可图甚至亏本或者投资期限长、风险大的行业或产品，人们往往不愿投资。而在这些领域中，有些如公共和公益事业、新技术和新产品开发以及其他与国计民生关系密切或可能制约国民经济长远发展和总体效益的行业，即使不能盈利或亏损，也应当进行适度投资。而这显然是不能指望市场机制发挥作用的。

（3）市场调节机制的被动性及滞后性。这是因为市场调节是一种事后调节。因为从投资、生产运营到市场价格形成和信息反馈，需要经过一段时间。各个企业和个人掌握的信息不足和滞后，不能适时调整其投资经营决策，往往等到市场供求严重失调、产品大量滞销过剩时才做出反应，这是市场的第三个缺陷。

2. 社会经济结构的变化——大型组织的产生及其影响

现代的商业组织起源于中世纪的庄园制度，以及 17 世纪初期的殖民公司，真正将企业发展起来，则是由现代的运输业和通信业，尤其是铁路的发展决定的。

直到 19 世纪中期，企业的规模受到技术、交易和制度的限制，不存在大的企业，主要的交易结构是生产商和代理商之间的联系，合伙公司仍然是商业企业的标准合法形式。而到了 19 世纪末期，随着科学技术的应用和管理技术的改进，降低了企业内部交易的成本，促使以前不能涉足的大型项目成了人们的投资重点，融资的需要促进了金融市场、资本市场的发展，会计和信用制度也发展起来，这进一步加剧了资本集中。另外，为了应付由于社会整体生产缺乏计划所带来的危机对产业的冲击，巨型企业开始出现，这种巨型企业采用各种形式组织起来，如托拉斯、辛迪加、康采恩等。

在大型企业形成垄断的同时，小企业也不甘示弱，它们组成行业协会，寻求政府和社会的支持，工人、农民等也组织起来，如 1886 年美国劳工联合会成立，1870 年成立了农人协进会。

越来越多的大型组织逐渐成为社会发展的主导性力量，导致社会结构发生了根本性变化。由原来的二元结构发展到私人—组织—国家的三元结构。

企业组织的扩大，首先是对私人权利造成了损害。表现之一是垄断的形成，导致了消费者利益受损和经济生活中的公平竞争弱化。另外，大组织通过对市场份额的占有，对生产的独占，在向他人提供产品的时候，导致契约双方的谈判实力处于不平等的地位。“契约自由”导致了卡特尔协议、滥用权力等行为的膨胀，这些行为的目的在于限制竞争，从而损害了小企业和消费者的利益。

企业扩大之后，权力出现了。这不仅仅存在于企业的上下级关系、雇佣关系中，也存在于企业和个人、大企业和小企业之中。组织扩大之后，首先在生产领域获得了权力，包括控制权，改变了生产者和消费者之间的关系。在竞争机制中，消费者通过价格机制来控制经济体系，而在组织扩大之后，公司日益进入非竞争性的定价活动之中，越来越多的格式合同使市场交易发生了变化，非垄断方的自由和权利变成了 Yes、No 的选择权。大型企业同样对国家提出了挑战，他们在政治上操纵选举和国家政策，财团、财阀、富有的家族逐步控制了国家，自然包括立法、司法，首先是对内控制，然后是对外影响政治生活。

3. 国家的能动反应

基于市场缺陷的存在和大型组织的挑战，国家做出了相应的反应。如美国在罗斯福执政后，变自由放任的经济政策为国家干预政策。国家是从以下几方面来做出反应的。

（1）消除市场竞争的障碍，阻止组织的扩大，限制组织的成长。这是国家的最早反应，由此出现了反垄断法、反不正当竞争法等新型法律。如美国的大型企业组织起源于铁路和通信业，国家的第一个反应也在于此。1870 年伊利诺伊州在宪法中要求政府“通过各项法律去矫正铁路的弊端，防止在客货运费方面不公正的区别对待和敲诈行为”。1890 年通过的《谢尔曼法》明确表示：任何以契约、托拉斯或其他形式的联合、共谋、垄断而限制贸易的行为是违法或犯罪的行为。

（2）针对市场普通主体不愿介入的公共、公益事业等行业和产品，大规模发展国家所有权，同时也是为了解决微观上自由竞争和私人行为的无序性，国家自觉或不自觉地通过国有产业来替代私有组织。可以实现现代企业的生产和效率，可以填补空白，同时也可避免私人挑战国家和大企业侵犯私人权利。

（3）调整总量平衡，保持社会均衡发展。以往的私法仅仅调整微观主体和微观行为，竞争的宏观无序性往往导致总量失衡，导致频繁的经济危机的产生。而新的法律规范的制定，则是以政府的有形之手来引导市场这只无形之手。当然，这方面政府的管理受制于市场的规律，而不是政府的意志。如美联储降息，表面看取决于格林斯潘，实际上格林斯潘是否决定降息，取决于商业银行之间的贴现率。

（4）企业内部的结构设置、权力安排、财务事宜等，成为法律规范的对象。在自由经济时期，这些问题由企业自主安排，国家法律不予干涉。而今企业和公司法、会计法、税法、审计法等的颁布，使这些社会关系纷纷被披上法律的外衣。

1.2 经济法的概念和调整对象

1.2.1 经济法的概念

经济法是调整在国家协调本国经济运行过程中发生的经济关系的法律规范的总称。

对经济法这一定义的理解，应当注意以下3个方面。

（1）经济法属于国内法体系。经济法调整的经济关系是在本国经济运行而不是国际经济运行过程中发生的。对于这种经济运行的协调是一个国家的协调即国家协调，而不是国际协调。为了运用法律手段进行这种协调，制定或认可调整国家经济协调关系的法律规范是一个国家，经济法体现的是一个国家的意志，而不是两个国家的协调意志。所以，经济法不同于国际经济法，不属于国际法体系，而属于国内法体系。

（2）经济法具有自己特定的调整对象，不同于国内法体系中的其他法的部门。经济法调整的社会关系是特定经济关系，而不是政治关系、人身关系等其他关系。这种经济关系是在本国经济运行中发生的。这种本国经济关系体现了国家协调。所以经济法不同于国内体系的民法、行政法等部门法。经济法有自己特定的调整对象，有一定的相对独立性，它是我国法律体系中一个独立的法的部门。

（3）经济法是一系列调整特定的经济关系的法律规范的总称。从我国经济立法的实践来看，经济法的渊源形式是多样的，它由一系列调整特定的经济关系的法律规范综合组成。经济法是由调整特定的经济关系的全部法律规范组成的。在我国，凡是调整在国家协调本国经济运行中发生的经济关系的法律，都属于经济法的范畴。

1.2.2 经济法的调整对象

与经济法的概念相联系，经济法的调整对象是国家协调经济运行过程中所发生的法律关系。经济法调整的经济法律关系主要有以下几类。

问题：经济法是调整经济关系的法律规定的总称。这一说法正确吗？

1. 市场主体调控关系

市场主体调控关系是指国家在对市场主体的活动进行管理以及市场主体在自身运行过程中所发生的社会关系。这里所说的市场主体，主要是指在市场上从事直接和间接交易活动的经济组织，如企业（独资企业、合伙企业、公司等）和非企业性经济组织。

2. 市场运行调控关系

市场运行调控关系是指国家为了建立社会主义市场经济秩序，维护国家、生产经营者和消费者的合法权益而干预市场所发生的经济关系，如关于反不正当竞争、反垄断、产品质量、价格管理等方面的法律所涉及的关系。

3. 宏观经济调控关系

宏观经济调控关系是指国家从长远和社会公共利益出发，对关系国计民生的重大经济因素，在实行全局性的管理过程中，与其他社会组织所发生的具有隶属性或指导性的社会经济关系。这种隶属性或指导性关系既包括上下级组织之间的命令与服从、指导与被指导的关系，又包括同一级别组织之间在业务上的管理与执行的关系，主要包括产业调节、计划、国有资产管理等方面的关系。

4. 社会分配调控关系

社会分配调控关系是指国家在对国民收入进行初次分配和再分配过程中所发生的经济关系，如关于财政、税收等方面的法律关系。

我国现行主要经济法律、法规与经济法的调整对象相适应，我国的经济法律制度主要包括以下几种。

（1）规范市场主体的法律制度。主要有《中华人民共和国公司法》《中华人民共和国全民所有制工业企业法》《中华人民共和国合伙企业法》《中华人民共和国个人独资企业法》《中华人民共和国中外合资经营企业法》《中华人民共和国中外合作经营企业法》《中华人民共和国外资企业法》等。

（2）保障市场运行的法律制度。主要有《中华人民共和国合同法》《中华人民共和国担保法》《中华人民共和国企业破产法》《中华人民共和国票据法》《中华人民共和国证券法》《中华人民共和国保险法》《中华人民共和国消费者权益保护法》《中华人民共和国反不正当竞争法》《中华人民共和国产品质量法》《中华人民共和国城市房地产管理法》等。

（3）实施国家宏观经济调控的法律制度。主要有《中华人民共和国预算法》《中华人民共和国会计法》《中华人民共和国商业银行法》《中华人民共和国价格法》等。

（4）规范社会分配的法律制度。主要有《中华人民共和国税收征收管理法》《中华人民共和国个人所得税法》《中华人民共和国外商投资企业和外国企业所得税法》《中华人民共和国企业所得税暂行条例》《中华人民共和国增值税暂行条例》《中华人民共和国营业税暂行条例》《中华人民共和国消费税暂行条例》等。

1.3 经济法律关系

1.3.1 经济法律关系的概念

法律关系是法律规范在调整人们的行为过程中所形成的一种特殊的社会关系，即法律上的权利与义务的关系，或者说法律关系是指被法律规范所调整的权利义务的关系。社会关系是多种多样的，因而调整它的法律规范也是多种多样的，如调整平等主体之间的财产关系和人身关系而形成的法律关系，称为民事法律关系或民商法律关系；调整行政管理关系而形成的法律关系，称为行政法律关系。它们也可以分别称为民法关系、行政法关系等。经济法律关系是法律关系的一种，调整的主要是因国家对经济活动的管理而产生的社会经济关系。

1.3.2 经济法律关系的种类

（1）按经济内容可分为计划法律关系、合同法律关系、税收法律关系、信贷法律关系等。

（2）按法律性质可分为：① 组织法律关系，是指各类主体在实行组织管理职能方面所发生的经济法律关系；② 财产法律关系，是指以一定的具体的财产形态为客体或与财产相关的行为为客体所发生的经济法律关系。

（3）按结构形态可分为：① 经济管理法律关系，是一种纵向的经济管理关系；② 经营协调法律关系，是一种市场运行中的横向经济关系。

1.3.3 经济法律关系的特征

（1）经济法律关系的主体主要是组织，即主要为国家机关、企事业单位、社会团体及其内部组织。

（2）经济法律关系是组织管理要素与财产要素相统一的法律关系。

（3）经济法律关系是国家意志与企业等社会组织意志直接协调结合的法律关系。

（4）经济法律关系是采取较严格的法定程序和法定形式的法律关系。一般采用书面形式，有的还要登记、鉴证、公证。

1.3.4 经济法律关系的要素

法律关系是由法律关系的主体、法律关系的内容和法律关系的客体3个要素构成的。缺少其中任何一个要素，都不能构成法律关系。经济法律关系同样是由主体、内容和客体3个要素构成的。

1. 经济法律关系的主体

1）经济法律关系主体的概念

经济法律关系主体也称经济法主体，是指参加经济法律关系，依法享有经济权利和承担经济义务的当事人。经济法律关系主体是经济法律关系的参加者、当事人。在经济法律关系中，享有权利的一方称为权利人，承担义务的一方称为义务人。

法律关系主体的数目因法律关系的具体情况而定，但任何一个法律关系至少要有两个主体。因为至少有两个主体，才能在他们之间形成以权利和义务为内容的法律关系。

2）经济法律关系主体的种类

什么人或者组织可以成为法律关系主体是由国家法律规定和确认的。根据我国法律规定，经济法律关系主体包括以下4个方面。① 国家机关。国家机关是指行使国家职能的各种机关的通称，包括国家权力机关、国家行政机关和国家司法机关等。作为经济法律关系主体的国家机关主要是指国家行政机关中的经济管理机关。② 经济组织和社会团体。经济组织包括企业法人和非法人经济组织。它是市场中最主要的主体，是经济法律关系中最广泛的主体。社会团体主要是指人民群众或社会组织依法组成的非经营性的社会组织，包括群众团体、公益组织、文化团体、学术团体、自律性组织等。③ 经济组织的内部机构和有关人员。经济组织内部担负一定经济管理职能的分支机构和有关人员，在根据法律、法规的有关规定参加经济组织内部的经济管理法律关系时，则具有经济法律关系主体的资格。④ 个人。包括个体工商户、农村承包经营户和自然人。当他们参与经济法律、法规规定的经济活动时，便成为经济法律关系的主体。

问题：经济法律关系主体必须是市场主体，政府机关是行政主体，不能成为经济法律关系的主体。该观点是否正确？

2. 经济法律关系的内容

经济法律关系的内容是指经济法律关系主体所享有的经济权利和承担的经济义务。

（1）经济权利是指由经济法律、法规所确认的一种资格或许可。其含义包括：① 经济权利主体可以凭借这种资格，依法按照自己的意志，为或不为一定经济行为，以实现自己的利益和要求；② 经济权利主体可以凭借这种资格，依据经济法律、法规、合同、协议的规定，要求经济义务主体为或不为一定经济行为，以实现自己的利益和要求；③ 当经济义务主体不依法或不依约履行合同时，经济权利主体可以凭借这种资格要求有关国家机关强制其履行或采取相应的补救措施，以保护和实现自己的利益。

（2）经济义务是指由经济法律、法规所确认的一种责任。其含义包括：① 经济义务主体必须依据经济法律、法规、合同、协议，为或不为一定经济行为，以实现经济权利主体的利益和要求；② 经济义务主体应自觉履行经济法律、法规、合同、协议所确定的各项要求，否则要受到国家强制力的约束。

（3）经济权利和经济义务的分类。经济权利可分为：① 原生权利，也叫固有权利，是由经济法主体依法直接取得的权利，如所有权；② 取得权利，指必须由经济义务主体实施一定行为，经济权利主体才可获得和实现的权利，如经济债权。经济权利的具体种类主要有所有权、经营管理权、经济职权、经济债权、工业产权等。

经济义务可分为两种：① 法定义务，即法律、法规规定的义务；② 约定义务，即合同、协议约定的义务。就企业、公司等经济组织而言，经济义务主要有对国家的义务、对社会的义务、对内部组织和职工的义务。

3. 经济法律关系的客体

1）经济法律关系客体的概念

经济法律关系客体是指经济法律关系主体的权利和义务所共同指向的对象。客体是确立权利义务关系的性质和具体内容的依据，也是确定权利行使与否和义务是否履行的客观标准。权利和义务只有通过客体才能得到体现和落实。如果没有客体，权利义务就失去了依附的目标和载体，无所指向，也就不可能发生权利义务。

2）经济法律关系客体的种类

法律关系客体的内容和范围是由法律规定的。能够作为法律关系客体的东西应当具备的特征是：能为人类所控制并对人类有价值。只有这样的东西才适宜由法律调整，才能成为主体的权利义务指向和作用的对象。经济法律关系客体，概括起来，主要包括以下3类。

（1）物。指可为人们控制的、具有一定经济价值和实物形态的生产资料和消费资料。物可以是自然物，如土地、矿藏、水流、森林；也可以是人造物，如建筑物、机器等；还可以是财产物品的一般表现形式——货币及有价证券。

（2）智力成果。它是指人们通过脑力劳动创造的能够带来经济价值的精神财富，如著作、发现、发明、设计等，它们分别为著作权关系、发现权关系、发明权关系、商标权关系的客体。智力成果是一种精神形态的客体，是一种思想或者技术方案，不是物，但通常有物质载体，如书籍、图册、录像、录音等，就是记录、承载智力成果的物质形式。它的价值不在于它的物质载体价值，而在于它的思想或技术能够创造物质财富，带来经济效益，它是一种知识财富。

（3）行为。作为法律关系的客体不是指人们的一切行为，而是指法律关系的主体为达到一定目的所进行的作为（积极行为）或不作为（消极行为），如生产经营行为、经济管理行为、完成一定工作的行为和提供一定劳务的行为等。

问题：A公司将其注册商标转让给B公司，双方签订转让合同，A、B公司之间是否形成了经济法律关系？如果形成了经济法律关系，请指出该经济法律关系的三要素。

1.3.5 经济法律关系的发生、变更和消灭

1. 经济法律关系的发生、变更和消灭的概念

经济法律关系的发生，是指根据经济法律规范在经济法律关系主体之间形成的一定的经济权利和经济义务关系；经济法律关系的变更，是指经济法律关系主体、内容或客体的变化；经济法律关系的消灭，是指经济法律关系主体之间权利和义务关系的终止。

2. 经济法律关系的发生、变更和消灭要求具备的条件

① 有相应的法律规范的依据。② 有经济法律关系主体，这是法律权利与义务的实际承担者。③ 有法律事实出现。法律事实是指由法律规范所确定的、能够产生法律后果，即能够直接引起法律关系发生、变更或者消灭的情况。法律规范和法律主体只是法律关系产生的抽象的、一般的前提，并不能直接引起法律关系的变化，法律事实则是法律关系产生的具体条件，只有当法律规范规定的法律事实发生时，才会引起法律关系的发生、变更和消灭。法律事实是法律关系发生、变更和消灭的直接原因。

3. 法律事实的类型

1）法律行为

法律行为是指以法律关系主体意志为转移、能够引起法律后果，即引起法律关系发生、

变更和消灭的人们有意识的活动。它是引起法律关系发生、变更和消灭的最普遍的法律事实。

按法律行为的外在表现情况，可以分为作为和不作为两种形式。作为指积极地实行具有法律意义的动作行为；不作为指消极地不实行法律要求的动作行为。

按行为性质可分为合法行为和违法行为。合法行为引起法律关系的发生、变更和消灭的情况最为常见，如依法订立合同、缔结婚姻、录用职工。违法行为也可以引起法律关系的发生，如侵权行为可以引起民事诉讼和损害赔偿关系，违反行政法规可以引起行政处罚和行政处分关系，犯罪行为可引起刑事诉讼和刑事处罚关系等。

2）法律事件

法律事件是指不以人的主观意志为转移的，能够引起法律关系发生、变更和消灭的法定情况或者现象。事件可以是自然现象，如地震、洪水、台风等造成的自然灾害；也可以是某些社会现象，如战争爆发、重大政策的改变等，虽属人的行为引起，但其出现在特定法律关系中并不以当事人的意志为转移。自然灾害可引起保险赔偿关系的发生或合同关系的解除；人的出生可引起抚养关系、户籍管理关系的发生；人的死亡可引起抚养关系、婚姻关系、劳务合同关系的消灭，继承关系的发生；重大社会变革可引起多领域法律关系的变化。由自然现象引起的事实又称为绝对事件，由社会现象引起的事实又称为相对事件。它们的出现都是不以人（当事人）的主观意志为转移的，具有不可抗力的特征。

1.4 经济法的特征、地位、渊源

1.4.1 经济法的特征

经济法作为一个独立的法律部门，具有其自身的特征。

1. 经济性

经济法的经济性是指经济法直接调整经济关系，与一个国家的经济生活联系最紧密。经济法把经济制度、经济活动的内容和要求直接规定为法律，使得市场经济秩序得以建立。

2. 综合性

经济法的综合性是指经济法调整手段的综合性。即经济法在调整手段上运用民事、行政和刑事等各种法律手段进行综合调整。在调整范围上，经济法调整的内容既包括宏观经济领域的管理关系，也包括微观经济领域的协作关系。

3. 干预性

市场调节有很大的盲目性和滞后性，对于经济生活不能放任自流，完全交给市场来调节，而是需要国家的干预与协调。经济法是国家对市场的干预之法，强调国家意志，不同于强调个体意志的民法。

4. 社会性

经济法的社会性指经济法的“社会本位性”，即经济法注重保护社会利益，协调国家和个体利益，它调整的经济关系体现了社会的整体利益。

1.4.2 经济法的地位

经济法是一个独立的法律部门，法的调整对象是划分法的部门的标准，经济法之所以是一个独立的法律部门，原因在于：① 它的调整对象有一定的范围；② 经济法的调整对象同其他法的部门的调整对象是可以分开的。

1.4.3 经济法的渊源

经济法的渊源是指经济法律规范借以存在和表现的形式。我国经济法的渊源有：

1. 宪法

宪法是国家的根本大法，我国宪法由全国人民代表大会制定和修改，规定了国家的根本制度和任务，具有最高的法律效力，任何法律、法规等都不能和它相违背。经济法以宪法为渊源，主要是从中汲取有关精神。

2. 法律

法律由全国人民代表大会及其常务委员会制定。在规范性文件体系中，其地位和效力仅次于宪法，它也是经济法的主要表现形式。例如，《中华人民共和国合同法》等。

3. 行政性法规

国务院是我国的最高行政机关，由国务院根据宪法和法律制定的规范性文件称为行政性法规。行政性法规的地位仅次于宪法和法律，是经济法的重要形式。例如，《中华人民共和国外汇管理条例》等。

4. 地方性法规

地方性法规是由省、自治区、直辖市及较大的市和民族自治地方的人民代表大会及其常务委员会依据宪法精神制定和修改的规范性文件。例如，《北京市招标投标条例》等。

5. 部门规章

由国务院下属各部门和直属机构在本部门的权限范围内制定的规范性文件叫部门规章。例如，财政部发布的《会计从业资格管理办法》等。

6. 自治条例和单行条例，以及特别行政区法律

自治条例和单行条例是民族自治地方的人民代表大会制定或批准的规范性文件。例如，《新疆维吾尔自治区自治条例》等。

特别行政区的法律包括特别行政区基本法及由特别行政区立法机关制定的规范性文件。例如，《中华人民共和国香港特别行政区基本法》等。

7. 法定解释

由全国人民代表大会及其常务委员会、国务院下属和直属机构、最高法院和最高检察院、地方人民政府等对宪法、法律、法规等具有法律效力的解释也是经济法的形式之一。例如，《最高人民法院关于审理票据纠纷案件若干问题的规定》等。

8. 国际条约、协定

国际条约、协定是指我国同外国缔结或者我国批准加入的确定相互间权利义务关系的协议。国际条约、协定不属于国内法的范畴，但国际条约、协定在我国生效后，对我国国家机关、公民、法人或者其他组织具有法律约束力，因此也是我国经济法的形式之一。

问题：学生小赵认为，经济法就是国家颁布的经济法律。该观点对吗？

1.4.4 经济法与其他部门法的关系

1. 总体比较

（1）经济法与民法、商法、行政法所保护的利益不同。民法是调整平等主体之间财产关系和人身关系的法律规范。行政法主要是维权法和限权法，即维护国家公权力及限制国家公权力的法。

经济法是国家为保障社会整体经济利益，实现经济协调发展而规制经济运行行为的法律规范的总称。经济法并不保护某个特定的利益，而是站在全局以保护一个社会进步所必需的利益。其保护的是广泛的社会经济利益。

（2）经济法与民法、商法、行政法的起源不同。民法是商品经济的产物，在古罗马时期，商品交换十分频繁；商法起源于中世纪的欧洲；行政法是伴随着国家权力而产生的；经济法则是商品经济高级阶段的产物。在19世纪末20世纪初，资本主义进入垄断阶段，生产社会化与个人垄断产生矛盾，此时无论是采用传统民法的平等手段或者传统行政法的强制手段都难以解决矛盾，必须以市场之手与国家之手的结合来解决。因此，经济法作为经济发展的必然结果而得以产生。

（3）经济法与民法、商法、行政法的本质功能不同。民法的本质是市民社会的法，是私法，是“天生的平等派”，也是权利法，其功能主要是维护民事主体的人身权利和财产权利。行政法保护的是国家公共利益。经济法的本质是国家管理经济的法，是平衡协调国民经济运行的法。① 经济法是综合系统调整法；② 经济法是平衡协调法；③ 经济法是经济集中与经济民主对立统一的法；④ 经济法是社会责任本位法；⑤ 经济法是以公为主，公私兼顾的法。

（4）经济法与民法、商法、行政法的调整方式不同。民法是私法，以自由平等为核心，其调整方式相应地采取意思自治原则，即由当事人自己意志设定其权利和义务，国家并不予以过多干涉。商法的主体是商事惯例，但在现代社会中，为保护交易安全，其中也渗入了一些公法性因素。国家的强制性规定也在逐渐增加。例如，在公司法中，对公司的设立及运行都反映出国家的干预。然而，商法与民法所保护的利益和本质是基本相同的，仍以当事人的自由意志为主。行政法是公法，强调国家机关和工作人员的强制性、隶属性和不平等性，因此其调整方式主要反映出强行法的特色。经济法是公私兼顾的法，既强调市场之手，也强调国家之手。因而，其调整方式既有意志自治的因素，也有强制性因素。

2. 经济法与商法

商法是民事特别法，它和民法都是调整平等主体之间民事关系的规范；对市场关系来说，民法提供了民事主体、民事权利、民事行为和民事救济的一般规定，而商法提供各种商事组织和商事交易的具体规则。前者以普遍性、稳定性和原则性著称，后者以技术性、普遍性和灵活性而见长。

在经济法与商法的关系中，商法作为调整市场运行机制之法与经济法发挥着功能互补的作用，商法从保护商人的利益出发，着眼于商事交易秩序；而经济法则从保护社会整体利益出发，维护市场的整体秩序；相对来说商法具有基础性、前置性，经济法主要解决市场已经运行但在运行过程中产生了问题，如贫富分化、市场失灵等现象。

3. 经济法与民法

经济法与民法的区别，实际上并不复杂，仅两者调整对象和利益本位的不同决定了经济法与民法是两个相对独立的法律部门。民法是调整平等主体之间财产关系与人身关系的法律，以个体利益为本位；而经济法是调整国家干预管理经济的法律，以社会整体利益为本位。

4. 经济法与行政法

经济法是国家行使管理经济职能，参与、干预、调控国民经济的产物。行政法的行政是指国家行政机关进行的执行、管理活动。经济法调整的经济管理关系和行政法调整的行政管理关系都是纵向的管理关系。经济法的经济管理关系大多是由行政机关作为管理主体形成的行政管理关系，行政法的行政管理关系中亦有相当大一部分涉及经济领域，并具有经济性的内容，因此这部分行政管理关系亦可称为经济管理关系。而且政府对经济的管理往往是通过“建立新的机构或者对现存的机构授予权力”来实现的。

经济法与行政法的区别表现在以下几个方面。

（1）行政法、经济法的研究焦点不同。现代行政法起源于对政府权力的控制，以保护国民不因行政权力的滥用而受到损害。而经济法主要规范市场主体的行为，关注市场主体经济上的具体权利义务。

（2）对经济管理机构而言，经济法与行政法具有不同的功能。在国家经济管理中，行政法的主要功能是控制政府权力，设权是其从属和间接的功能。经济法的主要功能是设定政府权力，控权是其从属和间接之功能。经济法保障经济秩序和社会整体利益；行政法保证经济自由和行政相对人（市场主体）的权利不受行政机关的分割。

（3）其价值目标分别是程序正义和实体正义。在国家管理经济中，经济法主要是通过实体法规范（设定行政权力的内容）来实现政府管理经济的目标，行政法主要是通过程序法规范（设定行政行为的程序）来实现政府管理经济的目标。相对于以行政程序法为核心的行政法，经济法重在规定市场参加者经济上的实体权利义务并对行政机关授予行政权力。

【实施与评价要点】

本项目一开始的任务导入中布置了一个任务：正确指出买卖关系、运输关系、商标法律关系、税收关系的主体、客体和内容。

1. 任务分析

为完成上面的任务，在了解经济法的概念、经济法的调整对象、经济法的体系、地位和渊源基础上：

（1）应明确经济法律关系主体的概念、种类；

（2）应明确经济法律关系客体的概念、种类；

（3）应明确经济法律关系内容的概念、种类。

2. 任务实施及检测

（1）任务内容：每人分别写出上述法律关系的主体、客体和内容。

（2）任务要求：每人在A4纸上写出答案。

（3）任务检测：找学生回答上述问题，针对回答错误的问题进行讨论，然后教师进行点评。

重点概括

本项目介绍了经济法的产生和发展历程、经济法的产生原因和理论；经济法的概念和调整对象；经济法律关系的构成要素、经济法律关系主体的概念和种类、经济法律关系内容的概念和种类、经济法律关系客体的概念和种类；经济法的特征、地位和渊源等。

项目 2

设计投资备选方案

【任务导入】

1. 项目内容

能够通过本项目的学习，结合实际，设计投资方案。

王某毕业于某职业技术学院机械制造专业，工作已经 3 年，积累了一定的专业技能和工作经验，也有了一定的经济实力，现在他想投资办厂，打造自己的一片天地。请你从法律角度，根据他的实际情况为他设计投资备选方案，每一备选方案，都应该是量身定做，为他以后进行投资办厂提供有益的帮助。

2. 项目要求

（1）设计的投资方案应该符合投资个人独资企业和不同类型的合伙企业的形式要件；

（2）设计的投资方案应该分析投资人的实际情况，并且指出其投资优势所在；

（3）使每一方案能够在企业设立时得到应用。

【理论知识要点】

1. 知识目标

（1）个人独资企业的特点；

（2）个人独资企业的设立程序、投资人及事务管理；

（3）个人独资企业的解散和清算；

（4）合伙企业的概念和种类；

（5）不同种类的合伙企业设立的条件；

（6）合伙企业事务的执行；

（7）合伙企业的入伙和退伙；

（8）合伙企业的解散和清算。

2. 能力目标

（1）能够正确分析不同类型企业适合的投资人；

（2）能够实际进行投资登记的准备工作；

（3）能够解决投资过程中出现的法律问题。

案例导入

甲、乙、丙合伙经营一家名为“满意水果店”的普通合伙企业，甲为该合伙企业的负责人。甲、乙、丙并未约定损益分配和亏损承担的比例。2015 年 7 月的某一天，因丙外出，甲与乙协商后以该合伙企业名义与果农签订了一份标价额为 16 万元的水果买卖合同。因该合伙企业流动资产不足，甲决定向银行贷款 10 万元，银行要求提供抵押担保，甲以该合伙企业所有的一辆尼桑货车作抵押，与银行签订了抵押合同，但未办理抵押物登记，后因合伙企业无力偿还贷款，银行欲行使抵押权。为此发生纠纷并诉讼至法院。经查：(1) 满意水果店的合伙协议约定，凡 5 万元以上的业务须经甲、乙、丙三人一致同意；(2) 甲曾经在一次诉讼中免除了丁对水果店的 2 万元债务；(3) 水果店的财产价值 10 万元。

要求：根据上述事实及有关法律规定，回答下列问题：

(1) 合伙协议中未约定损益的分配和亏损的承担，按照规定应该如何确定？

(2) 该合伙企业与果农签订的水果买卖合同及与银行签订的借款合同在效力上应如何认定？为什么？

(3) 该合伙企业与银行签订的货车抵押合同在效力上应如何认定？银行能否对该货车行使抵押权？为什么？

(4) 如果银行及其他债权人同时对该合伙企业行使债权，合伙企业的财产应如何清偿？

【理论内容】

2.1 个人独资企业法

2.1.1 个人独资企业法概述

1. 个人独资企业的概念和特点

1) 个人独资企业的概念

个人独资企业是指依照《中华人民共和国个人独资企业法》（下称《个人独资企业法》）在中国境内设立，由一个自然人投资，财产为投资人个人所有，投资人以其个人财产对企业债务承担无限责任的经营实体。

2) 个人独资企业的特点

(1) 个人独资企业是由一个自然人投资的企业。根据《个人独资企业法》的规定，设立个人独资企业只能是一个自然人，国家机关、国家授权投资的机构或者国家授权的部门、企业、事业单位等都不能作为个人独资企业的设立人。自然人本无国籍的含义，既包括中国公民，也应包括外国公民，但是，《个人独资企业法》第47条规定，外商独资企业不适用本法，因此，《个人独资企业法》所指的自然人只是指中国公民。

（2）个人独资企业的投资人对企业的债务承担无限责任。由于个人独资企业的投资人是一个自然人，对企业的出资多少、是否追加资金或减少资金、采取什么样的经营方式等事项均由投资人一人做主，从权利和义务上看，出资人与企业是不可分割的。投资人对企业的债务承担无限责任，即当企业的资产不足以清偿到期债务时，投资人应以个人的全部财产用于清偿，这实际上将企业的责任与投资人的责任连为一体。

（3）个人独资企业的内部机构设置简单，经营管理方式灵活。个人独资企业的投资人既是企业的所有者，又是企业的经营者，因此，法律对其内部机构和经营管理方式不像公司和其他企业那样严格规定。

（4）个人独资企业是非法人企业。个人独资企业由一个自然人出资，投资人对企业的债务承担无限责任，在权利义务上，企业和个人是融为一体的，企业的责任即是投资人个人的责任，企业的财产即是投资人的财产。因此，个人独资企业不具有法人资格，也无独立承担民事责任的能力。个人独资企业虽然不具有法人资格，但却是独立的民事主体，可以自己的名义从事民事活动。

2. 个人独资企业法的概念和基本原则

1）个人独资企业法的概念

个人独资企业法有广义和狭义之分，广义的个人独资企业法，是指国家关于个人独资企业的各种法律规范的总称；狭义的个人独资企业法是指1999年8月30日第九届全国人大常委会第十一次会议通过的《个人独资企业法》，该法共6章48条。

2）个人独资企业法的基本原则

（1）依法保护个人独资企业的财产和其他合法权益。个人独资企业的财产是指个人独资企业的财产所有权，包括对财产的占有、使用、处分和收益的权利；其他合法权益是指财产所有权以外的有关权益，如有关名称权、自主经营权、平等竞争权、拒绝摊派权等。

（2）个人独资企业从事经营活动必须遵守法律、行政法规，遵守诚实信用原则，不得损害社会公共利益。遵守法律、法规是每个企业应尽的义务，企业只有遵守法律、法规，才能保证生产经营活动的有序进行。个人独资企业遵守的诚实信用原则是我国民事活动的基本原则。企业只有诚实守信，才能取得他人的信任，这既能增加企业的商业机会，也能树立企业形象，同时也是维护正常的社会经济秩序的需要。个人独资企业不得损害社会公共利益也是我国民法规定的民事活动中必须遵循的基本原则之一。个人独资企业在经营活动中，还必须遵守社会公德，不得滥用权力。

（3）个人独资企业应当依法履行纳税义务。依法纳税是每个公民和企业应尽的义务。个人独资企业在经营活动中应当依法缴纳国家税收法律、法规及规章规定的各项税款。

（4）个人独资企业应当依法招用职工。个人独资企业应严格依照劳动法及有关规定招用职工。企业招用职工应当与职工签订劳动合同，劳动合同必须遵循平等自愿、协商一致的原则，并不得违反国家法律、法规和有关政策规定。

（5）个人独资企业职工的合法权益受法律保护。个人独资企业职工的自主签订合同权、合理的休息权、获取劳动报酬权、接受职业技能培训权、享受保险福利权等劳动法和其他有关法律规定的权利不受侵犯。个人独资企业职工依法建立工会，工会依法开展活动。

2.1.2 个人独资企业的设立

1. 个人独资企业的设立条件

（1）投资人为一个自然人，且只能是中国公民。

（2）有合法的企业名称。名称是企业的标志，企业必须有相应的名称，并应符合法律、法规的要求。个人独资企业的名称应当符合国家关于企业名称登记管理的有关规定，企业名称应与其责任形式及营业相符合，个人独资企业的名称中不得使用“有限”“有限责任”或者“公司”字样，个人独资企业的名称可以叫厂、店、部、中心、工作室等。

（3）有投资人申报的出资。《个人独资企业法》对设立个人独资企业的出资数额未作限制。根据国家工商行政管理局《关于实施（个人独资企业登记管理办法）有关问题的通知》的规定，设立个人独资企业可以用货币出资，也可以用实物、土地使用权、知识产权或者其他财产权利出资，采取实物、土地使用权、知识产权或者其他财产权利出资的，应将其折算成货币数额。投资人申报的出资额应当与企业的生产经营规模相适应。投资人可以个人财产出资，也可以家庭共有财产作为个人出资。以家庭共有财产作为个人出资的，投资人应当在设立（变更）登记申请书上予以注明。

（4）有固定的生产经营场所和必要的生产经营条件。生产经营场所包括企业的住所和与生产经营相适应的处所。住所是企业的主要办事机构所在地，是企业的法定地址。

（5）有必要的从业人员。即要有与其生产经营范围、规模相适应的从业人员。

2. 个人独资企业的设立程序

（1）提出申请。申请设立个人独资企业，应当由投资人或者其委托的代理人向个人独资企业所在地的登记机关提出设立申请。投资人申请设立登记，应当向登记机关提交下列文件。① 投资人签署的个人独资企业设立申请书，设立申请书应当载明的事项有企业的名称和住所、投资人的姓名和居所、投资人的出资额和出资方式、经营范围及方式。个人独资企业投资人以个人财产出资或者以其家庭共有财产作为个人出资的，应当在设立申请书中予以明确。② 投资人身份证明，主要是身份证和其他有关证明材料。③ 企业住所证明和生产经营场所使用证明等文件，如土地使用证明、房屋产权证或租赁合同等。④ 委托代理人申请设立登记的，应当提交投资人的委托书和代理人的身份证明或资格证明。⑤ 国家工商行政管理局规定提交的其他文件。从事法律、行政法规规定须报经有关部门审批的业务的，应当提交有关部门的批准文件。

（2）工商登记。登记机关应当在收到设立申请文件之日起 15 日内，对符合个人独资企业法规定条件的予以登记，发给营业执照；对不符合个人独资企业法规定条件的，不予登记，并发给企业登记驳回通知书。个人独资企业的营业执照的签发日期，为个人独资企业成立日期，在领取个人独资企业营业执照前，投资人不得以个人独资企业名义从事经营活动。

（3）分支机构登记。个人独资企业设立分支机构，应当由投资人或者其委托的代理人向分支机构所在地的登记机关申请设立登记。分支机构的登记事项应当包括：分支机构的名称、经营场所、负责人姓名和居所、经营范围及方式。个人独资企业申请设立分支机构，应当向登记机关提交下列文件：① 分支机构设立登记申请书；② 登记机关加盖印章的个人独资企业营业执照复印件；③ 经营场所证明；④ 国家工商行政管理局规定提交的其他文件。分支机构从事法律、行政法规规定须报经有关部门审批的业务，还应当提交有关部门的批准文件。

个人独资企业投资人委派分支机构负责人的，应当提交投资人委派分支机构负责人的委托书及其身份证明。委托代理人申请分支机构设立登记的，应当提交投资人的委托书和代理人的身份证明或者资格证明。

登记机关应当在收到按规定提交的全部文件之日起 15 日内，作出核准登记或者不予登记的决定。核准登记的，发给营业执照；不予登记的，发给登记驳回通知书。个人独资企业分支机构申请变更登记、注销登记，比照本办法关于个人独资企业申请变更登记、注销登记的有关规定办理。个人独资企业应当在其分支机构经核准设立、变更或者注销登记后 15 日内，将登记情况报该分支机构隶属的个人独资企业的登记机关备案。分支机构经核准登记后，应将登记情况报该分支机构隶属的个人独资企业的登记机关备案。分支机构的民事责任由设立该分支机构的个人独资企业承担。

2.1.3 个人独资企业的投资人及事务管理

1. 个人独资企业的投资人

个人独资企业的投资人为一个具有中国国籍的自然人，但法律、行政法规禁止从事营利性活动的人，不得作为投资人申请设立个人独资企业。根据我国有关法律、行政法规规定，国家公务员、党政机关领导干部、警官、法官、检察官、商业银行工作人员等人员，不得作为投资人申请设立个人独资企业。

个人独资企业投资人对本企业的财产依法享有所有权，其有关权利可以依法进行转让或继承。企业的财产不论是投资人的原始投入，还是经营所得，均归投资人所有。虽然个人独资企业投资人对企业的债务要承担无限责任，但是，投资人的财产和企业财产仍是有区别的：一是投资人申办个人独资企业，要申报出资，这一出资的财产与投资人的其他财产不同；二是企业应有一定稳定独立的资金，这是企业生产经营的需要；三是将两者的财产加以区别，有利于计算企业的生产经营成果。

个人独资企业投资人在申请企业设立登记时，明确以其家庭共有财产作为个人出资的，应当依法以家庭共有财产对企业债务承担无限责任。

2. 个人独资企业的事务管理

个人独资企业投资人可以自行管理企业事务，也可以委托或者聘用其他具有民事行为能力的人负责企业的事务管理。投资人委托或者聘用他人管理个人独资企业事务，应当与受托人或者被聘用的人签订书面合同。合同应订明委托的具体内容、授予的权利范围、受托人或者被聘用的人应履行的义务、报酬和责任等。受托人或者被聘用的人员应当履行诚信、勤勉义务，以诚实信用的态度对待投资人，对待企业，尽其所能依法保障企业利益，按照与投资人签订的合同负责个人独资企业的事务管理。

投资人对受托人或者被聘用的人员职权的限制，不得对抗善意第三人。所谓善意第三人，是指第三人在就有关经济业务事项交往中，没有从事与受托人或者被聘用的人员串通，故意损害投资人的利益的人。个人独资企业的投资人与受托人或者被聘用的人员之间有关权利义务的限制只对受托人或者被聘用的人员有效，对第三人并无约束力，受托人或者被聘用的人员超出投资人的限制与善意第三人的有关业务交往应当有效。

投资人委托或者聘用的管理个人独资企业事务的人员不得从事下列行为：① 利用职务上的便利，索取或者收受贿赂；② 利用职务或者工作上的便利侵占企业财产；③ 挪用企业的资金归个人使用或者借贷给他人；④ 擅自将企业资金以个人名义或者以他人名义开立账户储存；⑤ 擅自以企业财产提供担保；⑥ 未经投资人同意，从事与本企业相竞争的业务；⑦ 未经投资人同意，同本企业订立合同或者进行交易；⑧ 未经投资人同意，擅自将企业商标或者其他知识产权转让给他人使用；⑨ 泄露本企业的商业秘密；⑩ 法律、行政法规禁止的其他行为。

2.1.4 个人独资企业的权利和工商管理

1. 个人独资企业的权利

（1）依法申请贷款。个人独资企业可以根据《商业银行法》《合同法》和中国人民银行发布的《贷款通则》等一系列法律、法规的规定申请贷款，以供企业生产经营之用。

（2）依法取得土地使用权。个人独资企业可根据《土地管理法》《土地管理法实施细则》和《城镇国有土地使用权出让和转让暂行条例》等规定取得土地使用权。

（3）拒绝摊派权。摊派是指在法律、法规的规定之外，以任何方式要求企业提供财力、物力和人力的行为。对于违法强制要求企业提供财力、物力、人力的行为，个人独资企业有权拒绝。

（4）法律、行政法规规定的其他权利。个人独资企业除享有上述权利外，还依法享有十分广泛的权利，如根据《对外贸易法》的规定，企业可以依法取得外贸经营权或根据业务需要，委托具有外贸经营权的单位代为办理进出口业务；根据《专利法》，企业可以取得专利保护；根据《商标法》，企业可以取得商标保护等。

2. 个人独资企业的工商管理

个人独资企业存续期间登记事项发生变更的，应当办理变更登记。个人独资企业存续期间登记事项发生变更的，应当在作出变更决定之日起的15日内依法向登记机关申请办理变更登记。个人独资企业变更企业名称、企业住所、经营范围及方式，应当在作出变更决定之日起15日内向原登记机关申请变更登记。个人独资企业变更投资人姓名和居所、出资额和出资方式，应当在变更事由发生之日起15日内向原登记机关申请变更登记。

登记机关应当在收到按规定提交的全部文件之日起15日内，作出核准登记或者不予登记的决定。予以核准的，换发营业执照或者发给变更登记通知书；不予核准的，发给企业登记驳回通知书。个人独资企业变更住所跨登记机关辖区的，应当向迁入地登记机关申请变更登记。迁入地登记机关受理的，由原登记机关将企业档案移送迁入地登记机关。个人独资企业因转让或者继承致使投资人变更的，个人独资企业可向原登记机关提交转让协议书或者法定继承文件，申请变更登记。个人独资企业改变出资方式致使个人财产与家庭共有财产变更的，个人独资企业可向原登记机关提交改变出资方式文件，申请变更登记。

个人独资企业应当按照登记机关的要求，在规定的时间内接受年度检验。登记机关依法对个人独资企业进行审查，以确认个人独资企业继续经营的资格。

2.1.5　个人独资企业的解散和清算

1. 个人独资企业的解散

个人独资企业的解散是指个人独资企业终止活动使其民事主体资格消灭的行为，个人独资企业有下列情形之一时，应当解散：① 投资人决定解散；② 投资人死亡或者被宣告死亡，无继承人或者继承人决定放弃继承；③ 被依法吊销营业执照；④ 法律、行政法规规定的其他情形。

2. 个人独资企业的清算

个人独资企业解散时，应当进行清算。《个人独资企业法》对个人独资企业清算作了以下规定。

（1）通知和公告债权人。个人独资企业解散，由投资人自行清算或者由债权人申请人民法院指定清算人进行清算。投资人自行清算的，应当在清算前15日内书面通知债权人，无法通知的，应当予以公告。债权人应当在接到通知之日起30日内，未接到通知的应当在公告之日起60日内，向投资人申报其债权。

（2）财产清偿顺序。个人独资企业解散的，财产应当按照下列顺序清偿：① 所欠职工工资和社会保险费用；② 所欠税款；③ 其他债务。个人独资企业财产不足以清偿债务的，投资人应当以其个人的其他财产予以清偿。

（3）清算期间对投资人的要求。清算期间，个人独资企业不得开展与清算目的无关的经营活动。在按前述财产清偿顺序清偿债务前，投资人不得转移、隐匿财产。

（4）投资人的持续偿债责任。个人独资企业解散后，原投资人对个人独资企业存续期间的债务仍应承担偿还责任，但债权人在5年内未向债务人提出偿债请求的，该责任消灭。

（5）注销登记。个人独资企业清算结束后，投资人或者人民法院指定的清算人应当编制清算报告，并于清算结束之日起 15 日内向原登记机关申请注销登记。登记机关应当在收到按规定提交的全部文件之日起 15 日内，作出核准登记或者不予登记的决定。予以核准的，发给核准通知书；不予核准的，发给企业登记驳回通知书。经登记机关注销登记，个人独资企业终止。个人独资企业办理注销登记时，应当交回营业执照。

2.2 合伙企业法

2.2.1 合伙企业与合伙企业法概述

1. 合伙的概念和种类

合伙是依法设立、由各合伙人订立合伙协议，共同出资、合伙经营、共享受益、共担风险，并对合伙企业债务承担无限连带责任的营利性组织。合伙有广义和狭义之分：广义的合伙包括营利性合伙、非营利性合伙及临时性合伙；狭义的合伙专指营利性合伙。所谓营利性合伙，是指由两人（包括自然人和法人）以上根据共同协议而组成的营利性非法人组织。合伙由合伙合同和合伙组织两个不可分割的部分构成，前者是对合伙人有约束力的内部关系的体现，后者是全体合伙人作为整体与第三人发生法律关系的外部形式。

合伙分为普通合伙和特殊合伙。

（1）普通合伙，是指全体合伙人共同出资、共同经营、共享利润和共负亏损，全体合伙人对合伙债务承担无限责任。我国《民法通则》规定的个人合伙和《合伙企业法》规定的合伙企业，都属于普通合伙。

（2）特殊合伙，是部分成员不参加经营并且对合伙债务负有限责任的合伙。特殊合伙主要包括两种：隐名合伙和有限合伙。

隐名合伙是指当事人约定一方对他方所经营的事业出资，而分享其营业所得收益及分担其营业所受损失的契约。其特点是：隐名合伙无独立的合伙财产，隐名合伙人的出资归入营业人的营业财产；隐名合伙人只分享营业利润和分担营业损失，并不参加营业。

有限合伙是指一名以上普通合伙人与一名以上有限合伙人组成的合伙。其中，普通合伙人执行合伙事务，对外代表合伙组织，并对合伙债务承担无限责任；有限合伙人不执行合伙事务，不对外代表合伙组织，只按出资比例分享利润和分担亏损，并仅以出资额为限对合伙债务承担清偿责任。有限合伙是英美法上的一种独立的合伙形态，它不同于大陆法上的隐名合伙的主要之处，在于它有明显的实体性，即有一定的团体人格。其优点是：第一，企业由少数普通合伙人经营管理并承担无限责任，可以保持合伙组织的结构简单，管理费用低、内部关系紧密和决策效率高等特点，这是它优于公司之处；第二，能够以有限责任吸引他人入伙，有利于广开资金来源，扩大企业规模，这是它优于普通合伙之处。所以，有限合伙有利于在保持合伙企业原有内部关系稳定的前提下吸收新的投资，扩大经营规模，同时也可以鼓励那些不愿承担无限责任的人向合伙企业投资，是一种有利于中小企业发展壮大的企业形式。

2. 合伙企业的概念和合伙企业的成立

1）合伙企业的概念

合伙企业是指自然人、法人和其他组织依照《合伙企业法》在中国境内设立的普通合伙企业和有限合伙企业。

普通合伙企业是指由普通合伙人组成，合伙人对合伙企业债务承担无限连带责任的一种合伙企业。《合伙企业法》对普通合伙人承担责任的形式有特别规定的，从其规定。该特殊规定即是指以专业知识和专门技能为客户提供有偿服务的专业服务机构，可以设立为特殊的普通合伙企业。特殊的普通合伙企业是指一个合伙人或者数个合伙人在执业活动中因故意或者重大过失造成合伙企业债务的，应当承担无限责任或者无限连带责任，其他合伙人以其在合伙企业中的财产份额为限承担责任的普通合伙企业。

有限合伙企业是指由普通合伙人和有限合伙人组成，普通合伙人对合伙企业债务承担无限连带责任，有限合伙人以其认缴的出资额为限对合伙企业债务承担责任的一种合伙企业。

2）合伙企业的成立

申请合伙企业设立登记，应当向登记机关提交登记申请书、合伙协议书、合伙人身份证明等文件。合伙企业的经营范围中有属于法律、行政法规规定在登记前须经批准的项目的，该项经营业务应当依法经过批准，并在登记时提交批准文件。

申请人提交的登记申请材料齐全、符合法定形式，企业登记机关能够当场登记的，应予当场登记，发给营业执照。除上述规定情形外，企业登记机关应当自受理申请之日起 20 日内，作出是否登记的决定。予以登记的，发给营业执照；不予登记的，应当给予书面答复，并说明理由。合伙企业的营业执照签发日期，为合伙企业成立日期。合伙企业领取营业执照前，合伙人不得以合伙企业名义从事合伙业务。

合伙企业设立分支机构，应当向分支机构所在地的企业登记机关申请登记，领取营业执照。

合伙企业登记事项发生变更的，执行合伙事务的合伙人应当自作出变更决定或者发生变更事由之日起 15 日内，向企业登记机关申请办理变更登记。

3. 合伙企业法概述

1997 年 2 月 23 日，第八届全国人大常委会通过了《合伙企业法》，该法自 1997 年 8 月 1 日起施行。2006 年 8 月 27 日，第十届全国人大常委会对该法进行了修订，修订后的《合伙企业法》自 2007 年 6 月 1 日起施行。此次修订涉及面广，如原法只允许自然人成为合伙人，新法将合伙人资格扩大到自然人、法人和其他组织；原法只规定了普通合伙企业，新法则规定了普通合伙企业和有限合伙企业，并且包括了以专业知识和专门技能为客户提供有偿服务的专业服务机构可以设立的特殊的普通合伙企业。另外，新法对合伙企业损益分配、事务执行、入伙退伙、解散清算等均有修订。

2.2.2 普通合伙企业

1. 普通合伙企业的设立条件

合伙企业的设立是指准备设立合伙企业的人员依照法律规定的条件和程序，进行一定的准备工作，并向合伙企业登记机关申请设立合伙企业的行为。为保证合伙企业的依法经营，维护合伙各方和债权人的合法权益，设立合伙企业应当具备下列条件。

（1）有两个以上合伙人。自然人、法人和其他组织均可以成为合伙人，但国有独资公司、国有企业、上市公司及公益性的事业单位、社会团体不得成为普通合伙人。合伙人为自然人的，应当具有完全民事行为能力。

（2）有书面合伙协议。合伙协议依法由全体合伙人协商一致、以书面形式订立。合伙协议应当载明下列事项：合伙企业的名称和主要经营场所的地点；合伙目的和合伙经营范围；合伙人的姓名或者名称、住所；合伙人的出资方式、数额和缴付期限；利润分配、亏损分担方式；合伙事务的执行；入伙与退伙；争议解决办法；合伙企业的解散与清算；违约责任。合伙协议经全体合伙人签名、盖章后生效。合伙人按照合伙协议享有权利，履行义务。修改或者补充合伙协议，应当经全体合伙人一致同意；但是，合伙协议另有约定的除外。合伙协议未约定或者约定不明确的事项，由合伙人协商决定；协商不成的，依照本法和其他有关法律、行政法规的规定处理。

（3）有合伙人认缴或者实际缴付的出资。合伙人可以用货币、实物、知识产权、土地使用权或者其他财产权利出资，也可以用劳务出资。合伙人以实物、知识产权、土地使用权或者其他财产权利出资，需要评估作价的，可以由全体合伙人协商确定，也可以由全体合伙人委托法定评估机构评估。合伙人以劳务出资的，其评估办法由全体合伙人协商确定，并在合伙协议中载明。合伙人应当按照合伙协议约定的出资方式、数额和缴付期限，履行出资义务。以非货币财产出资的，依照法律、行政法规的规定，需要办理财产权转移手续的，应当依法办理。

（4）有合伙企业的名称。合伙人在成立合伙企业时，必须确定其合伙企业的名称。合伙企业在其名称中应当标明“普通合伙”字样。

（5）有经营场所和从事合伙经营的必要条件。合伙企业要经常、持续地从事生产经营活动，就必须有一定的营业场所和从事合伙经营的必要条件。所谓必要条件，就是根据合伙企业的合伙目的和经营范围，如果欠缺则无法从事生产经营活动的物质条件。

2. 合伙企业的财产

合伙人的出资、以合伙企业名义取得的收益和依法取得的其他财产，均为合伙企业的财产。合伙人在合伙企业清算前，不得请求分割合伙企业的财产；但是，《合伙企业法》另有规定的除外。合伙人在合伙企业清算前私自转移或者处分合伙企业财产的，合伙企业不得以此对抗善意第三人。

合伙人处分其在合伙企业中的财产份额时须符合以下规定。

（1）合伙人之间转让在合伙企业中的全部或者部分财产份额时，应当通知其他合伙人。

（2）除合伙协议另有约定外，合伙人向合伙人以外的人转让其在合伙企业中的全部或者部分财产份额时，须经其他合伙人一致同意。

（3）合伙人向合伙人以外的人转让其在合伙企业中的财产份额的，在同等条件下，其他合伙人有优先购买权，但是，合伙协议另有约定的除外。

（4）合伙人以其在合伙企业中的财产份额出资的，须经其他合伙人一致同意；未经其他合伙人一致同意，其行为无效，由此给善意第三人造成损失的，由行为人依法承担赔偿责任。

合伙人以外的人依法受让合伙人在合伙企业中的财产份额的，经修改合伙协议即成为合伙企业的合伙人，依照《合伙企业法》和修改后的合伙协议享有权利，履行义务。

3. 合伙企业的事务执行

（1）合伙企业的事务执行的方式。合伙企业可以由全体合伙人共同执行合伙事务；按照合伙协议的约定或者经全体合伙人决定，也可以委托一个或者数个合伙人对外代表合伙企业，执行合伙事务，其他合伙人不再执行合伙事务。作为合伙人的法人、其他组织执行合伙事务的，由其委派的代表执行。

（2）合伙人的权利和义务。合伙人对执行合伙事务享有同等的权利。由一个或者数个合伙人执行合伙事务的，执行事务合伙人应当定期向其他合伙人报告事务执行情况以及合伙企业的经营和财务状况，其执行合伙事务所产生的收益归合伙企业，所产生的费用和亏损由合伙企业承担，不执行合伙事务的合伙人有权监督执行事务合伙人执行合伙事务的情况。合伙人为了解合伙企业的经营状况和财务状况，有权查阅合伙企业会计账簿等财务资料。合伙人分别执行合伙事务的，执行事务合伙人可以对其他合伙人执行的事务提出异议。提出异议时，应当暂停该项事务的执行。如果发生争议，按照合伙协议约定的表决办法办理。合伙协议未约定或者约定不明确的，实行合伙人一人一票并经全体合伙人过半数通过的表决办法。受委托执行合伙事务的合伙人不按照合伙协议或者全体合伙人的决定执行事务的，其他合伙人可以决定撤销该委托。合伙人不得自营或者同他人合作经营与本合伙企业相竞争的业务。除合伙协议另有约定或者经全体合伙人一致同意外，合伙人不得同本合伙企业进行交易。合伙人不得从事损害本合伙企业利益的活动。

（3）合伙企业的事务表决。合伙人对合伙企业有关事项作出决议，除合伙协议另有约定外，合伙企业的下列事项应当经全体合伙人一致同意：① 改变合伙企业的名称；② 改变合伙企业的经营范围、主要经营场所的地点；③ 处分合伙企业的不动产；④ 转让或者处分合伙企业的知识产权和其他财产权利；⑤ 以合伙企业名义为他人提供担保；⑥ 聘任合伙人以外的人担任合伙企业的经营管理人员。被聘任的合伙企业的经营管理人员应当在合伙企业授权范围内履行职务。被聘任的合伙企业的经营管理人员，超越合伙企业授权范围履行职务，或者在履行职务过程中因故意或者重大过失给合伙企业造成损失的，依法承担赔偿责任。合伙人对合伙企业有关事项作出决议，按照合伙协议约定的表决办法办理。合伙协议未约定或者约定不明确的，实行合伙人一人一票并经全体合伙人过半数通过的表决办法。《合伙企业法》对合伙企业的表决办法另有规定的，从其规定。

（4）合伙企业的损益分配。合伙企业的利润分配、亏损分担，按照合伙协议的约定办理；合伙协议未约定或者约定不明确的，由合伙人协商决定；协商不成的，由合伙人按照实缴出资比例分配、分担；无法确定出资比例的，由合伙人平均分配、分担。合伙协议不得约定将全部利润分配给部分合伙人或者由部分合伙人承担全部亏损。

4. 合伙企业与第三人的关系

（1）合伙企业的债务与第三人的关系。合伙企业对合伙人执行合伙事务以及对外代表合伙企业权利的限制，不得对抗善意第三人。合伙企业对其债务，应先以其全部财产进行清偿。合伙企业不能清偿到期债务的，合伙人承担无限连带责任。各合伙人应当用其在合伙企业出资以外的财产对外承担无限连带清偿责任。在合伙企业内部，各合伙人按照合伙协议约定的比例分担债务；合伙协议未约定或者约定不明确的，由合伙人协商决定；协商不成的，由合伙人按照实缴出资比例分担；无法确定出资比例的，由合伙人平均分担。合伙人由于承担无限连带责任，清偿数额超过其应承担的亏损分担比例的，有权向其他合伙人追偿。

（2）合伙人的债务与合伙企业的关系。合伙人发生与合伙企业无关的债务，相关债权人不得以其债权抵销其对合伙企业的债务；也不得代位行使合伙人在合伙企业中的权利。合伙人的自有财产不足清偿其与合伙企业无关的债务的，该合伙人可以以其从合伙企业中分取的收益用于清偿；债权人也可以依法请求人民法院强制执行该合伙人在合伙企业中的财产份额用于清偿。人民法院强制执行合伙人的财产份额时，应当通知全体合伙人，其他合伙人有优先购买权；其他合伙人未购买，又不同意将该财产份额转让给他人的，依照《合伙企业法》的规定为该合伙人办理退伙结算，或者办理削减该合伙人相应财产份额的结算。该合伙人退伙时，其他合伙人应当与该退伙人按照退伙时的合伙企业财产状况进行结算，退还退伙人的财产份额。退伙人对给合伙企业造成的损失负有赔偿责任的，相应扣减其应当赔偿的数额。退伙时有未了结的合伙企业事务的，待该事务了结后进行结算。

5. 合伙企业的入伙和退伙

（1）入伙。新合伙人入伙，除合伙协议另有约定外，应当经全体合伙人一致同意，并依法订立书面入伙协议。订立入伙协议时，原合伙人应当向新合伙人如实告知原合伙企业的经营状况和财务状况。入伙的新合伙人与原合伙人享有同等权利，承担同等责任。入伙协议另有约定的，从其约定。新合伙人对入伙前合伙企业的债务承担无限连带责任。

（2）退伙。合伙人退伙包括自愿退伙和法定退伙两种情况。自愿退伙又包括协议退伙和通知退伙，法定退伙又包括当然退伙和除名退伙两种情况。

① 协议退伙和通知退伙。合伙协议约定合伙期限的，在合伙企业存续期间，有下列情形之一的，合伙人可以退伙：一是合伙协议约定的退伙事由出现；二是经全体合伙人一致同意；三是发生合伙人难以继续参加合伙的事由；四是其他合伙人严重违反合伙协议约定的义务。通知退伙是指合伙协议未约定合伙期限，合伙人在不给合伙企业事务执行造成不利影响

的情况下，可以退伙，但应当提前30日通知其他合伙人。合伙人违反协议退伙、通知退伙规定退伙的，应当赔偿由此给合伙企业造成的损失。

② 当然退伙。合伙人有下列情形之一的，属当然退伙，退伙事由实际发生之日为退伙生效日：一是作为合伙人的自然人死亡或者被依法宣告死亡；二是个人丧失偿债能力；三是作为合伙人的法人或者其他组织依法被吊销营业执照、责令关闭撤销，或者被宣告破产；四是法律规定或者合伙协议约定合伙人必须具有相关资格而丧失该资格；五是合伙人在合伙企业中的全部财产份额被人民法院强制执行。合伙人被依法认定为无民事行为能力人或者限制民事行为能力人的，经其他合伙人一致同意，可以依法转为有限合伙人，普通合伙企业依法转为有限合伙企业。其他合伙人未能一致同意的，该无民事行为能力或者限制民事行为能力的合伙人退伙。合伙人死亡或者被依法宣告死亡的，对该合伙人在合伙企业中的财产份额享有合法继承权的继承人，按照合伙协议的约定或者经全体合伙人一致同意，从继承开始之日起，取得该合伙企业的合伙人资格。有下列情形之一的，合伙企业应当向合伙人的继承人退还被继承合伙人的财产份额：一是继承人不愿意成为合伙人；二是法律规定或者合伙协议约定合伙人必须具有相关资格，而该继承人未取得该资格；三是合伙协议约定不能成为合伙人的其他情形。合伙人的继承人为无民事行为能力人或者限制民事行为能力人的，经全体合伙人一致同意，可以依法成为有限合伙人，普通合伙企业依法转为有限合伙企业。全体合伙人未能一致同意的，合伙企业应当将被继承合伙人的财产份额退还该继承人。

③ 除名退伙。合伙人有下列情形之一的，经其他合伙人一致同意，可以决议将其除名：一是未履行出资义务；二是因故意或者重大过失给合伙企业造成损失；三是执行合伙事务时有不正当行为；四是发生合伙协议约定的事由。对合伙人的除名决议应当书面通知被除名人。被除名人接到除名通知之日，除名生效，被除名人退伙；被除名人对除名决议有异议的，可以自接到除名通知之日起30日内，向人民法院起诉。

④ 退伙结算。合伙人退伙，其他合伙人应当与该退伙人按照退伙时的合伙企业财产状况进行结算，退还退伙人的财产份额。退伙人对给合伙企业造成的损失负有赔偿责任的，相应扣减其应当赔偿的数额。退伙时有未了结的合伙企业事务的，待该事务了结后进行结算。退伙人在合伙企业中财产份额的退还办法，由合伙协议约定或者由全体合伙人决定，可以退还货币，也可以退还实物。退伙人对基于其退伙前的原因发生的合伙企业债务，承担无限连带责任。合伙人退伙时，合伙企业财产少于合伙企业债务的，退伙人应当按照合伙协议的约定办理；合伙协议未约定或者约定不明确的，由合伙人协商决定；协商不成的，由合伙人按照实缴出资比例分担；无法确定出资比例的，由合伙人平均分担。

6. 特殊的普通合伙企业

以专业知识和专门技能为客户提供有偿服务的专业服务机构，可以设立为特殊的普通合伙企业。非企业专业服务机构依据有关法律采取合伙制的，其合伙人承担责任的形式可以适用《合伙企业法》关于特殊的普通合伙企业合伙人承担责任的规定。特殊的普通合伙企业名称中应当标明“特殊普通合伙”字样。特殊的普通合伙企业中，一个合伙人或者数个合伙人在执业活动中因故意或者重大过失造成合伙企业债务的，应当承担无限责任或者无限连带责任，其他合伙人以其在合伙企业中的财产份额为限承担责任。合伙人执业活动中因故意或者重大过失造成的合伙企业债务，以合伙企业财产对外承担责任后，该合伙人应当按照合伙协议的约定对给合伙企业造成的损失承担赔偿责任。

合伙人在执业活动中非因故意或者重大过失造成的合伙企业债务以及合伙企业的其他债务，由全体合伙人承担无限连带责任。

特殊的普通合伙企业应当建立执业风险基金、办理职业保险。执业风险基金用于偿付合伙人执业活动造成的债务。执业风险基金应当单独立户管理，具体管理办法由国务院规定。

特殊的普通合伙企业的其他规定，适用《合伙企业法》对普通合伙企业的规定。

2.2.3 有限合伙企业

1. 有限合伙企业的设立

（1）有限合伙企业由 2 个以上 50 个以下合伙人设立；但是，法律另有规定的除外。有限合伙企业至少应当有一个普通合伙人。

（2）有书面合伙协议。合伙协议除应当载明下列事项：合伙企业的名称和主要经营场所的地点，合伙目的和合伙经营范围，合伙人的姓名或者名称、住所，合伙人的出资方式、数额和缴付期限，利润分配、亏损分担方式，合伙事务的执行，入伙与退伙，争议解决办法，合伙企业的解散与清算，违约责任。还应当载明下列事项：① 普通合伙人和有限合伙人的姓名或者名称、住所；② 执行事务合伙人应具备的条件和选择程序；③ 执行事务合伙人权限与违约处理办法；④ 执行事务合伙人的除名条件和更换程序；⑤ 有限合伙人入伙、退伙的条件、程序及相关责任；⑥ 有限合伙人和普通合伙人相互转变程序。

（3）有合伙人认缴或者实际缴付的出资。有限合伙人可以用货币、实物、知识产权、土地使用权或者其他财产权利作价出资。有限合伙人不得以劳务出资。有限合伙人应当按照合伙协议的约定按期足额缴纳出资；未按期足额缴纳的，应当承担补缴义务，并对其他合伙人承担违约责任。有限合伙企业登记事项中应当载明有限合伙人的姓名或者名称及认缴的出资数额。

（4）有合伙企业的名称和生产经营场所。有限合伙企业名称中应当标明“有限合伙”字样。

（5）法律、行政法规规定的其他条件。

2. 有限合伙企业的事务执行

有限合伙企业由普通合伙人执行合伙事务。执行事务合伙人可以要求在合伙协议中确定执行事务的报酬及报酬提取方式。有限合伙人不执行合伙事务，不得对外代表有限合伙企业。但有限合伙人的下列行为，不视为执行合伙事务：① 参与决定普通合伙人入伙、退伙；② 对企业的经营管理提出建议；③ 参与选择承办有限合伙企业审计业务的会计师事务所；④ 获取经审计的有限合伙企业财务会计报告；⑤ 对涉及自身利益的情况，查阅有限合伙企业财务会计账簿等财务资料；⑥ 在有限合伙企业中的利益受到侵害时，向有责任的合伙人主张权利或者提起诉讼；⑦ 执行事务合伙人怠于行使权利时，督促其行使权利或者为了本企业的利益以自己的名义提起诉讼；⑧ 依法为本企业提供担保。

3. 有限合伙人的权利和义务

有限合伙人可以同本有限合伙企业进行交易；但是，合伙协议另有约定的除外。有限合伙人可以自营或者同他人合作经营与本有限合伙企业相竞争的业务；但是，合伙协议另有约定的除外。

有限合伙人可以将其在有限合伙企业中的财产份额出质；但是，合伙协议另有约定的除外。

有限合伙人可以按照合伙协议的约定向合伙人以外的人转让其在有限合伙企业中的财产份额，但应当提前 30 日通知其他合伙人。

有限合伙企业不得将全部利润分配给部分合伙人；但是，合伙协议另有约定的除外。

4. 有限合伙人与第三人的关系

有限合伙人的自有财产不足清偿其与合伙企业无关的债务的，该合伙人可以以其从有限合伙企业中分取的收益用于清偿；债权人也可以依法请求人民法院强制执行该合伙人在有限合伙企业中的财产份额用于清偿。人民法院强制执行有限合伙人的财产份额时，应当通知全体合伙人。在同等条件下，其他合伙人有优先购买权。有限合伙企业仅剩有限合伙人的，应当解散；有限合伙企业仅剩普通合伙人的，转为普通合伙企业。

第三人有理由相信有限合伙人为普通合伙人并与其交易的，该有限合伙人对该笔交易承担与普通合伙人同样的责任。有限合伙人未经授权以有限合伙企业名义与他人进行交易，给有限合伙企业或者其他合伙人造成损失的，该有限合伙人应当承担赔偿责任。

5. 有限合伙人的入伙和退伙

新入伙的有限合伙人对入伙前有限合伙企业的债务，以其认缴的出资额为限承担责任。有限合伙人有下列情形之一的，当然退伙：① 作为有限合伙人的自然人死亡或者被依法宣告死亡；② 作为有限合伙人的法人或者其他组织依法被吊销营业执照、责令关闭撤销，或者被宣告破产；③ 法律规定或者合伙协议约定有限合伙人必须具有相关资格而丧失该资格；④ 有限合伙人在合伙企业中的全部财产份额被人民法院强制执行。

作为有限合伙人的自然人死亡、被依法宣告死亡或者作为有限合伙人的法人及其他组织终止时，其继承人或者权利承受人可以依法取得该有限合伙人在有限合伙企业中的资格。

作为有限合伙人的自然人在有限合伙企业存续期间丧失民事行为能力的，其他合伙人不得因此要求其退伙。

有限合伙人退伙后，对基于其退伙前的原因发生的有限合伙企业债务，以其退伙时从有限合伙企业中取回的财产承担责任。

6. 有限合伙企业中合伙人身份的转化及责任承担

除合伙协议另有约定外，普通合伙人转变为有限合伙人，或者有限合伙人转变为普通合伙人，应当经全体合伙人一致同意。

有限合伙人转变为普通合伙人的，对其作为有限合伙人期间有限合伙企业发生的债务承担无限连带责任。

普通合伙人转变为有限合伙人的，对其作为普通合伙人期间合伙企业发生的债务承担无限连带责任。

2.2.4 合伙企业解散和清算

1. 合伙企业的解散

合伙企业有下列情形之一的，应当解散：① 合伙期限届满，合伙人决定不再经营；② 合伙协议约定的解散事由出现；③ 全体合伙人决定解散；④ 合伙人已不具备法定人数满30天；⑤ 合伙协议约定的合伙目的已经实现或者无法实现；⑥ 依法被吊销营业执照、责令关闭或者被撤销；⑦ 法律、行政法规规定的其他原因。

2. 合伙企业的清算

合伙企业解散，应当由清算人进行清算。清算人由全体合伙人担任。经全体合伙人过半数同意，可以自合伙企业解散事由出现后15日内指定一个或者数个合伙人，或者委托第三人，担任清算人；自合伙企业解散事由出现之日起15日内未确定清算人的，合伙人或者其他利害关系人可以申请人民法院指定清算人。

清算人在清算期间执行下列事务：① 清理合伙企业财产，分别编制资产负债表和财产清单；② 处理与清算有关的合伙企业未了结事务；③ 清缴所欠税款；④ 清理债权、债务；⑤ 处理合伙企业清偿债务后的剩余财产；⑥ 代表合伙企业参加诉讼或者仲裁活动。

清算人自被确定之日起10日内将合伙企业解散事项通知债权人，并于60日内在报纸上公告。债权人应当自接到通知书之日起30日内，未接到通知书的自公告之日起45日内，向清算人申报债权。债权人申报债权，应当说明债权的有关事项，并提供证明材料。清算人应当对债权进行登记。

清算期间，合伙企业存续，但不得开展与清算无关的经营活动。

合伙企业财产在支付清算费用和职工工资、社会保险费用、法定补偿金以及缴纳所欠税款、清偿债务后的剩余财产，按照合伙协议的约定办理；合伙协议未约定或者约定不明确的，由合伙人协商决定；协商不成的，由合伙人按照实缴出资比例分配；无法确定出资比例的，由合伙人平均分配。

清算结束，清算人应当编制清算报告，经全体合伙人签名、盖章后，在15日内向企业登记机关报送清算报告，申请办理合伙企业注销登记。

合伙企业注销后，原普通合伙人对合伙企业存续期间的债务仍应承担无限连带责任。合伙企业不能清偿到期债务的，债权人可以依法向人民法院提出破产清算申请，也可以要求普通合伙人清偿。合伙企业依法被宣告破产的，普通合伙人对合伙企业债务仍应承担无限连带责任。

【实施与评价要点】

本项目一开始的任务导入中布置了一个任务：王某想投资办厂，结合他的实际情况，请为他设计投资备选方案。

1. 任务分析

为完成上面的任务，根据个人独资企业和合伙企业的设立条件结合实际情况，解决以下问题：

（1）个人独资企业的名称、投资人、投资额、投资场地、从业人员；

（2）个人独资企业设立所需要的资料、程序；

（3）个人独资企业事务的管理；

（4）个人独资企业投资人的权利和义务；

（5）合伙企业的种类；

（6）合伙企业设立的条件；

（7）合伙企业设立所需的资料、程序；

（8）合伙协议的内容；

（9）合伙企业的名称、合伙人、合伙财产、生产经营场所；

（10）合伙企业事务的执行，利润的分配；

（11）入伙、退伙、清算。

2. 任务实施及检测

（1）任务内容：为王某量身设计几个投资方案，一旦某一方案被采纳，王某就可以立即实施，并到工商行政管理部门进行登记设立企业。

（2）任务要求：每10人一组，选出组长。每组根据任务目标至少设计两份可以实施的投资方案：个人独资企业和合伙企业投资方案，用A4纸打印。

（3）任务检测：每组组长进行作品展示。展示后每个人都可以对设计方案中存在的问题进行提问，每组组长进行答辩，教师根据每组展示和答辩情况进行总结点评打分。

重点概括

本项目主要介绍了个人独资企业设立的条件和程序，投资人及独资企业事务的管理，个人独资企业的解散和清算；合伙企业的概念和种类，设立普通合伙企业和有限合伙企业应该具备的条件，合伙企业设立的程序，合伙企业事务的执行、盈亏的分配方式、合伙企业与第三人的关系，特殊的普通合伙适用的情形，合伙企业入伙与退伙的规定，不同合伙企业入伙与退伙责任的承担，合伙企业的解散和清算等内容。

项目 3

制定有限责任公司章程

【任务导入】

1. 项目内容

通过本项目的学习，能够根据实际需要，制定公司章程。

几个人想成立一个有限责任公司，到该地区工商行政管理局去咨询，得到的答复是准备公司设立申请书、股东身份证明资料、验资证明、公司章程等资料，如果你们就是股东，请为你们即将成立的公司起草一份公司章程。

2. 项目要求

（1）制定的公司章程符合公司法规定的要素；

（2）制定的公司章程符合公司法规定的实质要求；

（3）能够在公司设立时得到应用。

【理论知识要点】

1. 知识目标

（1）能正确阐述有限责任公司的特征；

（2）能完整阐述有限责任公司的组织机构；

（3）能熟知有限责任公司的设立条件；

（4）能够掌握有限责任公司的股权转让。

2. 能力目标

（1）能够按有限责任公司设立的要求申请公司登记；

（2）能正确分配有限责任公司的利润。

案例导入

某市甲、乙、丙3个企业经协商决定共同投资设立一个从事生产经营的公司。甲、乙、丙订立了公司章程，公司章程的部分内容如下：公司的组织形式为有限责任公司；公司名称为发达×××公司；公司注册资本150万元，其中甲以货币出资30万元，乙以房屋、实物出资70万元，丙出资50万元（其中以一非专利技术出资折价36万元）；委托甲办理设立公司的申请登记手续。甲到当地工商行政管理局申请公司设立登记，2016年10月10日，当地工商行政管理局向甲颁发了于当日签发的《企业法人营业执照》，公司名称为“发达×××公司”（以下简称发达公司）。甲认为，按照法律规定，公司成立应当公告，并于同年10月25日发出公司成立的公告。2016年11月，经发达公司董事会决定，将公司资金50万元以公司财务人员王某的名义开立账户存储。2016年12月，发达公司发生严重的财务危机，为此，经公司董事会研究并一致通过，决定公司解散。思考：

（1）甲认为，按照法律规定发达公司成立应当公告，甲的观点是否正确？为什么？

（2）发达公司的成立日期应当是哪一天？

（3）发达公司董事会决定将公司资金以个人名义开立账户存储，这种行为是否违法？如果违法，应当承担哪些法律责任？

（4）发达公司董事会决定公司解散的做法是否合法？为什么？

上述问题涉及本项目制定有限责任公司章程的内容。

【理论内容】

3.1 公司法概述

3.1.1 公司的概念和特征

1. 公司的概念

公司起源于欧洲中世纪的意大利及地中海沿岸商业城市的家族经营团体和海运组织康曼达。随着资本主义市场经济的发展，公司逐步发展和完善，以至于成为现代社会最为普遍和典型的企业组织形式。一般来讲，所谓公司，就是指依照法定条件和程序设立的、以营利为目的的企业法人。

2. 公司的特征

（1）公司必须从事经营活动。公司作为企业的一种组织形式，从事经营活动是其基本的社会职能和活动方式。所谓经营活动，就是有组织、有计划、有控制地进行商品的生产、流通或服务性活动。这就将公司同从事社会管理活动的国家机关，从事党务活动的党组织，从事文化、教育、卫生、体育活动的事业单位和从事社会公益活动的社会团体区别开来。

（2）公司必须以营利为目的。营利性是公司的本质特性。发起人设立公司的目的，投资人投资于公司的目的和公司从事经营活动的目的都旨在营利。所谓以营利为目的，是指公司必须通过其经营活动获得经济上的利益，并通过合理的利润分配使股东也获得收益。

（3）公司具有法人资格。综观各国公司立法，公司在法律上都居于企业法人的地位，因为，公司是具有法人资格的企业。公司之所以为法人，是因为公司具备法人的基本条件和特征，即公司是依法成立的，公司拥有自己独立的必要财产，公司有自己的名称、组织机构和场所，公司能够独立承担法律责任。

（4）公司标准的法定性。世界各国的公司立法其宗旨都是为了规范公司的组织和行为，因此，公司的组织和行为必须具有法定性。我国《公司法》对公司的种类、组织机构、权利义务、设立、变更和终止都作了专门规定。设立公司必须根据《公司法》规定的公司种类以及法律对各类公司所规定的条件和程序，即法定的标准进行。公司要变更、终止和清算，也要根据《公司法》所规定的条件和程序进行；否则，不仅不会发生相应的法律效力，还要承担一定的法律责任。

3.1.2 公司的种类

1. 无限责任公司、有限责任公司、两合公司、股份有限公司与股份两合公司

以公司股东的责任范围为标准，可以将公司分为无限责任公司、有限责任公司、两合公司、股份有限公司与股份两合公司。

无限责任公司，简称无限公司，是指全体股东不论出资额的多少，均对公司的债务承担无限连带责任的公司。当公司资产不足以清偿债务时，公司的债权人可以向公司的全体股东或任何一个股东要求清偿全部债务。

有限责任公司，简称有限公司，是指由一定人数的股东所组成的，股东以其出资额为限对公司承担责任，公司以其全部资产对公司债务承担责任的公司。

两合公司，是指根据公司股东之间的约定，一部分股东承担有限责任，另一部分股东承担无限责任的公司。前者仅以出资额为限对公司的债务承担责任，而后者对公司的所有债务承担无限连带责任。

股份有限公司，简称股份公司，是指由一定人数以上的股东发起成立的，公司全部资本分为等额股份，股东以其所持有的股份对公司承担责任，公司以其全部资产对公司的债务承担责任的公司。

股份两合公司，是指由部分对公司债务承担无限连带责任的股东和部分仅以其所持股份为限对公司债务承担责任的股东共同组成的公司。

随着公司制度的发展，有限责任公司和股份有限公司越来越多地被采用，成为各国公司立法的重点，我国《公司法》也只规定了有限责任公司和股份有限公司两种形态。

2. 一人公司与多人公司

按公司股东的人数为标准，可将公司分为一人公司和多人公司。

一人公司是指只有一个股东的公司；多人公司是指有两个或两个以上股东所组成的公

司。我国2005年《公司法》修订之前，除国家授权投资的机构或者国家授权的部门单独投资设立国有独资公司外，不允许其他自然人或非国有法人设立一人公司。2005年修订的《公司法》允许设立一人有限责任公司。根据《公司法》第58条第2款规定，一人有限责任公司，是指只有一个自然人股东或者一个法人股东的有限责任公司。在我国，仍不允许设立一人股份有限公司。

3. 上市公司与非上市公司

以股票是否上市流通为标准，可将公司分为上市公司和非上市公司。

上市公司，是指所发行的股票在证券交易所上市交易的股份有限公司；非上市公司，是指除上市公司之外的所有股份有限公司和有限责任公司。

4. 母公司与子公司

以公司之间的控制依附关系为标准，可将公司分为母公司与子公司。

母公司，是指拥有其他公司一定数额的股份或者根据协议，能够实际控制其他公司的公司；子公司是一定数额的股东被另一公司所持有，或者根据协议被另一公司所控制或支配的公司。需要注意的是，虽然子公司受母公司控制，但其仍然具有独立的法人资格，是一个独立的企业法人，对外独立开展活动和承担责任。

5. 总公司与分公司

以公司之间的隶属关系为标准，可将公司分为总公司与分公司。

总公司，又称本公司，是指在组织和业务上管辖其他公司、具有法人资格的公司。分公司是指在组织和业务上受其他公司管辖的公司。在总公司与分公司的关系中，分公司是总公司的分支机构，是总公司的组成部分，在法律上不具有独立的主体地位和法人资格，不能独立地对外承担法律责任，分公司的全部债务由总公司承担。

6. 本国公司与外国公司

以公司的国籍为标准，可以把公司分为本国公司和外国公司。

本国公司是指依照本国法律登记成立而具有本国国籍的公司；外国公司是指根据外国法律在本国境外成立的公司。根据《公司法》的规定，我国允许外国公司在中国境内设立分支机构，从事生产经营活动，但该分支机构不具有中国的法人资格，其应承担的民事责任，由其所属的外国公司承担。

7. 封闭式公司与开放式公司

以股份是否公开发行和转让为标准，可将公司分为封闭式公司与开放式公司。

封闭式公司是指公司股份全部由设立公司的股东拥有，并且其股份不能在证券市场上自由转让的公司；开放式公司，又称上市公司，是指可以公开向社会募集股份，且其股份可以在证券市场公开自由转让的公司。

8. 人合公司、资合公司与人合兼资合公司

以公司的信用基础为标准，可以把公司分为人合公司、资合公司和人合兼资合公司。

人合公司是指公司的设立与运营以股东个人信用为基础的公司，其对外活动的信用主要取决于股东个人的信用状况，而非公司的资本或资产状况；资合公司是指公司的设立与运营主要以公司的资本和资产状况而非股东个人信用为基础的公司；人合兼资合公司是指公司的设立和运营同时依赖股东个人信用和公司资本或资产状况的公司。

9. 一般法上的公司与特别法上的公司

以公司是否受《公司法》之外的其他特别法调整为标准，可将公司分为一般法上的公司与特别法上的公司。

一般法上的公司，是指仅受《公司法》调整的公司，《公司法》中所讲的公司，主要指此类公司。特别法上的公司，是指除受《公司法》调整之外，还需受其他特别法的调整，如商业银行、保险公司和证券公司，除了受《公司法》调整外，还分别受《商业银行法》《保险法》和《证券法》的调整。

3.1.3 公司法的概念与性质

1. 公司法的概念与调整对象

所谓公司法，是指调整公司的设立、组织、运营、变更和解散过程中所发生的社会关系的法律规范的总和。在理论上，公司法有形式意义上的公司法与实质意义上的公司法之分，形式意义上的公司法是指专以公司法命名的成文公司法典，如我国的《公司法》；实质意义上的公司法是指一切与公司有关的法律、法规的总称，既包括形式意义上的公司法典，也包括单行的公司法规，以及散见于其他法律、法规中的与公司相关联的各种规范。通常所说的公司法，主要是指实质意义上的公司法。

从公司法的概念可知，公司法的调整对象是在公司的设立、组织、运营、变更和解散过程中所发生的社会关系。这种特定的社会关系，既包括公司的内部关系，也包括公司的外部关系，既包括公司的财产关系，也包括公司的组织管理关系。具体而言，公司法的调整对象包括以下几种社会关系。

（1）公司的内部财产关系，是指公司的发起人与股东之间、股东相互之间、发起人相互之间以及公司与股东之间因公司的设立、变更、运营、解散等过程中所形成的具有经济内容的社会关系。

（2）公司的内部组织管理关系，是指公司内部的组织机构之间、公司与股东之间的管理与协作关系。

（3）公司的外部财产关系，是指公司在开展生产经营活动过程中，与其他市场经营主体之间所发生的交易关系以及由此所产生的其他社会关系。

（4）公司的外部组织管理关系，是指公司在设立、变更、运营和解散过程中，与有关国家管理机关之间所形成的经济管理关系。

2. 我国的公司立法

新中国成立后的第一部现代意义上的公司法，是1993年12月29日第八届全国人民代表大会常务委员会第五次会议通过的《中华人民共和国公司法》（简称《公司法》）。随着经济体制改革的不断深入和社会主义市场经济体制的建立和逐步完善，我国分别于1999年、2004年和2013年3次对《公司法》进行了修正，现行有效的是2013年12月28日第十二届全国人民代表大会常务委员会第六次会议修正的文本，自2014年3月1日起施行。除此之外，广义上的公司法还包括其他与公司有关的法律、法规，如国务院于1994年颁布并于2005年12月18日修订的《公司登记管理条例》。

3.2　有限责任公司

3.2.1　有限责任公司的概念和特征

有限责任公司，是指股东以其认缴的出资额为限对公司承担责任，公司以其全部资产对其债务承担责任的企业法人。有限责任公司具有以下特征。

1. 股东人数设置上限

我国《公司法》第24条规定，有限责任公司由50个以下股东出资设立。从世界各国公司法立法状况看，规定有限责任公司股东上限是通例，是否规定下限则有不同。我国新《公司法》摒弃了原先至少两个投资人的限制，承认一人有限公司的合法性。

2. 股东承担有限责任

有限责任公司的股东对公司的债务承担仅仅以其出资额为限，股东的个人财产与公司债务无关，不能用来清偿公司的债务；另外，有限责任公司的股东只对公司负责，不对公司的债权人负责，公司的债权人只能要求公司清偿债务，不能要求股东个人清偿债务。

3. 设立手续和公司机构相对简易

与股份有限公司相比，有限责任公司的设立手续较为简单。一般由全体设立人制定公司章程，各自认缴出资额，即可在公司登记机关登记设立。有限责任公司的组织机构也比较简单，若股东人数较少或规模较小，可以不设董事会和监事会；一人有限责任公司和国有独资公司则不需要设立股东会。

4. 具有封闭性

有限责任公司的封闭性主要体现在以下3个方面：第一，设立程序不公开；第二，公司的经营状况不向社会公开；第三，股东对外转让出资受到较为严格的限制。

3.2.2　有限责任公司的设立条件

1. 股东的人数和资格

《公司法》规定有限责任公司的股东，最多不能超过50人，最少为1人，此种情况下为一人有限责任公司。除国有独资公司外，有限责任公司的股东可以是自然人，也可以是法人。

2. 注册资本为全体股东认缴的出资额

（1）出资方式：股东可以用货币出资，也可以用实物、知识产权、土地使用权等可以用货币估价并可以依法转让的非货币财产作价出资；但是，法律、行政法规规定不得作为出资的财产除外。对作为出资的非货币财产应当评估作价核实财产，不得高估或者低估作价。法律、行政法规对评估作价有规定的，从其规定。

（2）出资期限：股东应当按期足额缴纳公司章程中规定的各自所认缴的出资额。股东以货币出资的，应当将货币出资足额存入有限责任公司在银行开设的账户；以非货币财产出资的，应当依法办理财产权转移手续。股东不按照前款规定出资的，除应向公司足额缴纳外，还应当向已按期足额缴纳出资的股东承担违约责任。股东出资期限由公司章程自行约定，原则上不做限制。

3. 股东共同制定公司章程

有限责任公司的章程由股东共同制定，股东应当在公司章程上签名、盖章。公司章程对公司、股东、董事、监事、高级管理人员具有约束力。高级管理人员是指公司的经理、副经理、财务负责人、上市公司董事会秘书和公司章程规定的其他人员。

有限责任公司章程应当载明下列事项：① 公司名称和住所；② 公司经营范围；③ 公司注册资本；④ 股东的姓名或者名称；⑤ 股东的出资方式、出资额和出资时间；⑥ 公司的机构及其产生办法、职权、议事规则；⑦ 公司法定代表人；⑧ 股东会会议认为需要规定的其他事项。

4. 公司的组织机构

股东、资本、组织机构是设立有限责任公司的核心要求。此外，有限公司的设立，还必须具备符合规定的公司名称、公司章程、住所以及必要的生产经营条件等。

5. 有公司住所

任何公司都必须有其固定的住所，不允许设立无住所的公司。公司以其主要办事机构所在地为住所。公司的住所只能有一个。

3.2.3 有限责任公司的组织机构

1. 股东会

1）股东会的性质和组成

股东会是有限责任公司的权力机关。除公司法有特别规定的之外，有限责任公司必须设立股东会。但股东会并不常设，只有召开股东会会议时，才作为公司机关存在。股东会由全体股东组成。

2）股东会的职权

作为公司权力机关，股东会行使下列职权：① 决定公司的经营方针和投资计划；② 选举和更换非由职工代表担任的董事、监事，决定有关董事报酬的事项；③ 审议批准董事会报告；④ 审议批准监事会或者监事的报告；⑤ 审议批准公司的年度财务预算、决算方案；⑥ 审议批准公司的利润分配方案和弥补亏损方案；⑦ 对公司增加或减少注册资本作出决议；⑧ 对发行公司债券作出决议；⑨ 对公司合并、分立、解散、清算或变更公司形式作出决议；⑩ 修改公司章程及公司章程规定的其他职权。

3）股东会会议的召开

股东会会议分为定期和临时两种。定期会议召开时间由公司章程确定，一般每年一次；临时会议则需要代表1/10以上表决权的股东，或1/3以上的董事，或监事会，或不设监事会的公司的监事提议，方可召开。

股东会的首次会议由出资最多的股东召集和主持。成立董事会后，股东会会议由董事会召集，董事长主持。董事长因特殊原因不能履行职务时，由董事长指定的副董事长或者其他董事主持。不设董事会的有限责任公司，股东会会议由执行董事召集并主持。召开股东会议，应当于会议召开15日以前通知全体股东。

4）股东会决议

有限责任公司股东会会议作出决议，采取“资本多数制”原则，股东按照出资比例行使表决权。但公司法或公司章程对表决方式另有规定的，从其规定。例如股东对外转让出资，就需要其他股东人数的过半数同意，而不是所代表资本的过半数。

下列事项必须经代表2/3以上表决权的股东通过：① 修改公司章程；② 公司增加或者减少注册资本；③ 公司分立、合并、解散或者变更公司形式。

2. 董事会

1）董事会的性质和组成

董事会是有限责任公司的业务执行机关，负责日常经营的决策和具体业务的执行。它是常设机关。

有限责任公司董事会的成员为3～13人，设董事长1人，可以设副董事长，董事长和副董事长的产生办法由公司章程决定。规模较小的有限责任公司可以不设立董事会，只设1名执行董事。一般情况下，董事长或执行董事是公司的法定代表人。

董事的任期由公司章程规定，但每届不得超过3年，任期届满连选可以连任。董事任职期间，股东会不得无故解除其职务。

2）董事会的职权

有限责任公司的董事会（执行董事）行使下列职权：① 召集股东会会议，并向股东会报告工作；② 执行股东会的决议，决定公司的经营计划和投资方案；③ 制订公司的年度财务预算方案、决算方案；④ 制订公司的利润分配方案和弥补亏损方案；⑤ 制订公司增加或者减少注册资本以及发行公司债券的方案；⑥ 制订公司合并、分立、解散或者变更公司形式的方案；⑦ 决定公司内部管理机构的设置；⑧ 决定聘任或者解聘公司经理及其报酬事项，并根据经理的提名决定聘任或者解聘公司副经理、财务负责人及其报酬事项；⑨ 制定公司的基本管理制度；⑩ 公司章程规定的其他职权。

3）董事会的召开和决议

董事会会议由董事长召集和主持；董事长不能履行职务或者不履行职务的，由副董事长召集和主持；副董事长不能履行职务或者不履行职务的，由半数以上董事共同推举一名董事召集和主持。该规则同样适用于股份有限公司。

董事会决议的表决，实行一人一票制。董事会应当对所议事项的决定做成会议记录，出席会议的董事应当在会议记录上签名。

3. 监事会

1）监事会的性质和组成

监事会是有限责任公司的监督机关，专司监督职能。监事会对股东会负责，并向其报告工作。监事会是常设机关。

监事会的成员不得少于 3 人，应当包括股东代表和不少于 1/3 的公司职工代表，具体比例由公司章程规定。监事会设主席 1 人，负责召集和主持监事会会议。规模较小的公司也可以不设监事会，只设 1～2 名监事。

监事的任期是法定的，每届 3 年，连选可以连任。公司的董事、高级管理人员不得兼任监事。

2）监事会的职权

有限责任公司的监事会（监事）行使下列职权：① 检查公司财务；② 对董事、高级管理人员执行公司职务的行为进行监督，对违反法律、行政法规、公司章程或者股东会决议的董事、高级管理人员提出罢免的建议；③ 当董事、高级管理人员的行为损害公司的利益时，要求董事、高级管理人员予以纠正；④ 提议召开临时股东会会议，在董事会不履行《公司法》规定的召集和主持股东会会议职责时召集和主持股东会会议；⑤ 向股东会会议提出提案；⑥ 依照《公司法》第 152 条的规定，对董事、高级管理人员提起诉讼；⑦ 公司章程规定的其他职权。

4. 经理

有限责任公司可以设经理。经理是负责公司日常经营管理工作的高级管理人员，由董事会聘任或者解聘，对董事会负责。《公司法》规定，经理可以担任公司的法定代表人。

经理行使以下职权：① 主持公司的生产经营管理工作，组织实施董事会决议；② 组织实施公司年度经营计划和投资方案；③ 拟订公司内部管理机构设置方案；④ 拟订公司的基本管理制度；⑤ 制定公司的具体规章；⑥ 提请聘任或者解聘公司副经理、财务负责人；⑦ 决定聘任或者解聘除应由董事会决定聘任或者解聘以外的负责管理人员；⑧ 董事会授予的其他职权。公司章程对经理职权另有规定的，从其规定。

3.2.4　有限责任公司的股权转让

1. 股权转让的一般规则和手续

（1）有限责任公司的股东之间可以相互转让其全部或者部分股权。

（2）向股东以外的人转让。股东向股东以外的人转让股权，应当经其他股东过半数同意。股东应就其股权转让事项书面通知其他股东征求同意，其他股东自接到书面通知之日起满30日未答复的，视为同意转让。其他股东半数以上不同意转让的，不同意的股东应当购买该转让的股权；不购买的，视为同意转让。

经股东同意转让的股权，在同等条件下，其他股东有优先购买权。两个以上股东主张行使优先购买权的，协商确定各自的购买比例；协商不成的，按照转让时各自的出资比例行使优先购买权。公司章程对股权转让另有规定的，从其规定。

（3）人民法院依照法律规定的强制执行程序转让股东的股权时，应当通知公司及全体股东，其他股东在同等条件下有优先购买权。其他股东自人民法院通知之日起满20日不行使优先购买权的，视为放弃优先购买权。

（4）股权转让后应当履行的手续。转让股权后，公司应当注销原股东的出资证明书，向新股东签发出资证明书，并相应修改公司章程和股东名册中有关股东及其出资额的记载。对公司章程的该项修改无须再由股东会表决。

案例思考

甲、乙、丙三人共同投资设立了红黄兰有限责任公司。该公司章程规定：如果股东认为有限责任公司的经营不能令其满意，可以抽回其出资或将其出资转让给股东以外的其他人。公司成立后，经营业绩一直不理想，因此乙在没有通知甲、丙的情况下准备将出资份额转让给丁，甲认为不能转让，但乙坚持认为其转让出资份额给第三人是公司章程赋予股东的权利。鉴于甲提出异议，乙为了避免大家关系紧张，又提出抽回出资的要求，丙认为这一要求是受公司章程保护的，应予支持。甲认为公司章程规定的内容不好，使公司的经营很被动，马上修改了公司章程。问：

1. 甲认为乙未通知其他股东便转让出资份额给第三人的行为是无效的看法是否正确？

2. 丙认为乙抽回出资的行为受公司章程的保护的看法是否正确？

3. 甲迅速修改公司章程的行为是否合适？

2. 异议股东的股权回购请求权

有下列情形之一的，对股东会该项决议投反对票的股东可以请求公司按照合理的价格收购其股权：① 公司连续5年不向股东分配利润，而公司该5年连续盈利，并且符合《公司法》规定的分配利润条件的；② 公司合并、分立、转让主要财产的；③ 公司章程规定的营业期限届满或者章程规定的其他解散事由出现，股东会会议通过决议修改章程使公司存续的。

自股东会会议决议通过之日起60日内，股东与公司不能达成股权收购协议的，股东可以自股东会会议决议通过之日起90日内向人民法院提起诉讼。

3. 自然人股东资格的继承

自然人股东死亡后，其合法继承人可以继承股东资格；但是，公司章程另有规定的除外。

3.3 特殊的有限责任公司

3.3.1 一人有限责任公司

1. 一人有限责任公司的概念和特征

一人有限责任公司是指只有一个自然人股东或者一个法人股东的有限责任公司，简称一人公司。它具有以下特征。

（1）股东为一人，可以是自然人，也可以是法人。这与一般的有限责任公司相区别，后者的股东在两人以上；也与个人独资企业不同，后者的投资人只能是自然人。

（2）股东对公司债务承担有限责任。一人公司本质上仍是有限公司，并非独立的公司形态。公司财产不足以清偿其债务时，股东不负连带责任，这是它与个人独资企业的根本区别。

（3）组织机构的简化。由于只有一个股东，一人公司非但可以不设董事会、监事会，也不需要设置股东会。显然，这是组织机构最简单的公司形式。

2. 一人有限责任公司的意义

旧《公司法》禁止一人公司的存在，主要考虑它有以下弊端：一人公司缺乏股东之间的相互制衡及公司组织机构之间的相互制衡，容易混淆公司财产和股东个人财产，唯一的股东可以轻易将公司财产挪作私用，或给自己支付巨额报酬，或同公司进行自我交易，或以公司名义为自己担保或者借贷等，给市场带来了较多不稳定因素。

但一人公司也有其存在的价值：① 一人公司符合自由市场经济的原则，体现对投资者自由选择投资方式的尊重；② 一人公司可使唯一投资者最大限度利用有限责任原则规避经营风险，实现经济效率最大化；③ 一人公司可以避免众多股东情况下，烦琐的议事程序甚至相互算计，提高公司决策效率；④ 对某些行业来说，资金的优势与企业的规模并不重要，而人的因素至为关键，小规模经营更显优势，一人公司与此正相吻合。

可见，一人公司的利与弊共存。作为立法者来说，不应该看到“弊”的存在就简单地一禁了之，而应该通过法律制度建设，最大限度地预防弊端、规避风险，从而发挥它有利的一面。

3. 对一人有限责任公司的规制

为了防止一人公司可能产生的种种弊端，公司法在允许设立一人公司的同时，确实设计了一系列限定性条件。

（1）再投资的限制。这一限制体现在两个方面：其一，一个自然人只能投资设立一个一人公司；其二，由一个自然人设立的一人公司不能作为股东再去投资设立新的一人公司。但需注意，如果是法人设立的一人公司，则不受上述两条限制。

（2）财务会计制度方面的要求。一人公司应当在每一会计年度终了时编制财务会计报告，并经会计师事务所审计。

（3）人格混同时的股东连带责任。一人公司的股东不能证明公司财产独立于股东自己财产的，即发生公司财产与股东个人财产的混同，进而发生公司人格与股东个人人格的混同，此时股东必须对公司债务承担连带责任，公司债权人可以将公司和公司股东作为共同债务人进行追索。

3.3.2　国有独资公司

1. 国有独资公司的概念和特征

国有独资公司，是指国家单独出资、由国务院或者地方人民政府授权本级人民政府国有资产监督管理机构履行出资人职责的有限责任公司。国有独资公司的特征如下。

（1）国有独资公司为有限责任公司。适用有限责任公司的一般原则。

（2）国有独资公司只有一个股东。从本质上讲，国有独资公司也属于一人公司。

（3）国有独资公司股东的法定性。其唯一的股东只能是国家，并由国有资产监督管理机构代行股东权利。

2. 国有独资公司的组织机构

国有独资公司不设股东会。国有资产监督管理机构委托董事会行使股东会的部分职权，决定公司的重大事项。但是，有关公司的合并、分立、解散、增减资本和发行公司债券，必须由国有资产监督管理机构批准。

国有独资公司设董事会，董事会行使公司股东的部分权利，同时是公司的执行机关。董事会人选来自两个方面：一是由国有资产监督管理机构委派；二是公司职工代表，由职工代表大会民主选举产生。董事会每届任期为 3 年。

国有独资公司的监事会是公司的监督机关。主要由国务院或者国务院授权的机构、部门委派的人员组成，并有职工代表参加。监事会成员不得少于 5 人，其中职工代表比例不得少于 1/3。监事列席董事会会议。董事、高级管理人员及财务负责人不得担任监事。

国有独资公司设经理，由董事会聘任或者解聘。经国有资产监督管理机构同意，董事会成员可以兼任经理。经理的职权与有限责任公司的经理基本相同。

国有独资公司的董事长、副董事长、董事、高级管理人员，未经国有资产监督管理机构同意，不得在其他有限责任公司、股份有限公司或者其他经济组织兼职。

3.4 公司董事、监事、高级管理人员的资格和义务

3.4.1 公司高级管理人员的概念

高级管理人员是指公司经理、副经理、财务负责人、上市公司董事会秘书和公司章程规定的其他人员。

3.4.2 董事、监事、高级管理人员的任职资格

我国《公司法》对于这些人员没有规定积极的任职资格，但是却规定了相应的消极任职资格，即规定了不得担任董事、监事、高级管理人的情形，具体包括以下5个方面。

（1）无民事行为能力或者限制民事行为能力。

（2）因贪污、贿赂、侵占财产、挪用财产或者破坏社会主义市场经济秩序，被判处刑罚，执行期满未逾5年，或者因犯罪被剥夺政治权利，执行期满未逾5年。

（3）担任破产清算的公司、企业的董事或者厂长、经理，对该公司、企业的破产负有个人责任的，自该公司、企业破产清算完结之日起未逾3年。

（4）担任因违法被吊销营业执照、责令关闭的公司、企业的法定代表人，并负有个人责任的，自该公司、企业被吊销营业执照之日起未逾3年。

（5）个人所负数额较大的债务到期未清偿。

3.4.3 董事、监事、高级管理人员的义务

1. 董事、监事、高级管理人员的共同禁止行为

（1）应当遵守法律、行政法规和公司章程，对公司负有忠实义务和勤勉义务。

（2）不得利用职权收受贿赂或者其他非法收入，不得侵占公司的财产。

2. 董事与高级管理人员不得实施的行为

（1）挪用公司资金。

（2）将公司资金以其个人名义或者以其他个人名义开立账户存储。

（3）违反公司章程的规定，未经股东会、股东大会或者董事会同意，将公司资金借贷给他人或者以公司财产为他人提供担保。

（4）违反公司章程的规定或者未经股东会、股东大会同意，与本公司订立合同或者进行交易。

（5）未经股东会或者股东大会同意，利用职务便利为自己或者他人谋取属于公司的商业机会，自营或者为他人经营与所任职公司同类的业务。

（6）接受他人与公司交易的佣金归为己有。

（7）擅自披露公司秘密。

（8）违反对公司忠实义务的其他行为。

3.4.4　董事、监事、高级管理人员对公司负有的其他责任和义务

1. 列席会议、接受质询、提供资料

股东会或者股东大会要求董事、监事、高级管理人员列席会议的，董事、监事、高级管理人员应当列席并接受股东的质询。

董事、高级管理人员应当如实向监事会或者不设监事会的有限责任公司的监事提供有关情况和资料，不得妨碍监事会或者监事行使职权。

2. 股东针对董事、监事、高级管理人员的维权机制

（1）通过监事会或监事提起诉讼维权。董事、监事、高级管理人员执行公司职务时违反法律、行政法规或者公司章程的规定，给公司造成损失的，有限责任公司的股东、股份有限公司连续 180 日以上单独或者合计持有公司 1% 以上股份的股东，可以书面请求监事会或者不设监事会的有限责任公司的监事向人民法院提起诉讼。

（2）通过董事会活动时提起诉讼维权。监事执行公司职务时违反法律、行政法规或者公司章程的规定，给公司造成损失的，有限责任公司的股东、股份有限公司连续 180 日以上单独或者合计持有公司 1% 以上股份的股东，可以书面请求董事会或者不设董事会的有限责任公司的执行董事向人民法院提起诉讼。

（3）股东直接维权。监事会、不设监事会的有限责任公司的监事，或者董事会、执行董事收到前款规定的股东书面请求后拒绝提起诉讼，或者自收到请求之日起 30 日内未提起诉讼，或者情况紧急、不立即提起诉讼将会使公司利益受到难以弥补的损害的，前款规定的股东有权为了公司的利益以自己的名义直接向人民法院提起诉讼。

他人侵犯公司合法权益，给公司造成损失的，本条前述股东可以依照前两款的规定向人民法院提起诉讼。

董事、高级管理人员违反法律、行政法规或者公司章程的规定，损害股东利益的，股东可以向人民法院提起诉讼。

3.5　公司财务会计制度

3.5.1　公司财务会计的概念

（1）公司财务会计制度是指法律、法规及公司章程中所确立的一系列公司财务会计规程。

（2）公司财务制度是指关于公司资金管理、成本费用的计算、营业收入的分配、货币的管理、公司的财务报告、公司纳税等方面的规程。

（3）公司会计制度是指会计记账、会计核算等方面的规程。它是公司生产经营过程中

各种财务制度的具体反映。公司的财务制度正是通过公司的会计制度来实现的。

3.5.2 公司财务会计报告的内容

1. 会计报表

（1）资产负债表。反映公司在某一特定日期财务状况的报表。

资产=负债+所有者权益

（2）利润表。反映企业在一定会计期间经营成果的报表，是损益表的附属明细表。

（3）现金流量表。反映企业在一定会计期间现金和现金等价物流入和流出的报表。

（4）相关附表。反映企业财务状况、经营成果和现金流量的补充报表，主要包括利润分配表以及国家统一的会计制度规定的其他附表。

2. 会计报表附注

为便于会计报表使用者理解会计报表的内容而对会计报表的编制基础、编制依据、编制原则和方法及主要项目等所作的解释。

3. 财务情况说明书

对财务会计报表所反映的公司财务状况做进一步说明和补充的文书。

3.5.3 公司财务会计报告的审计——强制审计制度

公司应当在每一会计年度终了时编制财务会计报告，并依法经会计师事务所审计。

3.5.4 公司利润的分配

1. 弥补亏损

公司分配当年税后利润时，应当提取利润的10%列入公司法定公积金。公司法定公积金累计额为公司注册资本的50%以上的，可以不再提取。公司的法定公积金不足以弥补以前年度亏损的，在依照前款规定提取法定公积金之前，应当先用当年利润弥补亏损。公司从税后利润中提取法定公积金后，经股东会或者股东大会决议，还可以从税后利润中提取任意公积金。公司弥补亏损和提取公积金后所余税后利润，有限责任公司依照《公司法》第35条的规定分配；股份有限公司按照股东持有的股份比例分配，但股份有限公司章程规定不按持股比例分配的除外。

股东会、股东大会或者董事会违反前款规定，在公司弥补亏损和提取法定公积金之前向股东分配利润的，股东必须将违反规定分配的利润退还公司。公司持有的本公司股份不得分配利润。

2. 提取法定和任意公积金

1）公积金制度

公积金制度是指依照法律、公司章程或股东大会决议而从公司营业利润或其他收入中提取的一种储备金。其性质与资本性质相同。公积金在资产负债表中被列入所有者权益下，导致公司将利润作为盈余而分派给股东的金额减少，其结果是公司的财产反而因此增加。

2）公积金的类型

以是否依法律规定强制提取为标准，可把公积金分为法定公积金和任意公积金。法定公积金是指依据法律规定而必须强制提取的公积金，故又称为强制公积金。任意公积金是指公司根据公司章程或股东大会决议而于法定公积金外自由设置或提取的公积金，但任意公积金的提取不得影响或挤占法定公积金的提留。以公积金的来源为标准，可把公积金分为盈余公积金和资本公积金。盈余公积金是指公司从其税后的营业利润中提取的公积金。故其来源是唯一的，即只能是来自公司的盈余。资本公积金是指从公司非营业活动中所产生的收益中提取的公积金。

3. 支付股利

（1）股利的含义。股息、红利亦合称为股利，股息是指股东可定期从公司取得固定比率的投资回报，红利是指股息分配后仍有盈余而按一定比率分配的利益。

（2）分配的原则。非有盈余不得分配的原则；按法定顺序分配的原则；同股同权、同股同利的原则。

公司弥补亏损和提取公积金后所余税后利润，才可以分配股利。

3.6 公司的解散和清算

3.6.1 公司解散

1. 公司解散的概念

公司的解散是指公司因发生章程规定或法律规定的解散事由而停止业务活动，并进行清算的状态和过程。

2. 公司解散的原因

（1）公司章程规定的营业期限届满或者公司章程规定的其他解散事由出现。

（2）股东会或者股东大会决议解散。

（3）因公司合并或者分立需要解散。

（4）依法被吊销营业执照、责令关闭或者被撤销。

（5）公司经营管理发生严重困难，继续存续会使股东利益受到重大损失，通过其他途径不能解决的，持有公司全部股东表决权10%以上的股东，可以请求人民法院解散公司。

3. 公司解散的法律后果

（1）解散登记。解散登记是指公司解散时，除了因破产和合并而解散外，应在法定期间内向公司所在地登记机关办理解散登记，经核准登记后，登记机关把公司解散的信息进行公告的程序。

（2）解散效力。解散效力是指公司解散并不因公司解散而消灭，只有公司清算完毕，由注册登记机关办理注销登记后，公司人格才消灭。主要包括：① 直接导致公司清算；② 公司权利能力受到限制，除了清算的必要，公司不得进行任何经营活动；③ 公司机关的能力受到限制，清算组将全面主持工作。

3.6.2 公司清算

1. 公司清算的概念

公司清算是指公司解散或被破产宣告后，依照一定程序了结公司事务，收回债权，清偿并分配财产，最终使公司法人资格终止、消灭的程序。公司清算是公司消灭的必经程序。

2. 公司清算制度的意义

（1）确保清算工作有序进行。

（2）确保债权人的利益。

（3）确保其他利害相关者的合法利益。

3. 清算组

清算组是指公司出现清算的原因后依法成立的处理公司债权、债务的组织，是执行清算事务及代表公司的法定机关。

（1）法律地位。为进行清算而依法成立的对内执行清算事务、对外代表清算中的公司法人表示意思的专门机构。类似于公司经营过程中的董事会的地位。

（2）清算组的产生。公司自愿解散并能依法在 15 日内组成清算组的，有限责任公司由股东组成，股份有限公司的清算组由董事会或者股东大会确定其人选。公司自愿解散但不能依法在 15 日内组成清算组的，债权人可申请人民法院指定有关人员组成清算组，进行清算。因违法被依法责令关闭而导致强制解散的，由主管机关组织股东、有关机关及有关专业人员成立清算组，进行清算。

（3）清算组的职权。① 清算公司财产，分别编制资产负债表和财产清单；② 通知或公告债权人；③ 处理与清算有关的公司未了结的业务；④ 清缴所欠税款；⑤ 清理债权债务；⑥ 处理公司清偿债务后剩余财产；⑦ 代表公司参与民事活动。

（4）清算组的义务。① 清算工作义务，如通知、公告义务等；② 诚实信用的义务，应该谨慎、勤勉地处理清算义务；③ 忠于职守、依法履行清算义务；④ 清算组不按照规定履行义务的，由公司登记机关责令改正；⑤ 清算组成员利用职权违法的应承担法律责任。

（5）公司清算的程序。① 在法定时限内成立清算组；② 通知、公告债权人申报债权；③ 清理公司财产、编制资产负债表和财产清单，制订清算方案，并报股东会议或有关主管机关确认；④ 特殊情况下，向人民法院申请宣告破产；⑤ 制订清算方案，并经相关部门、组织确定；⑥ 依法定顺序清偿公司债务。清算费用、职工工资福利、缴纳所欠税款、清偿公司债务向股东分派剩余财产，有限责任公司按股东出资比例分配，股份有限公司按所持股票比例分配；⑦ 制作清算报告；⑧ 有关主管机关确认；⑨ 注销登记和公告。

3.7* 股份有限公司

3.7.1 股份有限公司概念与特征

股份有限公司是指其全部资本分为等额股份，股东以其认购的股份为限对公司承担责任，公司以其全部资产对公司债务承担责任的公司。

股份有限公司的特征：① 股份公司资本股份化、证券化；② 股份发行和转让的公开性、自由性；③ 股份公司经营状况具有公开性；④ 公司信用基础的资合性；⑤ 股份公司的设立条件比较严格、程序比较复杂。

3.7.2 股份有限公司的设立

1. 设立条件

（1）发起人符合法定人数。设立股份有限公司，应当有 2 人以上 200 人以下发起人，其中须有半数以上的发起人在中国境内有住所。

（2）有符合公司章程规定的全体发起人认购的股本总额或者募集的实收股本总额。股份有限公司采取发起设立方式设立的，注册资本为在公司登记机关登记的全体发起人认购的股本总额，在发起人认购的股份缴足前，不得向他人募集股份。

股份有限公司采取募集方式设立的注册资本为在公司登记机关登记的实收股本总额。法律、行政法规及国务院规定对股份有限公司注册资本实缴，注册资本最低限额另有规定的，从其规定。

（3）股份发行、筹办事项符合法律规定。

（4）发起人制定公司章程，采用募集方式设立的经创立大会通过。

（5）有公司名称，建立符合股份有限公司要求的组织机构。

（6）有公司住所。

2. 设立程序

股份有限公司的设立，包括发起设立和募集设立两种方式。发起设立，是指由发起人认购公司应发行的全部股份而设立公司；募集设立，是指由发起人认购公司应发行股份的一部分，其余部分向社会公开募集而设立公司。一般情况下，设立股份有限公司可采取任何一种，但是国有企业改建为股份公司，发起人少于 5 人的，应当采取募集设立方式。

1）发起设立

（1）发起人订立公司章程。公司章程是关于股份有限公司的组织及其运作的基本规范，是规定股份有限公司的性质、宗旨、经营范围、组织机构、内部权利义务分配等内容的基本文件。章程应当载明下列事项：公司名称和住所；公司经营范围；公司设立方式；公司股份总数、每股金额和注册资本；发起人的姓名或者名称、认购的股份数、出资方式和出资时间；董事会的组成、职权和议事规则；公司法定代表人；监事会的组成、职权和议事规则；公司利润分配办法；公司的解散事由与清算办法；公司的通知和公告办法；股东大会认为需要规定的其他事项。

（2）发起人认足公司章程规定发行的股份。以发起方式设立股份有限公司的发起人应书面认定公司章程规定其认购的股份，并按照公司章程规定缴纳出资。以非货币财产出资的，应当依法办理财产权转移手续。

（3）发起人缴纳股款。

（4）发起人认定公司章程规定的出资后，应当选举董事会和监事会，由董事会向公司登记机关报送公司章程及法律、行政法规规定的其他文件，申请设立登记。

2）募集设立

募集设立时，股份有限公司的股本总额分别由发起人认缴和向社会公开募集，因此其程序较发起设立更为复杂和严格。其步骤如下。

（1）发起人订立公司章程。

（2）发起人认购股份。全体发起人认购的股份不得少于公司股份总数的35%，但法律、行政法规另有规定的除外。

（3）发起人起草招股说明书。发起人向社会公开募集股份，必须公告招股说明书，并制作认股书。认股书应当载明《公司法》第86条所列事项，由认股人填写认购股数、金额、住所，并签名、盖章。认股人按照所认购股数缴纳股款。

（4）签订股票承销协议。发起人向社会公开募集股份，应当由依法设立的证券公司承销，签订承销协议。

（5）签订代收股款协议。发起人向社会公开募集股份，应当同银行签订代收股款协议。代收股款的银行应当按照协议代收和保存股款，向缴纳股款的认股人出具收款单据，并负有向有关部门出具收款证明的义务。

（6）向国务院证券管理部门申请募股。

（7）公告招股说明书，制作认股书。

（8）社会公众认股缴款，法定验资机构验资。

（9）召开成立大会。发行股份的股款缴足后，必须经依法设立的验资机构验资并出具证明。发起人应当自股款缴足之日起30日内主持召开公司创立大会。创立大会由发起人、认股人组成。发行的股份超过招股说明书规定的截止期限尚未募足的，或者发行股份的股款缴足后，发起人在30日内未召开创立大会的，认股人可以按照所缴股款并加算银行同期存款利息，要求发起人返还。

（10）申请设立登记，核准登记并发照，公告并报告募股情况。

3. 发起人的设立责任

（1）资本充实责任。贯彻资本充实原则，由公司发起人共同承担保证公司成立时的实有资本与公司章程记载一致的责任，主要包括两个方面。一是缴纳担保责任。股份有限公司成立后，发起人未按照公司章程的规定缴足出资的，应当补缴；其他发起人承担连带责任。二是差额填补责任。股份有限公司成立后，发现作为设立公司出资的非货币财产的实际价额显著低于公司章程所定价额的，应当由交付该出资的发起人补足其差额；其他发起人承担连带责任。

（2）发起人对公司的损害赔偿责任。在公司设立过程中，由于发起人的过失致使公司利益受到损害的，应当对公司承担赔偿责任。

（3）出资违约责任。发起人不依照前款规定缴纳出资的，应当按照发起人协议承担违约责任。

（4）公司不能成立时发起人的民事责任。股份有限公司的发起人应当承担下列责任：一是公司不能成立时，对设立行为所产生的债务和费用负连带责任；二是公司不能成立时，对认股人已缴纳的股款，负返还股款并加算银行同期存款利息的连带责任。

案例思考

某市有4家生产经营化工产品的集体企业，拟设立一股份公司，只发行定向募集的记名股票，总注册资本为900万元。在经过该市有关领导的同意后，开始正式筹建。4个发起人各认购200万元，其余100万元向其他企业募集。并规定，只要支付购买股票的现金，即时就交付股票，无论公司是否成立。且为了吸引企业购买，可将每股1元优惠到每股0.9元。一个月后，股款全部募足，发起人召开创立大会，但参加人员所代表的股份总数只有1/3多一点，主要是有两个发起人改变主意抽回了股本。创立大会决定仍要成立公司，就向公司登记机关提交了申请书。但公司登记机关认为根本达不到设立股份有限公司的条件，且违法之处甚多，不予登记。此时，发起人也心灰意冷，宣布不成立公司了。各股东的股本也随即抽回。但这样一来，此公司在设立过程中所产生的各项费用及以公司名义欠的债务达12万元，加上被退回股本的发起人以外的股东要求赔偿的利息损失3万元，合计债务15万元，各发起人互相推诿，谁也不愿意承担责任，债权人起诉。问：

1. 本案的股份有限公司成立过程中有哪些重大违法之处？
2. 发起人是否承担此责任？

3.7.3　股份有限公司的组织机构

1. 股东大会

1）股东大会的性质和地位

股份有限公司股东大会由全体股东组成。股东大会是公司的权力机构，依照本法行使职权。

2）股东大会的职权

有限责任公司股东会职权的规定，适用于股份有限公司股东大会。

3）股东大会的召集

股东大会应当每年召开一次年会。有下列情形之一的，应当在两个月内召开临时股东大会：① 董事人数不足规定人数或者公司章程所定人数的 2/3 时；② 公司未弥补的亏损达实收股本总额 1/3 时；③ 单独或者合计持有公司 10% 以上股份的股东请求时；④ 董事会认为必要时；⑤ 监事会提议召开时；⑥ 公司章程规定的其他情形。

4）股东大会的召集和主持

股东大会会议由董事会召集，董事长主持；董事长不能履行职务或者不履行职务的，由副董事长主持；副董事长不能履行职务或者不履行职务的，由半数以上董事共同推举一名董事主持。

董事会不能履行或者不履行召集股东大会会议职责的，监事会应当及时召集和主持；监事会不召集和主持的，连续 90 日以上单独或者合计持有公司 10% 以上股份的股东可以自行召集和主持。

召开股东大会会议，应当将会议召开的时间、地点和审议的事项于会议召开 20 日前通知各股东；临时股东大会应当于会议召开 15 日前通知各股东；发行无记名股票的，应当于会议召开 30 日前公告会议召开的时间、地点和审议事项。

单独或者合计持有公司 3% 以上股份的股东，可以在股东大会召开 10 日前提出临时提案并书面提交董事会；董事会应当在收到提案后两日内通知其他股东，并将该临时提案提交股东大会审议。临时提案的内容应当属于股东大会职权范围，并有明确议题和具体决议事项。

股东大会不得对前两款通知中未列明的事项作出决议。

无记名股票持有人出席股东大会会议的，应当于会议召开 5 日前至股东大会闭会时将股票交存于公司。

5）股东大会的决议

（1）股东投票原则和方式。① 直接投票制是指股东只能将其持有的股份决定的表决票数一次性直接投在这项决议上。《公司法》和公司章程规定公司转让、受让重大资产或者对外提供担保等事项必须经股东大会作出决议的，董事会应当及时召集股东大会会议，由股东大会就上述事项进行表决。② 累计投票制是指表决权可以集中使用，是指股东大会选举董事或者监事时，每一股份拥有与应选董事或者监事人数相同的表决权，股东拥有的表决权可以集中使用。股东大会选举董事、监事，可以依照公司章程的规定或者股东大会的决议，实行累计投票制。

（2）股东大会的决议原则。

股东出席股东大会会议，所持每一股份有一表决权。但是，公司持有的本公司股份没有表决权。股东大会作出决议，必须经出席会议的股东所持表决权过半数通过。但是，股东大会作出修改公司章程、增加或者减少注册资本的决议，以及公司合并、分立、解散或者变更公司形式的决议，必须经出席会议的股东所持表决权的2/3以上通过。

6）决议无效与撤销

公司股东会或者股东大会、董事会的决议内容违反法律、行政法规的无效。股东会或者股东大会、董事会的会议召集程序、表决方式违反法律、行政法规或者公司章程，或者决议内容违反公司章程的，股东可以自决议作出之日起60日内，请求人民法院撤销。股东依照前款规定提起诉讼的，人民法院可以应公司的请求，要求股东提供相应担保。公司根据股东大会、董事会决议已办理变更登记的，人民法院宣告该决议无效或者撤销该决议后，公司应当向公司登记机关申请撤销变更登记。

2. 董事会

1）董事会的法律地位

董事会对股东大会负责，是公司业务执行机构、日常经营决策机构，对外代表公司。

2）董事会的职权

有限责任公司关于董事任期、董事会职权的规定，适用于股份有限公司。

3）董事的种类

内部董事（执行董事）：同时担任公司其他职务的董事为内部董事。

外部董事（非执行董事）：不再同时担任公司其他职务的董事为外部董事，又可分为独立董事和灰色董事。

灰色董事：指除供职于董事会而与管理层相联系外，还与管理层有着个人的和经济利益上的联系的外部董事，灰色董事有损董事会监督职能的可能性。

独立董事：除供职于董事会外，与公司管理层不存在其他联系的外部董事。上市公司设立独立董事，具体办法由国务院规定。

4）董事的任免

股份有限公司设董事会，其成员为5～19人。董事会成员中可以有公司职工代表。董事会中的职工代表由公司职工通过职工代表大会、职工大会或者其他形式民主选举产生。有限责任公司关于董事任期的规定，适用于股份有限公司董事。

5）董事长的地位和职权

董事会设董事长一人，可以设副董事长。董事长和副董事长由董事会以全体董事的过半数选举产生。

董事长召集和主持董事会会议，检查董事会决议的实施情况。副董事长协助董事长工作，董事长不能履行职务或者不履行职务的，由副董事长履行职务；副董事长不能履行职务或者不履行职务的，由半数以上董事共同推举一名董事履行职务。公司法定代表人依照公司章程的规定，由董事长、执行董事或者经理担任，并依法登记。公司法定代表人变更，应当办理变更登记。

6）董事会会议

董事会会议可分为普通会议和临时会议。董事会每年度至少召开两次会议，每次会议应当于会议召开 10 日前通知全体董事和监事。代表 1/10 以上表决权的股东、1/3 以上董事或者监事会，可以提议召开董事会临时会议。董事长应当自接到提议后 10 日内，召集和主持董事会会议。董事会召开临时会议，可以另定召集董事会的通知方式和通知时限。董事会会议应有过半数的董事出席方可举行。董事会作出决议，必须经全体董事的过半数通过。董事会决议的表决，实行一人一票。董事会会议，应由董事本人出席；董事因故不能出席，可以书面委托其他董事代为出席，委托书中应载明授权范围。董事会应当对会议所议事项的决定做成会议记录，出席会议的董事应当在会议记录上签名。董事应当对董事会的决议承担责任。董事会的决议违反法律、行政法规或者公司章程、股东大会决议，致使公司遭受严重损失的，参与决议的董事对公司负赔偿责任。但经证明在表决时曾表明异议并记载于会议记录的，该董事可以免除责任。

3. 监事会

监事会是依法产生，对董事和经理的经营管理行为及公司财务进行监督的常设机构。监事会每 6 个月至少召开一次会议。监事可以提议召开临时监事会会议。

监事会的议事方式和表决程序，除《公司法》有规定的以外，由公司章程规定。监事会决议应当经半数以上监事通过。

监事会应当对所议事项的决定做成会议记录，出席会议的监事应当在会议记录上签名。股份有限公司设监事会，其成员不得少于 3 人。

监事会应当包括股东代表和适当比例的公司职工代表，其中职工代表的比例不得低于 1/3，具体比例由公司章程规定。监事会中的职工代表由公司职工通过职工代表大会、职工大会或者其他形式民主选举产生。

监事会设主席一人，可以设副主席。监事会主席和副主席由全体监事过半数选举产生。监事会主席召集和主持监事会会议；监事会主席不能履行职务或者不履行职务的，由监事会副主席召集和主持监事会会议；监事会副主席不能履行职务或者不履行职务的，由半数以上监事共同推举一名监事召集和主持监事会会议。董事、高级管理人员不得兼任监事。有限责任公司关于监事任期、监事会职权的规定，适用于股份有限公司监事。监事会行使职权所必需的费用，由公司承担。

4. 经理

股份有限公司设经理，由董事会决定聘任或者解聘。有限责任公司关于经理职权的规定，适用于股份有限公司经理。

3.7.4 股份发行与转让

1. 股份的概念与特征

股份是股东对股份有限公司的出资所形成的公司资本经等比例分割后所形成的均等份

额。股份是公司资本的基本组成单位，也是划分股东权利义务的基本构成单位。

股份的特征主要有平等性、转让性和不可分性。

2. 股份的表现形式

公司的股份采取股票的形式。股份是股票的实质内容，股票是股份的外在表现形式。

（1）股票是有价证券。有价证券是财产价值和财产权利的统一表现形式。持有有价证券一方面表示拥有一定价值量的财产，另一方面也表明有价证券持有人可以行使该证券所代表的权利。从这一点来看，股票是有价证券的一种。第一，虽然股票本身没有价值，但其包含着股东要求股份公司按规定分配股息和红利的请求权，同时代表着拥有股份公司的一定价值量的资产。第二，股票与其代表的股东权利有不可分离的关系，它们两者合为一体。换言之，股东权利的转让应与股票占有的转移同时进行，不能只转移股票而保持原来的股东权利，也不能只转让股东权利而不转移股票。

（2）股票是一种要式证券。股票应记载一定的事项，其内容应全面真实，这些事项往往通过法律形式加以规定。在我国，股票应具备《公司法》规定的有关内容，如果缺少规定的要件，股票就无法律效力。而且，股票的制作和发行必须经证券主管机关的审核和批准，任何个人或者团体，不得擅自印制发行股票。

（3）股票是一种证权证券。证券可以分为设权证券和证权证券。设权证券是指证券所代表的权利本来不存在，而是随着证券的制作而产生，即权利的发生是以证券的制作和存在为条件的。而证权证券是指证券是权利的一种物化的外在形式，它是权利的载体，权利是已经存在的。股票代表的是股东权利，它的发行是以股份的存在为条件的，股票只是把已存在的股东权利表现为证券的形式，它的作用不是创造股东的权利，而是证明股东的权利。股东权利可以不随股票的损毁、遗失而消失，股东可以依照法定程序要求公司补发新的股票。所以说，股票是证权证券。

（4）股票是一种资本证券。股份公司发行股票是一种吸引认购者投资以筹措公司自有资本的手段，对于认购股票的人来说，购买股票就是一种投资行为。因此，股票是投入股份公司的资本份额的证券化，属于资本证券。但是，股票又不是一种现实的财富，股份公司通过发行股票筹措的资金，是公司用于营运的真实资本，股票独立于真实资本之外，只是凭借着它所代表的资本额和股东权益在股票市场上进行着独立的价值运动，是一种虚拟资本。

（5）股票是一种综合权利证券。股票不属于物权证券，也不属于债权证券。物权证券是指证券持有者对公司的财产有直接支配处理权的证券；债权证券是指证券持有者为公司债权人的证券。股票持有者作为股份公司的股东，享有独立的股东权利。股东权是一种综合权利，包括出席股东大会、投票表决、分配股息红利等权利。股东虽然是公司财产的所有人，享有种种权利，但对于公司的财产不能直接支配处理，而对财产的直接支配处理是物权证券的特征，所以股票不是物权证券。另外，一旦投资者购买了公司股票，他即成为公司部分财产的所有人，但该所有人在性质上是公司内部的构成分子，而不是与公司对立的债权人，所以股票也不是债权证券。

3. 股份的分类

(1) 普通股和特别股。根据股份有限公司的股东权利性质的不同，可将股份分为普通股和特别股。普通股是指股东拥有的权利义务相等，待遇无差别的股份；特别股是指股份所代表的权利义务不同于普通股而有特别内容的股份。特别股又可分为优先股和劣后股。以普通股为基准，凡在分配收益及分配剩余资产等方面比普通股股东享有优先权的股份，即为优先股；而在分配收益及分配剩余资产等方面逊后于普通股的股份，即为劣后股。我国没有对发行特别股作出规定。

(2) 记名股和不记名股。以股票票面是否记载股东的姓名为标准划分为记名股和不记名股。

(3) 额面股和无额面股。以股票票面是否记载金额为标准划分为额面股和无额面股。

(4) 国家股、法人股、社会公众股、外资股。按照投资主体的不同划分为国家股、法人股、社会公众股、外资股；依投资主体和产权管理的不同分为国家股和国有法人股。

国家股是指有权代表国家投资的机构或部门向股份有限公司出资形成或依法定程序取得的股份。在股份公司股权登记上记名为该机构或部门持有的股份。

国有法人股是指具有法人资格的国有企业、事业及其他单位以其依法占用的法人资产向独立于自己的股份公司出资形成或依法定程序取得的股份。在股份登记上登记为该国有企业、事业及其他单位持有的股份。

法人股是指一般的法人企业或具有法人资格的事业单位和社会团体以其依法可支配的资产向股份有限公司出资形成或依法定程序取得的股份。

社会公众股是指单个自然人以其合法财产向股份有限公司投资形成或依法定程序取得的股份。在我国的股份制试点过程中，个人股又分为社会个人股和企业内部职工股。

外资股指由外国和港澳台的投资者向公司投资形成或依法定程序取得的股份。

(5) A 股、B 股、H 股、N 股和 S 股。这是按照是否以人民币认购和交易股份为标准而划分。A 股是指专供我国的法人和公民（不含港澳台的投资者）以人民币认购和交易的股份。B 股是以人民币标明面值，以美元和港元认购和交易，在境内证券交易所上市交易的人民币特种股。H 股是以人民币标明面值，以港元认购和交易，在香港联合交易所上市交易的人民币特种股。N 股是以人民币标明面值，以美元认购和交易，在纽约交易所上市交易的人民币特种股。S 股是以人民币标明面值，以新加坡元认购和交易，在新加坡交易所上市交易的人民币特种股。

另外，ST 股是指特别处理股，不是单独的一种分类。其中期财务报表须外部审计，执行 5% 跌停板，另板公布，时间至少一年。其他权利和义务都一致。

4. 股份发行

1) 股份发行的原则

股份的发行，实行公平、公正的原则，同种类的每一股份应当具有同等权利。同次发行的同种类股票，每股的发行条件和价格应当相同；任何单位或者个人所认购的股份，每股应当支付相同价额。

2）股份发行的条件

（1）股份的设立发行必须满足以下条件：① 符合股份有限公司设立的条件；② 募集设立公司发行人认购的股份不得少于公司股份总数的35%；③ 股份发行价格的确定还应遵守公司法的规定，即不得折价发行、同股同价。

（2）根据国务院发布的《股票发行与交易管理暂行条例》第8条的规定，设立股份有限公司申请公开发行股票应符合下列条件：① 其生产经营符合国家产业政策；② 其发行的普通股限于一种，同股同权；③ 发起人认购的股本数额不少于公司拟发行的股本总额的35%；④ 在公司拟发行的股本总额中，发起人认购的部分不少于人民币3 000万元，但是国家另有规定的除外；⑤ 向社会公众发行的股份不少于公司拟发行的股本总额的25%，其中公司职工认购的股本数额不得超过拟向社会公众发行的股本总额的10%；公司拟发行的股本总额超过人民币4亿元的，证监会按照规定可以酌情降低向社会公众发行的部分的比例，但是最低不少于公司拟发行的股本总额的10%；⑥ 发起人在近三年内没有重大违法行为；⑦ 证券监督管理机构规定的其他条件。

3）新股发行的条件

新股发行的条件有：① 具备健全且运行良好的组织机构；② 具有持续盈利能力，财务状况良好；③ 最近3年财务会计文件无虚假记载，无其他重大违法行为；④ 其他条件。

5. 股份转让

1）股份转让的概念

股份转让是指股份有限公司的股份所有人，依法自愿地将自己的股份让渡给其他人，而受让人依法取得该股份所有权的法律行为。

2）股份转让的方式

记名股票由股东以背书方式或者法律、行政法规规定的其他方式转让，转让后由公司将受让人的姓名或者名称及住所记载于股东名册。无记名股票的转让，由股东将该股票交付给受让人后即发生转让的效力。

3）股份转让的限制

（1）对股份转让场所的限制。股东转让其股份，应当在依法设立的证券交易场所进行或者按照国务院规定的其他方式进行。

（2）对发起人所持股份的转让限制。发起人持有的本公司股份，自公司成立之日起一年内不得转让。公司公开发行股份前已发行的股份，自公司股票在证券交易所上市交易之日起一年内不得转让。

（3）对公司董事、监事、高级管理人员持有本公司股份的转让限制。公司董事、监事、高级管理人员应当向公司申报所持有的本公司的股份及其变动情况，在任职期间每年转让的股份不得超过其所持有本公司股份总数的25%；所持本公司股份自公司股票上市交易之日起一年内不得转让。上述人员离职后半年内不得转让其所持有的本公司股份。公司章程可以对公司董事、监事、高级管理人员转让其所持有的本公司股份作出其他限制性规定。

(4) 对公司收购本公司股份的限制。公司不得收购本公司股份。但是，有下列情形之一的除外：① 减少公司注册资本；② 与持有本公司股份的其他公司合并；③ 将股份奖励给本公司职工；④ 股东因对股东大会作出的公司合并、分立决议持异议，要求公司收购其股份的。

公司因前款①～③的原因收购本公司股份的，应当经股东大会决议。公司依照前款规定收购本公司股份后，属于①项情形的，应当自收购之日起 10 日内注销；属于②和④项情形的，应当在 6 个月内转让或者注销。公司依照③项规定收购的本公司股份，不得超过本公司已发行股份总额的 5%；用于收购的资金应当从公司的税后利润中支出；所收购的股份应当在一年内转让给职工。

(5) 禁止接受本公司股票作为质押权标的。

(6) 在法定的“停止过户期”的时限内股份转让的限制。股东大会召开前 20 日内或者公司决定分配股利的基准日前 5 日内，不得进行前款规定的股东名册的变更登记。但是，法律对上市公司股东名册变更登记另有规定的，从其规定。

3.7.5 上市公司

1. 上市公司的概念

上市公司是指其股票在证券交易所上市交易的股份有限公司。

2. 上市公司的特别规定

(1) 资产重大变动由股东大会决议制度。上市公司在一年内购买、出售重大资产或者担保金额超过公司资产总额 30% 的，应当由股东大会作出决议，并经出席会议的股东所持表决权的 2/3 以上通过。

(2) 独立董事制度。上市公司独立董事是指不在上市公司担任除董事外的其他职务，并与其所受聘的上市公司及其主要股东不存在可能妨碍其进行独立客观判断关系的董事。独立董事最多可同时在 5 家上市公司兼任独立董事，并确保有足够的时间和精力有效履行独立董事的职责。上市公司董事会至少包括 1/3 的独立董事，其中至少包括一名会计专业人士（有高级职称或注册会计师资格）。

(3) 董事会秘书制度。上市公司设董事会秘书，负责公司股东大会和董事会会议的筹备、文件保管及公司股东资料的管理，办理信息披露事务等事宜。

(4)“关联董事”的回避制度。上市公司董事与董事会会议决议事项所涉及的企业有关联关系的，不得对该项决议行使表决权，也不得代理其他董事行使表决权。该董事会会议由过半数的无关联关系董事出席即可举行，董事会会议所作决议须经无关联关系董事过半数通过。出席董事会的无关联关系董事人数不足 3 人的，应将该事项提交上市公司股东大会审议。

【实施与评价要点】

本项目一开始的任务导入中布置了一个任务：几个人拟成立一有限责任公司，请你们制定一份公司章程。

1. 任务分析

为完成上面的任务，应围绕公司章程包含的内容，结合自己所成立公司的特点主要解决以下问题：

(1) 应明确公司的名称、经营范围、住所；

(2) 股东的姓名或者名称；

(3) 确定公司的注册资本、出资方式、出资额、出资时间；

(4) 确定公司的组织机构及产生办法、职权、议事规则；

(5) 确定公司的法定代表人；

(6) 确定公司股权转让的规定；

(7) 明确股东收益分配和风险分担；

(8) 确定公司的期限、解散和清算办法；

(9) 对未尽事宜的解决办法。

2. 任务实施及检测

(1) 任务内容：几个人拟成立一有限责任公司，在进行公司登记之前应该制定一份公司章程，然后准备拿拟好的章程及其他材料到工商行政管理部门进行注册登记。

(2) 任务要求：每20人一大组，选出组长，每大组分成两个小组，每个小组的10名成员组建一有限责任公司，根据任务目标制定一份公司章程，用A4纸打印。每个小组把两份公司章程进行对比，找出差距，然后进行补正，选出一份最优章程进行展示。

(3) 任务检测：每组组长进行作品展示。展示后每个人都可以对公司章程中存在的问题进行提问，每组组长进行答辩，教师根据每组展示和答辩情况进行总结点评打分。

重点概括

本项目介绍了公司的种类，有限责任公司设立的条件，公司的组织机构，各组织机构的产生、职权、议事规则，公司股权的转让，公司的董事、监事、经理的任职资格，公司的财务会计制度，公司的解散和清算。

《公司法》规定的公司种类为有限责任公司和股份有限公司，有限责任公司包括两种特殊的公司，即一人公司和国有独资公司。

董事、监事、经理应该忠诚于公司，对公司尽到勤勉义务，但是任职资格不得违反公司法的规定。

公司应该在年终对财务会计报告进行审计，公司利润首先用于弥补亏损，然后提取法定公积金和任意公积金，最后向股东分配股利。

公司解散应当进行清算，清算应该按照《公司法》的规定进行。

项目 4

制订外商投资方案

【任务导入】

1. 项目内容

通过本项目的学习，能够根据实际情况，制订外商投资方案。

某外国企业欲在中国投资办厂，你作为投资顾问，为该外国企业投资提供帮助，分析在中国市场设立三资企业的优势和劣势，制订一份投资方案，以供该外国企业借鉴。

2. 项目要求

（1）制订的投资方案应根据三资企业的特点进行分析；

（2）制订的投资方案可以为投资人提供参考；

（3）制订的投资方案能够在该外国企业进行投资时得到应用。

【理论知识要点】

1. 知识目标

（1）能掌握三资企业设立的条件；

（2）能熟知三资企业的注册资本、出资方式、出资期限；

（3）能熟知三资企业组织形式和组织机构；

（4）能够掌握三资企业的经营与管理；

（5）能掌握三资企业的期限、解散和清算。

2. 能力目标

（1）能够比较三资企业的不同；

（2）能正确分析投资三资企业。

案例导入

某西方跨国公司（以下简称西方公司）拟向中国的有关领域进行投资，并拟订了一份投资计划。该计划在论及投资方式时，主张采用灵活多样的形式进行投资，其有关计划要点如下。

（一）在中国上海寻求一位中国合营者，共同投资举办一家生产电话交换系统设备的中外合资经营企业（以下简称合营企业）。合营企业投资总额拟定为 3 000 万美元，注册资本为 1 200 万美元。西方公司在合营企业中占 60% 的股权，并依据合营项目的进展情况分期缴纳出资，且第一期出资额不低于 105 万美元。合营企业采用有限责任公司的组织形式，拟建立股东会、董事会、监事会的组织机构；股东会为合营企业的最高权力机构、董事会为合营企业的执行机构、监事会为合营企业的监督机构。

（二）在中国北京寻求一位中国合作者，共同成立一家生产净水设备的中外合作经营企业（以下简称合作企业）。合作期限为 8 年。合作企业注册资本总额拟定为 250 万美元，西方公司出资额占注册资本总额的 70%，中方合作者出资额占注册资本总额的 30%。西方公司除以机器设备、工业产权折合 125 万美元出资外，还由合作企业作担保向中国的外资金融机构贷款 50 万美元作为其出资额；中方合作者可用场地使用权、房屋及辅助设备出资 75 万美元。西方公司可与中方合作者在合作企业合同中规定：西方公司在合作企业正式投产之后的头 5 年分别先行回收投资，每年先行回收投资的支出部分可计入合作企业当年的成本；合作企业的税后利润以各占 50% 的方式分配；在合作期限届满时，合作企业的全部固定资产归中国合作者所有，但中国合作者应按其残余价值的 30% 给予西方公司适当的补偿。

根据上述各点，请分别回答以下问题。

（1）西方公司拟在中国上海与中方合营者共同举办的合营企业的投资总额与注册资本的比例、西方公司的第一期出资的数额、拟建立的组织机构是否符合有关规定？并说明理由。

（2）西方公司拟在中国北京与中方合作者共同举办的合作企业的出资方式、利润分配比例、约定先行回收投资的办法以及合作期限届满后的全部固定资产的处理方式是否符合有关规定？并说明理由。

【理论内容】

4.1　中外合资经营企业法律制度

4.1.1　中外合资经营企业的概念

中外合资经营企业（简称合营企业）是指外国的公司、企业和其他经济组织或者个人同中国的公司、企业或者其他经济组织，依照中国的法律和行政法规，经中国政府批准，设在中国境内的，由双方共同投资、共同经营，并按照投资比例共担风险、共负盈亏的企业。

中外合营企业法律制度主要包括 1979 年 7 月第五届全国人民代表大会第二次会议通过

并经1990年4月第七届全国人民代表大会第三次会议和2001年3月第九届全国人民代表大会第四次会议修正的《中华人民共和国中外合资经营企业法》（以下简称《中外合资经营企业法》）及国务院1983年9月发布并于1986年1月、1987年12月、2001年7月、2011年1月、2014年2月修正的《中华人民共和国中外合资经营企业法实施条例》。

4.1.2 中外合资经营企业的设立

1. 设立合营企业的条件

（1）采用先进技术设备和科学管理方法，能增加产品品种，提高产品质量和产量，节约能源和材料。

（2）有利于技术改造，能做到投资少、见效快、收益大。

（3）能扩大产品出口，增加外汇收入。

（4）能培训技术人员和经营管理人员。

对于申请设立的合营企业有损中国主权的、违反中国法律的、不符合中国国民经济发展要求的、造成环境污染的、签订的协议合同章程显属不公平损害合营一方权益的，不予批准。

2. 设立合营企业的审批机关

设立合营企业必须经国务院对外经济贸易主管部门（以下简称审批机关）审查批准。合营企业批准设立后，由审批机关发给批准证书。但具备以下两个条件的，审批机关可以委托有关省、自治区、直辖市人民政府或者国务院有关行政机关（以下简称受托机关）审批：① 投资总额在国务院规定的限额以内、中国合营者的资金来源已经落实的；② 不需要国家增拨原材料，不影响燃料、动力、交通运输、外贸出口配额等全国平衡的。受托机关批准设立合营企业后，应报审批机关备案，并由审批机关发给批准证书。

3. 设立合营企业的程序

（1）由中国合营者向企业主管部门呈报拟与外国合营者设立合营企业的项目建议书和初步可行性研究报告。

（2）由中国合营者向审批机关报送下列文件：设立合营企业的申请书；合营各方共同编制的可行性研究报告；由合营各方授权代表签署的合营协议、合同和章程；由合营各方委派的合营企业董事人选名单，以及由合营各方协商确定或由董事会选举产生的董事长、副董事长人选名单；中国合营者的企业主管部门和合营企业所在地的省、自治区、直辖市人民政府对设立该合营企业签署的意见。

（3）由审批机关审查批准。审批机关自接到中国合营者按规定报送的全部文件之日起，在3个月内决定批准或者不批准。

（4）向工商行政管理机关申请登记。合营企业申请人应在收到审批机关发给的批准证书后1个月内，向合营企业所在地的工商行政管理机关办理合营企业的登记手续，领取营业执照。合营企业的营业执照签发日期，即为合营企业的成立日期。

4.1.3　中外合资经营企业的注册资本与合营各方的出资方式、出资期限

1. 合营企业的注册资本

合营企业的注册资本是指为设立合营企业的工商行政管理机关登记注册的资本，应为合营企业各方认缴的出资额之和。在合营企业的注册资本中，外国合营者的投资比例一般不低于25%。合营企业在合营期限内，不得减少其注册资本，但合营各方的投资比例在一定条件下是可以变化的。合营企业增加注册资本，应当经合营各方协商一致，由合营企业董事会会议通过后，报原审批机关批准，并向原工商行政管理机关办理变更登记手续。

合营企业的投资总额是指按照合营企业合同、章程规定的生产规模需要投入的基本建设资金和生产流动资金的总和。如果合营各方的出资额之和达不到投资总额，可以以合营企业的名义进行借款。合营企业的注册资本与企业借款必须保持一个适当的、合理的比例。现行有关规定如下。

（1）合营企业的投资总额在300万美元以下（含300万美元）的，其注册资本至少应占投资总额的7/10。

（2）合营企业的投资总额在300万美元以上至1 000万美元（含1 000万美元）的，其注册资本至少应占投资总额的1/2，其中投资总额在420万美元以下的，注册资本不得低于210万美元。

（3）合营企业的投资总额在1 000万美元以上至3 000万美元（含3 000万美元）的，其注册资本至少应占投资总额的2/5，其中投资总额在1 250万美元以下的，注册资本不得低于500万美元。

（4）合营企业的投资总额在3 000万美元以上的，其注册资本至少应占投资总额的1/3，其中投资总额在3 600万美元以下的，其注册资本不得低于1 200万美元。

2. 合营企业合营各方的出资方式

合营企业合营各方可以用现金出资，也可用实物、工业产权、专有技术、土地使用权等作价出资。以实物、工业产权、专有技术作价出资的，其价值应经评估确定。合营各方按照合营合同的规定向合营企业认缴的出资，必须是合营者自己所有的现金、自己所有并且未设立任何担保物权的实物、工业产权、专有技术等。凡是以实物、工业产权、专有技术作价出资的，出资者应当出具拥有所有权和处置权的有效证明。作为外国合资者出资的机器设备或者其他物料，必须符合下列各项条件：① 为合营企业生产所必不可少的；② 中国不能生产，或虽能生产但价格过高或者技术性能和供应时间上不能保证需要的；③ 作价不得高于同类机器设备或其他物料当时的国际市场价格。

作为外国合营者出资的工业产权或专有技术，必须符合下列条件之一：① 能生产中国急需的新产品或出口适销产品的；② 能显著改进现有产品的性能、质量，提高生产效率的；③ 能显著节约原材料、燃料、动力的。

外国合营者以工业产权或专有技术作价出资，应提交该工业产权或专有技术有关资料；

外国合营者作价出资的机器设备或其他物料、工业产权或专有技术，应经中国合营者的企业主管部门审查同意，报审批机关批准。

中国合营者可以用为合营企业经营期间提供的土地使用权作价出资。如果土地使用权未作为中国合营者出资的一部分，合营企业应向中国政府缴纳土地使用费。

合营企业任何一方不得用以合营企业名义取得的贷款、租赁的设备或者其他财产以及合营者以外的他人财产作为自己的出资，也不得以合营企业的财产和权益或者合营他方的财产和权益为其出资担保。

3. 合营企业合营各方的出资期限

合营各方应当在合营合同中约定出资期限，并且应当按照合营合同规定的期限缴清各自的出资。合营合同规定一次缴清出资的，合营各方应当从营业执照签发之日起 6 个月内缴清；合营合同规定分期缴付出资的，合营各方第一期出资，不得低于各自认缴出资额的 15%，并且应当在营业执照签发之日起 3 个月内缴清。

合营企业投资者分期出资的总期限为：① 注册资本在 50 万美元以下（含 50 万美元）的，自营业执照核发之日起 1 年内，应将资本全部缴齐；② 注册资本在 50 万美元以上、100 万美元以下（含 100 万美元）的，自营业执照核发之日起 1 年半内，应将资本全部缴齐；③ 注册资本在 100 万美元以上、300 万美元以下（含 300 万美元）的，自营业执照核发之日起 2 年内，应将资本全部缴齐；④ 注册资本在 300 万美元以上、1 000 万美元以下（含 1 000 万美元）的，自营业执照核发之日起 3 年内，应将资本全部缴齐；⑤ 注册资本在 1 000 万美元以上的，出资期限由审批机关根据实际情况审定。

通过收购国内企业资产或股权设立合营企业的外国投资者，应自合营企业营业执照颁发之日起 3 个月内支付全部购买金。对特殊情况需要延长支付者，经审批机关批准后，应自营业执照颁发之日起 6 个月内支付购买总金额的 60% 以上，在 1 年内付清全部购买金，并按实际缴付的出资额分配收益。控股投资者在付清全部购买金额之前，不能取得企业决策权，不得将其在企业中的权益、资产以合并报表的方式纳入该投资者的财务报表。

合营企业合同经审批后，若确因特殊情况需要超过合同规定的缴资期限延期缴资的，应报原审批机关批准和登记机关备案，并办理相关手续。合营企业的投资者均须按合同规定的比例和期限同步缴付认缴的出资额。因特殊情况不能同步缴付的，应报原审批机关批准，并按实际缴付的出资额比例分配收益。对合营企业中控股的投资者，在其实际缴付的投资额未达到其认缴的全部出资额之前，不能取得企业决策权，不得将其在企业中的权益、资产以合并报表的方式纳入该投资者的财务报表。

4.1.4 中外合资经营企业的组织形式和组织机构

1. 合营企业的组织形式

合营企业的组织形式为有限责任公司。合营企业的合营各方以其认缴的出资额对企业承担有限责任，合营企业以其全部资产对其债务承担责任。

案例思考

北京某公司拟与美国某公司共同投资设立一个中外合资经营企业，双方在合同中约定：企业为股份有限公司，全部注册资本为 500 万美元，中方出资 400 万美元，美方出资 100 万美元，企业投资总额为 1 800 万美元。双方按注册资本比例分配利润和分担风险损失。股东会为最高权力机关，董事长为法定代表人，由美方人员担任，副董事长由中方人员担任，合资经营进程可协商增减资。鉴于合营关系长期项目，没约定合营期限，如双方发生争议，可适用中国法律及美国法律。但上级主管部门审查后，却对该合同予以否决。问：

（1）为什么上级主管部门对该合同予以否定？

（2）根据国家有关规定，应如何修改合同？

2. 合营企业的组织机构

根据《中外合资经营企业法》及其实施条例的规定，合营企业的组织机构是董事会和经营管理机构。

1）董事会

合营企业的董事会是合营企业的最高权力机构。合营企业的组织形式虽然是有限责任公司，但并不设立股东会。

董事会由董事长、副董事长及董事组成。董事会成员不得少于 3 人。董事长和副董事长由合营各方协商确定或者由董事会选举产生。中外合营者的一方担任董事长的，由他方担任副董事长。董事长是合营企业的法定代表人。董事名额的分配由合营各方参照出资比例协商确定，董事由合营各方按照分配的名额委派和撤换。董事任期 4 年，可以连任。董事会的职权是按照合营企业章程的规定，讨论决定合营企业的一切重大问题，包括企业发展规划、生产经营活动方案、收支预算、利润分配、劳动工资计划、停业，以及总经理、副总经理等高级管理人员的任命或聘请及其职权和待遇等。董事会会议由董事长召集，董事长不能召集时，可以由董事长委托副董事长或者其他董事召集。董事会会议每年至少召开 1 次。经 1/3 以上的董事提议，可召集董事会临时会议。董事会会议应有 2/3 以上董事出席方能举行。董事不能出席，可出具委托书委托他人代表其出席和表决。董事会会议一般应在合营企业的法定地址所在地举行。下列事项由出席董事会会议的董事一致通过方可作出决议：① 合营企业章程的修改；② 合营企业的中止、解散；③ 合营企业注册资本的增加、转让；④ 合营企业与其他经济组织的合并。

2）经营管理机构

合营企业的经营管理机构，负责企业的日常经营工作。经营管理机构设总经理 1 人，副总经理若干人，其他高级管理人员若干人。总经理、副总经理由合营企业董事会聘请，可以由中国自然人担任，也可以由外国自然人担任。总经理执行董事会会议的各项决议，组织领导合营企业的日常经营管理工作。在董事会授权范围内，总经理对外代表合营企业，对内任免下属人员，行使董事会授予的其他职权。副总经理协助总经理工作。总经理或副总经理不得兼任其他组织的总经理或副总经理，不得参与其他经济组织对本企业的商业竞争。

4.1.5　中外合资经营企业的经营管理

1. 合营企业的生产经营管理

合营企业的基本建设计划，应根据批准的可行性研究报告编制，并纳入企业主管部门的基本建设计划，企业主管部门应优先予以安排和保证实施。

合营企业按照合营合同规定的经营范围和生产规模所制订的生产经营计划（包括购买物资计划、产品销售计划、外汇收支计划、劳动工资计划等），由董事会批准执行，报企业主管部门备案。企业主管部门和各级计划管理部门，不得对合营企业下达指令性生产经营计划。

合营企业所需的机器设备、原材料、燃料、配件、运输工具和办公用品等，有权自行决定在中国购买或者向国外购买。

2. 合营企业的财务与会计管理

合营企业应当建立健全财务会计管理机构，执行国家统一的财务会计制度。根据中国有关的法律和财务会计制度的规定，制定适合本企业的财务会计制度，并报当地财政、税务机关备案。合营企业应向合营各方、当地税务机关、主管财务机关、企业主管部门报送季度和年度的会计报表。年度会计报表应抄报原审批机关。

合营企业原则上采用人民币为记账本位币，但经合营各方商定，也可以采用某一种外币为记账本位币。以外币记账的合营企业，除编制外币的会计报表外，还应另外编制折合人民币的会计报表。

合营企业的税后利润中可以向出资人分配的利润，按照合营企业各方出资比例进行分配。合营企业以前年度尚未分配的利润，可并入本年度的可分配利润中进行分配。合营企业的下列文件、证件、报表，应经中国注册会计师验证和出具证明方为有效：① 合营各方的出资证明书；② 合营企业的年度会计报表；③ 合营企业清算的会计报表。

3. 合营企业的劳动用工管理

合营企业在劳动用工方面享有自主权，同时也要遵守中国的法律和行政法规的规定。合营企业用工实行劳动合同制，劳动合同由合营企业同本企业的工会组织代表职工集体签订，规模较小的合营企业，也可以由合营企业同职工个人签订。劳动合同的内容一般包括：① 合营企业职工的雇用、解雇和辞退；② 生产和工作任务；③ 工资和奖惩；④ 工作时间和假期；⑤ 劳动保险和生活福利；⑥ 劳动保护；⑦ 劳动纪律。

合营企业应加强对职工的业务、技术培训。合营企业要制订切实可行的培训计划，提供必要的经费，建立严格的考核制度，加强对职工培训工作的组织领导。

4.1.6 中外合资经营企业的合营期限、解散与清算

1. 合营企业的合营期限

合营企业的合营期限是指合营各方根据中国的法律、行政法规的规定和合营企业的经营目标，在合营合同中对合营企业存续期间的规定。有关合营企业的合营期限的具体规定如下。

（1）举办的合营企业属于下列行业的，合营各方应当依照国家有关法律、行政法规的规定，在合营合同中约定合营企业的合营期限。这些行业包括：① 服务性行业，如饭店、公寓、写字楼、娱乐、饮食、出租汽车、彩扩、洗像、维修、咨询等；② 从事土地开发及经营房地产的；③ 从事资源勘查开发的；④ 国家规定限制投资项目的；⑤ 国家其他法律、法规规定需要约定合营期限的。

合营企业的合营期限，一般项目原则上为10～30年。投资大、建设周期长、资金利润率低的项目以及外国合营者提供先进技术或者关键技术生产尖端产品的项目，或者在国际上有竞争力的产品的项目，其合营期限可以延长到50年。经国务院特别批准的，可以在50年以上。

（2）对于属于国家规定鼓励投资和允许投资项目的合营企业，除上述行业外，合营各方可以在合同中约定合营期限，也可以不约定合营期限。

（3）约定合营期限的合营企业，合营各方同意延长合营期限的，应当在距合营期限届满6个月前向审批机关提出申请。审批机关应当在收到申请之日起1个月内决定批准或者不批准。合营企业的合营各方若一致同意将合营合同中约定的合营期限条款修改为不约定合营期限的条款，应提出申请，报原审批机关审查，原审批机关应当自收到上述申请文件之日起90日内决定批准或者不批准。

2. 合营企业的解散

合营企业有下列情形之一者，应予解散：① 合营期限届满；② 企业发生严重亏损，无力继续经营；③ 合营一方不履行合营企业协议、合同、章程规定的义务，致使企业无法继续经营；④ 因自然灾害、战争等不可抗力遭受严重损失，无法继续经营；⑤ 合营企业既未达到其经营目的，又无发展前途；⑥ 合营企业的合同、章程所规定的其他解散原因已经出现。除合营期限届满，其他情形下的合营企业的解散均由董事会提出解散申请，并报审批机关批准。

3. 合营企业的清算

合营企业解散时应当进行清算。合营企业的清算由企业董事会提出清算的程序、原则和清算委员会人选，报经合营企业主管部门审查并进行监督。

清算委员会的成员一般应在合营企业的董事中选任。董事不能担任或不适合担任清算委员会成员时，合营企业可以聘请在中国注册的会计师、律师担任。审批机关认为必要时，可以派人进行监督。

清算委员会的任务是：① 对合营企业的财产、债权债务进行全面清查；② 编制资产负债表和财产目录，提出财产作价和计算依据，制订清算方案；③ 履行企业偿债义务。清算委员会制订的清算方案经董事会通过后，由清算委员会执行。清算期间，清算委员会代表该合营企业起诉和应诉。

合营企业解散时，其资产净额或剩余财产超过注册资本的部分视为利润，应依法缴纳所得税。合营企业清偿债务后的剩余财产按照合营各方的出资比例进行分配，合营企业协议、合同、章程另有规定的除外。

合营企业清算工作结束后，由清算委员会提出清算结束报告，提请董事会会议通过，报原审批机关，并向原登记主管机关办理注销登记手续，注销营业执照。

4.2 中外合作经营企业法律制度

4.2.1 中外合作经营企业的概念

中外合作经营企业是指外国的公司、企业和其他经济组织或者个人同中国的公司、企业或者其他经济组织，依照中国的法律和行政法规，经中国政府批准，设在中国境内的，由双方通过合作企业合同约定各自的权利和义务的企业。

中外合作经营企业法律制度主要包括 1988 年 4 月第七届全国人民代表大会第一次会议通过并于 2000 年 10 月、2016 年 9 月修正的《中华人民共和国中外合作经营企业法》（以下简称《中外合作经营企业法》）及 1995 年 9 月国务院发布、2014 年 2 月修订的《中华人民共和国中外合作经营企业法实施细则》（以下简称《中外合作经营企业法实施细则》）。

4.2.2 中外合作经营企业的设立

1. 设立合作企业的条件

在中国境内设立合作企业，应当符合国家的发展政策和产业政策，遵守国家关于指导外商投资方面的规定。根据《中外合作经营企业法》的规定，国家鼓励举办的合作企业是：① 产品出口的生产型合作企业；② 技术先进的生产型合作企业。

根据《中外合作经营企业法实施细则》的规定，申请设立合作企业，有下列情形之一的，不予批准：① 损害国家主权或者社会公共利益的；② 危害国家安全的；③ 对环境造成污染损害的；④ 有违反法律、行政法规或者国家产业政策的其他情形的。

2. 设立合作企业的审批机关

设立合作企业由国务院对外经济贸易主管部门或者国务院授权的部门和地方人民政府（以下简称审批机关）审查批准。

属于下列情形的，由国务院授权部门或者地方人民政府批准：① 投资总额在国务院规定由国务院授权部门或者地方人民政府审批的投资限额以内的；② 自筹资金，且不需要国家平衡建设、生产条件的；③ 产品出口不需要领取国家有关主管部门发放的出口配额、许可证，或者需要领取，但在报送项目建议书前已征得国家有关主管部门同意的；④ 有关法律、行政法规规定由国务院授权的部门或者地方人民政府审查批准的其他情形的。

国务院对外经济贸易主管部门和国务院授权部门批准设立的合作企业，由国务院对外经济贸易主管部门颁发批准证书。国务院授权的地方人民政府批准设立的合作企业，由有关地方人民政府颁发批准证书，并自批准之日起30日内将有关批准文件报送国务院对外经济贸易主管部门备案。

3. 设立合作企业的程序

（1）由中国合作者向审批机关报送有关文件。① 设立合作企业的项目建议书，并附送主管部门审查同意的文件。② 合作各方共同编制的可行性研究报告，并附送主管部门审查同意的文件。③ 由合作各方的法定代表人或授权的代表签署的合作企业协议、合同、章程。④ 合作各方的营业执照或注册登记证明、资信证明及法定代表人的有效证明文件。外国合作者是自然人的，应当提供其有关身份、履历和资信情况的有效证明文件。⑤ 合作各方协商确定的合作企业董事长、副董事长、董事或者联合管理委员会主任、副主任、委员的人选名单。⑥ 审查批准机关要求报送的其他文件。

（2）由审批机关审查批准。审批机关应当自收到规定的合作企业设立申请的全部文件之日起45日内决定批准或者不予批准。审批机关认为报送的文件不全或者有不当之处的，有权要求合作各方在指定期间内补全或修正。

（3）向工商行政管理机关申请登记。经批准设立的合作企业应当自接到批准证书之日起30日内向工商行政管理机关申请登记，领取营业执照。营业执照签发日期，为合作企业成立日期。

4.2.3 中外合作经营企业的注册资本与投资、合作条件

1. 合作企业的注册资本

合作企业的注册资本，是指为设立合作企业，在工商行政管理机关登记的合作各方认缴的出资额之和。注册资本可以用人民币表示，也可以用合作各方约定的一种可自由兑换的外币表示。合作企业的注册资本在合作期限内不得减少。但因投资总额和生产经营规模等变化，确需减少的，必须经审查批准机关批准。

2. 合作企业的投资和合作条件

（1）合作各方的出资方式。合作各方向合作企业投资或者提供合作条件的方式可以是货币也可以是实物或者工业产权、专有技术、土地使用权等财产权利。合作各方应当以其自有的财产或者财产权利作为投资或提供合作的条件，对该投资或者提供的合作条件不得设置抵押或者其他形式的担保。中国合作者的投资或者提供的合作条件，属于国有资产的，应当依照有关法律、行政法规的规定进行资产评估。

（2）合作各方的出资比例。在依法取得法人资格的合作企业中，外国合作者的投资一

般低于合作企业注册资本的25%。在不具有法人资格的合作企业中，对合作各方向合作企业投资或者提供合作条件的具体要求，由国务院对外经济贸易主管部门确定。

(3) 合作各方的出资期限。合作各方应当根据合作企业的生产经营需要，依照有关法律、行政法规的规定，在合作企业合同中约定合作各方向合作企业投资或者提供合作条件的期限；合作各方未按照合同约定缴纳投资或者提供合作条件的，工商行政管理机关应当限期履行；限期届满仍未履行的，审查批准机关应当撤销合作企业的批准证书，工商行政管理机关应当吊销合作企业的营业执照，并予以公告。未按照合作企业合同约定缴纳投资或者提供合作条件的一方，应当向已缴纳投资或者提供合作条件的他方承担违约责任。

合作各方缴纳投资或者提供合作条件后，应当由中国注册会计师验证并出具验资报告，由合作企业据以发给合作各方出资证明书。

4.2.4 中外合作经营企业的组织形式和组织机构

1. 合作企业的组织形式

合作企业可以申请为具有法人资格的合作企业，也可以申请为不具有法人资格的合作企业。具有法人资格的合作企业，其组织形式为有限责任公司。合作各方对合作企业的责任以各自认缴的出资额或者提供的合作条件为限。合作企业以其全部资产对其债务承担责任。

不具有法人资格的合作企业，合作各方的关系是一种合伙关系。合作各方依照中国民事法律的有关规定，承担民事责任。

案例思考

美国一家著名的公司准备和上海一家公司办一合作企业，开拓中国市场。双方合同约定：美方公司合作期满后，合作企业的全部固定资产归中国合作者所有，美方从利润分成中先行回收资本，以3∶7的比例分配收益和承担风险。企业成立后，设立联合管理机构来进行经营。由于市场竞争激烈，美方决定改为由双方合作者以外的另一销售公司负责合作企业的经营管理。在召开的联合管理机构大会上，绝大多数票支持此项提议，美方决定实施该方案。此时，公司从美国进口一批原料，因海上遇险而不能如期到达，从而使与该销售公司签订的合同不能如期履行，导致企业破产。美方认为应先行回收投资，拒绝承担债务责任。问：按照合作企业的组织形式的规定，中外投资者应如何承担法律责任？

2. 合作企业的组织机构

合作企业在组织机构的设置上有较大的灵活性，同合营企业相比有很大的区别。具备法人资格的合作企业，一般设立董事会；不具备法人资格的合作企业，一般设立联合管理委员会。董事会或者联合管理委员会是合作企业的权力机构，按照合作企业章程的规定，决定合作企业的重大问题。董事会或者联合管理委员会成员不得少于3人，其名额的分配由中外合作者参照其投资或者提供的合作条件协商确定。董事会或者联合管理委员会成员由任命各方自行委派或者撤换。董事会董事长、副董事长或者联合管理委员会主任、副主任的产生办法由合作企业章程规定；中外合作者一方担任董事长、主任的，副董事长、副主任由他方担任。董事或者委员的任期由合作企业章程规定，但是每届任期不得超过3年。董事或者委员任期届满，委派方继续委任的，可以连任。董事会会议或者联合管理委员会会议每年至少召开1次，由董事长或者主任召集并主持。董事长或者主任因特殊情况不能履行职务时，由董事长或者主任指定副董事长、副主任或者其他董事、委员召集并主持。1/3以上董事或者委员可以提议召开董事会会议或者联合管理委员会会议。董事会会议或者联合管理委员会会议应当有2/3以上董事或者委员出席方能举行。不能出席董事会会议或者联合管理委员会会议的董事或者委员，应当书面委托他人代表其出席和表决。董事会会议或者联合管理委员会会议作出决议，必须经全体董事或者委员的过半数通过。董事或者委员无正当理由既不参加又不委托他人代表其参加董事会会议或者联合管理委员会会议的，视为出席会议并在表决中弃权。会议的召开应提前10日通知全体董事或者委员。董事会或者联合管理委员会也可以用通信的方式作出决议。

下列事项由出席董事会会议或者联合管理委员会会议的董事或者委员一致通过，方可作出决议：① 合作企业章程的修改；② 合作企业注册资本的增加或者减少；③ 合作企业的资产抵押；④ 合作企业的解散；⑤ 合作企业合并、分立和变更组织形式；⑥ 合作各方约定由董事会会议或者联合管理委员会会议一致通过方可作出决议的其他事项。

合作企业成立后，经合作各方一致同意，可以委托合作一方进行经营管理，另一方不参加管理；也可以委托合作各方以外的第三人经营管理。合作企业委托第三人经营管理的，必须经董事会或者联合管理委员会一致同意，并报审批机关批准，向工商行政管理机关办理变更登记手续。

4.2.5　中外合作经营企业的经营管理

1. 合作企业的生产经营管理

合作企业在批准的合作企业协议、合同、章程范围内，依法自主地开展业务、进行经营管理活动，不受任何组织或者个人的干涉。合作企业按照批准的经营范围和生产经营规模，自行制订生产经营计划。政府部门不得强令合作企业执行政府部门确定的生产经营计划。

合作企业可以自行决定在中国境内或者境外购买本企业自用的机器、原材料、燃料、零部件、运输工具和办公用品等物资。合作企业可以自行向国际市场销售其产品，也可以委托国外的销售机构或者中国的外贸公司代销或者经销其产品。合作企业销售产品的价格，由合作企业依法自行确定。合作企业不得以明显低于合理的国际市场同类产品的价格出口产品，不得以高于国际市场同类产品的价格进口物资。合作企业进口或者出口属于进出口许可证、配额管理的商品，应当按照国家有关规定办理申领手续。

2. 合作企业的收益分配

合作企业的中外合作者可以在合同中约定采用分配利润、分配产品或者其他方式分配收益。合作企业合作各方约定采用分配产品或者其他方式分配收益的，应当按照中国税法的有关规定，计算应纳税额。

3. 合作企业外国合作者的投资回收

中外合作者在合作企业合同中约定合作期限届满时合作企业的全部固定资产归中国合作者所有的，外国合作者在合作期限内可以申请以下列方式先行回收其投资：① 在按照投资或者提供合作条件进行分配的基础上，在合作企业合同中约定扩大外国合作者的收益分配比例；② 经财政税务机关审查批准，外国合作者在合作企业缴纳所得税前回收投资；③ 经财政税务机关和审查批准机关批准的其他回收投资方式。

外国合作者在合作期限内先行回收投资，应符合下列法定条件：① 中外合作者在合作企业合同中约定合作期满时，合作企业的全部固定资产无偿归中国合作者所有；② 对于税前回收投资的，必须向财政税务机关提出申请，并由财政税务机关依法审查批准；③ 中外合作者应当依照有关法律的规定和合作企业合同的约定，对合作企业的债务承担责任；④ 外国合作者提出先行回收投资的申请，应当具体说明先行回收投资的总额、期限和方式，经财政税务机关审查同意后，报审查批准机关审批；⑤ 外国合作者应当在合作企业的亏损弥补之后，才能先行回收投资。

4.2.6 中外合作经营企业的期限和终止

1. 合作企业的期限

合作企业的期限由中外合作者协商，在合作企业合同中订明。合作各方协商同意要求延长合同期限的，应当在距合同期限届满的 180 天前向审查批准机关提出申请，说明原合作企业合同执行情况、延长合同期限的原因，同时报送合同各方就延长的期限内各方的权利、义务等事项所达成的协议。审查批准机关应当自接到申请之日起 30 日内，决定批准或者不批准。经批准延长合作期限的，合作企业凭批准文件向工商行政管理机关办理变更登记手续，延长的期限从期限届满后第一天计算。

合作企业合同约定外国合作者先行回收投资的，并且投资已经回收完毕的，合作企业期限届满不再延长。但外国合作者增加投资的，经合作各方协商同意，可以依照有关法律规定向审查批准机关申请延长合作期限。

2. 合作企业的终止

（1）合作期限届满。

（2）合作企业发生严重亏损，或者因不可抗力遭受严重损失，无力继续经营。

（3）中外合作者一方或者数方不履行合作企业合同、章程规定的义务，致使合作企业无法继续经营。

（4）合作企业合同、章程中规定的其他解散原因已经出现。

（5）合作企业违反法律、行政法规，被依法责令关闭。

上述第（2）、（4）项所列情形发生，应当由合作企业的董事会或者联合管理委员会作出决定，报审查批准机关批准。在上述第（3）项所列情形下，不履行合作企业合同、章程规定的义务的合作者一方或者数方，应当对履行合同的他方因履行合同而遭受的损失承担赔偿责任；履行合同的一方或者数方有权向审查批准机关提出申请，解散合作企业。

合作企业期满或者提前终止时，应当依照法定程序对资产和债权、债务进行清算。中外合作者应当按照合作企业合同的约定确定合作企业财产的归属。合作企业终止后，应当向工商行政管理机关和税务机关办理注销登记手续。

4.3　外资企业法律制度

4.3.1　外资企业的概念

外资企业亦称外商独资企业，是指外国的公司、企业和其他经济组织或者个人，依照中国的法律和行政法规，经中国政府批准，设在中国境内的、全部资本由外国投资者投资的企业。但其不包括外国公司、企业和其他经济组织在中国境内设立的分支机构。

外资企业法律制度主要包括1986年4月第六届全国人民代表大会第四次会议通过并于2000年10月、2016年9月修正的《中华人民共和国外资企业法》（以下简称《外资企业法》）及1990年12月国务院发布并于2001年4月、2014年2月修正的《中华人民共和国外资企业法实施细则》。

4.3.2　外资企业的设立

1. 设立外资企业的条件

设立外资企业，必须有利于中国国民经济的发展。国家鼓励举办产品出口或者技术先进的外资企业。对于申请设立的外资企业有损中国主权或者社会公众利益的，危及中国国家安全的，违反中国法律、法规的，不符合中国国民经济发展要求的，可能造成环境污染的，不予批准。

2. 设立外资企业的审批机关

设立外资企业的申请，由国务院对外经济贸易主管部门和国务院授权的机关（以下简称审批机关）审查批准，发给批准证书。设立外资企业的申请属于下列情形的，由国务院授权省、自治区、直辖市和计划单列市、经济特区人民政府审查批准：① 投资总额在国务院规定的投资审批权限以内的；② 不需要国家调拨原材料，不需要外贸出口配额，不影响能源、交通运输等全国综合平衡的。

在国家规定限制设立外资企业的行业中申请设立外资企业的，除法律、法规另有规定外，必须经国务院对外经济贸易主管部门批准。申请设立的外资企业，其产品涉及出口许可证、出口配额、进口许可证或者属于国家限制进口的，应当依照有关管理权限事先征得国务院对外经济贸易主管部门的同意。

3. 设立外资企业的程序

1）设立外资企业的申请

外国投资者在提出设立外资企业的申请前，应当向拟设立外资企业所在地的县级或者县级以上人民政府提交报告。报告的内容包括：① 设立外资企业的宗旨；② 经营范围、规模、生产产品；③ 使用的技术设备；④ 用地面积及要求；⑤ 需要用水、电、煤、煤气或者其他能源的条件及数量；⑥ 对公共设施的要求等。县级或者县级以上人民政府应当在收到外国投资者提交的报告之日起 30 日内以书面形式答复外国投资者。

外国投资者设立外资企业，应当通过拟设立外资企业所在地的县级或者县级以上人民政府向审批机关提出申请并报送下列文件：① 设立外资企业申请书；② 可行性研究报告；③ 外资企业章程；④ 外资企业法定代表人（或者董事会人选）名单；⑤ 外国投资者的法律证明文件和资产证明文件；⑥ 拟设立外资企业所在地的县级或者县级以上人民政府的书面答复；⑦ 需要进口的物资清单；⑧ 其他需要报送的文件。两个或者两个以上的外国投资者共同申请设立外资企业，应当将其签订的合同副本报送审批机关备案。

2）设立外资企业的审批

审批机关应当在收到申请设立外资企业的全部文件之日起 90 日内决定批准或者不批准。审批机关如果发现上述文件不齐备或者有不当之处，可以要求限期补报或者修改。

3）设立外资企业的登记

设立外资企业的申请经批准后，外国投资者应当在接到批准证书之日起 30 日内，向国家工商行政管理总局或者国家工商行政管理总局授权的地方工商行政管理局申请工商登记。登记主管机关应当在受理申请后 30 日内，作出核准登记或者不给予核准登记的决定。申请开业登记的外国投资者，经登记主管机关核准登记注册并领取营业执照后企业即告成立。外资企业的营业执照签发日期，为该企业成立日期。

4.3.3 外资企业的注册资本和外国投资者的出资

1. 外资企业的注册资本

外资企业的注册资本是指为设立外资企业在工商行政管理机关登记的资本总额，即外国投资者认缴的全部出资额。外资企业的注册资本要与其经营规模相适应，注册资本与投资总额的比例应当符合中国的有关规定，目前参照中外合资经营企业的有关规定执行。

外资企业在经营期限内不得减少其注册资本。外资企业注册资本的增加、转让，必须经审批机关批准，并向工商行政管理机关办理变更登记手续。外资企业将其财产或者权益对外抵押、转让，必须经审批机关批准，并向工商行政管理机关备案。

2. 外国投资者的出资

1）外国投资者的出资方式

外国投资者可以用可自由兑换的外币出资，也可以用机器设备工业产权、专有技术等作价出资。经审批机关批准，外国投资者也可以用其从中国境内兴办的其他外商投资企业获得的人民币利润出资。

外国投资者以机器设备作价出资的，该机器设备必须符合下列要求：① 外资企业生产所必需的；② 中国不能生产的，或者虽能生产，但在技术性能或者供应时间上不能保证需要的。

外国投资者以工业产权、专有技术作价出资的，该工业产权、专有技术必须符合下列要求：① 外国投资者自己所拥有的；② 能生产中国急需的新产品或者出口适销产品的。该工业产权、专有技术的作价应当与国际上通常的作价原则相一致，其作价金额不得超过外资企业注册资本的 20%。

2）外国投资者的出资期限

外国投资者缴付出资的期限应当在设立外资企业申请书和外资企业章程中载明。外国投资者可以分期缴付出资，但最后一期出资应当在营业执照签发之日起 3 年内缴清。其中第一期出资不得少于外国投资者认缴的出资额的 15%，并应当在外国企业营业执照签发之日起 90 天内缴清。

外国投资者未能在外资企业营业执照签发之日起 90 天内缴付第一期出资的，或者无正当理由逾期 30 天不缴付其他各期出资的，外资企业批准证书即自动失效。外资企业应当向工商行政管理机关办理注销登记手续，注销营业执照；不办理注销登记手续注销营业执照的，由工商行政管理机关吊销其营业执照，并予以公告。

外国投资者有正当理由要求延期出资的，应当经审批机关同意，并报工商行政管理机关备案。外国投资者缴付每期出资后，外资企业应当聘请中国的注册会计师验证，并出具验资报告，报审批机关和工商行政管理机关备案。

4.3.4　外资企业的组织形式、组织机构和经营管理

1. 外资企业的组织形式

外资企业的组织形式为有限责任公司，经批准也可以为其他责任形式。外资企业为有限责任公司的，外国投资者以其认缴的出资额为限，外资企业以其全部资产对其债务承担责任。外资企业为其他责任形式的，外国投资者对企业的责任适用中国有关法律和法规的规定。

2. 外资企业的组织机构

外资企业的组织机构可以由外国投资者根据企业不同的经营内容、经营规模、经营方式，本着精简、高效、科学合理的原则自行设置，中国政府不加干涉。按照国际惯例，设立外资企业的权力机构应遵循资本占有权同企业控制权相统一的原则，即外国企业的最高权力

机构由资本持有者组成。

外资企业应根据其组织形式设立董事会并推选出董事长，同时向审批机关申报备案。董事长是企业的法定代表人。

3. 外资企业的经营管理

1）外资企业的生产经营管理

外资企业自行制订和执行生产经营计划，该计划应报其所在地行业主管部门备案。

外资企业有权自行决定购买本企业自用的机器设备、原材料等物资，既可以在中国购买，也可以在国际市场购买。外资企业在中国购买物资，在同等条件下，享受与中国企业同等待遇。

外资企业有权自行出口本企业生产的产品，也可以委托中国的外贸公司代销或者委托中国境外的公司代销。外资企业在本企业经营范围内出口本企业生产的、不属于出口许可证管理的产品，海关凭出口合同等有关证件验放。

外资企业进口的物资以及技术劳务的价格，不得高于当时的国际市场同类物资以及技术劳务的正常价格。外资企业出口产品的价格，由其参照当时国际市场价格自行确定，但不得低于合理的出口价格。用高价进口、低价出口等方式逃避税收的，税务机关有权根据税法的规定追究其法律责任。

2）外资企业的土地使用管理

外资企业的用地由其所在地县级或者县级以上地方人民政府审核安排。外资企业应在营业执照签发之日起 30 日内，持批准证书和营业执照到所在地县级或者县级以上地方人民政府的土地管理部门办理土地使用手续，领取土地使用证书。土地使用证书为外资企业使用土地的法律凭证。

外资企业的土地使用年限与经批准的该外资企业的经营期限相同。外资企业在经营期限内未经批准，其土地使用权不得转让。

外资企业在领取土地使用证书时，应当向其所在地土地管理部门缴纳土地使用费；使用经过开发的土地，还应当缴付土地开发费。

3）外资企业的财务会计管理

外资企业应当按照国家统一的财务会计制度，并根据中国有关法律和财务会计制度的规定，制定适合本企业的财务会计制度，报当地财政、税务机关备案。

外资企业的年度会计报表应当聘请中国的注册会计师进行验资并出具报告。外资企业的年度会计报表连同中国注册会计师出具的报告，应当在规定的时间内报送财政、税务机关，并报审批机关和工商行政管理机关备案。

4）外资企业的劳动管理

外资企业应当依照中国的法律、行政法规的规定在中国境内雇用职工并签订劳动合同。合同中应当约定雇用、辞退、报酬、福利、劳动保护、劳动保险等事项。

外资企业应当负责职工的业务、技术培训，建立考核制度，使职工在生产、管理技能方面能够适应企业的生产与发展的需要。

外资企业的职工有权建立工会组织，开展工会活动。企业研究决定有关职工奖惩、工资制度、生活福利、劳动保护和劳动保险等问题时，工会代表有权列席会议。企业应当听取工会的意见，与工会充分合作。

4.3.5　外资企业的期限、终止和清算

1. 外资企业的期限

外资企业的经营期限，根据不同行业和企业的具体情况，由外国投资者在设立外资企业的申请书中拟定，经审批机关批准。外资企业的经营期限，从其营业执照签发之日起计算。

外资企业经营期限届满需要延长经营期限的，应当在距经营期满 180 天前向审批机关报送延长经营期限的申请书，审批机关应当在收到申请书之日起 30 天内决定批准或者不批准。外资企业经批准延长经营期限的，应当自收到批准延长期限的文件之日起 30 天内，向工商行政管理机关办理变更登记手续。

2. 外资企业的终止

根据《外资企业法》的规定，外资企业有下列情形之一的，应予终止：① 经营期限届满；② 经营不善，严重亏损，外国投资者决定解散；③ 因自然灾害、战争等不可抗力而遭受严重损失，无法继续经营；④ 破产；⑤ 违反中国的法律、法规，危害社会公共利益被依法解散；⑥ 外资企业章程规定的其他解散事由已经出现。

外资企业若存在上述第②、③、⑥项情形，应当自行提交终止申请书，报审批机关核准。审批机关作出核准的日期为企业的终止日期。

3. 外资企业的清算

外资企业终止后，应当进行清算。外资企业除因破产或者依法撤销而予终止的，应当在终止之日起 15 日内对外公告通知债权人，并在终止公告发出之日起 15 日内提出清算程序、原则和清算委员会人选，报审批机关审核后进行清算。

清算委员会应由外资企业的法定代表人、债权人代表及有关主管机关的代表组成，并聘请中国的注册会计师、律师参加。

外资企业清算结束之前，外国投资者不得将该企业的资金汇出或者携带出中国境内，不得自行处理企业财产。外资企业清算结束，其资产净额或剩余财产超过注册资本的部分视同利润，应当依照中国税法的规定缴纳所得税。外资企业清算处理财产时，在同等条件下中国的企业或其他经济组织有优先购买权。

外资企业清算结束应当向工商行政管理机关办理注销登记手续，注销营业执照。

外资企业因破产终止的，参照中国法律、法规的规定进行清算。外资企业被依法解散的，依照中国有关的规定进行清算。

【实施与评价要点】

本项目一开始的任务导入中布置了一个任务：某外国投资者欲在中国投资办厂，请为他设计投资方案，帮助其分析投资的优势与劣势。

1. 任务分析

为完成上面的任务，应根据三资企业各方面的特点结合该投资人的实际情况，解决以下问题。

(1) 中外合资经营企业设立的条件、注册资本、出资方式、出资期限、组织形式、组织机构、经营管理、合营的期限、解散和清算。

(2) 中外合作企业的设立、注册资本、投资合作条件、组织形式、组织机构、经营管理、企业的期限、终止和清算。

(3) 外资企业的设立、注册资本、组织形式、组织机构、经营管理、企业的期限、终止和清算。

2. 任务实施及检测

(1) 任务内容：为该外国投资者设计一份投资优势与劣势的分析方案，以便该投资者正确选择投资方式。

(2) 任务要求：每10人一组，选出组长。每组根据任务目标制订投资方案，用A4纸打印。

(3) 任务检测：每组组长进行作品展示。展示后每个人都可以对设计方案中存在的问题进行提问，每组组长进行答辩，教师根据每组展示和答辩情况进行总结点评打分。

重点概括

本项目介绍了三资企业的设立条件、审批机关、设立程序；三资企业的注册资本、出资方式；三资企业的组织形式和组织机构；三资企业的生产经营管理、财务会计管理、劳动用工管理；三资企业的期限、解散和清算等内容。

项目 5

签订合同书

【任务导入】

1. 项目内容

通过本项目的学习，能够根据实际情况签订合同书。

某单位欲购买钢材 1 000 吨，请你与潜在的合作伙伴进行协商，为该单位签订一份有效的买卖合同。

2. 项目要求

（1）签订的合同应符合形式要求；

（2）签订的合同应具备合同的一般条款；

（3）遵循合同签订的程序；

（4）签订的合同应该贴近实际，考虑到所能预料到的情况；

（5）签订的合同应该是有效合同。

【理论知识要点】

1. 知识目标

（1）能正确理解合同的概念和种类；

（2）能掌握合同的形式和内容；

（3）能够按照程序签订合同；

（4）能够判断合同的效力。

2. 能力目标

（1）能够签订合同，并知悉合同的内容和形式；

（2）能够运用理论知识判断合同的效力及应承担的责任。

案例导入

A 公司因建造一栋大楼，急需水泥，遂向本省的甲、乙、丙三家水泥厂发出函电称："我公司急需标号为 150 型号水泥 100 吨，如贵厂有货，请速来函电，我公司愿派人前往购买。"三厂家都先后回电，告知"有现货"并告知了价格。而甲厂与此同时，派车给 A 公司送去了 50 吨水泥。但在该批水泥尚未到 A 公司之前，A 公司决定购买乙厂的水泥并发去函电，称："我公司愿购买贵厂 100 吨 150 型号水泥，盼速送货，运费由我公司负担。"在发出函电后的第二天上午，乙厂发函电称已准备发货。下午，甲厂将 50 吨水泥送到。此时，A 公司告知甲厂，他们已决定购买乙厂的货，故不能接受甲厂送来的货。问：签订合同应该经过哪些程序？合同的形式和内容都包括哪些？

【理论内容】

5.1 合同法概述

5.1.1 合同与合同法的概念与特征

1. 合同的概念和特征

合同是平等主体的自然人、法人、其他组织之间设立、变更、终止民事权利义务关系的协议。合同具有以下法律特征。

（1）合同是两个或两个以上平等民事主体之间的法律行为。合同的这一特征区别于单方法律行为。单方法律行为是基于民事主体单方的意思所决定，而合同则是双方或多方民事主体的合意，且合同是合法行为。依法成立的合同对当事人具有法律约束力，得到国家法律的承认和保护。

（2）合同是以设立、变更和终止民事权利义务关系为目的的民事法律行为。民事主体之间订立合同是具有一定的目的和宗旨的，即订立合同最终的目的是设立、变更、终止民事权利义务关系。

（3）合同是平等主体在平等自愿基础上意思表示一致的协议。意思表示一致是合同构成的基础。

（4）合同是非身份关系的协议。我国《婚姻法》中有关结婚、离婚，《民法通则》中关于监护，以及《继承法》中关于遗赠扶养协议的合同，是属于身份上的合同，并非《合同法》上所称的合同。

2. 合同法的概念

合同法是调整平等主体的自然人、法人、其他组织之间设立、变更、终止民事权利义务关系的法律规范的总称。

我国《宪法》规定，国家实行社会主义市场经济，制定统一的《合同法》，是我国社会主义法制建设的一件大事。第九届全国人民代表大会第二次会议于1999年3月15日通过了《中华人民共和国合同法》（以下简称《合同法》），自1999年10月1日起施行。《合同法》是规范我国社会主义市场交易的基本法律，是民商法的重要组成部分。《合同法》第1条对制定《合同法》的目的作了明确的规定：为了保护合同当事人的合法权益，维护社会经济秩序，促进社会主义现代化建设，制定本法。

5.1.2　合同的分类

1. 诺成合同与实践合同

根据合同的成立是否需要交付标的物，可将合同分为诺成合同和实践合同。

（1）诺成合同。诺成合同又称不要物合同，是指当事人双方意思表示一致就可以成立的合同。大多数的合同都属于诺成合同，如买卖合同、租赁合同、借款合同等。

（2）实践合同。实践合同又称要物合同，是指除当事人双方意思表示一致以外，尚需交付标的物才能成立的合同。在实践合同中，仅有双方当事人的意思表示一致，还不能产生合同上的权利义务关系，必须有一方实际交付标的物的行为，才能产生合同成立的法律效果。例如赠与合同，必须由赠与人将赠与物交给受赠人，合同才成立；又如小件寄存合同，必须要寄存人将寄存的物品交给保管人，合同才能成立。

实践中，大多数的合同都属于诺成合同，少部分为实践合同。

区分诺成合同与实践合同的意义，主要在于这两者成立与生效的时间不同。诺成合同自双方当事人意思表示一致时起合同即告成立；而实践合同则在当事人达成合意之后，还必须由当事人交付标的物以后，合同才能成立。民法理论上一般认为，使用借贷、保管、运送、赠与等属于实践合同，但这种分类并非绝对。例如，就运输合同来说，据我国《铁路货物运输合同实施细则》的规定，按年度、半年度、季度或月度签订的货物运输合同，经双方在合同上签字后，合同即告成立。零担货物和集装箱货物的运输合同，以承运人在委托人提出的货物运单上加盖车站日期戳后，合同即告成立。依此规定，货物运输合同即为诺成合同而非实践合同。又如，根据我国《合同法》的规定，经过公证的赠与合同和具有救灾、扶贫性质的赠与合同，也为诺成合同而非实践合同。

2. 要式合同与不要式合同

根据法律对合同的形式是否有特定要求，可将合同分为要式合同与不要式合同。

（1）要式合同。要式合同是指根据法律规定必须采取特定形式的合同。对于一些重要的交易，法律常要求当事人必须采取特定的方式订立合同。例如，中外合资经营企业合同必须由审批机关批准，合同方能成立。

（2）不要式合同。不要式合同是指当事人订立的合同依法并不需要采取特定的形式，当事人可以采取口头方式，也可以采取书面形式。除法律有特别规定以外，合同均为不要式合同。根据合同自由原则，当事人有权选择合同形式，但对于法律有特别的形式要件规定的，当事人必须遵循法律规定。

要式合同与不要式合同的区别实际上是一个有关合同成立与生效的条件问题。若法律规定某种合同必须经过批准或登记才能生效，则合同未经批准或登记便不生效；若法律规定某种合同必须采用书面形式合同才成立，则当事人未采用书面形式时合同便不成立，如《合同法》第32条规定：当事人采用合同书形式订立合同的，自双方当事人签字或者盖章时合同成立。

3. 双务合同和单务合同

根据合同当事人是否互相负有给付义务，可将合同分为双务合同和单务合同。

（1）双务合同。双务合同是指当事人双方互负对待给付义务的合同，即双方当事人互享债权，互负债务，一方的权利正好是对方的义务，彼此形成对价关系。例如在买卖合同中，卖方有获得价款的权利，而买方正好有支付价款的义务；反过来，买方有取得货物的权利，而卖方正好有交付货物并转移货物所有权的义务。

（2）单务合同。单务合同是指合同双方当事人中仅有一方负担义务而另一方只享有权利的合同，例如在借用合同中，只有借用人负有按约定使用并按期归还借用物的义务；又如在赠与合同中，赠与人负担交付赠与物的义务，而受赠人只享有接受赠与物的权利，不负担任何义务。在实践中，大多数的合同都是双务合同，单务合同比较少见。

二者在是否适用同时履行抗辩权上有区别。双务合同成立以后，当事人各基于合同负担义务，一方负担的义务是以他方负担义务为前提的。只有在双方均履行了自己的义务以后，才能达到当事人订约的目的。因此一方当事人只有在自己已经履行或者提出履行义务以后，才能要求对方当事人向自己履行义务；反过来说，在对方未为对待履行或未提出履行义务以前，也可以拒绝对方的履行请求。双方当事人均享有同时履行抗辩权。而在单务合同中，因为只有一方负担义务或者另一方虽然负有义务但其所负的义务并不是主要义务，不存在双方权利义务的相互对应和牵连问题，不负有履行义务的一方向负有义务的一方提出履行请求时，对方无权要求同时履行。因此，单务合同不适用同时履行抗辩权原则。

因为一方的过错而导致合同不履行的后果不同。在双务合同中，如果因为一方的过错而使合同不履行，另一方已经履行合同的，可以要求违约方履行合同或承担其他违约责任；另一方要求解除合同的，则对于其已经履行的部分有权要求违约方返还。但在单务合同中，一般不存在上述情况。

4. 有偿合同与无偿合同

根据合同当事人之间的权利义务是否存在对价关系，可以将合同分为有偿合同与无偿合同。

（1）有偿合同。有偿合同是指当事人一方给予对方某种利益，对方要得到该利益必须为此支付相应代价的合同。实践中，绝大多数反映交易关系的合同都是有偿的，如买卖合同、租赁合同、加工承揽合同、运输合同、仓储合同等。

（2）无偿合同。无偿合同是指一方给付对方某种利益，对方取得该利益时并不支付相应代价的合同，如赠与合同、借用合同等。实践中，无偿合同数量比较少。而有的合同既可以是有偿的，也可以是无偿的，如自然人之间的保管合同、委托合同等，双方既可以约定为有报酬即有偿的保管、委托，也可以约定为没有报酬即无偿的保管、委托。

需要注意的是，双务合同不一定就是有偿合同，无偿合同不一定就是单务合同。在无偿合同中，一方当事人可能也要承担一定的义务，如借用合同是无偿合同，借用人无须向出借人支付报酬，但属于双务合同，出借人有交付借用物的义务，借用人负有正当使用和按期返还的义务。

有偿合同和无偿合同的区分有以下意义。一是对义务的要求程度不同。在无偿合同中，利益的出让人原则上只承担较低的注意义务，如无偿保管合同中，保管人因过失造成保管物毁损灭失的，虽不能被免除全部责任，但应酌情减轻责任；而在有偿合同中，当事人所承担的义务要比无偿合同中承担的义务重，如有偿保管合同的保管人因其过失造成保管物毁损灭失时，应负全部赔偿责任。二是对主体的要求不同。订立有偿合同的当事人原则上应具备完全行为能力，限制行为能力人非经其法定代理人的同意，不能设立较为重大的有偿合同；但对于一些法律上纯获利益的无偿合同，如接受赠与等，限制行为能力人和无行为能力人即使未取得法定代理人的同意也可以订立合同。

5. 主合同与从合同

根据合同相互间的主从关系，可以将合同分为主合同与从合同。

（1）主合同。主合同是指不以其他合同的存在为前提而能够独立存在的合同。

（2）从合同。从合同是指不能独立存在而以其他合同的存在为存在前提的合同。例如，甲与乙订立借款合同，丙为担保乙偿还借款而与甲签订保证合同，则甲乙之间的借款合同为主合同，甲丙之间的保证合同为从合同。

区分主合同和从合同的主要意义在于，主合同和从合同之间存在特殊的联系，即从合同具有附属性，即它不能独立存在，必须以主合同的存在并生效为前提。主合同不能成立，从合同就不能有效成立；主合同转让，从合同也不能单独存在；主合同被宣告无效或被撤销，从合同也将失效；主合同终止，从合同亦随之终止。

6. 有名合同与无名合同

根据法律是否明文规定了一定合同的名称，可以将合同分为有名合同与无名合同。

（1）有名合同。又称为典型合同，是指由法律赋予其特定名称及具体规则的合同。如我国《合同法》所规定的15类合同，都属于有名合同。对于有名合同的内容，法律通常设有一些规定，但这些规定大多为任意性规范，当事人可以通过约定来改变法律的规定。也就是说，法律关于有名合同内容的规定，主要是要规范合同的内容，并非要代替当事人订立合同。从合同法的发展趋势来看，为了规范合同关系，保护合同当事人权益，各国合同立法都扩大了有名合同的范围，但这种发展趋势并非意味着对当事人合同自由的干预大大加强，而是为了进一步规范合同关系，促使当事人正确订约。

（2）无名合同。又称非典型合同，是指法律上尚未确定一定的名称与规则的合同。根据合同自由原则，合同当事人可以自由决定合同的内容，因此即使当事人订立的合同不属于有名合同的范围，只要不违背法律的禁止性规定和社会公共利益，也仍然是有效的。可见，当事人可以自由订立无名合同。

有名合同与无名合同的区分意义主要在于两者适用的法律规则不同。对于有名合同应当直接适用《合同法》的规定；对于无名合同，则首先应当考虑适用《合同法》的一般规则。另外，因为无名合同的内容可能涉及有名合同的某些规则，因此，也可以比照类似的有名合同的规则，参照合同的经济目的及当事人的意思等对无名合同进行处理。例如，对旅游合同来说，其中包含了运输合同、服务合同、房屋租赁合同等多项有名合同的内容，因此可以类推适用这些有名合同的规则。

5.1.3 合同法的基本原则

1. 平等原则

平等原则首先是指当事人的民事法律地位平等，一方不得将自己的意志强加给另一方。这也是民法首要的核心原则，反映了民事法律关系的本质特征，是区别于行政法、刑法的重要特征，也是合同法其他原则赖以存在的基础。在法律上，合同当事人双方或各方，无论身份如何，均是平等主体，没有从属、高低之分，也不存在管理与被管理或命令与被命令的成分，平等协商订立合同。其次，平等还指合同当事人的权利义务对等，即当事人各方享有权利的同时，也必须承担相应的义务，权利与义务同时存在。

2. 自愿原则

自愿原则作为一项重要的基本原则，是指当事人在法律允许的范围内通过协商，自愿决定和调整相互的权利义务关系，是民事法律关系区别于行政法律关系和刑事法律关系而特有的原则，同时也是社会主义市场经济体制的基本原则。该原则既表现在当事人之间，因一方欺诈、胁迫订立的合同无效或可撤销；也表现在当事人与第三人之间，任何单位、组织或个人均不得非法干涉。因为这里的“自愿”必须是在法律许可的范围内的。

作为《合同法》的基本原则之一，自愿原则贯穿于合同活动的全过程，具体表现为：① 当事人依照自己的意愿自主决定是否订立合同；② 在订立合同时，有权选择对方当事人；③ 所订立合同的内容由当事人在不违法的前提下自愿约定；④ 在合同履行过程中，当事人可协商对合同的内容进行补充或变更；⑤ 可以约定违约责任，在发生争议时，还可以自愿选择解决方式；⑥ 当事人还可以自愿协商解除所订立的合同。

3. 公平原则

公平原则包含了等价有偿的意思，即在民事活动中，除法律另有规定或当事人另有约定外，当事人取得他人财产利益应向他方给付相应的对价。公平既表现在订立合同时的公平，显失公平的合同可以撤销；也表现在履行合同过程中发生纠纷时要公平处理，既不能损害守约方的合法权益，也要让违约方按照过失大小来承担相应的责任，不能因较小的过失而承担过重的责任。当事人应当根据社会公认的公平观念进行民事活动，设定民事权利和义务。

4. 诚实信用原则

诚实信用原则也就是指合同当事人在订立、履行变更和解除合同或合同关系终止等各个阶段，无论行使权利，还是履行义务，都应讲诚实、守信用，相互协作配合，不得损害他人利益和社会公共利益。诚实信用原则被誉为“帝王规则”，它有着重要的意义和作用，主要表现在以下两个方面。

（1）将诚实信用原则作为指导合同当事人订立合同、履行合同的行为准则，有利于保护合同当事人的合法权益，更好地履行合同义务。

（2）合同没有约定或约定不明确而法律又没有规定的，可以根据诚实信用原则进行解释。

5. 公序良俗原则

公序良俗原则，是指民事法律行为的内容及目的不得违反公共秩序和善良风俗。公序良俗原则是我国民法一项重要的基本原则。在社会主义市场经济条件下，有维护国家利益及一般道德观念的功能。因为在立法时，不可能完全预见一切损害国家利益、社会公共利益和道德秩序的行为，而有针对性地作出详尽的禁止性规定，故设立公序良俗原则，以用来弥补禁止性规定的不足。

5.2　合同的订立

5.2.1　合同的内容与形式

1. 合同的内容

当事人依程序订立合同，意思表示一致，便形成合同条款，构成作为法律行为的合同内容。从合同关系的角度讲，合同的内容指合同权利和合同义务。合同的形式是当事人合意的表现形式，是合同内容的外部表现，是合同内容的载体。《合同法》第 12 条规定，合同的内容由当事人约定，一般包括以下条款。

（1）当事人的名称或者姓名和住所。当事人是合同关系的主体，如果没有当事人，合同就不能成立。因此，合同必须写明当事人的名称或者姓名和住所。这一条款是任何合同都必须具备的条款。

（2）标的。合同标的是合同法律关系的客体，是合同双方的权利和义务共同指向的对象。没有标的，权利义务就失去目标，也就无法确定，当事人之间就不可能建立起合同关系。因而，没有标的的合同是不存在的，标的是任何合同不能欠缺的重要内容。

（3）数量和质量。数量和质量是确定合同标的的具体条件，也是使合同标的得以相互区别的具体特征。合同标的的数量应当在合同中加以明确，当事人应当约定明确的计量单位和计量方法，并且可以规定合理的磅差或尾差。合同标的的数量不明确，合同就无法履行。合同标的的质量也应该明确，如标的的技术指标、质量要求、规格、型号等都要明确，以免在履行中发生争议。

（4）价款或者酬金。价款或者酬金是标的的价金，也是取得标的所应支付的代价。对有偿合同来说，价款或酬金一般为合同的主要条款。但对无偿合同来说，价款或酬金不仅不是合同的主要条款，而且连普通条款也不是。可见，合同有无价款或者酬金的约定，是区别有偿合同与无偿合同的标准之一。

（5）履行的期限、地点和方式。履行期限是当事人各方依照合同规定全面完成自己合同义务的时间。履行期限不仅直接关系到合同义务完成的时间，也是确定违约与否的因素之一。合同的履行期限可以约定为即时履行，也可以约定为定时履行，还可以约定为在一定期限内履行。履行地点是当事人依照合同规定完成自己义务所处的场所。履行地点是确定验收地点、运输费用由谁负担、风险由谁承受的依据。履行方式是指当事人完成合同义务的方法。合同履行的具体方法应在合同中约定，如是一次交付还是分期分批交付，是现实交付还是简易交付等。

（6）违约责任。违约责任是当事人违反合同时所应承担的法律责任，是促使债务人履行义务、保护守约方利益的重要措施。因此，合同中对违约责任应予明确，如违约金数额、赔偿金额及其计算方法等。

（7）解决争议的方法。解决争议的方法是当事人解决合同纠纷的手段、途径，如诉讼、仲裁等。在合同中，当事人可以选择仲裁或诉讼作为解决合同纠纷的方法。如果当事人没有选择解决争议的方法，则应通过诉讼解决合同纠纷。

2. 合同的形式

合同的形式，又称合同的方式，是当事人合意的表现形式，是合同内容的外部表现，是合同内容的载体。

（1）口头形式。是指当事人只用语言为意思表示订立合同，而不用文字表达协议内容的不同形式。口头形式简便易行，在日常生活中经常被采用。集市的现货交易、商店里的零售等一般都采用口头形式。合同采取口头形式，无须当事人特别指明。凡当事人无约定、法律未规定须采用特定形式的合同，均可采用口头形式。

（2）书面形式。是指以文字表现当事人所订合同的形式。合同书及任何记载当事人要约、承诺和权利义务内容的文件，都是合同的书面形式的具体表现。《合同法》第 11 条规定，书面形式是指合同书、信件及数据电文（包括电报、电传、传真、电子数据交换和电子邮件）等可以有形地表现所载内容的形式。书面合同的表现形式，常见的有以下几类。① 表格合同。它是当事人双方合意的内容及条件，主要体现为一定表格上的记载，能全面反映当事人权利义务的简易合同。表格合同及其附件、有关文书、通用条款，才组成完整的合同。② 车票、保险单等合同凭证不是合同本身，它的功能在于表明当事人之间已存在合同关系。合同凭证是借以确认双方权利义务的一种载体。虽然双方的权利义务并未完全反映在合同凭证上，但因法律及有权机关制定的规章已有明确规定，因而可以确认合同凭证标示双方的权利义务关系。③ 合同确认书。④ 定式合同。关于公证、鉴证、登记、审批是属于合同的书面形式范畴，还是合同的生效要件，我国现行法的态度不一，有时规定为成立要件，视为书面形式；有时认为系生效要件。从法理上讲，后者更为可取，因为合同是当事人各方的合意，公证、鉴证、登记、审批皆为当事人各方合意以外的因素，即不属于成立要件的范畴，而属于效力评价的领域，尤其是登记、审批宜定为不动产物权的变动要件。

（3）推定形式。当事人未用语言、文字表达其意思表示，仅用行为向对方发出要约，对方接受该要约，以作出一定或指定的行为作承诺，合同成立。如商店安装自动售货机，顾客将规定的货币投入机器内，买卖合同即成立。

5.2.2　合同订立的程序

合同是双方或多方的民事法律行为，合同各方的意思表示达成一致合同才能成立。合同的订立就是合同当事人进行协商，使各方的意思表示趋于一致的过程。当事人订立合同的过程一般分为要约和承诺两个阶段。

1. 要约

1）要约的概念

要约在商业活动和对外贸易中又称报价、发价或者发盘，是订立合同的当事人一方向他方发出的以订立合同为目的意思表示。发出要约的当事人称要约人，要约指向的当事人称受要约人。

2）要约的有效条件

要约的有效条件主要包括以下 4 个方面。① 要约必须是特定的合同当事人所为的意思表示。② 要约必须具有缔结合同的主观目的。要约是一种意思表示，但这种意思表示须具有与被要约人订立合同的真实意愿，其外在表现形式为要约人主动要求与被要约人订立合同。凡不具有以自己主动提出订立合同为目的的行为，尽管貌似要约，也不应视为要约。这是要约与要约邀请的主要区别。③ 要约须是向相对人发出的意思表示。④ 要约的内容必须确定和完整。

3）要约的生效时间

要约的生效时间是指要约从何时开始发生法律效力。《合同法》采用到达主义，即要约到达受要约人时生效。采用数据电文形式订立合同，收件人指定特定系统接收数据电文的，该数据电文进入该特定系统的时间，视为到达时间；未指定特定系统的，该数据电文进入收件人的任何系统的首次时间，视为到达时间。

4）要约的撤回和撤销

要约的撤回是指要约人在发出要约后，到达受要约人之前，有权宣告取消要约。根据要约的形式拘束力，任何一项要约都是可以撤回的，只要撤回的通知先于或同时与要约到达受要约人，都能产生撤回的效力。要约的撤销是指要约人在要约生效以后，将该项要约取消，从而使要约的效力归于失效。

撤销与撤回都旨在使要约作废，或取消要约，并且都只能在承诺作出之前实施。但两者存在一定的区别，其表现在于：撤回发生在要约生效之前，而撤销则发生在要约已经到达并生效但受要约人尚未作出承诺的期限内。

允许要约人有权撤销已经生效的要约，必须有严格的条件限制。如果法律上对要约的撤销不作限制，允许要约人随意撤销要约，那么必将在事实上否定要约的法律效力，导致要约在性质上的变化，同时也会给受要约人造成不必要的损失。根据《合同法》规定，有下列情形之一的，要约不得撤销：① 要约中确定了承诺期限或者以其他形式明示要约不可撤销；② 受要约人有理由认为要约是不可撤销的，并且已经为履行合同做了准备工作。

5）要约的失效

要约的失效是指要约丧失了法律拘束力，即不再对要约人和受要约人产生约束。要约失效的原因主要有以下几种情况。① 受要约人拒绝要约。当拒绝要约的通知到达要约人，要约失效。② 要约有效期间经过。凡是要约规定了承诺期限的，于期限届满后失效；未规定期限的，受要约人未于合理期限承诺，要约失效。③ 要约人依法撤回或撤销要约。只要撤回或撤销符合条件，要约即归于失效。④ 特定条件下的要约人或受要约人死亡。其条件为：合同具有人身履行的性质；要约含有或推定含有在此情况下使要约失效的意思；要约的相对人知悉要约人死亡的事实。⑤ 受要约人对要约的内容作出实质性变更。

6）要约和要约邀请的区别

要约邀请是一方当事人邀请另一方当事人向自己发出要约。要约是以订立合同为目的具有法律意义的意思表示行为，一经发出就产生一定的法律效果。而要约邀请的目的是让对方对自己发出要约，是订立合同的一种预备行为，在性质上是一种事实行为，并不产生任何法律效果，即使对方依邀请对自己发出了要约，自己也没有承诺的义务。因此，要约邀请本身不具有法律意义。在实际生活中，拍卖公告、招标、寄送价目表、招股说明书、商业公告、广告等，都属于要约邀请。

2. 承诺

1）承诺的概念

承诺是受要约人同意接受要约的全部条件的缔结合同的意思表示，在商业交易中，承诺又称接受或还盘。承诺的法律效力在于，承诺一经作出，并送达要约人，合同即告成立，要约人不得加以拒绝。

2）承诺的构成要件

① 承诺必须由受要约人作出。② 承诺必须向要约人作出。③ 承诺的内容须与要约的内容一致。④ 承诺应在要约有效期内作出。订有承诺期限的要约，承诺须于期限内作出方为有效承诺；未订有承诺期限的要约，如属口头要约，承诺须由受要约人立即作出才为有效，但当事人另有约定的除外；如是以非对话方式作出的，则应由受要约人在合理期限内作出承诺。有效期间经过后作出的承诺，称为迟到承诺，不能发生承诺的效力，应视为新要约。但受要约人在要约有效期间内所作承诺，依通常情形可于有效期内到达要约人而迟到者，称为未迟发而迟到的承诺。对这种承诺，要约人应负对承诺人发迟到通知的义务。要约人及时发

出迟到通知后，该迟到的承诺不发生承诺效力，即不能成立合同。如要约人怠于发迟到通知，该迟到的承诺应视为未迟到的承诺，具有承诺的效力，即能成立合同。

3）承诺的方式

承诺的方式是指受要约人通过何种形式将承诺的意思送达给要约人。受要约人可以采用以下方式来表示承诺。① 以口头或书面的方式表示承诺，这种方式是在实践中经常采用的。一般来说，如果法律或要约中没有明确规定必须用书面形式承诺，则当事人可以用口头形式表示承诺。② 以默示方式表示承诺。这就是说要约人尽管没有通过书面或口头方式明确表达其意思，但是通过实施一定的行为和其他形式作出了承诺。应当注意的是，默示不同于单纯的缄默或不行动。缄默或不行动都是指受要约人没有作任何意思表示，也不能确定其具有承诺的意思；而默示的方式虽不是以书面或口头方式作出的，但受要约人通过实施一定的行为或其他方式作出了承诺，而且从其行为和表现来看，可确定其具有承诺的意思。

4）承诺的生效时间

承诺生效的时间是指承诺什么时候产生法律效力。根据《合同法》的规定，合同成立的时间应当以受要约人将承诺的意思到达要约人才能生效。要约以信件或者电报作出的，承诺期限自信件载明的日期或者电报交发之日开始计算。如果信件未载明日期，自投寄该信件的邮戳日期开始计算。要约以电话、传真等快速通信方式作出的，承诺期限自要约到达受要约人时开始计算。

案例思考

甲商场向乙企业发出采购100台电冰箱的要约，乙企业于5月1日寄出承诺信件，5月8日信件寄至甲商场，时逢其总经理外出，5月9日总经理知悉了该信内容，遂于5月10日电传告知乙收到承诺。该承诺何时生效？

5）承诺的撤回

承诺的撤回是承诺人阻止承诺发生法律效力的一种意思表示。由于承诺一经送达要约人即发生法律效力，合同也随之成立，所以，撤回承诺的通知必须先于或同时于承诺到达要约人，才能发生阻止承诺生效的效果。如果晚于承诺到达要约人，鉴于承诺已发生法律效力，承诺人便不得撤回其承诺。

3. 合同的成立时间和地点

1）合同成立的概念和条件

合同的成立是指订约当事人就合同的主要条款达成合意。具体来说，合同的成立必须具备以下条件：① 存在双方或多方订约当事人；② 订约当事人对主要条款达成合意；③ 合同的成立应具备要约和承诺阶段。

2）合同成立的时间

合同成立的时间是由承诺实际生效的时间决定的，因此承诺生效时间在《合同法》中具有极为重要的意义。由于我国《合同法》采取到达主义，因此承诺生效的时间以承诺到达要约人的时间为准。然而，在确定承诺生效时间时，有以下几种情况值得注意：① 承诺通知到达要约人时合同成立；② 采用合同书形式订立合同的，自双方当事人签字或者盖章时合同成立；③ 当事人采用信件、数据电文等形式订立合同的，可以在合同成立之前要求签订确认书，签订确认书时合同成立；④ 法律、行政法规规定或者当事人约定采用书面形式订立合同，当事人未采用书面形式但一方已经履行主要义务，对方接受的，该合同成立；⑤ 采用合同书形式订立合同，在签字或者盖章之前，当事人一方已经履行主要义务，对方接受的，该合同成立。

3）合同成立的地点

承诺生效的地点为合同成立的地点，采用数据电文形式订立合同的，收件人的主营业地为合同成立的地点；没有主营业地的，其经常居住地为合同成立的地点。当事人另有约定的，按照其约定。当事人采用合同书形式订立合同的，双方当事人签字或者盖章的地点为合同成立的地点。

4. 缔约过失责任

1）缔约过失责任的概念

缔约过失责任是指在订立合同过程中，一方或双方当事人违反了诚实信用原则而负有的先合同义务，导致合同不成立，或合同虽然成立，但因不符合法定的生效条件而被确认无效或被撤销，给对方当事人造成信赖利益的损失时所应当承担的民事赔偿责任。

2）缔约过失责任的承担

当事人在订立合同过程中有下列情形之一，给对方造成损失的，应当承担损害赔偿责任。① 假借订立合同，恶意进行磋商。② 故意隐瞒与订立合同有关的重要事实或者提供虚假情况。③ 泄露或不正当使用在订立合同过程中知悉的商业秘密。④ 其他违背诚实信用原则的行为。这类行为主要是指违反先合同义务的行为，通常有以下情形：未尽通知、协助等义务，增加了相对方的缔约成本而造成损失；未尽告知义务；未尽照顾、保护义务，造成对方当事人人身、财产的损害。

3）缔约过失责任的构成要件

（1）缔约当事人违反先合同义务。缔约过失责任作为一种责任形态存在，必须以先合同义务的存在及违反作为前提。先合同义务是指合同成立之前，订立合同的当事人依据诚实信用原则所承担的协力、通知、保护、保密等义务。先合同义务不同于合同义务，其产生的基础不是依法成立的合同，而是诚实信用原则。

（2）缔约相对人受有损失。民事责任一般以损害事实的存在为成立条件，缔约过失责任也不例外，只有缔约一方违反先合同义务造成相对人损害时，才能产生缔约过失责任。缔约过失责任中的损失主要是指信赖利益的损失，即无过错的当事人信赖合同有效成立，但因法定事由发生，致使合同不成立、无效、被撤销等造成的损失。这种信赖利益的损失包括直接损失和间接损失。直接损失包括：一是缔约费用，包括邮电费用、赶赴缔约地或查看标的物所支出的其他合理费用等；二是准备履行所支出的费用，包括为运送标的物或受领对方给付所支出的其他合理费用等；三是受害人支出上述费用所造成的利息损失；四是其他直接的费用支出。

(3) 违反先合同义务的一方有过错。过错是民事责任的构成要件，缔约过失责任作为民事责任的一种，也不例外。

(4) 过错与损失之间有因果关系。这里的因果关系是指一方当事人的过错与对方遭受的信赖利益的损失之间存在必然的联系。这就是损害结果的出现系缔约过错行为所必然引起的，若对方遭受的损失非因一方的过错，即使发生在缔约过程中，即使出现了信赖利益的损害，也不产生缔约过失责任。缔约过失责任的因果关系应适用民法关于一般因果关系的认定。

5.3　合同的效力

5.3.1　合同的成立与合同的生效

合同成立指合同当事人订立合同的行为完成，要约与承诺的过程已经结束或者双方已经签字盖章。而合同生效是指合同产生法律效力，生效后，当事人必须按照合同履行义务，否则要承担违约责任。合同生效以合同成立为前提，即有合同，合同才能生效；没有合同，合同生效、失效、有效、无效便无从谈起。但合同成立并不意味着合同生效。有时候，合同生效还需要履行批准、登记等手续或者等待条件的成就或期限的届至。

5.3.2　合同生效的时间

(1) 依法成立的合同，自成立时起生效。

(2) 法律、行政法规规定应该办理批准、登记手续的，依照其规定办理批准、登记等手续后生效。如《担保法》规定，房屋抵押合同自办理登记手续之日起生效等。

(3) 约定条件成就时生效、失效。对所附条件有几个要求：第一，这种条件是当事人自己设定的，不是法律规定的；第二，这种条件是将来可能发生，也可能不发生的，不是必定发生，也不是根本不可能发生，也就是条件处于不确定状态；第三，条件必须合法。当事人为了自己的利益，不正当地阻止条件成就，视为条件已成就；不正当地促成条件成就，视为条件不成就。

(4) 期限届至时生效、届满时失效。当事人对合同的效力可以约定附期限。附生效期限的合同，自期限届至时生效；附终止期限的合同，自期限届满时失效。

5.3.3　有效合同

有效合同是指依照法律的规定成立并在当事人之间产生法律约束力的合同。根据《民法通则》的规定，民事法律行为主要应具有以下条件。

（1）行为人具有相应的民事行为能力。所谓相应的订立合同的能力，是指合同主体据以独立订立合同并独立承担合同义务的主体资格。

（2）意思表示真实。所谓意思表示是行为人将其产生、变更和终止民事权利和民事义务的意思表示于外部的行为。

（3）不违反法律或者社会公共利益。合法是民事法律行为的本质属性，也是民事法律行为有效的当然要件。合同能产生法律效力就在于当事人的意思表示符合法律的规定，不合法的合同显然不能受到法律保护，也不能产生当事人所期待的法律效果。因为上述 3 个条件是民事行为能够合法的一般准则，当然也应适用于当事人签订合同这种民事行为。所以，合同有效的条件也应当具备上述 3 个条件。

依法成立的合同对当事人具有法律约束力，当事人应当按照约定履行自己的义务，不得擅自变更或者解除合同。而且依法成立的合同，受法律保护。如果一方当事人不履行合同义务，另一方当事人可依照本条规定及合同的具体要求让对方履行或承担违约责任。

5.3.4 无效合同

1. 无效合同

无效合同是指合同虽然已经成立，但由于其不符合法律或行政法规规定的特定条件或要求并违反了法律、法规的强制性规定而被确认为无效的合同。其特征为：① 合同已经成立，没有成立的合同当然无法进行讨论是否生效的问题；② 合同无效的效力表现在合同自始无效；③ 合同无效的原因在于其违法性，而且是违反了法律、法规的强制性规定，主要是指义务性规定和禁止性规定。这其中包括了合同的主体、客体及内容等方面。合同无效与民事行为的无效一样，也分为全部无效和部分无效。

2. 合同无效的原因

（1）一方以欺诈、胁迫的手段订立合同，损害国家利益。

（2）恶意串通，损害国家、集体或者第三人利益。

（3）以合法形式掩盖非法目的。

（4）损害社会公共利益。

（5）违反法律、法规的强制性规定。

合同中的下列免责条款无效：① 造成对方人身伤害的；② 因故意或者重大过失造成对方财产损失的。

5.3.5 效力待定的合同

效力待定的合同是指合同虽然已经成立，但因其不完全符合法律生效要件的规定，因此其发生效力与否尚未确定，一般须经有权人表示承认或追认后才能生效。主要包括 3 种情况。

1. 限制民事行为能力人订立的合同

限制民事行为能力人订立的合同经法定代理人追认后，该合同有效，但纯获利益的合同或者与其年龄、智力、精神健康状况相适应而订立的合同，不必经法定代理人追认。相对人可以催告法定代理人在一个月内予以追认。法定代理人未作表示的视为拒绝追认。合同被追认之前，善意相对人有撤销的权利。撤销应当以通知的方式作出。

2. 无权代理人签订的合同

行为人没有代理权、超越代理权或者代理权终止后以被代理人名义订立的合同，未经被代理人追认，对被代理人不发生效力，由行为人承担责任。相对人可以催告被代理人在一个月内追认。被代理人未作表示的视为拒绝追认。合同被追认之前，善意相对人有撤销的权利。撤销应当以通知的方式作出。

1）表见代理合同

表见代理人实际上没有代理权，但是相对人有理由相信其有代理权，法律为保护善意相对人的利益，规定代理行为有效，被代理人要承担责任。表见代理制度立法的目的是保护善意的无过失的相对人的利益，保护交易安全。出现表见代理的情形主要有以下几个方面：① 被代理人对第三人表示将代理权授予他人，而实际并未授权；② 被代理人将某种有代理权的证明文件（如盖有公章的空白合同书、空白介绍信、合同专用章等）交给他人，他人以该种文件使第三人相信其有代理权而与之进行法律行为；③ 代理授权不明；④ 代理关系终止后未采取必要的措施而使第三人仍然相信行为人有代理权，并与之进行法律行为。

案例思考

甲是乙企业的销售人员，随身携带盖有乙企业公章的空白合同书，便于随时对外签约。后甲因收取回扣被乙企业除名，但空白合同书未收回。甲以此合同书与丙签订购销协议，该购销协议的效力应如何认定？

2）法定代表人、负责人越权订立的合同

法人或者其他组织的法定代表人、负责人超越权限订立的合同，除相对人知道或者应当知道其超越权限的以外，该代表行为有效。

法定代表人是指法人组织的领导人，负责人是指非法人组织的领导人。法定代表人代表法人、负责人代表其组织行使职权是法律的规定和章程的规定，无须特别委托和授权。其在职权范围内所为的行为就是法人或组织的行为。法人或组织必须承担责任。但是对超越权限的行为的效力规定了两种情况：① 一般情况下，代表行为有效，合同有效；② 如果相对人知道或应当知道其越权的，代表行为无效，责任由行为人承担或行为人与相对人共同承担。法人或组织不承担责任。

3. 无处分权的人处分他人财产的合同

无处分权的人处分他人财产，经权利人追认或者无处分权的人订立合同后取得处分权的，该合同有效。可以从以下两个方面进行理解。

（1）一般合同无效。

（2）两种情况下有效。一是经权利人追认的合同有效。因为经过追认后，行为人的无权处分行为变成了有权处分行为，当然就产生效力。二是行为人订立合同后取得处分权的合同有效。这种事后取得的处分权具有溯及既往的效力，使得行为人在无处分权时的处分行为变成了有效。

案例思考

甲因有事要长时间外出，临行前几天与乙约定，将甲未婚妻赠与其的一块价值15 000元的名贵手表交由乙保管，回来后请乙吃饭。几日后甲外出，同时将手表交至乙处。2个月后，因乙急需用钱，便以20 000元的价格将手表卖给丙，丙并不知道手表并非乙所有。在丙付款后，乙将手表交付给丙。手表当时的市场价格为17 000元。请回答下列问题：

1. 甲与乙间订立保管合同的民事法律关系成立于何时？为什么？

2. 乙的行为应如何定性？其与丙间的合同效力如何？为什么？

3. 丙是否可取得手表的所有权？为什么？

4. 若甲对乙提起诉讼，甲可以行使何种请求权？可以请求的金额是多少？为什么？

5.3.6 可撤销合同

可撤销合同也叫可变更、可撤销的合同，是指当事人在订立合同的过程中，由于意思表示不真实，或者是出于重大误解从而作出错误的意思表示，依照法律的规定可予以撤销的合同。

下列合同，当事人一方有权请求人民法院或者仲裁机构变更或者撤销：① 因重大误解订立的；② 在订立合同时显失公平的；③ 一方以欺诈、胁迫的手段或者乘人之危，使对方在违背真实意思的情况下订立的合同，受损害方有权请求人民法院或者仲裁机构变更或撤销。

但有下列情形之一的，撤销权消灭：① 具有撤销权的当事人自知道或者应当知道撤销事由之日起一年内没有行使撤销权；② 具有撤销权的当事人知道撤销事由后明确表示或者以自己的行为放弃撤销权。

5.3.7 合同被确认无效和被撤销后的法律后果

合同被确认无效或撤销后将导致合同自始无效，这也就是效力溯及既往的原则。合同无效、被撤销或者终止的，不影响合同中独立存在的有关解决争议方法的条款的效力。

合同无效或者被撤销后，因该合同取得的财产，应当予以返还；不能返还或者没有必要返还的，应当折价补偿。有过错的一方应当赔偿对方因此所受到的损失；双方都有过错的，应当各自承担相应的责任。当事人恶意串通，损害国家、集体或者第三人利益的，因此取得的财产收归国家所有或者返还集体、第三人。

【实施与评价要点】

本项目一开始的任务导入中布置了一个任务：某单位欲购买钢材1 000吨，请你与潜在的合作伙伴进行协商，为该单位签订一份有效的买卖合同。

1. 任务分析

为了完成上面的任务，应围绕合同签订的程序，结合合同的内容及形式，主要解决以下几个问题：

（1）要约人提出报价；

（2）受要约人修改报价；

（3）确定合同的形式；

（4）确定合同的内容；

（5）确定合同内容的措辞；

（6）确定合同内容的顺序；

（7）签订的合同应该是钢材买卖合同，采用书面形式，合同内容包括双方当事人的名称住所、数量、质量、价款、履行的期限地点方式、违约责任、解决争议的方式等主要条款。

2. 任务实施及检测

（1）任务内容：每组作为所在公司的业务人员，由双方进行谈判签订一份合同书，使双方因为签订合同而达到双赢的目的。

（2）任务要求：全班分5大组，每组10人，每组推举组长负责本组工作，每大组再分成两个小组，每个小组代表某一公司的业务工作人员，每组内的两个企业的业务人员，定位好自己所在企业的经营范围，然后按照签订合同的程序签订合同。所签订的合同应该具有可实施性，并且具备合同的主要条款，出一份合同书。

（3）任务检测：每个小组推举一个代表陈述自己所在组合同订立的情况，并回答在签订合同时每个组的双方当事人如何把握确保自己的权益。每个小组代表进行陈述后，其他组的人员针对所述组合同存在的问题提出质疑，被质疑组进行答辩。教师根据陈述和答辩情况进行总结、点评、打分。

重点概括

本项目重点介绍了合同的概念、种类、合同法的基本原则；合同的内容和形式及订立合同的程序、缔约过失责任；合同的成立与合同生效的区别，合同的效力分为有效合同、无效合同、效力待定合同、可撤销合同；有效合同由双方当事人恪守诺言，履行义务；欠缺合同有效要件的财产后果的处理。

项目 6

制订合同风险防范方案

【任务导入】

1. 项目内容

通过本项目的学习，为你上一个项目所签订的合同制订一份风险防范方案，当风险来临时，可以利用设计的方案最大限度保护自身的合法权益。

2. 项目要求

（1）制订的风险方案应该切合实际；

（2）制订的风险方案应该考虑到不同角度；

（3）制订的风险方案能考虑到知识点所讲内容。

【理论知识要点】

1. 知识目标

（1）能够掌握合同履行中条款不明确的解决办法；

（2）掌握合同履行过程中的 3 种抗辩权；

（3）能够掌握合同履行的保全；

（4）掌握合同的变更、转让和终止；

（5）掌握合同的违约责任方式。

2. 能力目标

（1）能够处理合同规定不明确时合同如何履行；

（2）能够运用合同履行中的抗辩权和保全方式保护自己的权益；

（3）能运用合同的变更、转让、终止保护自己的权益；

（4）能够预见违约应该承担的责任。

案例导入

甲公司因转产致使一台价值1 000万元的精密机床闲置。该公司董事长与乙公司签订了一份机床转让合同。合同规定，精密机床作价950万元，甲公司于10月31日前交货，乙公司在交货后10天内付清款项。在交货日前，甲公司发现乙公司的经营状况恶化，通知乙公司中止交货并要求乙公司提供担保。乙公司予以拒绝。又过了一个月，乙公司的经营状况进一步恶化，甲公司于是提出解除合同。乙公司遂向法院起诉。法院查明：甲公司股东会决议规定，对精密机床的处置应经股东会特别决议。请回答以下几个问题：

（1）甲公司与乙公司之间转让机床的合同是否有效？为什么？

（2）甲公司中止履行合同的理由能否成立？为什么？

（3）甲公司能否解除合同？为什么？

【理论内容】

6.1 合同的履行

6.1.1 合同履行的概念和原则

1. 合同履行的概念

合同履行是指合同的当事人按照合同的约定，全面完成各自应承担的合同义务，使合同关系得以全部终止的整个行为过程。合同的履行是《合同法》中一个极为重要关键的问题。当事人之所以要订立合同，完全是为了实现合同的目的。合同权利义务的实现，只有通过履行才能达到。所以合同的订立是前提，合同的履行是关键。《合同法》中关于担保、违约责任的规定都是为了合同的履行。

2. 合同履行的原则

（1）全面履行原则。全面履行是指合同当事人应当按照合同的约定全面履行自己的义务，不能以单方面的意思改变合同义务或者解除合同。全面履行原则对合同当事人的要求相当严格，因此，合同当事人各方都应当严肃、认真、完整地履行合同义务，否则即应承担相应的责任。

全面履行原则对促使当事人保质、保量、按期履行合同义务，保护当事人的合法权益有着一定的指导意义和制约作用。根据全面履行原则可以确定当事人在履行合同中是否有违约行为及违约的程度，对合同当事人应当履行的合同义务予以全面制约，充分保护合同当事人的合法权益。

（2）诚实信用原则。诚实信用原则是指在合同履行过程中，合同当事人讲究信用，恪守信用，以善意的方式履行其合同义务，不得滥用权利及规避法律或者合同规定的义务。

合同的履行应当严格遵循诚实信用原则。一方面要求当事人除了应履行法律和合同规定的义务外，还应当履行依据诚实信用原则所产生的各种附随义务，包括相互协作和照顾义务、瑕疵的告知义务、使用方法的告知义务、重要情事的告知义务、忠实的义务等。另一方面，在法律和合同规定的内容不明确或者欠缺规定的情况下，当事人应当依据诚实信用原则履行义务。

（3）协作履行原则。协作履行原则要求合同当事人在合同履行过程中相互协作，积极配合，完成合同的履行。

当事人适用协作履行原则不仅有利于全面、实际地履行合同，也有利于增强当事人之间彼此相互信赖、相互协作的关系。

（4）效益履行原则。效益履行原则是指履行合同时应当讲求经济效益，尽量以最小的成本获得最大效益，以及合同当事人为了谋求更大的效益或者为了避免不必要的损失，变更或解除合同。

3. 合同履行中的义务

（1）通知义务。通知义务是指合同当事人负有将与合同有关的事项通知给对方当事人的义务。包括有关履行标的物到达对方的时间、地点、交货方式的通知，合同提存的有关事项的通知，后履行抗辩权行使时要求对方提供充分担保的通知，情事变更的通知，不可抗力的通知等。

（2）协助义务。协助义务是指合同当事人在履行合同过程中应当相互给予对方必要的和能够的协助及帮助的义务。

（3）保密义务。保密义务是指合同当事人负有为对方的秘密进行保守不为外人知道的义务。如果因为未能为对方保守秘密，使外人知道对方的秘密，给对方造成损害的，应当对此承担责任。

6.1.2 合同履行中约定不明情况的处置

（1）合同生效后，合同的主要内容包括质量、价款或者报酬、履行地点等没有约定或者约定不明确的，当事人可以通过协商确定合同的内容。不能达成补充协议的，按照合同有关条款或者交易习惯确定。

（2）如果合同当事人双方不能达成一致意见，又不能按照合同的有关条款或者交易习惯确定，可以适用下列规定。① 质量要求不明确的，按照国家标准、行业标准履行；没有国家标准、行业标准的，按照通常标准或者符合合同目的的特定标准履行。所谓的通常标准，是指在同类的交易中，产品应当达到的质量标准；符合合同目的的特定标准是指根据合同的目的、产品的性能、产品的用途等因素确定的质量标准。② 价款或者报酬不明确的，按照订立合同时履行地市场价格履行；依法执行政府定价或者政府指导价的，按照规定执行。此处所指的市场价格是指市场中的同类交易的平均价格。对于一些特殊的物品，由国家确定价格的，应当按照国家的定价来确定合同的价款或者报酬。③ 履行地点不明确，给付货币的，在接受货币一方所在地履行；交付不动产的，在不动产所在地履行；其他标的，在履行义务一方所在地履行。④ 履行期限不明确，债务人可以随时履行，债权人也可以随时要求履行，但应当给对方必要的准备时间。⑤ 履行方式不明确的，按照有利于实现合同目的的方式履行。⑥ 履行费用的负担不明确的，由履行义务一方负担。

6.1.3 合同中执行政府定价或者政府指导价的法律规定

在发展社会主义市场经济过程中，政府对经济活动的宏观调控和价格管理十分必要。《合同法》规定：执行政府定价或者政府指导价的，在合同约定的交付期限内政府价格调整时，按照交付时的价格计价。逾期交付标的物的，遇价格上涨时，按照原价格执行；价格下降时，按照新价格执行。逾期提取标的物或者逾期付款的，遇价格上涨时，按照新价格执行；价格下降时，按照原来的价格执行。

从《合同法》中可以看到，执行国家定价的合同当事人，由于逾期不履行合同遇到国家调整物价时，在原价格和新价格中，执行对违约方不利的那种价格，这是对不按期履行合同的一方从价格结算上给予的一种惩罚。这样规定，有利于促进双方按规定履行合同。需要注意的是，这种价格制裁只适用于当事人因主观过错而违约，不适用因不可抗力所造成的情况。

6.1.4 合同履行中的抗辩权

1. 同时履行抗辩权

1）同时履行抗辩权的概念

同时履行抗辩权是针对合同当事人双方的债务履行没有先后顺序的情况下的一种抗辩制度。同时履行抗辩权即指双务合同的当事人一方在对方未为对待给付之前，有权拒绝对方请求自己履行合同的要求的权利。

如果双方当事人的债务关系没有先后顺序，双方当事人应当同时履行合同义务，一方当事人在请求对方履行合同债务时，如果自己没有履行合同义务，则对方享有暂时不履行自己的债务的抗辩权。同时履行抗辩权的目的不在于完全消除或者改变自己的债务，只是延期履行自己的债务。

当事人互有债务，没有先后履行顺序的，应当同时履行。一方在对方履行之前有权拒绝其履行要求。一方在对方履行债务不符合约定时，有权拒绝其相应的履行要求。

2）同时履行抗辩权的构成条件

主要包括：① 双方当事人互负对待给付；② 双方当事人负有的对待债务没有约定履行顺序；③ 对方未履行债务或未完全履行债务；④ 双方当事人的债务已届清偿期。

2. 后履行抗辩权

1）后履行抗辩权的概念

后履行抗辩权是指按照合同约定或者法律规定负有先履行债务的一方当事人，届期未履行债务或履行债务严重不符合约定条件时，相对人为保护自己的期限利益或为保证自己履行债务的条件而中止履行合同的权利。

当事人互负债务，有先后履行顺序的，先履行一方未履行的，后履行一方有权拒绝其履行要求。先履行一方履行债务不符合约定的，后履行一方有权拒绝其相应的履行要求。

后履行抗辩权属于负有后履行债务一方享有的抗辩权，它的本质是对先期违约的对抗，因此，后履行抗辩权可以称为违约救济权。如果先履行债务方是出于属于免责条款范围内（如发生了不可抗力）的原因而无法履行债务的，该行为不属于先期违约，因此，后履行债务方不能行使先履行抗辩权。即当发生了不可抗力等原因而导致先履行债务方无法履行债务的，先履行对相对人要求自己履行合同的请求，可主张权利消灭的抗辩，拒绝履行合同义务。

2）*后履行抗辩权的构成条件*

后履行抗辩权的适用范围与同时履行抗辩权相似，只是在履行顺序上有所不同，表现在 3 个方面。① 由同一双务合同互负债务，互负的债务之间具有相关性。② 债务的履行有先后顺序。当事人可以约定履行顺序，也可以由合同的性质或交易习惯决定。③ 先履行一方不履行或者不完全履行债务。

3. 不安抗辩权

1）*不安抗辩权的概念*

不安抗辩权又称保证履约抗辩权，是指按照合同约定或者法律规定负有先履行债务的一方当事人，在合同订立之后，履行债务之前或者履行过程中，有充分的证据证明后履行一方将不会履行债务或者不能履行债务时，先履行债务方可以暂时中止履行，通知对方当事人在合理的期限内提供适当担保，如果对方当事人在合理的期限内提供担保，中止方应当恢复履行；如果对方当事人未能在合理期限内提供适当的担保，中止履行一方可以解除合同。

应当先履行债务的当事人，有确切证据证明对方有下列情况之一的，可以中止履行：① 经营状况严重恶化；② 转移财产、抽逃资金，以逃避债务；③ 丧失商业信誉；④ 有丧失或者可能丧失履行债务能力的其他情形。

2）*不安抗辩权的适用条件*

① 因同一双务合同互负债务并具有先后履行顺序；② 后履行一方有不履行债务或者可能丧失履行债务能力的情形；③ 先履行一方有确切的证据。

作为享有的权利，先履行一方在主张不安抗辩时，必须有充分的证据证明对方当事人确实不履行或者不能履行其债务的情形。这主要是防止先履行一方滥用不安抗辩权。如果先履行一方无法举出充分证据来证明对方丧失履行能力，则不能行使不安抗辩权，否则其拒绝履行合同义务的行为即为违约行为，应当承担违约责任。

3）*不安抗辩权的效力*

（1）中止履行。不安抗辩权能够适用的原因在于由于可归责于对方当事人的事由，可能给先履行的一方造成不能得到对待给付的危险，先履行债务一方最可能的就是暂时不向对方履行债务。所以，中止履行是权利人首先能够采取的手段，而且这种行为是一种正当行为，不构成违约。

（2）要求对方提供适当的担保。不安抗辩权的适用并不消灭先履行一方的债务，只是因特定的情况，暂时中止履行其债务，双方当事人的债权债务关系并未解除。因此，先履行一方可要求对方在合理的期限内提供担保来消除可能给先履行债务一方造成损失的威胁，并以此决定是继续维持还是中止债权债务关系。

（3）恢复履行或者解除合同。中止履行只是暂时性的保护措施，并不能彻底保护先履行债务一方的利益。所以，为及早解除双方当事人之间的不确定的法律状态，有两种处理结果：如果对方在合理期限内提供担保，则中止履行一方继续履行完其债务；否则，可以解除合同关系。

6.1.5 合同的保全制度

1. 代位权

1）代位权的概念

代位权是相对于债权人而言的，它是指当债务人怠于行使其权利而危害债权人的债权时，债权人可以取代债务人的地位，行使债务人的权利。代位权的核心是以自己的名义行使债务人对第三人的债权。

2）代位权成立条件

（1）债务人对第三人享有债权。债务人对第三人享有的债权是代位权的标的，它应当是合法有效的债权。

（2）债务人怠于行使其到期债权。怠于行使债权是指债务人在债权可能行使并且应该行使的情况下消极地不行使。债务人消极地不行使权利，就可能使债权因时效届满而丧失诉权等不利后果，则可能会给债权人的债权造成损害，所以，才有行使代位权的必要。

（3）债务人的行为对债权人造成损害。债务人怠于行使债权的行为已经构成对债权人的债权造成现实的损害，是指因为债务人不行使其债权，造成债务人的应当增加的财产没有增加，导致债权人的债权到期时，会因此而不能全部清偿。

3）代位权的效力

代位权的效力包括对债权人、债务人和第三人三方的效力。

（1）债权人。债权人行使代位权胜诉时，可以代位受领债务人的债权，因而可以抵销自己对债务人的债权，让自己的债权受偿。

（2）债务人。代位权的行使结果由债务人自己承担，债权人行使代位权的费用，应当由债务人承担。

（3）第三人。对第三人来说，无论是债务人亲自行使其债权，还是债权人代位行使债务人的债权，均不影响其利益。如果由于债权人行使代位权而造成第三人履行费用增加的，第三人有权要求债务人承担增加的费用。

2. 撤销权

1）撤销权的概念

撤销权是相对于债权人而言的，它是指债权人在债务人实施减少其财产而危及债权人的债权的积极行为时，请求法院予以撤销的权利。

2）撤销权的成立条件

（1）债务人实施了处分财产的法定行为，包括放弃到期债权、无偿转让财产的行为或者以明显不合理的低价转让财产的行为。这些会对债权人的债权产生不利的影响，因此债权人可以行使撤销权以保护自己的债权。如果债务人没有产生上述行为，对债权人的债权未造成不利影响，债权人无权行使撤销权。

（2）债务人的行为已经产生法律效力。对于没有产生法律效力的行为，因为在法律上不产生任何意义，对债权人的债权不产生现实影响，所以债权人不能对此行使撤销权。

（3）债务人的行为是法律行为，具有可撤销性。债务人的行为必须是可以撤销的；否则，如果财产的消灭是不可以回转的，债权人行使撤销权也于事无补，此时就没有必要行使撤销权。

（4）债务人的行为已经或者将要严重危害到债权人的债权。只有在债务人的行为对债权人债权的实现产生现实的危害时，债权人才能行使撤销权，以消除因债务人的行为带来的危害。

3）撤销权的法律效力

（1）债权人。债权人有权代债务人要求第三人向债务人履行或者返还财产，并在符合条件的情况下将受领的履行或财产与对债务人的债权相抵销。如果不符合抵销条件，则应当将收取的利益加入债务人的责任财产，作为全体债权的一般担保。

（2）债务人。债务人的行为被撤销后，行为将自始无效，不发生行为的效果，意图免除的债务或转移的财产仍为债务人的责任财产，应当以此清偿债权。同时，应当承担债权人行使撤销权的必要费用和向第三人返还因有偿行为获得的利益。

（3）第三人。如果第三人对债务人负有债务，则免除债务的行为不产生法律效力，第三人应当继续履行。如果第三人已经受领了债务人转让的财产，应当返还财产。原物不能返还的，应折价赔偿。但第三人有权要求债务人偿还因有偿行为而得到的利益。

4）撤销权的行使期限

《合同法》规定债权人自知撤销事由之日起一年内或者债务人的行为发生之日起5年内没有行使撤销权的，该撤销权消灭。

6.2　合同的变更、转让与终止

6.2.1　合同的变更

1. 合同变更的概念

合同变更有两层含义。广义的合同变更包括合同3个构成要素的变更：合同主体的变更、合同客体的变更及合同内容的变更。但是，考虑到合同的连贯性，合同的主体不能与合同的客体及内容同时变更；否则，变化前后的合同就没有联系的基础，就不能称之为合同的变更，而是一个旧合同的消灭与新合同的订立。

根据《合同法》的规定，合同当事人的变化为合同的转让。因此，狭义的合同变更专指合同成立以后履行之前或者在合同履行开始之后尚未履行完之前，当事人不变而合同的内容、客体发生变化的情形。

合同的变更通常分为协议变更和法定变更两种，协议变更又称为合意变更，是指合同双方当事人以协议的方式对合同进行变更。我国《合同法》中所指的合同变更即指协议变更合同。

2. 合同变更的条件

（1）当事人之间原已经存在合同关系。合同的变更是新合同对旧合同的替代，所以必然在变更前就存在合同关系。如果没有这一作为变更基础的现存合同，就不存在合同变更，只是单纯订立了新合同，发生新的债务。另外，原合同必须是有效合同，如果原合同无效或者被撤销，则合同自始就没有法律效力，不发生变更问题。

（2）合同变更必须有当事人的变更协议。当事人达成的变更合同的协议也是一种民事合同，因此也应符合《合同法》有关合同的订立与生效的一般规定。合同变更应当是双方当事人的自愿与真实的意思表示。

3. 合同变更的效力

合同变更实际上是新合同取代了旧合同，双方当事人应当按照变更后的合同履行。合同变更后有以下效力。

（1）变更后的合同部分，原有的合同失去效力，当事人应当按照变更后的合同履行。

（2）合同的变更只对合同未履行部分有效，不对合同中已经履行部分产生效力，除了当事人约定以外，已经履行部分不因合同的变更而失去法律依据。

（3）合同的变更不影响当事人请求损害赔偿的权利。

6.2.2 合同的转让

1. 合同转让的概念

合同转让是指合同成立后，当事人依法可以将合同中的全部或部分权利（或者义务）转让或者转移给第三人的法律行为。

合同转让有两种基本形式：债权让与和债务承担。

2. 债权让与

1）债权让与的概念及法律特征

债权让与即合同权利转让，是指合同的债权人通过协议将其债权全部或者部分转移给第三人的行为。债权的转让是合同的主体变更的一种形式，债权转让的法律特征有：① 合同权利的转让是在不改变合同权利内容的基础上，由原合同的债权人将合同权利转移给第三人；② 合同债权的转让只能是合同权利，不应包括合同义务；③ 合同债权的转让可以是全部转让也可以是部分转让；④ 转让的合同债权必须是依法可以转让的债权，否则不得进行转让，转让不得进行转让的合同债权的协议无效。

2）债权让与的构成条件

① 让与人与受让人达成协议；② 原债权有效存在；③ 让与的债权具有可转让性；④ 履行必需的程序。《合同法》规定，法律、行政法规规定转让权利或者转移义务应当办理批准、登记等手续的，依照其规定。

3）债权让与的限制

不得进行转让的合同债权主要包括以下3个方面。

（1）根据合同性质不得转让的合同债权。主要有：合同的标的与当事人的人身关系相关的合同债权；不作为的合同债权以及与第三人利益有关的合同债权。

（2）按照当事人的约定不得转让的债权。即债权人与债务人对债权的转让作出了禁止性约定，只要不违反法律的强制性规定或者公共利益，这种约定都是有效的，债权人不得将债权进行转让。

（3）依照法律规定不得转让的债权。是指法律明文规定不得让与或者必须经合同债务人同意才能让与的债权。如《担保法》中规定，最高额抵押的主合同债权不得转让。

4）债权让与的效力

（1）债权让与的内部效力。《合同法》规定，债权人转让债权的，受让人取得与债权有关的从权利，但该从权利专属于债权人自身的除外。

（2）债权让与的外部效力。债权让与通知债务人后即对债务人产生效力，包括让与人与债务人之间以及受让人与债务人之间的效力。对受让人与债务人来说，就债权转让部分，债务人应当承担让与人转让给受让人的债务，如果债务人不履行其债务，应当承担违约责任。

3. 债务承担

1）债务承担的概念

债务承担又称为合同义务的转移，是指经债权人同意，债务人将债务转移给第三人的行为。债务的转移可分为全部转移和部分转移。全部转移，是由新的债务人取代原债务人，即合同的主体发生变化，而合同内容保持不变；债务的部分转移则是指债务人将其合同义务的一部分转交给第三人，由第三人对债权人承担一部分债务，原债务人并没有退出合同关系，而是又加入了一个债务人，该债务人就其接受转让的债务部分承担履行责任。

2）债务承担的构成条件

① 承担人与债务人订立债务承担合同；② 存在有效债务；③ 拟转移的债务具有可转移性，即性质上不能进行转让，或者法律、行政法规禁止转让的债务，不得进行转让；④ 合同债务的转移必须取得债权人的同意。

3）债务承担的效力

① 承担人代替了原债务人承担债务，原债务人免除债务；② 承担人可以主张原债务人

对债权人的抗辩；③ 承担人同时负担从债务。

4. 债权债务的概括转移

1）债权债务的概括转移的概念

债权债务的概括转移是指由原合同的当事人一方将其债权债务一并转移给第三人，由第三人概括地继受这些权利和义务。

2）债权债务的概括转移成立条件

① 转让人与承受人达成合同转让协议。这是债权债务的概括转移的关键。② 原合同必须有效。原合同无效不能产生法律效力，更不能转让。③ 原合同为双务合同。只有双务合同才可能将债权债务一并转移，否则只能为债权让与或者是债务承担。④ 必须经原合同对方当事人的同意。

6.2.3 合同的终止

1. 合同终止

1）合同终止的概念

合同终止又称为合同的消灭，是指合同关系不再存在，合同当事人之间的债权债务关系终止，当事人不再受合同关系的约束。合同的终止也就是合同效力的完全终结。

2）合同终止的原因

① 债务已经按照约定履行；② 合同解除；③ 债务相互抵销；④ 债务人依法将标的物提存；⑤ 债权人免除债务；⑥ 债权债务归于一人；⑦ 法律规定或者当事人约定终止的其他情形。

合同的权利义务终止后，当事人应当遵循诚实信用原则，根据交易习惯履行通知、协助、保密等义务。合同的权利义务终止，不影响合同中结算与清理条款的效力。

2. 合同的解除

合同的解除是指合同的一方当事人按照法律规定或者双方当事人约定的解除条件使合同不再对双方当事人具有法律约束力的行为或者合同各方当事人经协商消灭合同的行为。合同的解除是合同终止的一种不正常的方式。合同解除分为约定解除和法定解除两种方式。

（1）约定解除，是双方当事人协议解除，即合同双方当事人通过达成协议，约定原有的合同不再对双方当事人产生约束力，使合同归于终止。按照达成协议的时间的不同，约定解除可以分为两种形式。一是约定解除。即在合同订立时，当事人在合同中约定合同解除的条件，在合同生效后履行完毕之前，一旦这些条件成就，当事人则享有合同解除权，从而可以以自己的意思表示通知对方而终止合同关系。二是协议解除。即在合同订立以后，且在合同未履行或者尚未完全履行之前，合同双方当事人在原合同之外，又订立了一个以解除原合同为内容的协议，使原合同被解除。这不是单方行使解除权而是双方都同意解除合同。

（2）法定解除，即在合同有效成立以后，由于产生法定事由，当事人依据法律规定行使解除权而解除合同。有下列情形之一的，当事人可以解除合同：① 因不可抗力致使不能实现合同目的；② 在履行期限届满之前，当事人一方明确表示或者以自己的行为表明不履行主要债务；③ 当事人一方迟延履行主要债务，经催告后在合理期限内仍未履行；④ 当事人一方迟延履行债务或者有其他违约行为致使不能实现合同目的。

3. 抵销

1）抵销的概念

抵销是指合同双方当事人互为债权人和债务人时，按照法律规定和双方的约定，各自以自己的债权充抵对方债权的清偿，而在对方的债权范围内相互消灭。抵销分为法定抵销和约定抵销。

2）法定抵销的要件

法定抵销的要件主要包括：① 双方当事人互享债权，互负债务；② 互负的债权的种类要相同，即合同的给付在性质上以及品质上是相同的；③ 互负债权必须为到期债权；④ 不属于不能抵销的债权。

3）约定抵销的条件

① 双方相互负有债权债务；② 双方当事人就债务抵销达成协议；③ 不得有禁止抵销的规定。

不能抵销的债权包括以下3种情况。① 按照法律规定不得抵销。又分为：禁止强制执行的债务；因故意侵权行为所发生的债务；约定应当向第三人为给付的债务；为第三人利益的债务。② 依合同的性质不得抵销。③ 当事人特别约定不得抵销的。

4）法定抵销的行使与效力

《合同法》规定，当事人主张抵销的，应当通知对方。通知自到达对方时生效。抵销不得附条件或者附期限。

4. 提存

1）提存的概念

提存是指由于债权人的原因而使得债务人无法向其交付合同的标的物时，债务人将该标的物提交提存机关而消灭债务的制度。

2）提存的条件

① 提存人具有行为能力，意思表示真实；② 提存的债务真实、合法；③ 存在提存的原因，包括债权人无正当理由拒绝受领，债权人下落不明，债权人死亡未确定继承人或者丧失民事行为能力未确定监护人，法律规定的其他情形；④ 存在适宜提存的标的物；⑤ 提存标的物与债务的标的物相符。

3）提存的方法与效力

提存人应当首先向提存机关申请提存，提存机关收到申请以后，需要按照法定条件对申请进行审查，符合条件的，提存机关应当接受提存标的物并采取必要的措施加以保管。

标的物提存后，除了债权人下落不明外，债务人应当及时通知债权人或者债权人的继承人、监护人。

无论债权人是否受领提存物，提存都将消灭债务，解除担保人的责任，债权人只能向提存机关收取提存物，不能再向债务人请求清偿。

在提存期间，发生提存物的毁损、灭失的风险由债权人承担。同时，提存的费用也由债权人承担。

5. 债权人免除债务

1）免除债务的概念

免除债务是指债权人以消灭债务人的债务为目的而抛弃或者放弃债权的行为。

2）免除债务的条件

① 免除人应当对免除的债权拥有处分权并且不损害第三人的利益；② 免除应当由债权人向债务人作出抛弃债权的意思表示；③ 免除应当是无偿的。

3）免除的效力

免除债务发生后，债权债务关系消灭。免除部分债务的，部分债务消灭；免除全部债务的，全部债务消灭，与债务相对应的债权也消灭。因债务消灭的结果，债务的从债务也同时归于消灭。

6. 债权债务混同

1）债权债务混同的概念

债权债务混同是指因债权债务同归于一人而引起合同终止的法律行为。

2）混同成立的原因

（1）概括承受。包括：① 民事上的承受，如继承债权与继承债务同时发生则产生混同；② 商法上的承受，如互有债权债务的企业进行合并时，债权债务同归于合并后的企业所有而发生混同。

（2）特定承受。因债权让与以及债务承担而使债权债务集中于一人而发生混同。

3）混同的效力

混同是债的主体变为同一人而使合同全部终止，消灭因合同而产生的债的关系。但是，在法律另有规定或者合同的标的涉及第三人的利益时，混同不发生债权债务消灭的效力。

6.3 违约责任

6.3.1 违约责任的概念和归责原则

1. 违约责任的概念

违约责任指合同当事人不履行合同义务或者履行合同义务不符合约定时，所应承担的不利的民事法律后果。

2. 违约责任的归责原则

在违约责任的归责原则问题上，我国立法有一个发展过程。最早制定的《经济合同法》采用的是过错责任原则，“由于当事人一方的过错，造成经济合同不能履行或者不能完全履行，由有过错的一方承担违约责任。如属双方过错，根据实际情况，由双方分别承担各自应负的违约责任。”后来的《民法通则》《涉外经济合同法》《技术合同法》对此都有所发展，都没有规定承担违约责任以“过错”为前提。在实践中产生了不同的理解和做法。《合同法》采取了严格责任原则，只有遇到不可抗力才可以免责。《合同法》采用严格责任原则，首先，有利于促使合同当事人认真履行合同义务。现行合同履行率不高，一些债务人总是寻找借口，开脱“过错”，采用严格责任原则后，不论何种原因，只要债务人没有全面履行合同，存在违约行为，就应承担违约责任。其次，有利于保护受害人的合法权益。采用过错责任时，对于违约方的过错，守约方作为原告要承担举证责任，不利于保护受害人的合法权益。采用严格责任后，守约方则无须举证证明违约方主观上有“过错”。

6.3.2 违约行为的形态

1. 预期违约

预期违约即在合同履行期限到来之前，当事人一方明确表示或者以自己的行为表示不履行合同的行为。预期违约分为明示违约和默示违约两种形式，且守约方有选择权，可以积极要求赔偿，也可消极等待。

2. 不履行

不履行即完全不履行，指当事人根本未履行任何合同义务的违约情形。从不履行的原因看，既可能是当事人虽然能够履行但是拒绝履行，也可能是当事人不能履行债务。债务人不能履行债务或拒绝履行债务，债权人可以解除合同，并追究债务人的违约责任。

3. 迟延履行

迟延履行是指在合同履行期限届满而未履行债务。包括债务人迟延履行和债权人迟延履行。债务人迟延履行是指合同履行期限届满，或者在合同未定履行期限时，在债权人指定的合理期限届满，债务人未履行债务。债权人迟延履行表现为债权人对于债务人的履行应当接受而无正当理由拒不接受，即迟延接受履行。

4. 不适当履行

不适当履行是指虽有履行但履行质量不符合合同约定或法律规定的违约情形。包括瑕疵履行和加害给付两种情形。瑕疵履行是指一般所谓的履行质量不合格的违约情形；加害给付是指债务人因交付的标的物的缺陷而造成他人的人身、财产损害的行为。

另外，债务人未按合同约定的标的、数量、履行方式和地点而履行债务的行为，主要包括：① 部分履行行为；② 履行方式不适当；③ 履行地点不适当；④ 其他违反附随义务的行为。这些也应当属于不适当履行。

6.3.3 违约责任的构成要件

违约责任的构成要件是指违约当事人应具备何种条件才应承担违约责任。它分为一般构成要件和特殊构成要件。损害赔偿责任的构成要件包括损害事实、违约行为、违约行为与损害事实之间的因果关系、过错；违约金责任的构成要件是过错和违约行为。违约责任的一般构成要件主要包括以下两个。

1. 违约行为

违约行为是指合同当事人违反合同义务的行为，即“不履行合同义务或者履行合同义务不符合约定的”的行为。

2. 不存在法定和约定的免责事由

违约行为并不是违约责任的唯一构成要件，在现代合同法中常常采纳过错推定的归责原则。过错推定是指原告在证明被告构成违约以后，如果被告不能证明自己对此违约没有过错，则在法律上应推定被告具有过错，并应承担违约责任。我国法律采纳了过错推定的归责原则。

上述两个要件是违约责任的一般构成要件。其他的如损害事实不应成为违约责任的一般构成要件。

6.3.4 承担违约责任的方式

1. 继续履行

继续履行是指当事人一方不履行合同义务或者履行合同义务不符合约定时，另一方当事人可要求其在合同履行期限届满后继续按照原合同所约定的主要条件继续完成合同义务的行为。

（1）金钱债务的继续履行。《合同法》第109条规定，当事人一方未支付价款或者报酬的，对方可以要求其支付价款或者报酬。

（2）非金钱债务的继续履行。《合同法》第110条规定，当事人一方不履行非金钱债务或者履行非金钱债务不符合约定的，对方可以要求履行。如提供货物、提供劳务、完成工作等。

（3）适用继续履行的限制。主要包括：① 法律上或者事实上不能履行；② 债务标的不适于强制履行或者履行费用过高；③ 债权人在合理期限内未要求履行。

2. 采取补救措施

这种责任形式适用于质量不符合约定时。《合同法》第111条规定，质量不符合约定的，应当按照当事人的约定承担违约责任。对违约责任没有约定或者约定不明确，依照《合同法》第61条的规定仍不能确定的，受损害方根据标的的性质及损失的大小，可以合理选择要求对方承担修理、更换、重作、退货、减少价款或者报酬等违约责任。可见，质量不符合约定的违约责任有以下3种情况。

（1）如果合同中对此有约定的话，按照约定承担违约责任。

（2）如果合同中对质量违约责任没有约定或者约定不明确，要先按照《合同法》第61条的规定进行协议补缺和规则补缺，然后按照补缺的内容承担违约责任。

（3）如果不能进行补缺，那么就应采取补救措施的方式承担违约责任。补救措施的具体方式有修理、更换、重作、退货、减少价款或者报酬等。

3. 赔偿损失

赔偿损失是指违约方因不履行或者不完全履行合同义务给对方造成损失时，依法或者根据合同约定应赔偿对方当事人所受损失的行为。

赔偿损失这种方式以给对方造成损失为前提，如果没有给对方造成损失，则无须赔偿，而且赔偿损失并非首选的承担违约责任的方式，违约责任的首选方式是继续履行或采取补救措施，只有在履行义务或者采取补救措施后，对方还有其他损失的，才承担赔偿损失的责任。

赔偿金额的计算方法因赔偿原则的不同而有所不同。

（1）完全赔偿。完全赔偿是指在一般情况下，违约方应赔偿受害人的全部损失。既包括眼前可见的损失，也包括合同履行后可以获得的利益损失，简称可得利益损失。按照完全赔偿原则，有时候全部损失额，尤其是可得利益损失相当大，超出一般人的预料。这时候就不按照完全赔偿原则，而是给予一定的限制。即不得超过违反合同一方订立合同时预见到或者应当预见到的因违反合同可能造成的损失。这里注意是违约方预见；是订立合同时预见；预见能力以同类型的社会一般人为标准。

（2）双倍赔偿。双倍赔偿指在消费合同关系中，经营者有欺诈行为时对消费者的赔偿。《消费者权益保护法》第49条规定，经营者提供商品或者服务有欺诈行为的，应当按照消费者的要求增加赔偿其受到的损失，增加赔偿的金额为消费者购买商品的价款或者接受服务费用的一倍。

（3）约定赔偿。当事人也可以约定因违约产生的损失赔偿额的计算方法。

案例思考

甲乙两公司签订货物买卖合同，甲向乙购买一套设备，价款为500万元，合同约定的违约金为100万元。请回答下列问题：

（1）在甲未付款前，发现乙的供货与合同不符，给甲造成5万元的损失，乙要求减少违约金数额，其要求是否有法律支持？

（2）如乙违约给甲造成损失，合同约定的100万元的违约金不足以弥补损失时，应如何处理？

（3）假设乙不能向甲履行合同义务系不可抗力所致，乙欲免除其违约责任，该怎么办？

4. 支付违约金

1）违约金的概念

违约金是指当事人在合同中约定的或者由法律规定的，一方违约时应向对方支付的一定数额的货币。

2）违约金的性质

一是违约金的稳定性；二是违约金的惩罚性和补偿性。

3）对违约金责任的限制

约定的违约金低于造成的损失的，当事人可以请求人民法院或者仲裁机构予以增加；约定的违约金过分高于造成的损失的，当事人可以请求人民法院或者仲裁机构予以适当减少。

5. 定金罚则

当事人可以依照《中华人民共和国担保法》约定一方向对方给付定金作为债权的担保。债务人履行债务后，定金应当抵作价款或者收回。给付定金的一方不履行约定的债务的，无权要求返还定金；收受定金的一方不履行约定的债务的，应当双倍返还定金。当事人既约定违约金，又约定定金的，一方违约时，对方可以选择适用违约金或者定金条款。

6.3.5 违约责任的免除

1. 免责情形

因不可抗力不能履行合同的，根据不可抗力的影响，部分或者全部免除责任，但法律另有规定的除外。当事人迟延履行后发生不可抗力的，不能免除责任。本法所称不可抗力，是指不能预见、不能避免并不能克服的客观情况。

2. 免责的程序

当事人一方因不可抗力不能履行合同的，应当及时通知对方，以减轻可能给对方造成的损失，并应当在合理期限内提供证明。

【实施与评价要点】

本项目一开始的任务导入中布置了一个任务：为你上一个项目所签订的合同制订一份风险防范方案，当风险来临时，可以利用设计的方案最大限度保护自身的合法权益。

1. 任务分析

为了完成上述任务，应围绕合同风险的防范，结合理论知识要点，解决以下几个问题：

（1）从哪个角度进行风险防范；

（2）确定好某一角度后，设计好具体实施步骤；

（3）应注意把所学到的、所知道的知识全部运用上；

（4）可以从合同签订时注意的问题入手；

（5）运用合同履行过程的抗辩权和合同的保全的措施进行防范；

（6）可以利用合同的变更、转让、终止达到防范的目的；

(7) 以合同订立时的违约责任和损失赔偿的约定达到制约对方当事人的目的；

(8) 运用下一项目设计担保方案的担保措施来防范风险的发生。

2. 任务实施及检测

(1) 任务内容：上一项目签订合同书中每个小组作为所在公司的业务人员，在签订合同时和签订合同后，作一合同风险防范方案，假定你所能想到的具体情况都是存在的前提下，尽可能多角度地帮企业抵御风险。

(2) 任务要求：按照上一项目中的分组方式，全班分5大组，每组10人，每组推举组长负责本组工作，每大组再分成两个小组，每个小组代表某一公司的业务工作人员为所在公司制订一份切实可行的合同风险防范方案。

(3) 任务检测：每个小组推举一个代表陈述自己所在组的风险防范方案，每个小组代表进行陈述后，其他组的人员针对所述组方案存在的问题提出质疑，被质疑组进行答辩。教师根据陈述和答辩情况进行总结、点评、打分。

重点概括

本项目重点介绍了合同履行中的4个原则——全面履行原则、诚实履行原则、协作履行原则、效率履行的原则；合同履行过程中条款规定不明确时的一般规则；合同履行中的3种抗辩权，即同时履行抗辩权、后履行抗辩权、不安抗辩权；合同的保全方式代位权和撤销权使用的情形。合同变更的方式和后果的处理；合同的转让中的债权转让、债务承担，合同权利义务的概括转移时应做的工作；合同终止的情形——因履行、解除、抵销、提存、债务免除、混同等情形；违约责任的归责原则，承担违约责任的方式——继续履行、采取补救措施、赔偿损失、定金罚则，以及违约责任的免除等内容。

项目 7

设计担保方案

【任务导入】

1. 项目内容

通过本项目的学习，能够根据实际需要，设计担保方案。

某银行为汽车消费提供贷款，如果你是银行的业务管理人员，请从银行债权保护的角度为银行设计担保方案，使银行在今后的业务活动中能够借鉴和采纳。

2. 项目要求

（1）正确选择适合的担保方式；

（2）每种担保方式都能最大限度地保护银行的权益的实现；

（3）能够为实际工作提供借鉴。

【理论知识要点】

1. 知识目标

（1）掌握保证的概念、方式，保证人的条件，保证的内容、范围、期间，保证的效力；

（2）掌握抵押的概念，可以进行抵押的财产，抵押权的设立，抵押权的效力和抵押权的实现；

（3）能掌握质权的概念、种类，质权的设立，质权的效力；

（4）能够掌握留置的概念，留置权的成立要件，留置的效力；

（5）掌握定金的概念、种类，定金的效力。

2. 能力目标

（1）能够运用不同的担保方式保护债权人的合法权益；

（2）能正确分析判断各类担保方式应如何承担责任。

案例导入

2015 年 3 月 20 日，甲公司与乙银行签订了 2 000 万元的借款合同。根据合同约定，借款期限为 2015 年 4 月 1 日—2016 年 3 月 31 日。根据乙银行的要求，甲公司以自己所有的价值 800 万元的机器设备 A 设定抵押。在抵押合同中，双方约定在债务履行期限届满时，如甲公司不能清偿本息，该机器设备的所有权直接转移为乙银行所有。2015 年 7 月 1 日，甲公司与丙公司签订了租赁合同，根据合同约定，甲公司将机器设备 A 出租给丙公司，租赁期限为 1 年（2015 年 7 月 1 日—2016 年 6 月 30 日）。在签订租赁合同的过程中，甲公司将该设备已经抵押的情况书面告知丙公司，丙公司未表示异议。此外，根据乙银行的要求，丁公司作为保证人与乙银行签订了书面保证合同，根据合同约定，丙公司保证担保的债权为 1 200 万元，其保证方式为一般保证，但未约定保证期间。2016 年 4 月 1 日，由于甲公司不能清偿到期债务，乙银行要求行使抵押权。丙公司以租赁合同尚未到期为由，拒绝了乙银行的主张。2016 年 5 月 1 日，乙银行向人民法院提起诉讼。要求：根据有关法律规定，分别回答下列问题：

（1）甲公司与乙银行签订的抵押合同是否符合法律规定？

（2）丙公司的主张是否成立？

（3）具体说明丁公司的保证期间，并说明理由。

（4）具体说明保证合同的诉讼时效。

（5）如果债权人乙银行放弃债务人甲公司的抵押担保，则丁公司的保证责任如何变化？

【理论内容】

7.1　担保概述

7.1.1　担保的概念和特征

1. 担保的概念

担保是指债权人与债务人或者第三人根据法律规定或者合同约定而采取的法律保障措施。在担保法律关系中，担保的主体即担保法律关系的当事人包括担保权人和担保义务人，担保权人也称被担保人，是担保法律关系中享有权利的人，即债权人；担保义务人也称担保人，是担保法律关系中负有义务的人，可以是债务人，也可以是债务人委托的第三人。担保法律关系的客体即当事人双方权利义务共同指向的对象，包括动产、不动产和无形财产。担保法律制度是民法的重要组成部分，国家设立担保制度的目的在于，规范担保行为，调整担保法律关系，减少经济活动中的不安全因素，保障债权人利益，更有效地维护经济秩序。

2. 担保的特征

（1）担保具有从属性。担保一般采用在主合同中约定担保条款，或者在主合同以外约定担保合同，它是一个从合同。所谓从属性，是指担保从属于主合同，以主合同的存在或将来存在为前提，随主合同的变更而变更，消灭而消灭，所承担的责任范围与标准应当和主合同的范围与标准一致，主合同债务人根据主合同享有的权利，如抗辩权，担保人同样也可以享有。

（2）担保具有自愿性。

（3）担保具有保障性。主债权人通过把债务的清偿延伸至第三人（保证）或支配特定的财产的交换价值（抵押、质押、留置）而达到保障债权最终实现的目的。

7.1.2 担保的适用范围和方式

1. 担保的适用范围

经济活动中的债权债务关系。它排除了担保在行政关系、身份关系、侵权行为等领域的适用。

2. 担保的方式

（1）担保物权。担保物权是与用益物权相对应的他物权，是指为了确保债权的实现而设定的，以直接取得或者支配特定财产的交换价值为内容的权利。换言之，是指为了担保债的履行，在债务人或者第三人的特定财产上设定的物权。

（2）债的担保。债的担保是指促使债务人履行其债务，保障债权人的债权得以实现的法律措施。

7.1.3 反担保

反担保是被担保的债务人或第三人为确保担保人承担担保责任后对债务人权利的实现而设定的担保。对于反担保应明确两个问题：一是反担保人的范围，可以是债务人，也可以是债务人之外的其他人；二是反映担保的方式，可以是债务人提供的抵押或者质押，也可以是其他人提供的保证、抵押、质押。

7.1.4 担保合同

1. 担保合同的性质

担保合同是从合同，以主合同的成立而成立，并随主合同的消灭而消灭，或者因主合同无效而无效。

2. 担保合同的无效

（1）国家机关和以公益为目的的事业单位、社会团体违反法律规定提供担保的，担保合同无效。因此给债权人造成损失的，应当根据《担保法》第5条第2款的规定处理。

（2）董事、经理违反我国《公司法》规定，以公司资产为本公司的股东或者其他个人债务提供担保的，担保合同无效。除债权人知道或者应当知道的外，债务人、担保人应当对债权人的损失承担连带赔偿责任。

（3）以法律、法规禁止流通的财产或者不可转让的财产设定担保的，担保合同无效。

以法律、法规限制流通的财产设定担保的，在实现债权时，人民法院应当按照有关法律、法规的规定对该财产进行处理。

有下列情形之一的，对外担保合同无效：① 未经国家有关主管部门批准或者登记对外担保的；② 未经国家有关主管部门批准或者登记，为境外机构向境内债权人提供担保的；③ 为外商投资企业注册资本、外商投资企业中的外方投资部分的对外债务提供担保的；④ 无权经营外汇担保业务的金融机构、无外汇收入的非金融性质的企业法人提供外汇担保的；⑤ 主合同变更或者债权人将对外担保合同项下的权利转让，未经担保人同意和国家有关主管部门批准的，担保人不再承担担保责任，但法律、法规另有规定的除外。

3. 效力待定的担保合同

法人或者其他组织的法定代表人、负责人超越权限订立的担保合同，除相对人知道或者应当知道其超越权限的以外，该代表行为有效。

4. 担保合同无效的法律后果

主合同有效而担保合同无效，债权人无过错的，担保人与债务人对主合同债权人的经济损失，承担连带赔偿责任；债权人、担保人有过错的，担保人承担民事责任的部分，不应超过债务人不能清偿部分的1/2。

主合同无效而导致担保合同无效，担保人无过错的，担保人不承担民事责任；担保人有过错的，担保人承担民事责任的部分，不应超过债务人不能清偿部分的1/3。

担保人因无效担保合同向债权人承担赔偿责任后，可以向债务人追偿，或者在承担赔偿责任的范围内，要求有过错的反担保人承担赔偿责任。

5. 主合同解除的法律效力

主合同解除后，担保人对债务人应当承担的民事责任仍应承担担保责任。但是，担保合同另有约定的除外。

7.2 保 证

7.2.1 保证的概念和特征

1. 保证的概念

保证是指第三人和债权人约定，当债务人不履行其债务时，该第三人按照约定履行债务或者承担责任的担保方式。

2. 特征

（1）附从性。主要包括：成立上的附从性；范围和强度上的附从性；变更、消灭上的附从性。

（2）独立性。

（3）补充性或者连带性。一般保证的保证人在主合同纠纷未经审判或者仲裁，并就债务人财产依法强制执行仍不能履行债务前，对债权人可以拒绝承担保证责任。连带责任保证的债务人在主合同规定的债务履行期届满没有履行债务的，债权人可以要求债务人履行债务，也可以要求保证人在其保证范围内承担保证责任。

7.2.2 保证的种类

1. 一般保证和特别保证

依据保证人在保证关系中的地位划分为一般保证和特别保证。

（1）一般保证是指当事人在保证合同中约定，债务人不履行债务时，由保证人承担保证责任的保证。

（2）特别保证是指当事人在保证合同中约定，由债务人和保证人对债务承担连带责任的保证。

以上两种保证的最大区别是，保证人是否享有先诉抗辩权。

2. 单独保证和共同保证

依据保证人的人数划分为单独保证和共同保证。

（1）单独保证是指只有一个保证人担保同一债权的保证。

（2）共同保证是指数个人担保同一债权的保证。保证人必须两人以上，至于是自然人、法人还是法律认可的其他组织，在所不问；多个保证人担保同一债权。

3. 定期保证和无期保证

依据保证是否有期限划分为定期保证和无期保证。

（1）定期保证是指保证合同规定有保证人承担保证责任的期限，保证人仅于此期限内承担保证责任，债权人未在此期限内向保证人主张权利的，保证人即可免其责。

（2）无期保证是指保证合同没有约定保证期限，债权人有权自债务履行期届满之日 6 个月内要求保证人承担保证责任的保证。

4. 有限保证和无限保证

依据保证当事人是否约定有保证担保的范围划分为有限保证和无限保证。

（1）有限保证是指当事人自由约定保证担保的范围的保证。

（2）无限保证是指当事人未特别约定保证担保的范围，而是依据法律的规定来确定该范围的保证。

5. 即存债务的保证和将来债务的保证

依据被保证的债务是否为即存债务划分为即存债务的保证和将来债务的保证。

（1）即存债务的保证是指为已经存在的债权债务设定的保证。

（2）将来债务的保证是指为将来存在的债权债务设定的保证。

6. 最高额保证

最高额保证是指保证人对债权人和债务人在一定期间内连续发生的若干笔债务，在最高限额内承担保证责任的保证。

最高额保证具有以下 4 个特征。第一，最高额保证所担保的债务在保证设立时可能已经发生，也可能没有发生，最高额保证的生效与被保证的债务是否发生无关；第二，最高额保证所担保的债务为一定期间内连续发生的债务；第三，最高额保证所担保的不是数笔债务的简单累加，而是债务整体，各笔债务的清偿期仅对债务人有意义，并不影响保证人承担保证责任；第四，最高额保证约定有保证人承担保证责任的最高限额。

7.2.3　保证的设立

1. 保证人的条件

（1）保证人的代为清偿能力。具有代为清偿债务能力的法人、其他组织或者公民，可以作保证人。保证合同中约定保证人代为履行非金钱债务的，如果保证人不能实际代为履行，对债权人因此造成的损失，保证人应当承担赔偿责任。

（2）禁止提供担保的主体。主要包括以下 3 个方面。① 国家机关不得为保证人，但经国务院批准为使用外国政府或者国际经济组织贷款进行转贷的除外。② 学校、幼儿园、医院等以公益为目的的事业单位、社会团体不得为保证人。③ 企业法人的分支机构、职能部门不得为保证人。企业法人的分支机构有法人书面授权的，可以在授权范围内提供保证。

2. 保证合同的内容

1）保证合同的概念

保证合同是指保证人和债权人约定，当主债务人不履行其债务时，保证人承担保证债务（保证责任）的协议。保证合同是单务合同、诺成性合同、附从合同、要式合同。

2）保证合同的内容

① 被保证的主债权种类、数额；② 债务人履行债务的期限；③ 保证的方式；④ 保证担保的范围；⑤ 保证的期间；⑥ 双方认为需要约定的其他事项。

3）保证担保的范围

保证担保的范围包括主债权及利息、违约金、损害赔偿金和实现债权的费用。保证合同另有约定的，按照约定。

4）保证的期间

一般保证的保证人与债权人未约定保证期间的，保证期间为主债务履行期届满之日起 6 个月。连带责任保证的保证人与债权人未约定保证期间的，债权人有权自主债务履行期届满之日起 6 个月内要求保证人承担保证责任。

3. 保证合同的形式

保证人以书面形式向债权人表示，当被保证人不履行债务时，由其代为履行或者承担连带责任并为债权人接受的，保证合同成立。

4. 保证合同的诉讼时效

一般保证的债权人在保证期间届满前对债务人提起诉讼或者申请仲裁的，从判决或者仲裁裁决生效之日起，开始计算保证合同的诉讼时效。连带责任保证的债权人在保证期间届满前要求保证人承担保证责任的，从债权人要求保证人承担保证责任之日起，开始计算保证合同的诉讼时效。

7.2.4 保证的效力

1. 保证人与主债权人的关系

1）债权人的权利

债权人的权利主要是请求保证人承担保证债务。

2）保证人的权利

（1）主张债权人权利的权利。① 主债务人的抗辩权。第一，权利未发生的抗辩权；第二，权利已消灭的抗辩权；第三，拒绝履行的抗辩权。② 主债务人其他类似的权利。主要是抵销权和撤销权。

（2）基于保证人的地位特有的抗辩权：先诉抗辩权（检索抗辩权）。先诉抗辩权是指保证人在未就主债务人的财产依法强制执行而未有效果时，对于债权人可拒绝清偿的权利。有下列情形之一的，保证人不得行使前款规定的权利：① 债务人住所变更，致使债权人要求其履行债务发生重大困难的；② 人民法院受理债务人破产案件，中止执行程序的；③ 保证人以书面形式放弃前款规定的权利的。

2. 保证人与主债务人的关系——保证人的求偿权

求偿权是指保证人承担保证责任后，可以向主债务人请求偿还的权利。

求偿权的构成要件有：① 必须是保证人已经对债权人承担了保证责任；② 必须是主债务人因保证而免责；③ 必须是保证人没有赠与的意思。

7.2.5 无效保证的法律后果

主合同有效而担保合同无效，债权人无过错的，担保人与债务人对主合同债权人的经济损失，承担连带赔偿责任；债权人、担保人有过错的，担保人承担民事责任的部分，不应超过债务人不能清偿部分的1/2。

主合同无效而导致担保合同无效，担保人无过错的，担保人不承担民事责任；担保人有过错的，担保人承担民事责任的部分，不应超过债务人不能清偿部分的1/3。

担保人因无效担保合同向债权人承担赔偿责任后，可以向债务人追偿，或者在承担赔偿责任的范围内，要求有过错的反担保人承担赔偿责任。

7.2.6 保证人不承担保证责任的情形

（1）主合同当事人双方串通，骗取保证人提供保证的。

（2）主合同债权人采取欺诈、胁迫等手段，使保证人在违背真实意思的情况下提供保证的。

7.2.7 保证责任的免除

（1）债务人与保证人共同欺骗债权人，订立主合同和保证合同的，债权人可以请求人民法院予以撤销。因此给债权人造成损失的，由保证人与债务人承担连带赔偿责任。

（2）保证期间，债权人依法将主债权转让给第三人的，保证债权同时转让，保证人在原保证担保的范围内对受让人承担保证责任。但是保证人与债权人事先约定仅对特定的债权人承担保证责任或者禁止债权转让的，保证人不再承担保证责任。

（3）保证期间，债权人许可债务人转让部分债务未经保证人书面同意的，保证人对未经其同意转让部分的债务，不再承担保证责任。但是，保证人仍应当对未转让部分的债务承担保证责任。

（4）保证期间，债权人与债务人对主合同数量、价款、币种、利率等内容作了变动，未经保证人同意的，如果减轻债务人的债务的，保证人仍应当对变更后的合同承担保证责任；如果加重债务人的债务的，保证人对加重的部分不承担保证责任。

债权人与债务人对主合同履行期限作了变动，未经保证人书面同意的，保证期间为原合同约定的或者法律规定的期间。

案例思考

甲企业与乙银行签订借款合同，借款金额为 10 万元人民币，借款期限为 1 年，由丙企业作为其借款保证人。合同签订 3 个月后，甲企业因扩大生产规模急需资金，遂与乙银行协商，将贷款金额增加到 15 万元，甲企业和乙银行通知了丙企业，丙企业未予答复。后甲企业到期不能偿还债务。该案中的保证责任应如何承担？

（5）在合同约定的保证期间和前款规定的保证期间，债权人未对债务人提起诉讼或者申请仲裁的，保证人免除保证责任；债权人已提起诉讼或者申请仲裁的，保证期间适用诉讼时效中断的规定。

（6）一般保证的保证人在主债权履行期间届满后，向债权人提供了债务人可供执行财产的真实情况的，债权人放弃或者怠于行使权利致使该财产不能被执行，保证人可以请求人民法院在其提供可供执行财产的实际价值范围内免除保证责任。

（7）同一债权既有保证又有物的担保的，保证人对物的担保以外的债权承担保证责任。债权人放弃物的担保的，保证人在债权人放弃权利的范围内免除保证责任。同一债权上数个担保物权并存时，债权人放弃债务人提供的物的担保的，其他担保人在其放弃权利的范围内减轻或者免除担保责任。

（8）主合同当事人双方协议以新贷偿还旧贷，除保证人知道或者应当知道的外，保证人不承担民事责任。

（9）同一债权既有保证又有第三人提供物的担保的，债权人可以请求保证人或者物的担保人承担担保责任。当事人对保证担保的范围或者物的担保的范围没有约定或者约定不明的，承担了担保责任的担保人，可以向债务人追偿，也可以要求其他担保人清偿其应当分担的份额。

同一债权既有保证又有物的担保的，物的担保合同被确认无效或者被撤销，或者担保物因不可抗力的原因灭失而没有代位物的，保证人仍应当按合同的约定或者法律的规定承担保证责任。

（10）债权人在主合同履行期届满后怠于行使担保物权，致使担保物的价值减少或者毁损、灭失的，视为债权人放弃部分或者全部物的担保。保证人在债权人放弃权利的范围内减轻或者免除保证责任。

7.3 抵　押

7.3.1 抵押的概念及特征

1. 抵押的概念

抵押是为担保债务的履行，债务人或者第三人以不转移财产的占有，将该财产抵押给债权人，当债务人不履行到期债务或者发生当事人约定的实现抵押权的情形时，债权人有权就该财产优先受偿的担保方式。抵押权是抵押权人直接对物享有的权利，可以对抗物的所有人及第三人。其目的在于担保债务的履行，而不在于对物的使用和受益。抵押权的标的物是债务人或第三人提供担保的动产、不动产及其他财产权益（如建设用地使用权）。抵押权的设定不要求移转抵押物的占有。

2. 抵押的特征

（1）抵押的标的物主要是债务人或第三人提供担保的不动产。但是在我国，动产也可以用作抵押权。

（2）抵押不移转标的物的占有。标的物仍然由抵押人占有、使用、受益，因此抵押能实现抵押人用以融资的目的，即：一方面自己占有、使用、受益；另一方面又用作担保进行融资，真正做到了物尽其用，所以被作为担保之王。

（3）抵押原则上是意定担保物权。因此，需要抵押人和抵押权人订立抵押合同设立抵押权。

7.3.2 抵押权的标的

在我国由于不动产和动产均可以进行抵押，因此是否能够进行抵押的标准是该项财产是否可以转让，抵押权最终是要将标的物处分以其价金优先受偿，所以原则上可转让的财产均可抵押，不可转让的财产均不能进行抵押。我国《物权法》从正反两个方面规定了不可以抵押的财产和可以抵押的财产。

1. 不可抵押的财产

（1）土地所有权。

（2）耕地、宅基地、自留地、自留山等集体所有的土地的土地使用权，但法律规定可以抵押的除外；集体所有的土地使用权不可以抵押，但是有以下两种例外情形：① 抵押人依法承包并经发包方同意抵押的荒山、荒沟、荒丘、荒滩等土地使用权，可以抵押。② 乡（镇）、村企业的土地使用权不得单独抵押，但是以乡（镇）、村企业的厂房等建筑物抵押的，其占用范围内的土地使用权可同时抵押，但在未来仍不能改变土地使用权的性质。

（3）学校、幼儿园、医院等以公益为目的的事业单位和社会团体的教育设施、医疗卫生设施和其他社会公益设施。

（4）所有权、使用权不明或有争议的财产。

（5）依法被查封、扣押、监管的财产。

（6）以法定程序确认为违法、违章的建筑物抵押的，抵押无效。

（7）当事人以农作物和与其尚未分离的土地使用权同时抵押的，土地使用权部分的抵押无效，但农作物抵押有效。

2. 可以抵押的财产

（1）建筑物和其他土地附着物。

（2）建设用地使用权。

（3）以招标、拍卖、公开协商等方式取得的荒山、荒沟、荒丘、荒滩等土地承包经营权。

（4）生产设备、原材料、半成品、产品。

（5）正在建造的建筑物、船舶、飞行器。

（6）交通运输工具。

（7）经当事人书面协议，企业、个体工商户、农业生产经营者可以将现有的及将有的生产设备、原材料、半成品和产品抵押。

（8）法律、行政法规未禁止抵押的其他财产。如：① 正在建造或尚未建造的房屋可以抵押。② 正在建造中的船舶可以抵押。③ 以将来的财产办理登记的，原则上有效，只要在一审辩论终结前补办手续，可以有效；但未办理抵押登记的，不得对抗第三人。④ 以农作物抵押的，不及于集体土地使用权。

7.3.3 抵押权的设立

1. 抵押合同

抵押合同必须以书面要式行为订立。所有的担保合同均要求书面要式，即除抵押合同外，质押合同、保证合同和定金合同也都是书面要式合同。

2. 流质禁止条款

当事人在订立抵押合同时，不得在合同中约定在债务履行期满抵押权人未受清偿时，抵押物的所有权转移为债权人所有。流质禁止条款也适用于质押合同。

3. 登记

（1）登记作为生效要件，不登记抵押权不成立。以建筑物或者土地使用权等不动产进行担保的，抵押权从登记时设立。但是需要注意的是，不登记只是抵押权不成立，不影响抵押合同的法律效力，抵押合同从成立时生效。具体包括：① 建筑物和其他土地附着物；② 建设用地使用权；③ 以招标、拍卖、公开协商等方式取得的荒地等土地承包经营权；④ 正在建造的建筑物。

（2）登记作为对抗要件。以动产进行抵押的均自抵押合同生效时设立，未登记只是不得对抗善意第三人。具体包括：① 生产设备、原材料、半成品、产品；② 正在建造的建筑物、船舶、航空器；③ 交通运输工具；④ 其他法律、行政法规未禁止抵押的动产。

（3）登记具有绝对效力，登记的内容与抵押合同的约定不一致的以登记为准。

案例思考

甲居于某城市，因业务需要，以其坐落在市中心的一处公寓（价值 210 万元）作抵押，分别从乙银行和丙银行各贷款 100 万元。甲与乙银行于 6 月 5 日签订了抵押合同，6 月 10 日办理了抵押登记；与丙银行于 6 月 8 日签订了抵押合同，同日办理了抵押登记。后因甲无力偿还，乙银行、丙银行行使抵押权，对甲的公寓依法拍卖，只得价款 150 万元，乙银行、丙银行对拍卖所得款应如何分配？

7.3.4 抵押权的效力

1. 抵押权担保的范围

有约定的依照约定；没有约定的，抵押担保的范围包括主债权及利息、违约金、损害赔偿金和实现抵押权的费用。

2. 抵押权的优先受偿效力

（1）同一财产向两个以上债权人抵押的，拍卖、变卖抵押财产所得的价款依照下列规定清偿：① 抵押权都已登记的，按照登记的先后顺序清偿；顺序相同的，按照债权比例清偿；② 抵押权已登记的先于未登记的受偿；③ 抵押权未登记的，按照债权比例清偿。

（2）建设用地使用权抵押后，该土地上新增的建筑物不属于抵押财产。需要拍卖该建设用地使用权的，可以将该土地上新增的建筑物与建设用地使用权一并拍卖，但拍卖新增建筑物所得的价款，抵押权人无权优先受偿。

（3）抵押权人应当在主债权诉讼时效期间行使抵押权；未行使的，人民法院不予保护。

3. 抵押权的效力

（1）抵押权的效力范围一般及于抵押物的从物；但抵押物、从物分属不同人所有的，不及于从物。

（2）债务人不履行到期债务或者发生当事人约定的实现抵押权的情形，致使抵押财产被人民法院依法扣押的，自扣押之日起抵押权人有权收取该抵押财产的天然孳息或者法定孳息，但抵押权人未通知应当清偿法定孳息的义务人的除外。前款规定的孳息应当先充抵收取孳息的费用。

(3) 以建筑物抵押的，该建筑物占用范围内的建设用地使用权一并抵押。以建设用地使用权抵押的，该土地上的建筑物一并抵押；抵押人未约定一并抵押的，未抵押的财产视为一并抵押。

(4) 订立抵押合同前抵押财产已出租的，原租赁关系不受该抵押权的影响。抵押权设立后抵押财产出租的，该租赁关系不得对抗已登记的抵押权。

(5) 抵押期间，抵押人经抵押权人同意转让抵押财产的，应当将转让所得的价款向抵押权人提前清偿债务或者提存。

转让的价款超过债权数额的部分归抵押人所有，不足部分由债务人清偿。抵押期间，抵押人未经抵押权人同意，不得转让抵押财产，但受让人代为清偿债务消灭抵押权的除外。

(6) 抵押权不得与债权分离而单独转让或者作为其他债权的担保。债权转让的，担保该债权的抵押权一并转让，但法律另有规定或者当事人另有约定的除外。

(7) 抵押人的行为足以使抵押财产价值减少的，抵押权人有权要求抵押人停止其行为。抵押财产价值减少的，抵押权人有权要求恢复抵押财产的价值，或者提供与减少的价值相应的担保。抵押人不恢复抵押财产的价值也不提供担保的，抵押权人有权要求债务人提前清偿债务。

(8) 抵押权人可以放弃抵押权或者抵押权的顺位。抵押权人与抵押人可以协议变更抵押权顺位以及被担保的债权数额等内容，但抵押权的变更，未经其他抵押权人书面同意，不得对其他抵押权人产生不利影响。债务人以自己的财产设定抵押，抵押权人放弃该抵押权、抵押权顺位或者变更抵押权的，其他担保人在抵押权人丧失优先受偿权益的范围内免除担保责任，但其他担保人承诺仍然提供担保的除外。

(9) 债务人不履行到期债务或者发生当事人约定的实现抵押权的情形，抵押权人可以与抵押人协议以抵押财产折价或者以拍卖、变卖该抵押财产所得的价款优先受偿。协议损害其他债权人利益的，其他债权人可以在知道或者应当知道撤销事由之日起一年内请求人民法院撤销该协议。

(10) 抵押权人与抵押人未就抵押权实现方式达成协议的，抵押权人可以请求人民法院拍卖、变卖抵押财产。抵押财产折价或者变卖的，应当参照市场价格。抵押财产折价或者拍卖、变卖后，其价款超过债权数额的部分归抵押人所有，不足部分由债务人清偿。

(11) 经当事人书面协议，企业、个体工商户、农业生产经营者可以将现有的以及将有的生产设备、原材料、半成品、产品抵押，债务人不履行到期债务或者发生当事人约定的实现抵押权的情形，债权人有权就实现抵押权时的动产优先受偿。

7.3.5 抵押权的实现

1. 抵押权实现的要件

(1) 须抵押权有效存在。

（2）须债务已届清偿期。

（3）须债务人未清偿债务。

2. 抵押权的实现方法

抵押权的实现方式有3种：折价、拍卖、变卖。若当事人就实现抵押权的方法无法达成协议的，抵押权人应当通过诉讼的方式，由人民法院将标的物进行拍卖或者变卖从而实现其抵押权。

7.3.6 最高额抵押

1. 最高额抵押的概念

为担保债务的履行，债务人或者第三人对一定期间内将要连续发生的债权提供担保财产的，债务人不履行到期债务或者发生当事人约定的实现抵押权的情形，抵押权人有权在最高债权额限度内就该担保财产优先受偿。最高额抵押权设立前已经存在的债权，经当事人同意，可以转入最高额抵押担保的债权范围。

2. 最高额抵押的特征

（1）最高额抵押是为将来发生的债权作担保，因此最高额抵押在发生上突破了从属性。

（2）最高额抵押担保的是一定期限内连续发生的债权。

（3）担保债权的数额是不特定的。

（4）担保的债权具有最高限额。

3. 最高额抵押的特别效力

（1）最高额抵押所担保的主债权转让的效力。最高额抵押担保的债权确定前，部分债权转让的，最高额抵押权不得转让，但当事人另有约定的除外。

（2）最高额抵押权的变更。最高额抵押担保的债权确定前，抵押权人与抵押人可以通过协议变更债权确定的期间、债权范围及最高债权额，但变更的内容不得对其他抵押权人产生不利影响。

（3）抵押权人实现最高额抵押权时，如果实际发生的债权余额高于最高限额的，以最高限额为限，超过部分不具有优先受偿的效力；如果实际发生的债权余额低于最高限额的，以实际发生的债权余额为限对抵押物优先受偿。

4. 最高额抵押所担保债权的确定

最高额抵押所担保的债权是不确定的将来债权，抵押权实现时必须将债权予以确定有下列情形之一的，抵押权人的债权确定：

① 约定的债权确定期间届满；② 没有约定债权确定期间或者约定不明确，抵押权人或者抵押人自最高额抵押权设立之日起满两年后请求确定债权；③ 新的债权不可能发生；④ 抵押财产被查封、扣押；⑤ 债务人、抵押人被宣告破产或者被撤销；⑥ 法律规定债权确定的其他情形。

7.3.7 浮动抵押

1. 浮动抵押的概念

浮动抵押是指作为债务人的企业为了担保其债权将现有的以及将来所取得的机器、设备、产品、半成品、原材料等作为一个整体进行抵押，抵押企业为了正常经营仍然可以处分该财产的一种抵押制度。

2. 浮动抵押的法律特征

（1）抵押主体的特殊性。与普通抵押不同，浮动抵押的抵押人只能是企业、个体工商户、农业生产经营者，除此之外的其他债务人不能设定浮动抵押。

（2）抵押财产的集合性。在普通抵押的情形，由于一物一权的原则，一个抵押权的标的是一个独立的物；要以若干个物进行抵押，则必须设立若干个独立的抵押权。但是在浮动抵押中是将若干动产作为一个整体设立一个抵押权，因为在浮动抵押的情况下突破了传统物权法的“一物一权原则”。

（3）抵押财产的非特定化。在浮动抵押，抵押人仍然可以自由转让抵押财产，若抵押人将一个抵押财产转让，则债权人不得就该财产进行优先受偿；相反，债权人在和债务人设定抵押权时债务人还没有取得的财产，在抵押权设定后债务人才取得的新财产仍然作为抵押权的客体，债权人可以就其优先受偿。

3. 浮动抵押的设立

（1）签订书面合同，抵押权从合同生效时设立。

（2）登记是对抗善意第三人的要件而不是抵押权的成立要件。

4. 浮动抵押财产的特定化

抵押财产自下列情形之一发生时确定：

① 债务履行期届满，债权未实现；② 抵押人被宣告破产或者被撤销；③ 当事人约定的实现抵押权的情形；④ 严重影响债权实现的其他情形。

7.4 质　押

7.4.1 质押的概念和特征

1. 概念

质押是指债权人为了担保债权的实现就债务人或第三人移交占有动产或权利，当债务人不履行债务时，债权人享有的优先受偿权利的担保方式。

2. 特征

（1）质押的标的是动产和可转让的权利，不动产不能设定质权。质权因此分为动产质权和权利质权。

金钱经特定化后也可以出质：债务人或者第三人将其金钱以特户、封金、保证金等形式特定化后，移交债权人占有作为债权的担保，债务人不履行债务时，债权人可以以该金钱优先受偿。

（2）质押是移转质物的占有的担保方式，质权以占有标的物为成立要件。

7.4.2 动产质权的设立

1. 订立书面合同

所有的担保合同均要求以书面要式行为订立，质押合同也不例外。

2. 交付标的物

（1）交付是质权的成立要件。不交付标的物的质权不成立，但是不影响质押合同的效力。

（2）交付包括现实交付、指示交付和简易交付，但不包括占有改定。

出质人代质权人占有质物的，质押合同不生效；质权人将质物返还于出质人后，以其质权对抗第三人的，人民法院不予支持。

（3）交付的标的物与合同约定不一致的以交付的为准。

7.4.3 动产质权的效力

1. 担保的债权

有约定的依约定，没有约定的包括：质押担保的范围包括主债权及利息、违约金、损害赔偿金、质物保管费用和实现质权的费用。

2. 对标的物的效力

（1）从物的效力。质权的效力及于从物，但是从物没有交付的对从物无效。

（2）孳息。质权人有权收取孳息，以孳息清偿收取孳息的费用、利息和主债权。

3. 对质权人的效力

1）质权人的权利

（1）占有质物。质权人有权在债权受清偿前占有质物；质权人将质物返还给出质人后，即不可以其质权对抗第三人。

（2）收取孳息。质权人有权收取质押财产的孳息，但合同另有约定的除外。收取的孳息应当先充抵收取孳息的费用。

（3）质权的保全。因不能归责于质权人的事由可能使质押财产毁损或者价值明显减少，足以危害质权人权利的，质权人有权要求出质人提供相应的担保；出质人不提供的，质权人可以拍卖、变卖质押财产，并与出质人通过协议将拍卖、变卖所得的价款提前清偿债务或者提存。

（4）优先受偿权。债务人不履行到期债务或者发生当事人约定的实现质权的情形，质权人可以与出质人协议以质押财产折价，也可以就拍卖、变卖质押财产所得的价款优先受偿。质押财产折价或者变卖的，应当参照市场价格。

（5）转质权。根据约定或经出质人同意，质权人有转质的权利。

（6）放弃质权。质权人可以放弃质权。债务人以自己的财产出质，质权人放弃该质权的，其他担保人在质权人丧失优先受偿权益的范围内免除担保责任，但其他担保人承诺仍然提供担保的除外。

2）质权人的义务

（1）质权人在质权存续期间，未经出质人同意，擅自使用、处分质押财产，给出质人造成损害的，应当承担赔偿责任。

（2）质权人负有妥善保管质押财产的义务；因保管不善致使质押财产毁损、灭失的，应当承担赔偿责任。质权人的行为可能使质押财产毁损、灭失的，出质人可以要求质权人将质押财产提存，或者要求提前清偿债务并返还质押财产。

（3）因不能归责于质权人的事由可能使质押财产毁损或者价值明显减少，足以危害质权人权利的，质权人有权要求出质人提供相应的担保；出质人不提供的，质权人可以拍卖、变卖质押财产，并与出质人通过协议将拍卖、变卖所得的价款提前清偿债务或者提存。

（4）质权人在质权存续期间，未经出质人同意转质，造成质押财产毁损、灭失的，应当向出质人承担赔偿责任。

4. 出质人的权利

（1）质权人负有妥善保管质押财产的义务；因保管不善致使质押财产毁损、灭失的，应当承担赔偿责任。

（2）债务人履行债务或者出质人提前清偿所担保的债权的，质权人应当返还质押财产。

（3）出质人如果是债务人以外的第三人，该出质人代为清偿债权或因质权实行丧失质物的所有权时，有权向债务人追偿。

（4）债务履行期届满，出质人请求质权人及时行使质权，因质权人怠于行使权利造成损害的，由质权人承担赔偿责任。

（5）质权人的行为可能使质押财产毁损、灭失的，出质人可以要求质权人将质押财产提存，或者要求提前清偿债务并返还质押财产。

（6）质权人在质权存续期间，未经出质人同意转质，造成质押财产毁损、灭失的，应当向出质人承担赔偿责任。

（7）出质人可以请求质权人在债务履行期届满后及时行使质权；质权人不行使的，出质人可以请求人民法院拍卖、变卖质押财产。

7.4.4 权利质押

1. 可以出质的权利类型

（1）汇票、本票、支票、债券、存款单、仓单、提单。

（2）依法可以转让的股份、股票。

（3）依法可以转让的商标专用权、专利权、著作权中的财产权。

（4）基金份额。

（5）应收账款。

2. 权利质押的成立要件

（1）以汇票、支票、本票、债券、存款单、仓单、提单出质的，当事人应当订立书面合同。质权自权利凭证交付质权人时设立；没有权利凭证的，质权自有关部门办理出质登记时设立。

（2）以基金份额、股权出质的，当事人应当订立书面合同。以基金份额、证券登记结算机构登记的股权出质的，质权自证券登记结算机构办理出质登记时设立；以其他股权出质的，质权自工商行政管理部门办理出质登记时设立。

案例思考

蓝天股份公司（上市公司）的董事长甲，因单位房改急需资金。遂将其个人所有的蓝天股份公司股票质押给乙，借款10万元。质押合同是否有效？

（3）以注册商标专用权、专利权、著作权等知识产权中的财产权出质的，当事人应当订立书面合同。质权自有关主管部门办理出质登记时设立。

（4）以应收账款出质的，当事人应当订立书面合同。质权自信贷征信机构办理出质登记时设立。

（5）不动产收益权，如公路桥梁、公路隧道等质押的，合同生效时质权成立。

3. 权利质权的效力

（1）汇票、支票、本票、债券、存款单、仓单、提单的兑现日期或者提货日期先于主债权到期的，质权人可以兑现或者提货，并与出质人协议将兑现的价款或者提取的货物提前清偿债务或者提存。

（2）基金份额、股权出质后，不得转让，但经出质人与质权人协商同意的除外。出质人转让基金份额、股权所得的价款，应当向质权人提前清偿债务或者提存。

（3）知识产权中的财产权出质后，出质人不得转让或者许可他人使用，但经出质人与质权人协商同意的除外。出质人转让或者许可他人使用出质的知识产权中的财产权所得的价款，应当向质权人提前清偿债务或者提存。

（4）应收账款出质后，不得转让，但经出质人与质权人协商同意的除外。出质人转让应收账款所得的价款，应当向质权人提前清偿债务或者提存。

7.5 留　置

7.5.1 留置的概念和特征

1. 留置的概念

留置是指债权人按照合同约定占有债务人的动产，在债务人不履行基于该动产而发生的债务时有权留置该财产并就该财产优先受偿的担保方式。

2. 留置的特征

（1）留置权是法定担保物权。因此优先于抵押权、质权等意定担保物权而实现。

（2）留置权是动产担保物权，以债权人占有动产为要件。

（3）留置权是发生二次效力的担保物权。留置权人留置标的物后不得直接处分标的物，必须先定期催告，只有债务人逾期仍不履行债务时，始得处分标的物而优先受偿。

7.5.2　留置权的成立要件

（1）债权人基于合同占有债务人的动产。

（2）债权人对债务人的债务已经到期。

（3）债务人所负债务须与该被留置物有牵连关系。所谓牵连关系，是指债务人所负债务与对留置物的占有是基于同一法律关系而发生。如基于加工承揽合同而占有加工承揽物。

（4）须留置标的物不违反善良风俗和当事人的约定。

案例思考

甲公司委托乙（个体工商户）为其加工一批零件，双方口头约定：乙在订约后一周内将零件加工完毕，电话通知甲公司提货并支付加工费 1 万元。乙按约定完成其工作，但在电话通知甲公司提货后，甲公司称其资金周转有困难，望稍后提货付款。又过一周后，乙在甲公司既不提货也不支付加工费的情况下，便委托某拍卖行将该批零件拍卖，以拍卖所得作为加工费。请根据我国《担保法》的规定，回答：

（1）乙委托拍卖行将为甲公司加工的零件拍卖，是否属于乙合法地行使留置权，为什么？

（2）如拍卖所得不足以抵偿加工费，乙应怎么办？

7.5.3　留置的效力

（1）留置权人负有妥善保管留置财产的义务；因保管不善致使留置财产毁损、灭失的，应当承担赔偿责任。

（2）留置权人有权收取留置财产的孳息，收取的孳息应当先充抵收取孳息的费用。此时留置权人对孳息享有的是占有权，不是所有权。

（3）留置权人与债务人应当约定留置财产后的债务履行期间；没有约定或者约定不明确的，留置权人应当给债务人两个月以上履行债务的期间，但鲜活、易腐等不易保管的动产除外。债务人逾期未履行的，留置权人可以与债务人协议以留置财产折价，也可以就拍卖、变卖留置财产所得的价款优先受偿。留置财产折价或者变卖的，应当参照市场价格。

（4）债务人可以请求留置权人在债务履行期间届满后行使留置权；留置权人不行使的，

债务人可以请求人民法院拍卖、变卖留置财产。

(5) 留置财产折价或者拍卖、变卖后，其价款超过债权数额的部分归债务人所有，不足部分由债务人清偿。

(6) 同一动产上已设立抵押权或者质权，该动产又被留置的，留置权人优先受偿。

(7) 留置权人对留置财产丧失占有或者留置权人接受债务人另行提供担保的，留置权消灭。

7.6 定　　金

7.6.1 定金的概念和特征

1. 定金的概念

定金是指当事人为了确保合同的履行，依据法律规定或者当事人双方的约定，由一方当事人在订立合同时，或者订立后，履行前，按合同标的额的一定比例，预先给付对方当事人的金钱或者其他替代物的担保方式。

2. 定金的特征

(1) 定金的所有权自约定的定金处罚条件成立时即发生转移或者成为索赔条件。

(2) 定金作为一种担保方式，是一种双方担保，对交付方和收受方均有拘束力。当事人交付留置金、担保金、保证金、订约金、押金或者订金等，但没有约定定金性质的，当事人主张定金权利的，人民法院不予支持。

7.6.2 定金的种类

1. 违约定金

违约定金是指交付定金的当事人不履行债务，接受定金的当事人可以予以没收的定金。当事人可以约定一方向对方给付定金作为债权的担保。债务人履行债务后，定金应当抵作价款或者收回。给付定金的一方不履行约定的债务的，无权要求返还定金；收受定金的一方不履行约定的债务的，应当双倍返还定金。

2. 立约定金

立约定金，也称为订约定金，是指为担保合同的订立而设立的定金。

当事人约定以交付定金作为订立主合同担保的，给付定金的一方拒绝订立主合同的，无权要求返还定金；收受定金的一方拒绝订立合同的，应当双倍返还定金。

3. 成约定金

成约定金是指作为合同成立或者生效要件的定金。

当事人约定以交付定金作为主合同成立或者生效要件的，给付定金的一方未支付定金，但主合同已经履行或者已经履行主要部分的，不影响主合同的成立或者生效。

4. 解约定金

解约定金是指用以作为保留合同解除权的代价的定金，即交付定金的当事人可以抛弃定金以解除合同，而接受定金的当事人也可以双倍返还定金来解除合同。定金交付后，交付定金的一方可以按照合同的约定以丧失定金为代价而解除主合同，收受定金的一方可以双倍返还定金为代价而解除主合同。对解除主合同后责任的处理，适用我国《合同法》的规定。

7.6.3　定金的成立

定金应当以书面形式约定。当事人在定金合同中应当约定交付定金的期限。定金合同从实际交付定金之日起生效。

定金的数额由当事人约定，但不得超过主合同标的额的 20%。

7.6.4　定金的效力

因当事人一方迟延履行合同或者有其他违约行为，致使合同目的不能实现的，可以适用定金罚则。但法律另有规定或者当事人另有约定的除外。

当事人一方不完全履行合同的，应当按照未履行部分所占合同约定内容的比例，适用定金罚则。

因不可抗力、意外事件致使主合同不能履行的，不适用定金罚则。因合同关系以外第三人的过错，致使主合同不能履行的，适用定金罚则。受定金处罚的一方当事人，可以依法向第三人追偿。

【实施与评价要点】

本项目一开始的任务导入中布置了一个任务：某银行为汽车消费提供贷款业务，如果你是银行的业务管理人员，请从银行债权保护的角度为银行设计担保方案，使银行在今后的业务活动中能够借鉴和采纳。

1. 任务分析

为了完成上述任务，应为围绕银行债权保障，结合担保法知识要点，解决以下几个问题。

（1）银行所提供的消费贷款业务所涉及的当事人。

（2）5 种担保方式中，哪几种可以作为银行贷款业务的担保方式？

（3）哪种担保方式最为适合？说明理由。

（4）银行消费贷款业务担保是否可以同时采用多种担保方式？

（5）每种担保方式如何保障债权的实现？

（6）签订每一份担保合同，应该注意的问题。

（7）在几种担保方式并存情况下，当银行实现债权时，哪种担保方式可以优先使用？

2. 任务实施及检测

（1）任务内容：每组作为银行的业务工作人员，为银行所提供的汽车消费贷款业务设计担保方案，使银行债权得到最大程度的保障。

（2）任务要求：每10人一组，选出组长，每组成员进行合作，群策群力，设计一份担保方案，用A4纸打印。

（3）任务检测：每组推举一个代表陈述自己所在组设计的担保方案，每组代表进行陈述后，其他组的人员针对所述组方案存在的问题提出质疑，被质疑组进行答辩。教师根据陈述和答辩情况进行总结、点评、打分。

重点概括

本项目重点介绍了5种担保方式。保证的概念、方式，保证人的条件，保证的内容、范围、期间，保证的效力；抵押的概念，可以进行抵押的财产，抵押权的设立，抵押权的效力和抵押权的实现；质权的概念、种类，质权的设立和质权的效力；留置的概念，留置权的成立要件，留置的效力；定金的概念、种类，定金的效力。

项目 8

制订商标注册申请方案

【任务导入】

1. 项目内容

通过本项目的学习，能够根据实际需要，制订商标注册申请方案。

某公司为其生产的饮料征集商标图案，请你从企业的角度出发，根据商标法的规定，为其选择一个最佳的商标图案，并为其准备商标注册的所有资料，指导其进行商标注册事宜，并为其可能遇到的各种情况提供处理意见。根据上述要求制订一份商标注册申请方案。

2. 项目要求

（1）选择的商标应符合《商标法》的规定；

（2）制订的方案能够为企业进行商标注册提供实际的帮助。

【理论知识要点】

1. 知识目标

（1）能了解商标的种类；

（2）能掌握商标的禁用条款；

（3）能熟知商标注册的申请程序；

（4）能够掌握商标管理与复审的内容。

2. 能力目标

（1）能够评判商标的合法性；

（2）能够办理商标注册事宜；

（3）能够处理商标注册及使用过程中出现的各种情况。

案例导入

某省某县红梅食品厂自1998年以来，在该厂生产的面粉上一直使用“白雪”商标，但未注册。“白雪”面粉在消费者中有一定声誉。1999年，该县另一家黄河食品厂在其生产的面条、面包的产品上使用“白雪”商标，并于1999年12月在商标局获准注册。红梅厂发现后，认为黄河厂使用了本厂的商标，使消费者对商品的来源发生混淆，导致本厂利润下降，于是状告黄河厂侵犯了其财产权益，在案件审理中提出反诉，认为原告未经其同意使用了其注册商标，要求原告承担侵权责任。问：

（1）本案谁享有“白雪”商标的使用权？为什么？

（2）本案谁应承担侵权责任？为什么？

【理论内容】

8.1　商标法概述

8.1.1　商标

1. 商标的概念和特征

商标是生产者或经营者在其商品或服务上使用的，由文字、图形、字母、数字、三维标志和颜色组合，以及上述要素的组合构成的，具有显著特征、便于识别商品或服务来源的标记。商标具有以下特征。

（1）商标是商品或服务的标志，它依附于商品或服务而存在。

（2）商标应当具有显著的特征，即不与他人的商标相混同。

（3）商标的构成要素由法律确定。

（4）商标是区别商品或服务来源的标记。其作用还表现为监督商品质量、指导商品选购以及为商品和服务做广告。

2. 商标的种类

1）按照商标构成要素划分

（1）文字商标：以文字构成的商标，使用范围很广。我国的文字商标以汉字为主；也可使用少数民族文字，甚至还可以用汉语拼音、阿拉伯数字、外国文字等。可采用一种文字为主，附以其他文字；可是单词，也可是词组，且字体不限。

（2）图形商标：指用图形构成的商标。优点是不受语言限制且形象生动，给人印象深刻，故特征显著，易于识别；缺点是不便呼叫，交易中不便相互交流。因此，在实践中，一般都将图形和文字结合使用。

（3）组合商标：以文字和图形构成的商标。注册后作为一个完整的整体对待，不可随意更动其组合或排列，也不可改动某一个部分。

（4）立体商标：是指以商品形状或者其容器、包装的形状构成的三维标志。

2）按照商标使用对象划分

（1）商品商标：指使用于有形商品上的商标。

（2）服务商标：指服务行业使用的商标，如金融、运输、广播、建筑、旅馆等服务行业。这种商标必须依附于有关服务项目。世界上最早对服务商标提供注册保护的是美国 1946 年颁布的《商标法》；1958 年，里斯本会议修改的《保护工业产权巴黎公约》明确规定：各成员国同意保护服务标志，但不要成员国制定关于服务标志注册的规定。即是否保护服务商标，采取自由决定的原则。

3）按照商标的用途划分

（1）营业商标：指以商品生产经营企业或服务业者的名称、标记作为商标。如“同仁堂”“亨得利”等，故营业商标又称为“厂标”。

（2）等级商标：指同一企业，同一类产品因不同规格、质量而使用的系列商标。目的在于与同类产品的不同规格、质量、品种相区别，便于顾客选购。

（3）证明商标：指由对某种商品或者服务具有监督能力的组织所控制，而由该组织以外的单位或者个人使用于其商品或者服务，用以证明该商品或者服务的原产地、原料、制造方法、质量或者其他特定品质的标志。

（4）防御商标：是指较为知名的商标所有人在该注册商标核定使用的商品（服务）或类似商品（服务）以外的其他不同类别的商品或服务上注册的若干相同商标，为防止他人在这些类别的商品或服务上注册使用相同的商标。原商标为主商标，其余为防御商标。

（5）联合商标：一般是指同一商标所有人在同一种或类似商品上注册的若干近似商标。这些商标中首先注册的或者主要使用的为主商标，其余的则为联合商标。

案例思考

A 公司在生产经营过程中，注册了“孔雀”商标。由于该商标已经发展成为知名商标，为保护该商标，防止他人影射“孔雀”商标，A 公司又申请注册了“蓝孔雀”“白孔雀”“黑孔雀”等商标。在经营过程中，A 公司为了筹集资金，现决定将其拥有商标专用权的“黑孔雀”转让给 B 公司。双方为此签订了商标转让协议。问：

（1）A 公司的商标是何种商标？为什么？

（2）A 公司能否转让该商标？

4）按照商标使用者划分

（1）制造商标：是表明生产者的商标，又称生产商标，如日立公司的日立牌商标。

（2）销售商标：指商品经营者销售商品而使用的商标，又称商业商标。

（3）集体商标：指以团体、协会或其他组织名义注册，供该组织成员在商事活动中使用，以表明使用者在该组织中成员资格的标志。由于这种商标使用成员较多，使用起来比较复杂，一般事先都应对使用条件和侵权责任专门订立章程，报请备案。

5）按照商标法律状态划分

（1）注册商标：是指由当事人提出申请，经国家主管机关审查核准，予以核准注册的商标。注册商标是商标法保护的对象，其所有人享有商标专用权。未注册商标是指其使用人未申请注册或者注册申请未被核准给予注册的商标。

（2）未注册商标：可以合法地在市场上使用，但其使用人不享有商标专用权。一般情况下，无权禁止他人使用相同商标，也无权阻止他人就相同商标提出注册申请。

3. 商标的作用

（1）标明商品的生产者和经营者。商标是企业的脸面，它直接指明了商品的生产或者经营厂家，通过商标，就可以将生产、经营同种商品或者类似商品的不同厂家区别开来。商品的知名度直接关系到企业在市场上的地位和形象。名牌商标由于它的产品质量好，在消费者心中的信誉高，在市场上很畅销，会给企业带来巨大经济利益。

（2）便于消费者选购商品。商品的品种很多，不同种类的商品，没有商标人们也不容易选错，但是同种商品如果没有商标，人们就很难根据自己的需要选择商品。有了商标，消费者便可以根据商品的品牌来选择商品。

（3）便于企业对其产品进行广告宣传，争创名牌产品。名牌商品的知名度一是靠良好的产品质量，二是靠广告进行宣传，让广大消费者了解这种商品。而在市场上生产和经营同一种商品的企业很多，没有商标就很难让人们记住生产的这种商品，有了设计独特的商标，通过宣传就能让人们记住此企业生产或销售这种商品，从而扩大其在市场上的知名度，给企业带来经济效益。

（4）便于开拓国际市场，开展国际贸易。国内生产或者经营厂家要想将自己产品打入国际市场，不仅要靠过硬的质量，还要大力进行广告宣传以扩大商品的知名度，创名牌商品。为了在国际市场上创名牌，就必须有自己的商标，而且要及时到出口国申请注册，得到产品所在国的法律保护。如果没有商标，企业的商品不能出口，不申请注册就不能得到出口国法律的保护，甚至可能会被别人抢先注册。

4. 商标法的产生和发展

商标法是国家依照一定的立法程序制定的关于商标专用权的确立与保护的法律制度的总和。它是国家为调整确认、保护商标专用权和商标使用过程中，对所发生的各种关系制定的一种法律规范，是国家进行商标注册和管理的依据。商标法是工业产权法、知识产权法的一个重要组成部分。

1982 年 8 月 23 日第五届人大常委会通过了《中华人民共和国商标法》，该法自 1983 年 3 月 1 日起施行。它是新中国制定的第一部保护知识产权的法律。1993 年 2 月 22 日第七届人大常委会第三十次会议通过了《关于修改〈中华人民共和国商标法〉的决定》，对其进行了修正，使之进一步适应经济发展的要求；2001 年 10 月 27 日和 2013 年 8 月 30 日分别进行了第二次、第三次修正，使之日趋完善。

8.1.2 商标权

1. 商标权的概念

商标权是指商标所有人依法对其商标享有的专有使用权。在我国，商标权是商标注册人对其注册商标所享有的权利。但从严格意义上来讲，在注册制度下的商标权应当称作注册商标权。

商标权是一种无形财产权，属于知识产权的范畴，是工业产权的重要组成部分，因而具有知识产权的共有特征，具有专有性、时间性、地域性等特点。商标权作为法律上的一种权利，主要具有以下特征。

（1）商标权的客体是作为商品标记的商标。商标权的客体是识别商品服务项目的一种标记，而不是智力成果。虽然商标图案的设计、选择是一种智力活动，设计精美的商标图案具有创造性，但商标法所要保护的不是具有创造性的作品而是具有识别作用的商品标记。所以，商标权的客体是作为商品标记的商标。

（2）商标权是单一的财产权。著作权、专利权等知识产权都具有人身权和财产权双重内容，而商标权只具有财产内容，不具有人身内容。所以，商标权是单一的财产权。

（3）商标权的专有性是绝对的。商标权的专有性又称独占性或垄断性，是指商标权人对其注册商标享有使用的权利，任何第三者非经商标权人的同意，不得使用。商标权人凭着这种垄断权实现自己的经济利益，国家才能根据其实施管理，保护消费者利益。可以说，专有性是商标权最根本的属性。

（4）商标权的法定时间性是相对的。法定时间性是指商标权的有效期限，注册商标只在规定的期限内有效；超过规定期限，又未办理续展手续的，商标权自行消灭。

（5）商标权具有严格的地域性。商标注册人所享有的商标权一般只能在授予该项权利的国家领域内受到保护，在其他国则不发生法律效力。

2. 商标权的内容

（1）专用权。专用权是指商标权主体对其注册商标依法享有的自己在指定商品或服务项目上独占使用的权利。注册商标的专用权，以核准注册的商标和核定使用的商品为限。

（2）许可权。许可权是指商标权人可以通过签订商标使用许可合同许可他人使用其注册商标的权利。许可人应当监督被许可人使用其注册商标的商品质量，被许可人必须在使用该注册商标的商品上标明被许可人的名称和商品产地。商标使用许可合同应当报商标局备案，商标使用许可合同未经备案的，不影响该许可合同的效力，但当事人另有约定的除外。商标使用许可合同未在商标局备案的，不得对抗善意第三人。商标的使用许可的类型主要有独占使用许可、排他使用许可、普通使用许可等。

案例思考

甲公司专业生产计算机，并使用“倍得”商标。2015 年，甲公司与乙公司签订一份“倍得”商标使用许可合同，该合同约定：乙公司取得在中国境内独家使用该商标的使用权，为保证产品质量，维护商标信誉，乙公司必须完全采用甲公司提供的技术和设备生产，并接受甲公司的质量监督。2016 年乙公司在设备安装中，为了便于操作，在不影响产品质量的前提下，做了必要的修改，并通知了甲公司，甲公司接到通知后，派员测试，没有异议。但测试人员回去后，甲公司却以乙公司擅自变更技术设备，违反使用许可合同为由，取消与乙公司签订的合同。为此双方发生争执，没有达成一致意见，乙公司诉诸法院。

问：乙公司是否违反使用许可合同？为什么？

（3）转让权。商标转让权是指商标权人依法享有的将其注册商标依法定程序和条件，转让给他人的权利。转让注册商标的，转让人和受让人应当签订转让协议，并共同向商标局提出申请。商标注册人对其在同一种或者类似商品上注册的相同或者近似的商标，应当一并转让；未一并转让的，由商标局通知其限期改正；期满不改正的，视为放弃转让该注册商标的申请，商标局应当书面通知申请人。转让注册商标经核准后，予以公告，受让人自公告之日起享有商标专用权。受让人应当保证使用该注册商标的商品质量。注册商标的转让不影响转让前已经生效的商标使用许可合同的效力，但商标使用许可合同另有约定的除外。

（4）续展权。续展权是指商标权人在其注册商标有效期届满前，依法享有申请续展注册，从而延长其注册商标保护期的权利。

（5）标示权。商标注册人使用注册商标，有权标明“注册商标”字样或者注册标记。在商品上不便标明的，可以在商品包装或者说明书以及其他附着物上标明。

（6）禁止权。商标禁止权是商标权人依法享有的禁止他人不经过自己的许可而使用注册商标和与之相近似的商标的权利。根据《商标法》第 57 条的规定，未经商标注册人的许可，在同一种商品或类似商品上使用与其注册商标相同或近似的商标，属侵犯注册商标专用权。

3. 商标权的主体

1）商标权主体的概念

商标权的主体又叫商标权人，是指依法享有商标权的自然人、法人或者其他组织，包括商标权的原始主体和继受主体。商标权的原始主体是指商标注册人，继受主体是指依法通过注册商标的转让或者移转取得商标权的自然人、法人或者其他组织。

2）商标权主体的范围

（1）商标权的原始主体。自然人、法人或者其他组织对其生产、制造、加工、拣选或者经销的商品，需要取得商标专用权的，应当向商标局申请商品商标注册。自然人、法人或者其他组织对其提供的服务项目，需要取得商标专用权的，应当向商标局申请服务商标注册。申请注册的商标被核准注册后，该商标注册申请人就成为该注册商标的商标注册人、商标权的原始主体。

自然人、法人或者其他组织可以共同申请注册同一商标，商标注册申请人共同申请注册的同一商标被核准注册后，该商标注册申请人就成为该注册商标的商标注册人、商标权的共有原始主体。

外国人或者外国企业在中国申请商标注册的，应当按照其所属国和中华人民共和国签订的协议或者共同参加的国际条约办理，或者按照对等原则办理。

这里的“外国人”或者“外国企业”是指在中国没有经常居所或者营业所的外国人或者外国企业。

（2）商标权的继受主体。商标权的原始主体可以依法转让其注册商标。作为商标权原始主体的自然人死亡后，该注册商标可以依法移转给其继承人；作为商标权原始主体的法人或者其他组织终止后，该注册商标可以依法移转给有关法人或者其他组织。自然人、法人或者其他组织依法通过注册商标的转让或者移转取得商标权后，就成为该商标权的继受主体。

4. 商标权的客体

1）商标权的客体概念

商标权的客体是指经国家商标局核准注册的注册商标。未经核准注册的商标尽管已由生产经营者、服务者使用，也不能成为商标权的客体。

2）申请注册商标的条件

（1）商标必须具备法定的构成要素。商标构成的法定要素，主要指商标所使用的文字、图形、字母、数字、三维标志、颜色组合和声音等，以及上述要素的组合。凡是不由法定要素而由其他要素组成商标的，就不可能获得核准注册。

（2）商标必须具备显著特征。无论是以何种要素构成的商标，都必须有自己独特的显著特征，便于消费者识别，便于消费者认牌购货。商标的特征越明显，越便于识别，越有利于打开商品的销路。

（3）商标必须与他人注册商标不相混同。所谓混同，包括相同或近似两种情况。申请注册的商标与他人的商标相混同的，将会被驳回。

（4）商标必须不是禁用的标志。

下列标志不得作为商标使用：① 同中华人民共和国的国家名称、国旗、国徽、国歌、军旗、军徽、军歌、勋章等相同或者近似的，以及同中央国家机关的名称、标志所在地特定地点的名称或者标志性建筑物的名称、图形相同的；② 同外国的国家名称、国旗、国徽、军旗相同或者近似的，但经该国政府同意的除外；③ 同政府间国际组织的名称、旗帜、徽记相同或者近似的，但经该组织同意或者不易误导公众的除外；④ 与表明实施控制、予以保证的官方标志、检验印记相同或者近似的，但经授权的除外；⑤ 同“红十字”“红新月”的名称、标志相同或者近似的；⑥ 带有民族歧视性的；⑦ 带有欺骗性，容易使公众对商品的质量等特点或者产地产生误认的；⑧ 有害于社会主义道德风尚或者有其他不良影响的。

县级以上行政区划的地名或者公众知晓的外国地名，不得作为商标。但是，地名具有其他含义或者作为集体商标、证明商标组成部分的除外，已经注册的使用地名的商标继续有效。

下列标志不得作为商标注册：① 仅有本商品的通用名称、图形、型号的；② 仅直接表示商品的质量、主要原料、功能、用途、重量、数量及其他特点的；③ 其他缺乏显著特征的。

前款所列标志经过使用取得显著特征，并便于识别的，可以作为商标注册。

8.2 商标注册相关规定

8.2.1 商标注册

1. 商标注册的概念

商标注册是指商标使用人将其使用的商标依照相关法律规定的注册条件、程序，向商标管理机关申请取得商标专用权的活动。经商标局核准注册并刊登在商标公告上的商标称为注册商标。商标注册制度是保护商标专用权的一种基本法律制度，在我国只有通过商标注册，商标使用人才能获得商标专用权。

2. 商标注册的原则

1）自愿注册原则

自愿注册是指在通常情况下，商标使用人可自行决定其使用的商标是否申请注册。需要取得商标专用权的应将商标申请注册；但不注册的商标可以使用，只是不享有专用权，也不得与他人的注册商标或在先权利冲突。自愿注册对于绝大多数商品而言，具有普遍适用性，但是对于极少数商品却适用这一原则的例外，国家规定对人用药品和烟草制品必须使用注册商标，未经核准注册的，不得在市场上销售。

案例思考

2014 年 2 月，某市制药厂研制出两种人用抗菌药，分别以“宝泉”和“无敌”为商标。制药厂到当地工商局对前者进行了商标注册。由于制药厂生产经营管理不善，两种药品虽然疗效不错，但却鲜为人知，造成了药品大量积压。为了扭亏为盈，制药厂决定转让这两个商标，几经周折，2016 年 3 月制药厂与某药品开发公司签订了“宝泉”和“无敌”抗菌药商标转让的两份合同。2016 年 4 月，药品开发公司依照两份商标转让合同的规定，付清了商标转让费，随即开始使用“宝泉”和“无敌”商标。问：

（1）“宝泉”和“无敌”能否作为商标名称？

（2）“宝泉”和“无敌”商标转让合同是否有效？为什么？

2）申请在先，辅之以使用在先原则

申请在先原则是指当有两个以上申请人在同种或类似商品上以相同或近似的商标申请注册时，商标主管机关根据申请时间的先后，决定商标权的归属。两个或者两个以上的申请人，在同一种商品或者类似商品上，以相同或者近似的商标申请注册的，初步审定并公告申请在先的商标；同一天申请的，初步审定并公告使用在先的商标，驳回其他人的申请，不予以公告。

同日使用或者均未使用的，各申请人可以自行协商，不愿协商或者协商不成的，各申请人以抽签方式确定一个申请人，驳回其他申请人的注册申请。

上述规定体现了我国商标注册以申请在先为原则，使用在先为补充。

申请日的确定如下。① 以申请的日期为申请日。② 优先权。商标注册申请人自其商标在外国第一次提出商标注册申请之日起 6 个月内，又在中国就相同商品以同一商标提出商标注册申请的，依照该国同中国签订的协议或者共同参加的国际条约，或者按照相互承认优先权的原则，可以享有优先权。

商标在中国政府主办的或者承认的国际展览会展出的商品上首次使用的，自该商品展出之日起 6 个月内，该商标的注册申请人可以享有优先权。

3. 商标注册的申请程序

1）商标注册申请人提出申请

申请商标注册的本国申请人可以直接办理，也可以委托商标代理组织办理；外国人或者外国企业在中国申请商标注册或办理其他商标事宜，应当委托国家工商局指定的商标代理组织办理。

（1）申请商标注册，应当依照公布的商品分类表按类申请。每一个商标注册申请应当向商标局交送“商标注册申请书”1 份、商标图样 10 份（指定颜色的彩色商标，应当交送着色图样 10 份）、黑白墨稿 1 份。

（2）商标图样必须清晰、便于粘贴，用光洁耐用的纸张印制或者用照片代替，长和宽应当不大于 10 厘米、不小于 5 厘米。

（3）商标注册申请等有关书件，应当使用钢笔、毛笔或者打字机填写，应当字迹工整、清晰。

（4）商标注册申请人的名义、章戳，应当与核准或者登记的名称一致。申报的商品不得超出核准或者登记的经营范围。商品名称应当依照商品分类表填写；商品名称未列入商品分类的，应当附送商品说明。

（5）申请国家规定必须使用注册商标的其他商品的商标注册，应当附送有关主管部门的批准证明文件。

2）商标注册的审查与核准

（1）形式审查主要审查商标申请人的申请资格；审查商标的申请日期和编写申请号；审查申请商标的商品使用范围是否一类商品一件商标一份申请书；审查商标申请有关文件，商标图样和申请注册费用是否齐备。

（2）实质审查主要审查商标是否具备法定构成条件；审查商标是否具备显著性；审查商标是否有禁用标志；审查商标是否与他人在同一类商品或类似商品上的已注册商标混同。

3）商标注册的初步审定与公告

初步审定是经审查认为符合《商标法》和《商标法实施条例》的有关规定，可以初步审定的商标，先在《商标公告》上公布于众，征求意见。对初步审定的商标，自公告之日起3个月内，任何人均可提出异议，无异议或者经裁定异议不能成立的，始予核准注册，发给商标注册证，并予公告。如果经裁定异议成立的，不予核准注册。

4）商标异议

商标异议指申请人以外的任何其他人对商标局初步审定并公告的商标提出反对意见，要求撤销初步审定公告的商标。

对初步审定的商标，自公告之日起3个月内，任何人均可以提出异议。公告期满无异议的，予以核准注册，发给商标注册证，并予公告。

对驳回申请、不予公告的商标，商标局应当书面通知商标注册申请人。商标注册申请人不服的，可以自收到通知之日起15日内向商标评审委员会申请复审，由商标评审委员会作出决定，并书面通知申请人。

当事人对商标评审委员会的决定不服的，可以自收到通知之日起30日内向人民法院起诉。

对初步审定、予以公告的商标提出异议的，商标局应当听取异议人和被异议人陈述事实和理由，经调查核实后，作出裁定。当事人不服的，可以自收到通知之日起15日内向商标评审委员会申请复审，由商标评审委员会作出裁定，并书面通知异议人和被异议人。当事人对商标评审委员会的裁定不服的，可以自收到通知之日起30日内向人民法院起诉。人民法院应当通知商标复审程序的对方当事人作为第三人参加诉讼。

5）核准注册

申请注册的商标如在异议期内无人提出异议或异议不成立的，即对申请注册的商标予以核准注册，发给申请人商标注册证，并予以公告。至此，申请人即取得商标专用权，成为商标权人。

8.2.2 注册商标的期限、变更、转让、使用许可和续展

1. 期限

注册商标的有效期为10年，自核准注册之日起计算。

2. 变更

变更是指商标注册人申请注册的商标经商标局核准注册后，商标注册人根据情况变化，需要改变注册人姓名或名称、地址或其他注册事项的情况。

名称和地址变更，应到当地县级工商局办理；若改变的是注册商标的文字、图形的，需要重新提出注册申请；扩大核定使用商品范围，在同类其他商品上扩大注册商标，也要另行提出注册申请。如擅自变更，由商标局责令限期改正或撤销其注册商标。

3. 转让

转让注册商标的，转让人和受让人应当签订转让协议，并共同向商标局提出申请。受让人应当保证使用该注册商标的商品质量。转让注册商标经核准后，予以公告。受让人自公告之日起享有商标专用权。

4. 使用许可

使用许可是指注册商标的所有人通过签订使用许可合同，许可其他人使用其注册商标，被许可人在约定范围内享有注册商标的使用权。其许可方式有 3 种。一是排他许可。在一定地域内许可方许可对方享有商标使用权，但许可方仍可保留自己在该地域内使用该注册商标的权利。二是独占许可。许可方许可对方在一定地域内使用其注册商标后，许可方自己和任何第三方在该地域内都无使用权的使用许可。三是一般许可。也称普通许可，即许可人可以允许不同的人同时使用其同一注册商标，即该商标可以允许多人共同使用。我国目前主要采取这种许可方式。

商标注册人可以通过签订商标使用许可合同，许可他人使用其注册商标。许可人应当监督被许可人使用其注册商标的商品质量。被许可人应当保证使用该注册商标的商品质量。经许可使用他人注册商标的，必须在使用该注册商标的商品上标明被许可人的名称和商品产地。商标使用许可合同应当报商标局备案。

5. 续展

续展是指注册商标有效期届满后，需要继续使用该注册商标的，依法申请延长注册商标的有效期限。

注册商标有效期满，需要继续使用的，应当在期满前 6 个月内申请续展注册；在此期间未能提出申请的，可以给予 6 个月的宽展期。宽展期满仍未提出申请的，注销其注册商标。

每次续展注册的有效期为 10 年。续展注册经核准后，予以公告。

8.3　商标管理与商标权的保护

8.3.1　商标管理与复审

1. 商标管理的含义

广义的商标管理，是指对所有商标活动进行全面的管理，即对商标的设计、申请、注册、印制、使用、变更、转让、许可、续展、纠纷处理等一系列活动进行管理。

狭义的商标管理，是指对注册商标的使用和未注册商标的使用的管理，也包括在这两项管理活动中所涉及的对商品质量的监督和商标印制等内容。

商标管理机关为国家工商行政管理总局商标局、商标评审委员会、地方各级工商行政管理部门。

2. 注册商标管理

注册商标使用的管理是各级工商行政管理部门对注册商标使用行为进行管理的活动。

1）注册商标管理规定

对于自行改变注册商标的文字、图形、字母、数字、三维标志、颜色组合和声音等，以及上述要素的组合；自行改变注册商标的注册人名义、地址或者其他注册事项；自行转让注册商标，责令商标注册人限期改正，拒不改正的报请商标局撤销其注册商标。

2）注册商标的撤销和注销

对于连续3年停止使用的注册商标，由商标局责令限期改正或者撤销其注册商标。商标注册人可以申请注销其注册商标或者注销其商标在部分指定商品上的注册，该注册商标专用权或者该注册商标专用权在该部分指定商品上的效力自商标局收到其注销申请之日起终止。

商标注册人死亡或者终止，自死亡或者终止之日起1年期满，该注册商标没有办理移转手续的，任何人都可以向商标局申请注销该注册商标。

注册商标被撤销或者被注销的，原商标注册证作废；撤销该商标在部分指定商品上的注册的，或者商标注册人申请注销其商标在部分指定商品上的注册的，由商标局在原商标注册证上加注发还，或者重新核发商标注册证，并予公告。

注册商标被撤销或者期满不再续展的，自撤销或注销之日起一年内，商标局对与该商标相同或近似的商标注册申请，不予核准。

3）商标注册须保证其使用注册商标的商品质量

保证商品质量，一是要求商标注册人和被许可使用人使用其注册商标时，必须保证其产品质量；二是要求商标注册人在依法办理商标使用许可合同后，必须监督被许可人的商品质量。对使用注册商标，其商品粗制滥造、以次充好、欺骗消费者的，由工商行政管理机关分别不同情况，责令限期改正，并可以予以通报或者处以非法经营额20%以下或非法获利2倍以下罚款，或者由商标局撤销其注册商标。

4）注册商标人有权标明注册标记

商标注册标记是指与注册商标一起使用的，用来说明该商标已经注册的标记。使用注册商标时，可标明“注册商标”字样，或者使用注册标记。注册标记应当置于商标的右下角或右上角。标注注册标记是注册商标所有人的权利，权利人可以标注，也可以不标注。

3. 未注册商标管理

对使用未注册商标的禁止性规定如下。

（1）不得冒充注册商标。冒充注册商标是指商标使用人在未经商标主管机关核准注册的商标上标明“注册商标”字样或加注注册标记的行为。对冒充注册商标的行为，由工商行政管理部门予以制止，限期改正，并可以予以通报或者处以非法经营额20%以下或非法获利2倍以下罚款。

（2）不得违反《商标法》禁用条款。对违反《商标法》禁用条款的行为，由工商行政管理部门予以制止，限期改正，并可以予以通报或者处以非法经营额20%以下或非法获利2

倍以下罚款。

（3）不得粗制滥造、以次充好、欺骗消费者。对违反者可根据《商标法》予以制止，限期改正，并可以予以通报或者处以非法经营额20%以下或非法获利2倍以下罚款，也可依据《产品质量法》进行处理。

（4）不得侵犯他人的注册商标专用权。对侵犯他人注册商标专用权的，将依法受到严厉的行政处罚。其中构成犯罪的，除承担赔偿责任外，还要依法追究其刑事责任。

4. 商标印制的管理

指工商行政管理机关依法对商标标识的印制行为进行监督与检查，并以商标印制的违法行为进行查处等行为。

1）对商标印制委托人的规定

商标使用人作为委托人委任印制单位印制商标时，应出示有关证件，具体包括以下内容。

（1）营业执照副本或合法的营业证明或者身份证。

（2）商标注册证或由注册人所在地的县级工商行政管理局签章的商标注册证复印件。

（3）使用他人注册商标的，还应当出示商标使用许可合同文本并提供一份复印件。

（4）商标注册人单独授权被许可人印制商标的，除出示注册人所在地的县级工商行政管理局签章的商标注册证复印件外，还应出示授权书并提供一份复印件。

2）有关商标印制单位的规定

商标印制单位是指取得“印制商标单位证书”的企业或个体工商户。凡是依法登记从事印刷、印染、制版等项业务的企业或个体工商户，需要承接商标印制业务的，应当向县级工商行政管理局提出申请。

商标印制单位证书由地（市）级工商行政管理局核发。承接烟草制品和人用药品的商标印制业务的，由省级工商行政管理局核发。

3）商标印制单位的商标印制管理制度

（1）审查制度。商标印制单位应当严格核查委托人提供的证明文件及商标图样。商标印制业务管理人员应当核查下列内容：① 印制商标样稿应当与商标注册证上的商标图样相同，并标明“注册商标”字样，或标明注册标记®；② 印制未注册商标的，不得违反《商标法》规定，不得标注“注册商标”字样或者使用“注”或者®标记；③ 被许可人印制商标的，有明确的授权书，或者出示的商标使用许可合同文本中含有许可人允许印制商标的内容，商标样稿应当标明被许可人的企业名称和地址。

不符合商标印制管理规定的，印制单位不得承接印制。

（2）商标标识入库及废次商标标识销毁制度。印制单位还应建立商标标识出入库制度。商标标识入库时，应当点清数量并登记。废次标识应当集中销毁，不得流入社会。商标印制业务登记表及商标标识出入库台账应当存档备案。存查期限为两年。

（3）商标印制档案制度。商标印制单位应将商标印制委托人委托印制商标的情况填写商标印制业务登记表，载明商标印制委托人所提供的证明文件的主要内容，其中的商标图样应由商标印制业务管理人员加盖骑缝章。

商标标识印制完毕，印制单位应提取标识样品，连同商标印制业务登记表、商标注册证复印件、商标使用许可合同文本复印件、商标印制授权书复印件一并造册存档。其中商标印制业务登记表和商标标识出入库台账应当存档备查，期限为两年。

4）对商标印制违法行为的处理

商标印制单位在承印商标标识时不得有下列行为：

① 不得印制假冒、侵权、伪造的商标标识；② 不得印制冒充注册商标的商标标识；③ 不得印制有《商标法》禁用条款内容的商标标识；④ 不得印制擅自改变了的商标标识；⑤ 接受被许可人委托印制商标的，不得印制没有标明被许可人的企业名称和地址的商标标识；⑥ 其他不符合法律规定的印制商标行为。

未经有关部门批准的非商标印制单位，不准从事商标印制业务，否则构成非法印制。非法印制商标标识，由工商行政管理机关制止，收缴商标标识，并可根据情节处以非法经营额20%以下的罚款。构成侵犯他人注册商标专用权的，采取措施停止侵权。侵权未构成犯罪的，工商管理机关可依情节处以非法经营额50%以下或者侵权所获利润5倍以下罚款。对侵犯注册商标专用权单位的直接责任人员，可处1万元以下罚款，工商行政管理机关可应被侵权人请求，责令侵权人赔偿损失。当事人不服，可向人民法院起诉。

5. 商标复审

（1）商标复审。商标复审是当事人不服商标局驳回商标行为或对商标异议的裁决或撤销注册商标的裁决，申请商标复审委员会审查并作出裁决的法律程序。

（2）申请复审的条件。主要包括：① 复审申请人必须是不服商标局裁决的当事人；② 复审机关是国家工商局设立的，负责处理商标争议的机关——商标评审委员会；③ 复审申请的期限必须是在收到通知之日起15日内；④ 复审申请的理由必须是针对裁定成立的根据，提出裁定不成立的事实和法律依据；⑤ 复审申请在手续上必须按规定提交复审申请书，附上有关材料并交纳评审费。

对复审作出的裁决不服的，自收到通知起30日内向法院起诉。

案例思考

长寿灯具厂于2016年4月向商标局申请为其产品注册“长寿”商标。4月10日，商标局审查后认为“长寿”为县级以上行政区划名称而驳回申请，4月14日，灯具厂收到驳回通知。某邻县灯泡厂一直使用未注册的“长寿”商标。问：

（1）如灯具厂不服商标局驳回申请的决定，应在何月何日前向谁申请复审？

（2）你认为复审的结果应该是什么？请说明理由。

（3）如果复审结果维持初审决定，不予审定公告，那么灯具厂能否就此向人民法院起诉？如果能，应在何时提出诉讼？如果不能，请说明理由。

（4）如果复审结果改变初审决定，予以初步审定并最后核准注册，发给商标注册证，那么邻县灯泡厂能否再使用未注册的“长寿”商标？

8.3.2　商标权的保护

1. 商标侵权行为的概念和种类

1）商标侵权行为的概念

商标侵权行为是指以相同或近似的商标使用于同一种或类似的商品上的一切侵犯他人商标专用权的行为。

2）商标侵权行为的种类与认定

（1）未经商标注册人的许可，在同一种商品或者类似商品上使用与其注册商标相同或者近似的商标的。但驰名商标不能以此标准认定，即在不同类别的商品上使用与驰名商标相同或近似的商标，也被认为是侵权。

（2）销售侵犯注册商标专用权的商品的。

（3）伪造、擅自制造他人注册商标标识或者销售伪造、擅自制造的注册商标标识的。商标标识是指构成商标图样的文字、图形或者其结合的物质实体。

（4）未经商标注册人同意，更换其注册商标并将该更换的商品又投入市场的。这种行为又称为反向假冒行为、撤换商标行为。构成这种侵权行为必须具备两个要件：一是行为人未经商标所有人同意而擅自更换商标；二是撤换商标的商品又投入市场进行销售。

（5）给他人的注册商标专用权造成其他损害的。① 在同一种或者类似商品上，将与他人注册商标相同或者近似的标志作为商品名称或者商品装潢使用，误导公众的；② 故意为侵犯他人注册商标专用权行为提供仓储、运输、邮寄、隐匿等便利条件的；③ 将与他人注册商标相同或者近似的文字作为企业的字号在相同或者类似商品上突出使用，容易使相关公众产生误认的；④ 复制、模仿或者翻译他人注册的驰名商标或其主要部分在不相同或者不相类似商品上作为商标使用，误导公众，致使该驰名商标注册人的利益可能受到损害的；⑤ 将与他人注册商标相同或者近似的文字注册为域名，并且通过该域名进行相关商品交易的电子商务，容易使相关公众产生误认的。

2. 商标侵权行为的处理

1）侵权处理机关

侵犯商标专用权的行为由工商行政管理机关和人民法院处理。

任何人都可以向侵权人所在地或侵权行为地的县级以上工商行政管理机关控告或检举。一般侵权案件由县级工商行政管理部门查处，涉外案或大案由地级或省级工商行政管理机关处理。侵权人所在地，是指侵权人住所、居所所在地或侵权人单位所在地；侵权行为地，是指侵权人实施侵权行为所在地。

对工商行政管理机关处理不服的可以向人民法院起诉。被侵权人也可以直接向人民法院起诉。

2）商标侵权行为的法律责任

（1）行政责任。侵犯注册商标专用权行为引起纠纷的，由当事人协商解决；不愿协商或者协商不成的，商标注册人或者利害关系人可以向人民法院起诉，也可以请求工商行政管理部门处理。工商行政管理部门处理时，认定侵权行为成立的，责令立即停止侵权行为，没收、销毁侵权商品和专门用于制造侵权商品、伪造注册商标标识的工具，并可处以罚款。当事人对处理决定不服的，可以自收到处理通知之日起 15 日内依照《中华人民共和国行政诉讼法》向人民法院起诉；侵权人期满不起诉又不履行的，工商行政管理部门可以申请人民法院强制执行。进行处理的工商行政管理部门根据当事人的请求，可以就侵犯商标专用权的赔偿数额进行调解；调解不成的，当事人可以依照《中华人民共和国民事诉讼法》向人民法院起诉。

（2）民事责任。商标侵权行为的民事责任承担方式为：停止侵害；赔偿损失；消除影响、恢复名誉；赔礼道歉。以上承担民事责任的方式，可以单独使用也可以合并使用。

人民法院审理商标侵权案件，除适用上述规定外还可以予以训诫、责令具结悔过、收缴进行非法侵权活动的财物和非法所得、处以罚款、拘留等处罚。

侵犯商标专用权的赔偿数额，为侵权人在侵权期间因侵权所获得的利益，或者被侵权人在被侵权期间因被侵权所受到的损失，包括被侵权人为制止侵权行为所支付的合理开支。

侵权人因侵权所得利益，或者被侵权人因被侵权所受损失难以确定的，由人民法院根据侵权行为的情节判决给予 50 万元以下的赔偿。

销售不知道是侵犯注册商标专用权的商品，能证明该商品是自己合法取得的并说明提供者的，不承担赔偿责任。

（3）刑事责任。未经商标注册人许可，在同一种商品上使用与其注册商标相同的商标，构成犯罪的，除赔偿被侵权人的损失外，依法追究刑事责任。

伪造、擅自制造他人注册商标标识或者销售伪造、擅自制造的注册商标标识，构成犯罪的，除赔偿被侵权人的损失外，依法追究刑事责任。

销售明知是假冒注册商标的商品，构成犯罪的，除赔偿被侵权人的损失外，依法追究刑事责任。

未经注册商标所有人许可，在同一种商品上使用与其注册商标相同的商标，情节严重的，处 3 年以下有期徒刑或者拘役，并处或者单处罚金；情节特别严重的，处 3 年以上 7 年以下有期徒刑，并处罚金。

销售明知是假冒注册商标的商品，销售金额数额较大的，处 3 年以下有期徒刑或者拘役，并处或者单处罚金；销售金额数额巨大的，处 3 年以上 7 年以下有期徒刑，并处罚金。

伪造、擅自制造他人注册商标标识或者销售伪造、擅自制造的注册商标标识，情节严重的，处 3 年以下有期徒刑、拘役或者管制，并处或者单处罚金；情节特别严重的，处 3 年以上 7 年以下有期徒刑，并处罚金。

（4）从事商标注册、管理和复审工作的国家机关工作人员玩忽职守、滥用职权、徇私舞弊，违法办理商标注册、管理和复审事项，收受当事人财物，牟取不正当利益，构成犯罪的，依法追究刑事责任；尚不构成犯罪的，依法给予行政处分。

8.3.3　驰名商标的特殊保护

1. 驰名商标的概念

驰名商标是指在市场上享有较高声誉并为相关公众所熟知的注册商标。

2. 驰名商标的认定

1）驰名商标认定的标准

我国对驰名商标认定的标准与世界各国认定驰名商标的标准大体一致，不同之处在于：我国要求驰名商标的认定必须以注册商标为前提条件，这也是我国《商标法》只保护注册商标而不保护未注册商标的延伸。

2）驰名商标的认定方式

驰名商标的认定方式有两种：主动认定和被动认定。主动认定方式是在不存在实际权利纠纷的情况下，有关部门出于预防将来可能发生权利纠纷的目的，应商标所有人的请求，对商标是否驰名进行认定。被动认定方式是指在商标所有人主张权利时，即存在实际的权利纠纷的情况下，应商标所有人的请求，有关部门对其商标是否驰名、能否给予扩大范围的保护进行认定。

目前，我国对驰名商标的认定采用以主动认定为主，被动认定为辅，两者相结合的认定方式。无论是何种方式，均由主管商标的行政机关作出。与多数国家被动认定是由法院作出判决不同，我国法院对于商标所有人要求按驰名商标予以特殊保护时，不能做出认定为驰名商标的判决，须由当事人向商标局提出申请，经商标局认定为驰名商标时，方可得到司法机关的保护。

3. 驰名商标的保护

我国《驰名商标认定和保护规定》对驰名商标的保护作了明确的规定。

（1）将与他人驰名商标相同或者近似的商标在非类似商标上申请注册，且可能损害驰名商标注册人的权益，从而构成不良影响的，由国家工商行政管理局驳回其注册申请；申请人不服的，可以向国家工商行政管理局商标评审委员会申请复审；已经注册的，自注册之日起 5 年内，驰名商标注册人可以请求国家工商行政管理局商标评审委员会予以撤销，但恶意注册的不受时间限制。

（2）将与他人驰名商标相同或者近似的商标使用在非类似的商品上，且会暗示该商品与驰名商标注册人存在某种联系，从而可能使驰名商标注册人的权益受到损害的，驰名商标注册人可以自知道之日起两年内，请求工商行政管理机关予以制止。

案例思考

自"蝴蝶"缝纫机被评定为驰名商标后，某生产缝纫用品的A公司为扩大其知名度，推销其产品，将其公司名称于2016年6月更改为"某市蝴蝶缝纫用品有限责任公司"，并以"蝴蝶"商标为其缝纫用品进行了注册。许多消费者都认为这是蝴蝶缝纫机厂家的连锁公司，是其配套产品。由此，给蝴蝶缝纫机厂家造成了较大损失。问题：

（1）A公司将"蝴蝶"商标使用于自己生产的非类似商品上，是否构成侵权？为什么？

（2）A公司更名是否构成对"蝴蝶"这一驰名商标的侵权？为什么？

（3）自驰名商标认定之日起，他人将与该驰名商标相同或者近似的文字作为企业名称一部分使用，且可能引起公众误认的，工商行政管理机关不予核准登记；已经登记的，驰名商标注册人可以自知道或者应当知道之日起两年内，请求工商行政管理机关予以撤销。

（4）判定上述3条所述行为是否可能对驰名商标注册人权益构成损害时，应当考虑商标的独创性及驰名程度。

（5）未经国家工商行政管理局商标局认定，伪称为驰名商标，欺骗公众的，由行为地工商行政管理机关视其情节予以警告，处以违法所得额三倍以下的罚款，但最高不超过三万元，没有违法所得的，处以一万元以下的罚款。

【实施与评价要点】

本项目一开始的任务导入中布置了一个任务：为某公司制订一份商标注册申请方案。

1. 任务分析

为完成上面的任务，结合商标注册的实际情况，需要解决以下问题：

（1）商标的概念、作用和种类；

（2）商标注册申请的原则、条件；

（3）商标注册的申请程序；

（4）注册商标的期限、变更、转让、使用许可和续展；

（5）商标复审；

（6）商标侵权行为。

2. 任务实施及检测

（1）任务内容：为某公司申请注册商标制订可行性方案，以便选定商标后，进行注册商标的实际操作。

（2）任务要求：每10人一组，选出组长。每组根据任务目标设计一份可以实施的商标注册实施方案，用A4纸打印。

（3）任务检测：每组组长进行作品展示。展示后每个人都可以对设计方案中存在的问题进行提问，每组组长进行答辩，教师根据每组展示和答辩情况进行总结点评打分。

本项目介绍了商标的概念、特征、种类和作用；商标权的主体和商标权人的权利；申请注册商标的条件；商标注册的原则；商标注册的申请程序；注册商标的期限、变更、转让、使用许可和续展；商标管理与复审等主要内容。

项目 9

制订专利权申请方案

【任务导入】

1. 项目内容

通过本项目的学习，能够根据实际需要，制订专利权申请实施方案。

某公司有一项发明创造欲申请专利，请你从企业的利益出发，根据我国《专利法》的规定，为其制订一份专利权申请实施方案，并为其准备专利申请的全部材料，指导其进行专利申请事宜，并为其可能遇到的各种情况提供处理意见，根据上述要求制订一份专利权申请实施方案。

2. 项目要求

（1）发明创造符合《专利法》的规定；

（2）制订的方案能够为企业进行专利权申请提供实际的帮助。

【理论知识要点】

1. 知识目标

（1）能了解专利的概念和特征；

（2）能掌握专利的主体和客体；

（3）能掌握专利授予的条件和原则；

（4）能熟知专利申请的审查程序；

（5）能掌握专利权的内容和限制；

（6）掌握专利权的保护内容。

2. 能力目标

（1）能够分析判断职务发明和非职务发明；

（2）能够办理专利权申请事宜；

（3）能够处理专利权申请过程中出现的各种法律问题。

案例导入

甲公司指派员工唐某从事新型灯具的研制开发，唐某于2011年3月完成了一种新型灯具的开发。甲公司对该灯具的技术采取了保密措施，并于2012年5月19日申请发明专利。2013年12月1日，国家专利局公布该发明专利申请，并于2014年8月9日授予甲公司专利权。此前，甲公司与乙公司于2012年7月签订专利实施许可合同，约定乙公司使用该灯具专利技术4年，每年许可使用费10万元。2016年3月，甲公司欲以80万元将该专利技术转让给丙公司。唐某、乙公司也想以同等条件购买该专利技术。最终甲公司将该专利出让给了唐某。唐某购得专利后，拟以该灯具专利作价80万元作为出资，设立一家注册资本为300万元的有限责任公司。2016年12月，有人向专利复审委员会申请宣告该专利无效，理由是丁公司已于2011年12月20日开始生产相同的灯具并在市场上销售，该发明不具有新颖性。经查，丁公司在获悉甲公司开发出新型灯具后，以不正当手段获取了甲公司的有关技术资料并一直在生产、销售该新型灯具。问：

(1) 唐某作为发明人，依法应享有哪些权利？

(2) 甲公司为何将专利技术出让给唐某？该专利技术转让合同成立后，对甲公司和乙公司之间的专利实施许可合同的效力有何影响？

(3) 该专利是否应当因为不具有新颖性而被宣告无效？为什么？

(4) 对丁公司的违法行为应如何定性？为什么？

【理论内容】

9.1　专利法概述

9.1.1　专利与专利权

1. 专利

专利是从英文"patent"一词翻译过来的，其意有"公开""独占"的意思。现在使用的"专利"一词，在不同的场合有不同的含义。其一是一种被授予专利权的发明创造；其二是指专利权的简称；其三是指有关的专利文件。

2. 专利权

1）专利权的概念

专利权是指由国家专利主管机关依法授予申请人或其继承人在一定期间内，对其发明创造享有的专有权。

2）专利权的特征

(1) 具有独占性。独占性亦称垄断性或专有性。专利权是由政府主管部门根据发明人或申请人的申请，认为其发明成果符合《专利法》规定的条件，而授予申请人或其合法受让人的一种专有权。它专属权利人所有，专利权人对其权利的客体（即发明创造）享有占有、使用、收益和处分的权利。

（2）具有时间性。专利权的时间性是指专利权具有一定的时间限制，也就是法律规定的保护期限。各国《专利法》对于专利权的有效保护期均有各自的规定，而且计算保护期限的起始时间也各不相同。我国《专利法》第42条规定，发明专利权的期限为20年，实用新型和外观设计专利权的期限为10年，均自申请日起计算。

（3）具有地域性。地域性就是对专利权的空间限制。它是指一个国家或一个地区所授予和保护的专利权仅在该国或地区的范围内有效，对其他国家和地区不发生法律效力，其专利权是不被确认与保护的。如果专利权人希望在其他国家享有专利权，那么，必须依照其他国家的法律另行提出专利申请。除非加入国际条约及双边协定另有规定之外，任何国家都不承认其他国家或者国际性知识产权机构所授予的专利权。

专利与技术秘密都是属于知识产权的范围，技术秘密（或专有技术）是指不为大众所知悉，能为权利人带来经济利益，具有实用性并经权利人采取保密措施的技术信息。专利是符合专利法规定的条件，取得了专利权的发明创造。一项技术在申请专利之前，首先表现为技术秘密，而符合专利所要求的新颖性、创造性、实用性的技术秘密可以转为专利。

专利技术与技术秘密的不同，主要表现在以下几个方面。

第一，专利的产生，须经国家主管部门依法定条件和程序审查后方可获得，而技术秘密则无须办理任何行政手续。

第二，专利的维护与存在可以依靠专门的法律给予保护，而技术秘密则只能靠权利人采取保密措施去维护它的存在。

第三，专利技术的内容必须公开，而且要求达到所属技术领域的技术人员能够实现为标准，而技术秘密的内容则是不对外公开的。

第四，专利具有法定的保护期限，一旦过了保护期限，专利技术就自动进入公众领域，任何人都可以无偿使用；而技术秘密则不同，只要能保住秘密，它就是没有期限的。

第五，所有的专利都必须符合专利法所要求的法定条件，其新颖性、创造性、实用性的要求水平比较高；而技术秘密则没有如此要求，只要能为权利人带来竞争优势的不公开的技术信息都可以成为技术秘密。

3. 专利法

专利法是调整因发明创造的所有权和发明创造的利用而产生的各种社会关系的法律规范的总和。专利法在知识产权法律体系中具有极为重要的地位，对推动科技进步具有重要的作用。1984年3月12日，第六届全国人民代表大会第四次会议通过了《中华人民共和国专利法》（以下简称《专利法》）。为了更好地贯彻深化改革和扩大开发的方针，使我国专利保护水平进一步向国际标准靠拢，充分发挥专利制度在促进我国科技进步和经济发展中的积极作用，1992 年 9 月 4 日第七届全国人民代表大会常务委员会第 27 次会议对《专利法》作了第一次修正，2000 年 8 月 25 日，第九届全国人民代表大会常务委员会第 17 次会议又对《专利法》作了第二次修正。2008 年 12 月 27 日对《专利法》作了第三次修正，自 2009 年 10 月 1 日起施行。

9.1.2　专利权客体

1. 发明

1）发明的概念

发明是指对产品、方法或其改进所提出的新的技术方案。从定义上看，它必须是一种技术方案或技术构思，对于自然定律的发现、抽象的智力活动规则等不能算作发明。而专利法所说的技术方案和技术在本质上是一致的，都是利用自然规律做出的成果。但二者处于不同的发展阶段。技术方案处于构思阶段，要使技术方案能在工商业上应用，还需要经过试验开发。技术是指为了达到一定的目的而使用的具体手段，它处于可应用阶段，所以二者是有区别的。在专利法中，发明是指技术构思，并不一定要求是技术本身。当然，技术本身也是可以申请专利的。

2）发明的基本特征

（1）发明是一种能够解决特定技术问题的技术思想或技术方案。

（2）必须是对自然规律的利用，与产业关系密切。

（3）发明中应包含创新，即必须具有新颖性、创造性和实用性。

3）发明的种类

（1）产品发明。产品发明是指人工制造的一切有形物品，包括：① 制造品发明，如机器、设备、装置、构件、装置用具等的发明；② 材料发明，指以任何方法如化学的、物理的、机械的方法，所取得的两种以上元素的合成物或化合物，如人造金刚石、人工合成胰岛素等；③ 有新用途的产品的发明。

各国专利法规定的产品发明的对象存在差异，如在美国，建筑结构、业务表格、铁路运输等都属产品发明；而在许多国家，建筑物、桥梁等不能移动的物体不属于产品发明的范畴。

（2）方法发明。方法发明是指发明人所提供的技术解决方案，可以针对某种物质或物品实施一定的作用，使其发生新的技术效果的一种发明，是用操作方式、工艺过程等形式表现其技术方案的。分为：① 制造方法发明；② 其他方法的发明。如通信方法、测量方法、化学的分析方法、种子的消毒方法；③ 将产品用于新用途的方法发明。

2. 实用新型

1）实用新型的概念

实用新型是指对产品的形状、构造或其结合所提出的适于实用的新的技术方案。

2）作为专利权客体的条件

（1）必须是某种产品——实用新型制度的一项重要原则。

（2）必须是具备一定形状、结构或两者结合的产品——一般限于可移动的产品和物品。

（3）实用新型必须有直接的实用价值。

实用新型专利与发明专利的区别在于如下。

（1）实用新型专利创造性低于发明专利。我国《专利法》对发明强调了突出的实质性特点和显著进步，而对实用新型只提实质性特点和进步。显然，发明的创造性程度要高于实用新型。

（2）实用新型专利所包含的范围小于发明专利。发明可以是产品、方法和产品发明，除专利法有特别规定以外，任何发明都可以依法获得专利权。但是，申请实用新型专利权的范围则要窄得多，它仅限于产品的形状、构成或者其组合所提出的实用的新的技术方案。

（3）实用新型专利的保护期短于发明专利。我国《专利法》明文规定，对于实用新型专利的保护期为10年，自申请日起计算；而发明专利的保护期规定为20年。

（4）实用新型专利的审批过程比发明专利简单。根据我国《专利法》的规定，专利局收到实用新型专利的申请后，经初审认为符合专利法要求的，不再进行实质审查，即可公告，并通知申请人，发给实用新型专利证书。而对发明专利，审查的手续复杂得多，时间也长得多。

3. 外观设计

外观设计是指对产品的形状、图案、色彩或其组织所作出的富于美感并适于工业上应用的新设计。

外观设计的特征有：

① 外观设计是指形状、图案、色彩或其结合的设计。② 外观设计必须是对产品的外表所作的设计。③ 外观设计必须是适合于工业上应用的设计。④ 外观设计必须能产生美感。

外观设计与实用新型的区别如下。

（1）实用新型是技术方案或技术思想，外观设计是一种美学设计；实用新型通过对自然规律的利用，实现一定的技术效果，外观设计是利用美学原理及审美心理达到美感效果。

（2）实用新型涉及产品的形状或构造，必须具有功能作用，既可以涉及产品的外形和外部构造，也可涉及产品的内部构造。而外观设计是关于产品形状、图案和色彩的装饰性设计，没有功能作用，不可能涉及产品内部构造。

（3）实用新型的创造性方案体现于产品本身，与产品本身的性能、制造设计的技术有关。外观设计只涉及美化产品的外表和形状，是将产品作为一个载体。

（4）实用新型的产品必须以固定的立体形态存在，而外观设计所针对的产品则可以是平面状的。

4. 专利法不予保护的客体

（1）违反国家法律、社会公德或妨害公共利益的发明创造。

（2）对违反法律、行政法规的规定获取或者利用遗传资源，并依赖该遗传资源完成的发明创造，不授予专利权。

（3）不授予专利权的主要包括：① 科学发现；② 智力活动的规则和方法；③ 疾病的诊断和治疗方法；④ 动物和植物新品种；⑤ 用原子核变换方法获得的物质；⑥ 对平面印刷品的图案、色彩或者二者的结合作出的主要起标识作用的设计。

但是动物和植物新品种的生产方法，可以依照本法规定授予专利权。

9.1.3 专利权主体

1. 发明人或设计人

发明人是指对产品、方法或者其改进所提出的新的技术方案的人。设计人是指对产品的形状、构造或其结合所提出的适于实用的新的技术方案的人或对产品的形状、图案或者其结合以及色彩与形状、图案的结合所作出的富有美感并适于工业应用的新设计的人。

发明人或者设计人的本质就在于对发明创造的实质性特点是否作出了创造性贡献，因此下列人员不应视为发明人或设计人：

① 仅提出设想或对课题仅进行指导，或提出启发性意见但并不构成发明创造具体内容的人；② 只负责组织领导工作的人；③ 为物质技术条件的利用提供方便的人或者从事其他辅助工作的人，如提供资料的人，后勤人员、一般辅助性的实验员、描图员。

发明创造是智力劳动的结果。发明创造活动是一种事实行为，不受民事行为能力的限制，因此，无论从事发明创造的人是否具备完全民事行为能力，只要他完成了发明创造，就应认定为发明人或设计人。

发明人或设计人除有权获得专利以外，还有权在专利文件中写明自己是发明人或设计人，且有权把发明创造获得专利的权利转让给他人。

2. 共同发明人或共同设计人

发明创造由两人或两人以上共同完成，这种发明创造称为共同发明创造，完成发明创造的人为共同发明人或共同设计人。

判断共同发明人或共同设计人的标准也是看其是否对发明创造的实质性特点做出了创造性的贡献。共同发明人或共同设计人的权利和义务是相同的，排名前后没有本质上的区别。共同发明创造的专利申请权和取得的专利权归全体共有人共同所有。

3. 委托发明创造与合作发明创造的发明人或设计人

两个以上单位或者个人合作完成的发明创造、一个单位或者个人接受其他单位或者个人委托所完成的发明创造，如果双方约定发明创造的申请专利权归委托方，从其约定，申请被批准后，申请的单位或者个人为专利权人。如果单位或者个人之间没有协议，构成委托开发的，申请专利权及取得的专利权归受托人，但委托人可以免费实施该专利技术。

案例思考

某水利工程公司承建的某水利工程，由于地质条件复杂，工程难度非常大。为解决施工中遇到的工程技术问题，水利工程公司委托某水利工程设计院和某建筑工程研究院联合攻关、研究，该水利工程公司支付相关费用和提供相关材料。在联合攻关和研究中，水利工程设计院和建筑工程研究院经过艰苦努力，不仅攻克一个重大课题，而且完成了一项重要的发明。水利工程设计院利用自己手中的资料，私下向专利局提出发明专利申请。水利工程公司和建筑工程研究院得知后，均向专利局提出异议，主张该专利申请权应当属于自己，其专利权应当授予自己。问：

该发明专利的申请权应由谁行使？该发明专利权应授予谁？

4. 职务发明创造的专利权主体

职务发明创造是指发明人或设计人在执行本单位的任务或主要是利用本单位的物质条件所完成的发明创造。

执行本单位的任务所完成的发明创造，是指本单位分配给工作人员的任务。具体包括：① 在本职工作中做出的发明创造；② 履行本单位交付的本职工作之外的任务所做出的发明创造；③ 工作人员退职、退休或者调动工作后一年内做出的与其在原单位承担的本职工作或者分配的任务有关的发明创造；④ 主要利用本单位的物质条件完成的发明创造。

职务发明创造申请专利的权利属于该单位；申请被批准后，该单位为专利权人。

单位与发明人或设计人订有合同，对申请专利的权利和专利权的归属作出约定的，从其约定。

5. 专利权的合法继受人

（1）专利申请权和专利权可以转让。从原始取得专利申请权的单位和个人手中取得专利申请权，称为专利的继受取得。继受人包括继承人和受让人。

（2）转移情况。主要包括：① 非职务发明创造中，由于发明人或设计人死亡，继承人或受遗赠人取得专利申请权；② 职务发明创造中，享有专利申请权的单位，出现分立、合并或其他重要事项的变更，由变更后的单位享有专利申请权；③ 无论单位或个人都可依法转让自己所享有的专利申请权。主体和次数不受限制。

（3）程序。转让或继承发生在专利申请提出前，受让人或继承人可直接以自己名义提出专利申请。在专利申请提出后，当事人须订立书面合同，经专利局登记和公告后生效。

共同发明人或设计人中的一人或数人要求转让在获得专利的权利中应有份额时，应征得其他共同发明人的同意。

6. 外国人获得专利的权利

外国人包括具有外国国籍的自然人和法人。在中国有经常居所或者营业所的外国人，享有与中国公民或单位同等的专利申请权和专利权。在中国没有经常居所或者营业所的外国人、外国企业或者外国其他组织在中国申请专利的，依照其所属国同中国签订的协议或者共同参加的国际条约，或者依照互惠原则，可以申请专利，但应当委托国务院专利行政部门指定的专利代理机构办理。

9.2　专利权的授予和取得

9.2.1　授予专利权的条件

1. 发明和实用新型

我国专利法对发明专利和实用新型专利的条件规定为应具备新颖性、创造性、实用性，即所谓的“三性”标准。

（1）新颖性。对于发明专利和实用新型专利的新颖性要求条件是相同的。新颖性是指在申请日以前没有同样的发明或者实用新型在国内外出版物上公开发表过、在国内公开使用过或者以其他方式为公众所知，也没有同样的发明或者实用新型由他人向国家专利局提出过申请并记载在申请日以后公布的专利申请文件中。这就是说，一项发明创造在其申请日以前未曾向社会公开过，不构成公众能够得知的现有技术的一部分。

我国新颖性的时间标准是以申请日划定的，凡是在申请日以前（不包括该日）已经有相同的发明创造，由他人完成并公开或者发明人自己公开，如在新闻发布会、科研鉴定会、展览会上披露了该发明创造的实质性内容都会丧失新颖性，不能再申请专利。新颖性的地域标准按公开的方式可划分下列4种情况。一是出版物公开。出版物公开是指那些在正式出版物上已经记载了同样发明创造的情况。出版物公开的地域标准是全世界范围内，属于“绝对新颖性”，不论在世界哪个地方，只要在申请日以前找到相同发明创造在出版物上有过记载，该发明创造即不具有新颖性。二是使用公开。由于使用导致一项或者多项技术方案的公开或者处于任何人都可以使用该技术方案的状态，这种公开方式称为使用公开。使用公开的地域标准仅限于我国国内，属于“相对新颖性”。在国外的使用不算作公开。三是其他方式公开。其他方式公开是指那些能为公众所知的其他公开方式。它主要是口头公开，如口头交谈、报告、讨论会发言、广播、电视播放以及科研鉴定、科研总结、设计文件、图纸、橱窗展示、展览、展销广告等方式。这种方式公开的地域标准也限于我国国内，在国外的这种公开方式不对新颖性构成威胁。四是抵触申请。抵触申请是指他人在申请日以前已经以相同内容向专利局提出过申请，并在申请日之后公布的情况。出现抵触申请时，视先申请案为后申请案的现有技术，故后一申请不具备新颖性。但如果前一申请没有公开而中止申请，则不属于抵触申请。抵触仅指由他人在申请日以前提出的，不包括他人在申请日提出的，也不包括申请人本人在申请日以前提出的同样的申请。

应当注意，导致新颖性丧失的公开，都有一个度的要求，即公开的程度应该使得同行业一般水平的人能够了解该发明创造的技术特征并足以实施。

丧失新颖性的例外有：① 在国际展览会上首次展出的；② 在学术会议和会议上首次发表的；③ 他人未经申请人同意而泄露其内容的。

（2）创造性。专利法对发明和实用新型的创造性分别作了规定。同申请日以前已有的技术相比，对于发明专利，应具有突出的实质性特点和显著的进步；对于实用新型专利，应具有实质性特点和进步。一是关于发明专利的突出的实质性特点和显著的进步。突出的实质性特点是指发明与现有技术相比具有明显的本质区别，对于发明所属技术领域的普通技术人员来说是非显而易见的，他不能直接从现有技术中得出构成该发明全部必要的技术特征，也不能够通过逻辑分析、推理或者试验而得到。显著的进步是指从发明的技术效果上看，与现有技术相比具有长足的进步，它表现在发明解决了人们一直渴望解决但始终未能获得成功的技术难题，或者该发明克服了技术偏见，提出了一种新的研究路线，或者该发明取得了意想不到的技术效果，以及代表某种新技术趋势。二是实质性特点和进步。实用新型的创造性要求比发明的要求要低一些，只要满足了具有实质性特点和进步这一条件，也就是说只要有一些新的技术效果和一点进步，就认为具有创造性。

（3）实用性。实用性是指该发明或者实用新型能够制造或者使用，并且能够产生积极效果。根据这一定义，一般具备下列条件即认为具有实用性。一是工业实用性。这里的“工业”是广泛上的概念，它包括农业、矿业、林业、水产业、运输业、交通业等各个行业。一项发明或实用新型只要在任何一个工业部门能够制造或使用，即具有工业实用性。二是重复再现性。重复再现性是指所属技术领域的技术人员，根据申请文件公开的内容，能够重复实施专利申请案中的技术内容，这种重复实施，不依赖任何随机因素，并且实施结果是相同的。三是有益性。有益性是指专利技术实施后应能产生积极效果，具有良好的技术、经济和社会效益。

2. 外观设计

（1）必须具有新颖性。新颖性是外观设计获得专利权的基本条件，也就是说，获得专利的外观设计必须是前所未有的。对新颖性的判断是：其时间标准以申请日为准；其地域标准，出版物上的公开采用世界标准，使用公开采用国内标准。也就是说，获得专利的外观设计“应当同申请日以前在国内外出版物上公开发表过或者国内公开使用过的外观设计不相同且不相近似”。

（2）应具有独创性。许多国家把外观设计是否具有独创性作为是否授予专利权的一个条件。独创性主要是指授予专利权的外观设计与现有的外观设计相比应具有明显的特点，或者说“不相近似”。判断两个外观设计是否近似，应比较使用外观设计的同类的两个产品，看它们从整体上是否相似，对于近似的外观设计不能授予专利权。

（3）应富有美感。世界各国对是否具有美感作为授予外观设计专利的规定是不同的。美国、英国等并不把是否具有美感作为是否授予外观设计专利的一个条件；而德国、日本等国则将其作为是否授予外观设计专利的一个条件。我国《专利法实施细则》规定外观设计应当富有美感。

(4) 应适于工业应用。由于外观设计专利的目的是促进商品的交流和经济的发展，因此，授予专利的外观设计必须适于在工业上应用，即能够用工业生产的方式将外观设计置于产品之上。

9.2.2 授予专利权的原则

(1) 书面申请原则，即专利申请必须以书面的形式提出，而不能以口头要求或提交实物来代替。

申请发明或者实用新型专利的，应当提交请求书、说明书及其摘要和权利要求书等文件。申请外观设计专利的，应当提交申请书以及该外观设计的图片或者照片等文件，并且应当写明使用该外观设计的产品及其所属的类别。

(2) 先申请原则，即两个以上的申请人分别就同样的发明创造申请专利的，专利权授予最先申请的人。所谓最先申请的人，是指专利申请日在先的人。根据《专利法》的规定，申请日是指收到专利申请文件之日。如果申请文件是邮寄的，则以邮寄出的邮戳日为申请日。

(3) 优先权原则，即根据我国《专利法》的规定，申请人自发明或者实用新型在外国第一次提出专利申请之日起 12 个月内，或者自外观设计在外国第一次提出专利申请之日起 6 个月内，又在中国就相同主题提出专利申请的，依照该国同中国签订的协议或者共同参加的国际条约，或者依照相互承认优先权的原则，可以享有优先权；申请人自发明或者实用新型在中国第一次提出专利申请之日起 12 个月内，又向专利局就相同主题提出专利申请的，可以享有优先权。申请人要求优先权的，应当在申请的时候提出书面声明，并且在 3 个月内提交第一次提出的专利申请文件的副本；未提出书面声明或者逾期未提交专利申请文件副本的，视为未要求优先权。

案例思考

美国某公司于 2016 年 7 月 4 日向我国提交一项发明专利申请。此前，该公司已就此发明于 2016 年 6 月 4 日分别在其本国和日本提出了专利申请，并于 2016 年 4 月带该发明产品参加在广州举行的中国进出口商品交易会。请问，美国某公司在我国的发明专利申请，申请日是哪一天？

(4) 单一性原则，即无论哪种专利申请，每件中只能包含一个发明或实用新型或外观设计。根据我国《专利法》的规定，一件发明或实用新型专利申请应当限于一项发明或者实用新型；属于一个总的发明构思的两项以上的发明或者实用新型，可以作为一件申请提出。一件外观设计专利申请应当限于一种产品所使用的一项外观设计；用于同一类别并且成套出售或者使用的产品的两项以上的外观设计，可以作为一件申请提出。

此外，根据我国《专利法》的规定，申请人可以在被授予专利之前，随时撤回其专利申请；申请人可以对其专利文件进行修改，但是，对发明和实用新型专利申请文件的修改不得超出原说明书和权利要求书记载的范围，对外观设计专利申请文件的修改不得超出原图片或者照片表示的范围。申请专利的发明创造涉及国家安全或者重大利益需要保密的，按照国家有关规定办理。

9.2.3 专利申请的审查程序

（1）申请。专利申请可以由专利申请权人自己申请或由代理人提出申请。专利申请采取书面形式，主要包括请求书、发明说明书、权利要求书、摘要等。

权利要求书应当以发明说明书为依据，说明要求专利保护的范围。

申请人可以对其专利申请文件进行修改，但是，对发明和实用新型专利申请文件的修改不得超出原说明书和权利要求书记载的范围，对外观设计专利申请文件的修改不得超出原图片或者照片表示的范围。

发明人或者设计人有权在专利申请文件中写明自己是发明人或者设计人。

（2）形式审查、公布。国务院专利行政部门收到发明专利申请后，经形式审查认为符合专利法要求的，自申请日起满 18 个月，即行公布。国务院专利行政部门也可以根据申请人的请求，早日公布其申请。

形式审查，侧重审查专利申请文件的形式与内容是否规范。

（3）实质审查。自发明专利申请之日起 3 年内，国务院专利行政部门可根据申请人随时提出的实质审查请求，对其专利申请进行实质审查。国务院专利行政部门认为必要时，也可以自行对发明专利申请进行实质审查。申请人逾期无正当理由不请求进行实质审查的，视为撤回申请。

发明专利的申请人请求实质审查时，应当提交在申请日前与其发明有关的参考资料。发明专利已经在外国提出过申请的，国务院专利行政部门可以要求申请人在指定期限内提交该国为审查其申请进行检索的资料或者审查结果的资料；无正当理由逾期不提交的，该申请即被视为撤回。

实质审查，侧重审查发明是否具备专利所要求的新颖性、创造性和实用性。

实用新型和外观设计专利申请无须进行实质审查。

（4）授权、登记、公告。国务院专利行政部门对发明专利申请进行实质审查后，可以要求专利申请人在指定期限内陈述意见，或对其申请进行修改；无正当理由逾期不答复的，该申请即被视为撤回。专利申请经申请人陈述意见或修改后，国务院专利行政部门认为仍然不符合专利法规定的，予以驳回。

专利申请人对驳回申请的决定不服的，可以自收到通知之日起 3 个月内，向国务院专利行政部门内部设立的专利复审委员会请求复审。专利申请人对复审决定不服的，可以自收到通知之日起 3 个月内向人民法院起诉。

发明专利申请经实质审查没有发现驳回理由的，由国务院专利行政部门作出授予发明专利权的决定，发给发明专利证书，同时予以登记和公告。发明专利权自公告之日起生效。

实用新型和外观设计专利申请经初步审查没有发现驳回理由的，无须实质审查，由国务院专利行政部门作出授予实用新型专利权或者外观设计专利权的决定，发给相应的专利证书，同时予以登记和公告。实用新型专利权和外观设计专利权自公告之日起生效。

申请人在被授予专利权之前随时可以撤回其专利申请。

在专利申请公布或者公告前，国务院专利行政部门的工作人员及有关人员对其内容负有保密责任。

（5）异议程序与专利权被宣告无效。从专利权公告生效之日起，任何单位或个人对该专利权的授予有异议的，可以请求专利复审委员会宣告该专利权无效。专利复审委员会应当及时审查并作出决定，将结果通知请求人和专利权人。专利权被宣告无效后，由国务院专利行政部门登记和公告。

当事人对专利复审委员会宣告专利权无效或者维持专利权的决定不服的，可以自收到通知之日起 3 个月内向人民法院起诉。人民法院应当通知无效宣告请求程序的对方当事人作为第三人参加诉讼。

被宣告无效的专利权视为自始即不存在，但对宣告专利权无效前人民法院作出并已执行的专利侵权的判决、裁定。已经履行或者强制执行的专利侵权纠纷处理决定，以及已经履行的专利实施许可合同和专利权转让合同，不具有追溯力。因专利权人的恶意给他人造成的损失，应当给予赔偿。

上述情况下，专利权人或者专利权转让人不向被许可实施专利人或者专利权受让人返还专利使用费或者专利权转让费，明显违反公平原则的，专利权人或者专利权转让人应当向被许可实施专利人或者专利权受让人返还全部或者部分专利使用费或者专利权转让费。

9.3　专利权的保护

9.3.1　专利权的内容和限制

1. 专利权人的权利

（1）专利独占权。专利权的核心是独占支配权，包括专利权人的独占使用权、禁用权。独占使用权是指专利权人对其专利产品、专利方法享有独家制造、使用和销售的权利。禁用权是指除法律另有规定外，任何单位或个人未经专利权人许可，都不得实施其专利。即：第一，不得为生产经营目的制造、使用、许诺销售、销售、进口其专利产品。许诺销售，是指专利权人有权禁止他人进行一些销售前的推销或促销行为，以便将侵权行为消除在萌芽状态。第二，不得使用其专利方法。第三，不得使用、许诺销售、销售、进口依照该专利方法直接获得的产品。

（2）专利转让权。专利权人有权通过买卖、赠与、出资等方式转让其专利权。转让专利权的，当事人应当订立书面专利技术转让合同，并由国务院专利行政部门登记、公告。专利权的转让自登记之日起生效。

中国单位或者个人向外国人转让专利权的，必须经国务院有关主管部门批准。

（3）专利实施许可权。实施专利，可以是专利权人自己制造、使用或销售专利产品，使用专利方法，也可以授权他人实施专利，其实质是转让专利使用权。但在国外制造专利产品再到中国境内销售的，不视为实施专利。

专利权人可以授权他人实施其专利。任何单位或者个人实施他人专利的，应当与专利权人订立书面实施许可合同，向专利权人支付专利使用费。被许可人无权允许合同规定以外的任何单位或者个人实施该专利。

发明专利申请公布后，授权前，申请人可以要求实施其发明的单位或者个人支付适当的费用。

对国家利益或者公共利益具有重大意义的发明专利，经国务院有关主管部门和省、自治区、直辖市人民政府报经国务院批准，可以在批准的范围内推广应用，允许指定的单位实施，由实施单位按照国家规定向专利权人支付使用费。

（4）专利标记权。专利权人有权在其专利产品或者该产品的包装上标明专利标记和专利号。

2. 专利权人的义务

（1）实施专利发明创造的义务。实施发明创造，是指制造专利产品或使用专利方法，既包括专利权人自己实施，也包括许可他人实施。

实施的方式有：制造专利产品；使用专利产品；销售专利产品；使用专利方法；许可他人实施专利发明创造。

（2）缴纳专利年费。我国《专利法》规定，专利权人应当自被授予专利权的当年开始缴纳年费。

年费一般预先缴纳，第一次年费应在领取专利证书时缴纳，以后每年预交下一年的年费。不按期缴纳的，专利部门通知专利权人在缴纳年费期限届满之日起6个月内补缴，并缴纳滞纳金。

3. 专利权的限制

1）强制许可

强制许可又称为非自愿许可，是指国务院专利行政部门依照法律规定，不经专利权人的同意，直接许可具备实施条件的申请者实施发明或实用新型专利的一种行政措施。其目的是促进获得专利的发明创造得以实施，防止专利权人滥用专利权，维护国家利益和社会公共利益。我国《专利法》将强制许可分为三类。

（1）不实施时的强制许可。具备实施条件的单位以合理的条件请求发明或者实用新型专利权人许可实施其专利，而未能在合理长的时间内获得这种许可时，国务院专利行政部门根据该单位的申请，可以给予实施该发明专利或者实用新型专利的强制许可。请求国务院专利行政部门给予强制许可的，只有在专利权被授予之日起满3年后才可以申请。这种强制许可，应当限定其实施主要是为供应国内市场的需要；强制许可涉及的发明创造是半导体技术的，强制许可实施仅限于公共的非商业性使用，或者经司法程序或者行政程序确定为反竞争行为而给予救济的使用。

（2）根据公共利益需要的强制许可。在国家出现紧急状态或者非常情况时，或者为了公共利益的目的，国务院专利行政部门可以给予实施发明专利或者实用新型专利的强制许可。

（3）从属专利的强制许可。一项取得专利权的发明或者实用新型比前一已经取得专利权的发明或者实用新型具有显著经济意义的重大技术进步，其实施又有赖于前一发明或者实用新型的实施的，国务院专利行政部门根据后一专利权人的申请，可以给予实施前一发明或者实用新型的强制许可。在依照前述规定给予实施强制许可的情形下，国务院专利行政部门根据前一专利权人的申请，也可以给予实施后一发明或者实用新型的强制许可。

案例思考

某农场于2011年获得"稻草发酵技术"发明专利，某农科站于2012年发明了一种纯稻草制作饲料技术，并于2016年获得发明专利。某农科站在实施该专利过程中发现必须使用稻草发酵技术，于是农科站向此农场提出签订稻草发酵技术的实施许可合同，但农场拒绝。农科站于是向国家专利局申请该专利的强制许可。

请问：专利局可否给予农科站实施强制许可？说明理由。

2）不视为侵犯专利权的行为

（1）专利权人制造、进口或者经专利权人许可而制造、进口的专利产品或者依照专利方法直接获得的产品售出后，使用、许诺销售或者销售该产品的。

（2）在专利申请日前已经制造相同产品、使用相同方法或者已经做好制造、使用的必要准备，并且仅在原有范围内继续制造、使用的。

（3）临时通过中国领陆、领水、领空的外国运输工具，依照其所属国同中国签订的协议或者共同参加的国际条约，或者依照互惠原则，为运输工具自身需要而在其装置和设备中使用有关专利的。

（4）专为科学研究和实验而使用有关专利的。

9.3.2 专利权法律保护

1. 专利权法律保护的概念

专利权法律保护是指国家通过法律从行政和司法程序上保障专利权人依法独立自主地实施其权利，制止和制裁侵犯专利权的行为，在专利的申请、审批、实施、转让等方面给予专利申请人和专利权人以法律保护的制度。

2. 我国专利权的保护范围

（1）发明、实用新型专利权保护范围。发明或者实用新型专利权的保护范围以其权利要求的内容为准，说明书及附图可以用于解释权利要求。

（2）外观设计专利权的保护范围。外观设计专利权的保护范围以表示在图片或者照片中的该外观设计专利产品为准。

3. 专利权的临时法律保护

专利权的临时法律保护指法律给予某项专利自申请之日起至授予专利权期间内的临时性权利并予以保护的制度。据我国《专利法》规定，表现在以下3个方面。

（1）公布权。自公布起，受国家法律临时保护。

（2）随时请求实质审查权。自申请日起3年内，享有随时提出实质审查的权利，若不行使，不仅视为丧失了随时请求实质审查权，其发明专利申请亦被视为撤回。

（3）临时的使用费请求权。我国《专利法》第13条规定：发明专利申请公布后，申请人可以要求实施其发明的单位或个人支付适当的费用。这一规定，从经济上保护发明专利申请人的合法权益。

4. 专利侵权行为

1）专利侵权行为的概念和构成要件

（1）专利侵权行为的概念。专利侵权行为，是指在专利权有效期内行为人未经许可，以营利为目的实施他人专利的行为。

（2）专利侵权行为的构成要件。主要包括：① 侵害的对象应是有效的专利；② 必须有侵害行为；③ 以生产经营为目的；④ 侵权人主观上有过错。

2）专利侵权行为的种类

（1）假冒他人专利的行为，包括：① 未经许可，在其制造或者销售的产品、产品的包装上标注他人的专利号；② 未经许可，在广告或者其他宣传材料中使用他人的专利号，使人将所涉及的技术误认为是他人的专利技术；③ 未经许可，在合同中使用他人专利号，使人将合同涉及的技术误认为是他人的专利技术；④ 伪造或者变造他人的专利证书、专利文件或者专利申请文件。

（2）以非专利产品冒充专利产品、以非专利方法冒充专利方法的行为，包括：① 制造或者销售标有专利标记的非专利产品；② 专利权被宣告无效后，继续在制造或者销售的产品上标注专利标记；③ 在广告或者其他宣传材料中将非专利技术称为专利技术；④ 在合同中将非专利技术称为专利技术；⑤ 伪造或者编造专利证书、专利文件或者专利申请文件。

5. 专利权法律保护类型

1）诉前禁止令

（1）诉前禁止令的概念。诉前禁止令也称诉前临时措施，是指在诉讼开始之前，为制止正在实施或即将实施的侵权行为所采取的措施。

（2）相关的法律规定。专利权人或者利害关系人有证据证明他人正在实施或即将实施侵犯其专利权的，如不及时制止将会使其合法权益受到难以弥补的损害的，可以在起诉前向人民法院申请采取责令停止有关行为和财产保全的措施。

2）民事保护

（1）民事保护的管辖。专利纠纷第一审案件由省、自治区、直辖市人民政府所在地的中级人民法院和高级人民法院指定的中级人民法院管辖。

因侵犯专利权的行为提起的诉讼，由侵权行为地或者被告住所地所在人民法院管辖。其中侵权行为地包括被控侵犯发明、实用新型专利权产品的制造、使用、许诺销售、销售、进口等行为的实施地；专利方法使用行为的实施地；依照专利方法直接获得的产品的使用、许诺销售、销售、进口等行为的实施地；外观设计专利产品的制造、销售、进口等行为的实施地；假冒他人专利的行为实施地；以及上述侵权行为的侵权结果发生地。

原告如果仅对侵权产品制造者提起诉讼的，不起诉销售者，侵权产品制造地与产品销售地不一致的，制造地人民法院有管辖权；以制造者与销售者为共同被告的起诉的，销售地人民法院有管辖权。销售者如果是制造者的分支机构，原告在销售地起诉侵权产品制造者的制造、销售行为的，销售地人民法院有管辖权。

（2）民事保护的时效。侵犯专利权的诉讼时效为 2 年，自专利权人或者利害关系人得知或者应当得知侵权行为之日起计算。

发明专利申请公布后至专利权授予前使用该发明未支付适当使用费的，专利权人要求支付使用费的诉讼时效为 2 年，自专利权人得知或者应当得知他人使用其发明之日起计算，但是，专利权人于专利权授予之日前即已得知或者应当得知的，自专利权授予之日起计算。

（3）民事诉讼的举证责任。一般情况下，专利权人或者利害关系人对自己提出的主张有责任提供证据。

专利侵权纠纷涉及新产品制造方法的发明专利的，制造同样产品的单位或者个人应当提供其产品制造方法不同于专利方法的证明；涉及实用新型专利的，人民法院或者管理专利工作的部门可以要求专利权人出具由国务院专利行政部门作出的检索报告。

（4）民事保护的方式。侵犯专利权引起纠纷的，当事人可协商解决；不愿协商解决或协商不成的，专利权人或者利害关系人可以向人民法院起诉。

民事责任的方式有：① 责令侵权人停止侵权行为；② 责令侵权人赔偿损失；③ 没收侵权人由侵权行为所得的产品；④ 消除影响。

3）行政保护

（1）行政保护的程序。专利申请人对国务院专利行政部门驳回申请的决定不服的，可以自收到通知之日起 3 个月内，向专利复审委员会请求复审。专利复审委员会复审后，作出决定，并通知专利申请人。专利申请人对专利复审委员会的复审决定不服的，可以自收到通知之日起 3 个月内向人民法院起诉。

对专利复审委员会宣告专利权无效或者维持专利权的决定不服的可以自收到通知之日起

3 个月内向人民法院起诉。

专利权人对国务院专利行政部门关于实施强制许可的决定不服的，专利权人和取得实施强制许可的单位或者个人对国务院专利行政部门关于实施强制许可的使用费的裁决不服的，可以自收到通知之日起 3 个月内向人民法院起诉。

管理专利工作部门有权对是否侵犯专利权作出认定；认定侵权行为成立的，可以责令侵权人立即停止侵权行为；当事人不服的，可以自收到处理通知之日起 15 日内依照《行政诉讼法》向人民法院起诉；侵权人期满不起诉又不停止侵权行为的，管理专利工作部门可以申请人民法院强制执行。

（2）行政保护的方式有：① 责令侵权人停止侵权行为；② 调解；③ 责令改正、没收违法所得、罚款。

4）刑事保护

依照专利法和刑法的规定，假冒他人专利，情节严重的，应对直接责任人员追究刑事责任。

【实施与评价要点】

本项目一开始的任务导入中布置了一个任务：为某公司制订一份专利权申请实施方案。

1. 任务分析

为完成上面的任务，结合专利权申请的实际情况，需要解决以下问题：

（1）专利的概念、特征；

（2）专利权的主体、客体和内容；

（3）授予专利的条件和原则；

（4）对专利权的限制；

（5）专利权的保护。

2. 任务实施及检测

（1）任务内容：为某公司申请专利权制订可行性方案，以便进行专利申请的实际操作。

（2）任务要求：每 10 人一组，选出组长。每组根据任务目标设计一份可以实施的专利申请实施方案，用 A4 纸打印。

（3）任务检测：每组组长进行作品展示。展示后每个人都可以对设计方案中存在的问题进行提问，每组组长进行答辩，教师根据每组展示和答辩情况进行总结点评打分。

重点概括

本项目介绍了专利权的概念、特征、主体和客体；专利权授予的条件；授予专利权的原则；专利申请的审查程序；专利权的内容和限制；专利权的保护等主要内容。

项目 10

制订产品质量责任事故索赔方案

【任务导入】

1. 项目内容

通过本项目的学习，能够根据实际需要，为因产品质量责任事故问题受到损害的消费者制订一份完备的索赔方案。

陈某因为使用某公司生产的某产品，在使用过程中该产品发生爆炸，致使其被炸伤，花去医疗费用 2 000 元，同时其家里的财产也被炸毁，损失 1 万元，经工商机关调查该产品属于缺陷产品。陈某找到产品的生产厂家要求其对自己的财产和人身损失予以赔偿，请你为陈某制订一份完备的索赔方案。

2. 项目要求

（1）制订的索赔方案符合产品质量法的规定；

（2）制订的索赔方案能够充分体现产品质量法对于生产者责任追究的规定。

【理论知识要点】

1. 知识目标

（1）能熟知我国对产品质量的监督管理制度；

（2）能完整阐述生产者和销售者的产品质量责任和义务；

（3）能了解产品质量责任和产品责任的区别；

（4）能够掌握生产者、销售者违反产品质量法的法律责任。

2. 能力目标

（1）能够按照产品质量法的要求制订出一份产品质量责任事故的索赔方案；

（2）能按照法定程序实施索赔方案，追究生产者、销售者的责任。

案例导入

某日下午，李某带领年仅 4 岁的儿子到邻居张某开的小商品零售店购买了一袋河南省某果冻厂生产的“红心”牌杯状凝胶果冻。在李某带领儿子离开邻居张某零售店不远处时，李某的儿子因食用所购果冻被果冻阻塞气管当场昏迷，李某随即拨打了120急救电话，并开车把儿子送往医院，途中与赶来的医院120急救车相遇，经随车的医生检查，李某的儿子已窒息死亡。

后经产品质量监督检验所进行检验，河南省某果冻厂生产的“红心”牌杯状凝胶果冻，产品标准号已过期，凝胶果冻应标明安全食用方法却未标示，检验结论为：该样品本次检验标签不合格。法院还查明，张某所销售“红心”牌果冻系在个体工商户马某处批发。思考：

（1）李某可以向谁索赔?

（2）张某应该承担什么责任?

（3）张某在承担责任后可以向谁追偿?

（4）河南省某果冻厂应承担什么责任?

上述问题涉及本项目制订索赔方案的内容。

【理论内容】

10.1 产品质量法概述

10.1.1 产品与产品质量

1. 产品的概念和特征

产品是指经过加工、制作并用于销售的产品。根据上述概念，可以看出产品至少应当具备两个特征。

（1）经过加工、制作。未经加工、制作的天然物品不是产品质量法所指的产品，如矿产品、初级农产品。加工、制作包括工业上的和手工业上的。农产品、渔业产品等直接来自自然界的物品，未经过加工制作过程，不属于该法所称的产品。

（2）用于销售。只要产品是以销售为目的生产、制作的，不论它是经过销售渠道到达消费者或用户手上，还是经过其他渠道，都属于产品质量法所规定的产品。只是为了自己使用的加工、制作品不属于产品责任法意义上的产品。虽经过加工制作但不用于销售，仅用于个人消费的产品，也不属于产品质量法的调整范围。

2. 产品质量的概念

产品质量是指产品能够满足人们需要的各种特征和特性的总和。它具体是指产品的安全性、适用性、可靠性、耐久性、维修性、有效性、经济性等质量指标，反映、代表了产品的质量状况。

从法律角度来看，产品质量表现为国家通过法律、法规、质量标准等规定的或合同约定的产品所应当具有的特性。产品质量应当符合下列要求：不存在危及人体健康，人身、财产安全的不合理危险，有保障人体健康和人身、财产安全的国家标准、行业标准的，应当符合该标准；具备产品应当具备的使用性能，但是，对产品存在使用性能的瑕疵作出说明的除外。符合在产品或者其包装上注明采用的产品标准，符合以产品说明、实物样品等方式表明的质量状况。

10.1.2　产品质量法的概念及适用范围

1. 产品质量法的概念

产品质量法是指调整产品质量监督管理关系和产品质量责任关系的法律规范的总称。狭义的产品质量法指由第七届全国人大常委会于 1993 年 2 月 22 日制定的《中华人民共和国产品质量法》（以下简称《产品质量法》），同年 9 月 1 日起施行；2000 年 7 月 8 日和 2009 年 8 月 27 日该法修改了部分内容。广义的产品质量法包括所有有关产品质量监督管理和产品质量责任的法律、法规，例如：《计量法》《标准化法》《食品安全法》《药品管理法》等。

2. 《产品质量法》的基本原则

（1）有限范围原则。《产品质量法》主要调整实物产品在生产、销售活动及对其实施监督管理过程中所发生的权利、义务、责任关系。以精神内容为主要表现形式的主要体现知识产权等内容的产品，作为其无体物的精神内容，一般不受产品质量法调整。

（2）统一立法、区别管理原则。国家要对涉及人体健康及人身、财产安全的产品，实行必要的强制管理，其他产品主要是依靠市场竞争机制和企业自我约束的机制，促使企业保证产品质量。

（3）事先保证与事后监督检查相结合的原则。法律要规范企业的行为，保证生产的产品不得存在危及人体健康、人身、财产安全的不合理的危险，符合相关标准的要求；同时，要加强对市场流通领域的产品质量进行监督检查，建立起运用市场规则抵制伪劣产品的运行机制。

（4）实行按照行政区域统一管理、组织协调的原则。对产品质量的监督管理和执法监督，采用地域管辖的基本原则。

（5）贯彻奖优罚劣的原则。国家一方面采取鼓励措施，对质量管理的先进企业和达到国际先进水平的产品给予奖励；另一方面要采取严厉措施，惩处生产、销售假冒伪劣产品的违法行为。

3. 《产品质量法》的适用范围

从事产品生产、销售活动，必须遵守《产品质量法》。该法所称产品是指经过加工、制作用于销售的产品。未经过加工制作的天然物品，不属于《产品质量法》规定的产品，如农民生产的粮食、蔬菜、瓜果等初级农产品。建设工程、军工产品也不适用《产品质量法》的规定，而适用专门的法律法规。但是，建设工程使用的建筑材料、建筑配件和设备，属于产品范围的，适用《产品质量法》规定。依据国家质检总局〔2001〕43 号文件的解释，兽药不适用于《产品质量法》。

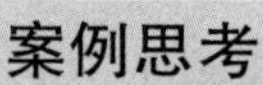

案例思考

某单位组织职工到某果园采摘，职工采摘后按照采摘的数量由单位付款给果园。一些职工回家吃了从果园采摘的水果后，出现了恶心、呕吐等症状，经查是由于职工胃液里残存少量农药所致。经有关部门对所采摘的水果进行检验，水果的农药残留超标。于是职工将果园诉至法院，要求其承担医药费等损失。问：受到损害的职工可否依照《产品质量法》的规定向种植果园的农民追究其产品质量责任?

10.2 产品质量监督管理制度

10.2.1 产品质量的监督管理制度和监督管理机构

1. 产品质量的监督管理制度的概念

产品质量监督管理制度是指由产品质量法确认的互相联系、互相依存、自成体系的管理规定，具有严格的秩序性和规律性。

2. 我国的产品质量监督管理机构

我国负责产品质量监督的机构主要有3部分。

（1）国务院设产品质量监督部门主管全国产品质量监督工作，该部门是国家质量监督检验检疫总局。

（2）国务院有关部门，如国家工商行政管理总局、国家食品药品监督管理局在各自的职责范围内负责产品质量监督工作。

（3）县级以上地方产品质量监督部门主管本行政区域内的产品质量监督工作，地方产品质量监督部门主要是技术监督局或质量技术监督局。县级以上地方政府的有关部门在各自的职权范围内负责产品质量监督工作，如地方工商行政管理局、食品药品监督管理局等。

10.2.2 我国的产品质量监督管理主要制度

1. 企业质量体系认证和产品质量认证制度

1）企业质量体系认证制度

企业质量体系认证是指法定的认证机构对企业的产品质量保证能力和质量管理水平进行的综合性检查和评定后，确认和证明该企业质量管理达到国际通用标准的一种制度。企业质量体系认证是ISO（国际标准化组织）向各国推荐的认证制度的一种。该制度通过对产品质量构成的各种因素，如产品设计、工艺准备、制造过程、质量检验、组织机构和人员素质等质量保证能力进行严格评定，使企业形成稳定生产符合标准产品的能力。企业质量体系认证对企业内部，可以加强质量管理，实现质量目标，创优质产品；对外可以提高企业质量信誉，提高顾客对供方的信任。

目前国际上通用的“质量管理和质量保证”标准是 ISO 9000 系列国际标准，我国对企业实行质量体系认证的依据是 GB/T 19000-ISO 9000 质量管理和质量保证系列国家标准。企业根据自愿原则可以向国务院产品质量监督部门认可的或者国务院产品质量监督部门授权的部门认可的认证机构申请企业质量体系的认证。经认证合格的，由认证机构颁发企业质量体系认证证书。

2）产品质量认证制度

产品质量认证是依据产品标准和相应技术要求，经认证机构确认并通过颁发认证证书和认证标志来证明某一产品符合相应标准和相应技术要求的活动。产品质量认证分为强制性认证（安全认证）和任意性认证（合格认证）两种。

为保护广大消费者人身和动植物生命安全，保护环境、保护国家安全，我国对列入强制性产品认证目录内的产品，包括电子产品、机械产品等实行强制性产品质量认证制度，它要求产品必须符合国家标准和技术法规，没有获得指定认证机构的认证证书，没有按规定加施认证标志，产品一律不得进口、不得出厂销售和在经营服务场所使用。合格认证是对产品的全部性能、要求，依据标准或相应技术要求进行的认证。

企业质量体系认证与产品质量认证有显著区别：前者认证的对象是企业的质量体系，后者认证对象是企业的产品；前者认证的依据是质量管理标准，后者认证的依据是产品标准。从认证结论上看，前者是要证明企业质量体系是否符合质量管理标准，后者是要证明产品是否符合产品标准。

2. 产品质量检验制度

1）产品质量检验制度的概念

产品质量检验是指检验机构根据一定标准对产品品质进行检测，并判断合格与否的活动。产品质量检验制度是对产品质量检验活动的方法、程序、要求和法律性质用法律加以确定而形成的制度。

生产者应当对产品进行检验，质量合格才能销售，不得以不合格产品冒充合格产品。买卖合同对产品质量有特定要求的，产品还应符合合同的要求。

2）产品质量检验机构

产品出厂时，可由企业自行设置的检验机构检验合格，也可经过企业委托有关产品质量检验机构进行。按照我国法律规定，产品质量检验机构必须具备相应的检验条件和能力，并须经过省级以上的人民政府产品质量监督管理部门或者产品质量监督管理部门授权的部门考核合格后，方可承担产品质量检验工作。

产品质量检验机构必须具备相应的检验条件和检测能力。检验条件和检测能力主要包括：机构和人员应当具备的条件和能力，负责人熟悉本专业产品检验技术和管理知识，检测人员胜任该工作，熟悉操作技能并经专业培训、考试合格；机构应当具备完善的内部管理制度；机构的仪器设备具备相应的要求；机构的工作环境应当符合要求。如周围环境、检测场所、温度湿度等；检测报告应当符合要求。

检验机构必须依法设立，不得与行政机关或其他国家机关存在隶属关系或其他利益关系。出具检验结果必须客观、公正。

3. 产品质量抽查制度

（1）产品质量抽查的对象。产品质量抽查是质量监督部门进行监督检查的主要方式，监督抽查制度的目的在于加强对生产、流通领域的产品质量实施监督，以督促企业提高产品质量，从而保护国家和广大消费者的利益，维护社会经济秩序。抽查的对象主要包括三类产品：一是可能危及人体健康和人身财产安全的产品，如药物、食品等；二是重要工农业原材料和影响国计民生的重要工业产品，如钢铁、石油制品等；三是消费者、有关组织反映有质量问题的产品。对依法进行的产品质量监督检查，生产者、销售者不得拒绝。

（2）产品质量抽查的规则。国家对产品质量实行以抽查为主要方式的监督检查制度。抽查工作由国务院产品质量监督管理部门规划和组织。县级以上地方产品质量监督部门在本行政区域内也可以对产品质量进行抽查。抽查的规则是国家监督抽查的产品，地方不得另行重复抽查；上级监督抽查的产品，下级不得另行重复抽查。抽查取样的方式是随机抽查市场上待销的产品和企业成品仓库中待销的产品。抽查取样的数量不得超过检验的合理需要。监督抽查的费用，按照国务院规定列支，不得向被抽查人收取。

（3）抽查结果的异议和公布。生产者、销售者对抽查检验的结果有异议的，可以自收到检验结果之日起 15 日内向实施监督抽查的产品质量监督部门或者其上级产品质量监督部门申请复检，由受理复检的产品质量监督部门作出复检结论。

国家对产品抽查的结果采取公报制度，由国务院或省级人民政府产品质量监督管理部门公告抽查结果。若抽查的产品质量不合格，由实施监督抽查的产品质量监督部门责令其生产者、销售者限期改正。逾期不改正的，由省级以上人民政府产品质量监督部门予以公告，公告后经复查仍不合格的，责令停业，限期整顿；整顿期满后经复查产品质量仍不合格的企业，将被吊销营业执照。

案例思考

2016 年 9 月 20 日，李某到某商场购买了一台新款电视机。回家后，李某发现电视机只有产品质量检验合格报告，而受检单位、委托单位、生产单位均为同一厂家。电视机没有产品质量检验合格证明（产品合格证），于是找到商场要求退货。问：

（1）受检单位、委托单位、生产单位均为同一厂家是否符合有关规定？

（2）按照产品质量法的规定，产品质量检验机构应该符合什么条件？

10.3 产品生产者、销售者的产品质量责任与义务

10.3.1 产品生产者、销售者的产品质量责任与义务

1. 生产者对其生产的产品质量所承担的责任与义务

生产者应当保证产品质量，对其生产的产品质量负责。这是由生产者自身的社会地位和性质所决定的。《产品质量法》中有许多条款对生产者的产品质量义务作了明确的规定。

生产者生产的产品质量应当符合下列要求。

（1）不存在危及人身、财产安全的不合理的危险，有保障人体健康和人身、财产安全的国家标准、行业标准的，应当符合该标准。

（2）具备产品应当具备的使用性能，但是，对产品存在使用性能的瑕疵作出说明的。

（3）符合在产品或者其包装上注明采用的产品标准，符合以产品说明、实物样品等方式表明的质量状况。

2. 生产者对其生产的产品标识所承担的责任与义务

产品标识是表明产品名称、产地、质量状况等特征的记号或者标志。除裸装食品和其他根据产品特点难以标识的裸装产品外，生产者在其产品或产品包装上应作出符合规定的标识。产品标识是生产者提供的，属于明示担保的范围。

生产者对其生产的产品或者其包装上的标识必须真实，并符合下列要求。

（1）有产品质量检验合格证明。

（2）有中文标明的产品名称、生产厂厂名和厂址。

（3）根据产品的特点和使用要求，需要标明产品规格、等级、所含主要成分的名称和含量的，用中文相应予以标明；需要事先让消费者知晓的，应当在外包装上标明，或者预先向消费者提供有关资料。

（4）限期使用的产品，应当在显著位置清晰地标明生产日期和安全使用期或者失效日期。

（5）使用不当，容易造成产品本身损坏或者可能危及人身、财产安全的产品，应当有警示标志或者中文警示说明。裸装的食品和其他根据产品的特点难以附加标识的裸装产品，可以不附加产品标识。

3. 生产者的其他责任和义务

（1）易碎、易燃、易爆、有毒、有腐蚀性、有放射性等危险物品以及储运中不能倒置和其他有特殊要求的产品，其包装质量必须符合相应要求，依照国家有关规定作出警示标志或者中文警示说明，标明储运注意事项。

（2）生产者不得生产国家明令淘汰的产品。

（3）生产者不得伪造产地，不得伪造或者冒用他人的厂名、厂址。

（4）生产者不得伪造或者冒用认证标志等质量标志。

（5）生产者生产产品，不得掺杂、掺假，不得以假充真、以次充好，不得以不合格产品冒充合格产品。

不合格产品包括处理品与劣质品。处理品是指产品使用性能有瑕疵，或者未达到明示采用的产品标准、产品说明、实物样品等方式表明的质量状况，但不存在危及人体健康和人身、财产安全的危险，仍有使用价值的产品。劣质品是指产品质量不符合法律、法规的规定要求，并且存在危及人体健康和人身、财产安全的危险，或者失去原有使用性能的产品。生产者违反这些禁止性规定，将被追究民事、行政、刑事责任。

10.3.2 产品销售者的产品质量责任与义务

法律规定销售者承担一定的产品质量义务，其作用是促使销售者增强对产品质量的责任感，加强企业内部质量管理，增加对保证产品质量的技术投入，加速产品流通，保证消费者购买产品的质量，最终保护用户、消费者的合法权益。

1. 进货检查验收义务

销售者应当建立并执行进货检查验收制度，验明产品的出厂检验合格证明，中文标明的产品名称、厂名、厂址和其他标识，以防止假冒伪劣产品进入流通领域。严格执行进货检查验收义务是销售者依法履行法律规定的产品质量义务，也是其依法行使保护自身合法权益的权利。销售者的进货检查验收应当包括产品标识检查、产品观感检查和必要的产品内在质量的检验。

2. 销售产品质量保持义务

销售者应当采取措施，保持销售产品的质量，销售者应当根据产品的不同特点，采取必要的防雨、防晒、防霉、隔离、分类等措施，加强对某些特殊产品的保管，还应采取控制温度、湿度等措施，保持进货时的产品质量状况。此外，还要建立一整套完备的产品保管、维修等管理制度，配置必要的产品保护设备，培训保管人员等。

3. 销售者应当对产品的标识负责

销售者销售的产品的标识应当符合产品质量法关于产品标识的规定要求。

4. 销售者不得从事以下行为

不得销售国家明令淘汰并停止销售的产品和失效、变质的产品；不得伪造产地；不得伪造或者冒用他人的厂名、厂址；不得伪造或者冒用认证标志等质量标志；不得掺杂、掺假；不得以假充真、以次充好；不得以不合格产品冒充合格产品。

案例思考

王先生于2016年2月20日，向某汽车销售公司购买了一辆德国产黑色宝马汽车，售价为90万元。某汽车销售有限公司在交付车辆的同时，向王先生交付的随车单据包括机动车辆销售统一发票一张、货物进口证明书一份、进口机动车辆随车检验单一份。发票上注明该车产地为德国，但是某汽车销售公司没有向王先生出具该车的原产地证明、生产厂家证明、生产日期证明和产品质量检验合格证明。从某汽车销售公司交付的单据上发现，王先生所购买的宝马车发货人是在香港注册的某公司，并非德国宝马汽车公司，发货港为香港，而非德国港口。4 个多月后，宝马汽车出现油漆脱落和裂痕。王先生找到某汽车销售有限公司询问车漆脱落的原因和解决办法，某汽车销售公司认为是德国宝马汽车公司的生产技术有问题，提出免费修车、免费保养 2 万公里，赔偿 3 000 元的解决方案，遭到王先生的拒绝，要求在德国慕尼黑宝马生产基地由德国宝马汽车公司修理该车。问：

德国宝马汽车公司违反了哪些产品质量责任与义务?

10.4　生产者、销售者违反产品质量法的法律责任

10.4.1　产品质量责任与产品责任

1. 产品质量责任的概念

产品质量责任是指生产者、销售者以及其他对产品质量负有责任的人违反我国《产品质量法》规定的产品义务所应当承担的法律责任。产品质量义务就是根据法律或者合同的规定或者约定，当事人在产品质量方面应当为一定行为或者不一定行为的行为。产品质量责任是一种综合的法律责任，包括因产品缺陷而给消费者、使用者造成人身财产损失时，由生产者和销售者根据法律规定应承担的责任，还包括违反标准化法、计量法以及规范产品质量的其他法规应当承担的责任。

2. 产品责任的概念

产品责任即产品侵权民事责任，是指产品的生产者、销售者因其产品给消费者、使用者造成人身、财产损害后，缺陷产品的生产者、销售者应当承担的特殊的侵权法律责任。

我国产品责任可以大致分为两类：一是生产者应当承担的产品责任，即产品存在缺陷，造成人身或者除缺陷产品以外的其他财产损失后，缺陷产品的生产者应当承担的赔偿责任；二是销售者应当承担的产品责任，即由于销售者的过错，使产品存在缺陷造成人身或者除缺陷产品以外的其他财产损失后，销售者应当承担的赔偿责任。销售者不能指明缺陷产品的生产者或者不能指明缺陷产品的供货人的，销售者也应当承担赔偿责任。各国法律对于产品责任的归责原则基本上都是无过错的归责原则，即不以产品提供者的主观过错作为其承担产品损害赔偿责任的原则，只以产品本身对他人造成人身或者财产的损害事实作为承担赔偿的法律依据。我国《产品质量法》关于产品责任的归责原则采用的是过错责任和无过错责任相

结合的具有中国特色的立法体制，即生产者承担的是无过错责任，销售者承担的是过错责任原则，这种立法体制是符合我国国情的。

3. 产品质量责任与产品责任的区别

（1）性质不同。产品责任是一特殊的民事侵权。产品质量责任是再生产者、销售者以及对产品质量有直接责任的人违反了法律行政法规规定的质量要求，对其作为或者不作为所应当承担的法律后果。它包括相应的责任、产品瑕疵担保（合同责任）、产品侵权赔偿责任（产品质量）以及刑事责任，是一种综合责任。

（2）责任主体不同。产品责任的主体只限于生产者和销售者，通常与生产者和销售者的职员无关；但产品质量责任的责任主体除了生产者和销售者外，还包括对产品质量负有直接责任的个人。

（3）责任范围不同。产品责任是一种民事责任，生产者和销售者只承担侵权的损害赔偿责任；而产品质量责任除侵权损害赔偿责任以外，其责任形式还有合同责任、行政责任和刑事责任。

（4）责任产生的时间不同。产品责任只能产生于损害结果发生之后，没有损害的事实就不可能产生产品责任，而产品质量责任则产生于产品的生产、销售、管理、使用、消费等任何一个环节，只要上述任何一个环节出现违反产品质量法规定的产品质量义务的行为或者存在损害的事实，就有可能产生产品质量责任，并不一定在产品使用中有损害事实作为承担责任的要件。

产品质量责任是包含产品责任概念在内的一个大的综合的责任概念。因此，产品质量是产品质量责任的内容之一。

10.4.2 生产者、销售者违反产品质量法的法律责任

生产者、销售者违反产品质量法的法律责任（产品质量责任）主要分为三类：一是民事责任，这是生产者、销售者对消费者所承担的损害赔偿责任，属于私法责任范畴；二是行政责任，这是生产者、销售者违反法律和行政法规的规定，不构成犯罪时，对社会和国家承担的公法责任；三是刑事责任，这是生产者、销售者违反法律和行政法规的规定，构成犯罪时，对社会和国家承担的公法责任。

1. 生产者、销售者承担的民事责任

生产者、销售者承担的民事责任是指产品的生产者、销售者因生产或者销售不合格产品，依法对消费者、使用者或者其他受害人，承担的修理、更换、退货以及损害赔偿的法律后果。生产者、销售者违反产品质量法的责任形式主要有以下两种。

1）修理、更换、退货

销售者销售的产品不具备产品应当具备的使用性能而事先未作说明的；不符合在产品或者其包装上注明采用的产品标准的；不符合以产品说明、实物样品等方式表明的质量状况的，销售者应负责修理、更换、退货。给购买产品的消费者造成损失的，销售者应当赔偿损

失。承担了责任的销售者，如果因产生责任的缺陷系由生产者或其他供货者引起，可以行使追偿权。

2）赔偿损失

这是因产品存在缺陷时，生产者、销售者应承担的民事责任（产品责任）。《产品质量法》所称的缺陷是指产品存在危及人身、他人财产安全的不合理的危险。

缺陷责任是指生产者、销售者生产和销售的产品具有缺陷，造成消费者或者他人人身、财产损害而承担的损害赔偿责任。生产者和销售者承担缺陷责任的条件有所不同。

《产品质量法》对生产者实行严格责任制度，即无过错责任制度，只要产品有缺陷，不论生产者主观上是否有故意或过失，都要承担法律责任，其构成要件主要有以下 4 个。① 产品存在缺陷，但是有下列情形之一的除外：未将产品投入流通的；产品投入流通时引起损害的缺陷尚不存在的；将产品投入流通时的科学技术水平尚不能发现缺陷存在的。② 产品缺陷在产品投入流通时即已存在。这一条件的实质是将由于运输、仓储过错造成的产品缺陷的情况，以及由于消费者使用不当而造成产品存在不安全的情况排除在外。③ 产品的消费者、使用者或者其他人员的人身、财产受到实际损害。④ 产品缺陷与人身、财产损害之间存在直接的因果关系，即二者之间存在必然、直接的因果关系。

产品侵权损害赔偿责任的主体，是缺陷产品的生产者或者销售者。销售者对受害人给予赔偿后，可以向产品的生产者进行追偿。此外，由于销售者过错，或者销售者不能指明产品的生产者或其他供货者的，销售者必然成为赔偿责任的承担者。

《产品质量法》对销售者实行过错责任制度，即只有因销售者主观故意或过失而导致产品缺陷引起损害的，销售者才承担法律责任。产品缺陷一般是由于在产品的设计上、制造中或者指示上存在疏忽不当造成的；因此其责任的主体，首先应当是产品的生产者。但是由于考虑到受害人的能力及索赔的便利问题，我国法律规定：一旦损害发生，受害人可以向产品的生产者提出索赔请求，也可以向产品的销售者提出索赔请求。属于产品的生产者的责任，产品的销售者赔偿后，有权向产品的生产者追偿。销售者不能指明缺陷产品的生产者也不能指明缺陷产品的供货者的，销售者应当承担赔偿责任。

因产品存在缺陷造成受害人人身伤害的，侵害人应当赔偿医疗费、治疗期间的护理费、因误工减少的收入等费用；造成残疾的，还应当支付残疾者生活自助具费、生活补助费、残疾赔偿金以及由其扶养的人所必需的生活费等费用；造成受害人死亡的，并应当支付丧葬费、死亡赔偿金以及由死者生前扶养的人所必需的生活费等费用。

因产品存在缺陷造成受害人财产损失的，侵害人应当恢复原状或者折价赔偿。受害人因此遭受其他重大损失的，侵害人应当赔偿损失。

对于产品质量民事法律责任的时效，我国法律作出以下明确规定：对于因出售质量不合格的商品未声明的，诉讼时效期间为 1 年；因产品存在缺陷造成损害要求赔偿的诉讼时效期间为两年，自当事人知道或者应当知道其权益受到损害时起计算；因产品存在缺陷造成损害要求赔偿的请求权，在造成损害的缺陷产品交付最初消费者满 10 年丧失，自产品交付最初用户或消费者算起。但是，尚未超过明示的安全使用期的除外。

2. 生产者、销售中承担的行政责任

产品质量行政责任是指违反产品质量法所应承担的行政法律后果。行政责任的主要形式包括责令停止生产销售、警告、罚款、没收财物、没收违法所得、罚款、吊销营业执照等。

3. 生产者、销售者承担的刑事责任

对责任人实施限制或剥夺人身自由、生命权利的处罚以及相应的财产罚。情节轻微的处以拘役；情节较严重，造成一定的人身、财产损害的，处以有期徒刑；情节严重，对人身、财产造成特别严重危害的，处以无期徒刑或死刑并可判处没收财产。

对单位实施经济罚：凡实施产品质量犯罪行为的单位，均可处以相当于其犯罪行为所涉及的销售金额50%以上二倍以下的罚金。

案例思考

张女士在某废旧塑料加工厂使用某厂生产的某牌塑料颗粒破碎机从事废旧塑料加工工作。一次，张女士在向破碎机下料时，该机器的传送带将飘下的塑料卷入其中，并且将手握塑料另一端的张女士的双手绞入皮带轮中，致使其双手4个手指被深度截断，3个手指严重伤残。经调查，同时期同类厂家生产的同类机器，均在其传送带和皮带轮上安装有安全防护罩，其功能就是避免工作人员在从事生产加工时引发安全事故。但是某厂生产的破碎机并没有按照同类机器生产所要求的标准在传送带和皮带轮上安装安全防护罩，将其极有可能导致危险事故发生的部件裸露在外，为加工人员的人身伤害留下了极为严重的隐患。而且某厂并没有取得从事该类产品生产的资格。

由于该机器所在的缺陷，给张女士造成了极为严重的人身损害和财产损失，使得其以后的个人生活和其所扶养的63岁的父亲、59岁的母亲，以及未成年的一子一女的生活陷入困顿，同时也给原告带来了难以估量的精神损害。问：

（1）某厂应承担哪些责任？责任形式是什么？

（2）某厂承担责任的性质是产品责任还是产品质量责任？

（3）对某厂应适用过错责任原则，还是无过错责任原则？

【实施与评价要点】

本项目一开始的任务导入中布置了一个任务：为因产品质量责任事故问题受到损害的消费者制订一份完备的索赔方案。

1. 任务分析

为完成上面的任务，应围绕我国《产品质量法》中规定的生产者、销售者的产品质量责任与义务，以及生产者、销售者违反产品质量法应承担的民事责任，结合案件的情况，主要解决以下问题。

(1) 应查清案件的事实，包括购买产品的名称；产品对于消费者造成了怎样的损害(人身、财产) 及有关证明文件；生产者、销售者的名称或姓名；购买发票；有关部门对于产品是否存在缺陷的检验结果等。

(2) 查清生产者、销售者违反产品质量法的违法行为。

(3) 分析消费者的损害事实与生产者、销售者的违法行为之间的因果关系。

(4) 选择求偿的对象，既可以选择生产者，也可以选择销售者。

(5) 计算消费者受到财产损失的数额。

(6) 判断消费者受到人身损害的程度及数额。

(7) 根据产品质量法的规定确定人身损害及财产损失的索赔数额。

2. 任务实施及检测

(1) 任务内容：为因产品质量责任事故问题受到损害的消费者制订一份完备的索赔方案。

(2) 任务要求：每 20 人一大组，选出组长，每大组分成两个小组，每个小组的 10 名成员，共同为因产品质量责任事故问题受到损害的消费者制订一份完备的索赔方案。用 A4 纸打印。每组把两份索赔方案进行对比，找出差距，然后进行补正。

(3) 任务检测：每组组长进行作品展示。展示后每个人都可以对索赔方案中存在的问题进行提问，每组组长进行答辩，教师根据每组展示和答辩情况进行总结点评打分。

重点概括

本项目介绍了我国产品质量的监督检查制度，生产者、销售者的产品质量责任和义务，生产者、销售者违反产品质量法应承担的责任，并介绍了产品责任与产品质量责任的区别。

我国的产品质量监督管理制度主要有：企业质量体系认证和产品质量认证制度；产品质量检验制度；产品质量抽查制度。

生产者、销售者的产品质量责任和义务主要有：生产者生产的产品质量应当符合下列要求——不存在危及人身、财产安全的不合理的危险。

生产者对其生产的产品标识必须真实，并符合下列要求：有产品质量检验合格证明；有中文标明的产品名称、生产厂厂名和厂址。

项目 11

撰写一份消费者权益保护手册

【任务导入】

1. 项目内容

通过本项目的学习，能够根据实际需要，编写消费者权益保护手册。

每个人都会成为消费者中的一员，在消费过程中，每个消费者的权益又都不可避免地受到不同形式的侵害。你的朋友甲某就遭遇了此类事件，但是他不知道自己的什么权益受到了侵害，也不知道怎样去维护自己的权益，请为你的朋友甲某编写一份消费者权益保护手册。

2. 项目要求

（1）编写的消费者权益保护手册符合消费者权益保护法关于消费者权益的实体规定；

（2）编写的消费者权益保护手册符合消费者权益保护法关于消费者行使权利的程序规定；

（3）编写的消费者权益保护手册通俗易懂，一般消费者按照手册的指导能够维护自己的权益。

【理论知识要点】

1. 知识目标

（1）能正确理解消费者的概念和特征；

（2）能完整阐述消费者的权益；

（3）能熟知经营者的义务；

（4）能够掌握消费者权益争议的解决途径及国家和社会对消费者权益的保护；

（5）能掌握经营者违反《消费者权益保护法》承担法律责任的情形和承担损害赔偿责任的主体。

2. 能力目标

（1）能够正确判断消费者的权益是否受到侵害及何种权益受到了侵害；

（2）能正确分清承担责任的主体并按照《消费者权益保护法》的规定正确行使权益。

案例导入

2016 年 2 月 20 日，李某在甲市某商场购买由 A 厂生产的冰箱一台；24 日又购得一部 B 公司生产的多功能电源保护器；次日，李某在家中安装好冰箱和电源保护器。半个月后，一日李某下班回家发现冰箱起火，烧毁部分家具及用品。为此，李某向法院起诉，状告某商场、A 冰箱厂和 B 公司，要求维护消费者权益，赔偿损失，由三个单位负连带责任。

某商场辩称，该冰箱是本商场销售的商品，起火是因冰箱电路出现故障导致的，是生产厂家的责任，应由产品的制造者承担赔偿责任，销售者不应承担责任。

A 冰箱厂辩称，本厂生产的产品均符合国家标准，以往从未发生过此种情况，无证据证明生产者有过错，无法认定生产者应承担责任。B 公司的电源保护器失灵可能是事故的主要原因。B 公司辩称，李某违反有关安装说明的要求，违章安装，无视说明书的警示说明，导致电源器失效酿成事故，冰箱电源线路有问题使冰箱起火是根本原因，所以自己不应该承担责任，应由 A 冰箱厂和李某自己承担责任。

法院在调查过程中，经技术监督局对 A 厂的冰箱和 B 公司的电源保护器进行质量鉴定，认定：① 该品牌和型号的电冰箱线路连接上存在某些缺陷，一般情况下不会出故障，在特定的情况下会产生高温；② 电源保护器已经被烧毁无法鉴定，但对同样商品检测，没有发现质量问题；③ 李某在安装电源保护器与冰箱时，按照说明书规定正确安装，没有过错。思考：

（1）某商场应否承担责任，如其承担责任后享有什么权利？

（2）在没有证据证明 A 冰箱厂有过错时，其应否承担责任？为什么？

（3）B 公司应否承担责任？

（4）李某的财产损失最终应由谁负责？

（5）李某的什么权利受到了侵害？

上述问题涉及本项目编写消费者权益保护手册的内容。

【理论内容】

11.1　消费者与消费者权益保护法概述

11.1.1　消费者与消费者权益

1. 消费者的概念

消费者是指为生活需要而购买、使用商品或者接受服务的个人或单位。从最大限度保护消费者的角度，只要不是为了再出售而购买商品或作为非经营者而接受服务的人，都应该视为消费者。

2. 消费者权益的概念

消费者权益是指消费者为满足生活消费的需要在购买和使用商品或接受服务时依法享有的权利及该权利受到保护时给消费者带来的利益。它是国家法律、法规及地方性法规所确认的、独自享有的权益，其核心是消费者的权利。

11.1.2 消费者权益保护法

1. 消费者权益保护法的概念

消费者权益保护法指调整在保护消费者权益的过程中发生的社会关系的法律规范的总称。这种社会关系主要包括：国家机关与经营者之间的关系；国家机关与消费者之间的关系；经营者与消费者之间的关系。

国际上保护消费者权益的规范主要有《保护消费者准则》《消费者保护宪章》。1993 年 10 月 31 日，第八届全国人民代表大会第四次会议通过了《中华人民共和国消费者权益保护法》（以下简称《消法》），这是我国制定的第一部保护消费者权益的专门法律。其他由国家制定、颁布的涉及保护消费者权利的法律规范还有《产品质量法》《标准化法》《进出口商品检验法》《产品认证管理条例》《食品卫生法》《药品管理法》《反垄断法》《价格法》《计量法》《商标法》《广告法》等。

2. 消费者权益保护法的适用范围

《消法》规定，消费者为生活消费需要购买、使用商品或者接受服务，其权益受本法保护；本法未作规定的，受其他有关法律、法规保护。经营者为消费者提供其生产、销售的商品或者提供服务，应当遵守本法；本法未作规定的，应当遵守其他有关法律、法规。农民购买、使用直接用于农业生产的生产资料，参照本法执行。

这表明，消费者权益保护法适用于消费者的生活消费，适用于经营者的经营行为，在特殊情况下也适用于生产消费，但是只限于农民直接用于农业生产的生产消费。

案例思考

某厂从本县食品厂购买其腌制的山野菜十斤，第二天加工后，供本厂职工中餐。职工进餐后不久相继出现在了腹痛、腹泻及呕吐等症状。工厂立即与医院联系，经紧急抢救，患病职工脱离危险。经查明，食物中毒为食品厂提供的山野菜腐烂变质所致。为此，工厂向人民法院提起诉讼，请求判令食品厂赔偿损失。问：本案是否适用消费者权益保护法？

11.2 消费者的权利和经营者的义务

11.2.1 消费者的权利

1. 消费者权利的概念和特征

消费者的权利是指消费者在购买、使用商品或接受服务时所依法享有的权利。它是保护消费者权益的核心问题，作为一个消费者，只有明了自己享有什么权利，在实际生活中，才能维护自己的权利。消费者权利既是人的基本生存权，又是人的发展权，还是社会的安定剂。

2. 消费者权利具有以下特征

（1）权利的主体是消费者，只有符合消费者的特征才能享有消费者的权利。

（2）消费者的权利的内容是有权自己作出一定的行为，或者要求他人（经营者）作出一定的行为。

（3）消费者的权利是消费者享有的法定权利。这一权利具有强制性，任何人都不能剥夺。经营者以任何方式剥夺消费者权利的行为都是无效的。

（4）消费者的权利是法律基于消费者的弱者地位而特别赋予的权利。

3. 消费者权利的具体内容

（1）消费者的安全权。消费者的安全权是指消费者在购买、使用商品和接受服务时享有人身安全、财产安全不受损害的权利，消费者有权要求经营者提供的商品和服务符合保障人身、财产安全的要求。

消费者的安全权包括人身安全权和财产安全权。人身安全权又包括生命安全权和健康安全权。安全权是在特定环境下（消费者在购买、使用商品或接受服务时）产生的，其所具有的内容包括在生活消费的任何领域，它是消费者最基本的权利。

（2）消费者的知悉真情权。知悉真情权是指消费者在购买、使用商品或者接受服务时，享有知悉商品或服务的真实情况的权利。消费者有权根据商品或者服务的不同情况，要求经营者提供商品的价格、产地、生产者、用途、性能、规格、等级、主要成分、生产日期、有效期限、检验合格证明、使用方法说明书、售后服务，或者服务的内容、规格、费用等有关情况。

知悉真情权的内容主要有：消费者有权要求经营者按照法律、法规规定的方式标明商品或服务的真实情况。如明码标价、商品厂明、厂址、用途、主要成分、安全使用性能说明等；消费者在消费过程中，有权询问和了解商品或服务的有关情况；消费者知悉的情况应该是购买商品或接受服务真实情况。因此，经营者不得对商品和服务的有关内容不作表示和说明，或作虚假的表示和说明；经营者不得对消费者的询问置之不理或不明确答复；经营者不得对所提供的商品或服务作夸大宣传，使消费者上当。

（3）消费者的自主选择权。自主选择权是指消费者根据自己的意愿自主地选择其购买的商品及接受的服务的权利。

权利的内容包括：自主选择提供商品或服务的经营者的权利；自主选择商品品种或者服务方式的权利；自主决定购买或者不购买任何一种商品、接受或者不接受任何一项服务的权利；在自主选择商品或服务时所享有的进行比较、鉴别和挑选的权利。经营者不得纠缠消费者购买其商品，更不得要挟消费者购买其商品或接受服务。

（4）消费者的公平交易权。消费者的公平交易权是指消费者在购买商品或者接受服务时，有权获得质量保障、价格合理、计量正确等公平交易条件，有权拒绝经营者的强制交易行为的权利。

（5）消费者的依法求偿权。求偿权是指消费者在购买、使用商品或者接受服务过程中受到人身、财产时，所享有的依法获得赔偿的权利。求偿权是弥补消费者所受损害的必不可少的救济性权利。

享有求偿权主体是指因购买、使用商品或接受服务受到人身、财产损害的消费者。包括商品的购买者；商品的使用者；服务的接受者；除商品的购买者、使用者或者服务的接受者之外的，因偶然原因而在事故现场受到损害的第三人。

求偿的具体内容包括：人身损害的赔偿，不论是生命健康还是精神方面的损害均可要求赔偿；财产损害的赔偿，包括直接损失和可得利益的损失。

（6）消费者的依法结社权。结社权是消费者为维护自身的合法权益而依法组织社会团体的权利。它是宪法中公民结社权在《消法》中的具体体现。

《消法》规定消费者享有结社权有利于改善消费者在市场交易中的地位，可以使消费者能够从分散、弱小走向集中和强大，通过集体的力量来改变自己的弱者地位以与实力雄厚的经营者相抗衡。对于维护消费者合法权益、促进经济发展和维护社会稳定起着重要的作用。

（7）消费者的获知权。获知权是指消费者享有的获得有关消费和消费者权益保护方面的知识的权利。消费者如果缺乏消费和消费者权益保护方面的知识，其他诸如知悉真情权、自主选择权、公平交易权就无从谈起。

权利的主要内容包括：消费者有权获得消费方面的知识，如消费观知识、商品或服务的基本知识、有关市场知识等；消费者有权获得消费者权益保护工作方面的知识，如涉及消费者权益保护的法律、法规和政策，保护机构，争议解决途径等知识。

（8）消费者的受尊重权。消费者的受尊重权是指消费者在购买、使用商品或接受服务时，享有的人格尊严、民族风俗习惯受到尊重的权利。包括人格尊严受尊重权和民族风俗习惯受尊重权。

权利的内容包括：消费者的人格尊严应受到尊重，不允许别人侮辱、诽谤；消费者的民族风俗习惯应受到尊重，各民族在饮食、服饰、居住、婚葬、娱乐、礼节等方面都有不同的风俗习惯，要求经营者在制售商品、提供服务时要充分尊重这些风俗习惯。

（9）消费者的监督权。监督权是指消费者对商品和服务及消费者权益保护工作进行监督的权利。消费者充分地享有监督权，有助于制止侵害消费者权益的违法行为，有助于维护消费者的合法权益，有助于经营者提高商品和服务的质量，有助于国家机关和工作人员改进工作作风，有助于保护消费者权益工作的加强。

监督权主要包括：检举权、控告权、批评权和建议权。消费者有权检举、控告侵害消费者权益的行为和国家相关机关及其工作人员在消费者权益保护工作中的违法失职行为，有权对消费者权益保护工作提出批评建议。

监督的内容主要有：关于商品和服务：价格、质量、品种、供应、服务态度等的监督；关于保护消费者权益工作的监督，对国家有关机关及其工作人员，消费者组织在保护消费者权益工作中的失职、渎职、舞弊等问题进行监督。

11.2.2　经营者的义务

1. 经营者义务的概念和特征

（1）经营者义务的概念。经营者义务是指经营者向消费者提供商品或服务时，依照法律规定或约定应当履行的义务，即经营者必须作出一定的行为或者不得作出一定的行为。无论是法律、法规规定的经营者的义务，还是经营者与消费者合法约定的经营者的义务，都是对经营者提供商品和服务行为的规范，作为在交易过程中占有强势地位的经营者来说，对其义务加以明确，对于保护消费者的权益非常重要。

（2）经营者义务的特征。主要包括：① 经营者义务的主体是经营者，具体包括商品的生产者、销售者和服务的提供者；② 经营者义务来源既可以由法律规定，也可以由经营者与消费者约定；③ 经营者义务的内容是经营者必须作出一定的行为或经营者不得作出一定的行为；④ 经营者义务的履行是由国家强制力作保障的。

2. 经营者义务的具体内容

（1）依照法律、法规的规定和与消费者的合法约定应履行的义务。经营者向消费者提供商品或者服务，应当依照《中华人民共和国产品质量法》和其他有关法律、法规的规定履行义务。经营者和消费者有约定的，应当按照约定履行义务，但双方的约定不得违背法律、法规的规定。

（2）接受消费者监督的义务。经营者应当听取消费者对其提供的商品或者服务的意见，接受消费者的监督。对于经营者提供的商品和服务，消费者是最终的使用者，因此最有发言权。消费者有权对经营者的商品或服务提出意见，有权对经营者的商品或服务问题进行监督，不管是向经营者直接提出，还是向有关组织、机关提出，经营者都应积极处理。经营者如果拒绝消费者进行监督，理应受到法律的制裁。

经营者对待消费者监督的态度应该是：应当为消费者反映自己的要求提供便利条件，如设立投诉箱、投诉机构等；应当允许消费者对其商品和服务提出不同的看法；应当正确对待消费者的意见和建议，并酌情处理；带有违法性的损害消费者利益的行为一经消费者制止应当立即停止，主动承担责任，并积极配合国家有关机关对此进行处理。

（3）保障消费者的人身和财产安全的义务。这是经营者的首要义务。经营者应当保证其提供的商品或服务符合保障人身、财产安全的要求，这是对经营者提供的商品或服务的内在质量的要求；对于可能危及人身、财产安全的商品或服务，应当向消费者作出真实的说明和明确的警示，说明和表明正确使用商品或服务的方法以及防止危害发生的方法。这是对经营者提出的警示义务；经营者发现其提供的商品或服务存在严重缺陷，即使正确使用商品或接受服务仍然可能对人身、财产安全造成危害的，应当立即向有关部门报告和告知消费者，并应采取防止危害发生的措施。这是经营者的通知和补救义务。

（4）提供真实信息的义务。为了保证消费者的知悉真情权，经营者应向消费者提供有关的商品或服务的真实信息。其具体内容为：不得对提供的商品或服务作引人误解的虚假宣传；经营者对消费者就其提供的商品或者服务的质量和使用方法等内容提出的询问应当作出真实、明确的答复；在价格标示方面，商店在提供商品时，应当明码标价。商店应当在显著的不易混淆的位置上标价，要易于消费者了解，标出的价格应当是明确的，不存在引起消费者误解的情况。

（5）标明真实名称和标记的义务。经营者的名称，是经营者法律人格的体现，是一个企业区别于他企业的主要形式。经营者的标记，是集中体现经营者特点的符号或图案，同时也是一个企业信誉的标志和企业重要的无形资产。经营者应通过各种载体表明其经营资格和身份。标志企业经营身份的证明文件主要有：营业执照、税务登记证、特许经营证件、专业人员的执业资格证等。经营者履行该义务，不但有利于消费者作出正确的判断、选择，而且便于消费者的救济。

经营者应当标明其真实名称和标记。租赁他人柜台或者场地的经营者，应当标明其真实名称和标记。

（6）出具商品或服务凭证和单据的义务。经营者在提供商品或服务时，应当按照国家有关规定或商业惯例向消费者出具购货凭证或服务单据；消费者索要购买凭证或服务单据的，经营者必须出具。所谓购货凭证，是指消费者向经营者购买商品后从经营者处获得的发票或其他购物单据。所谓服务单据，是指消费者接受服务后从经营者处获得的发票或者其他书面凭据。发票、购货凭证、信誉卡、服务单据、价格单、保修单等都是购货凭证与服务单据的具体表现形式。购货凭证和服务单据的基本表现形式是发票。发票是财务收支的法定凭证，是会计核算的原始凭据，同时也是税务稽查的重要依据。

由于购货凭证或服务单据是消费者与经营者进行交易活动的基本依据，具有重要的证据价值，对于界定消费者和经营者的权利义务也具有重要意义，因此明确经营者出具相应的购货凭证和单据的义务，有利于保护消费者权益。该义务包括 3 种情形：依照国家法律、法规规定应当出具；依照商业惯例应当出具；消费者索要购货凭证或服务单据应当出具。

（7）保证质量的义务。质量是一切商品或者服务的灵魂，也是决定消费者是否与经营者进行交易的关键。所以，保证商品或者服务的质量，是经营者的应尽之责。经营者应当保证在正常使用商品或者接受服务的情况下其提供的商品或者服务应当具有的质量、性能、用途和有效期限；但消费者在购买该商品或者接受该服务前已经知道其存在瑕疵的除外。经营者以广告、产品说明、实物样品或者其他方式表明商品或者服务的质量状况的，应当保证其提供的商品或者服务的实际质量与表明的质量状况相符。

所谓正常使用商品或接受服务，包括以下几项内容：商品或者服务应具备一般的使用价值，能满足人在生产或生活某一方面的需要；经营者在设计、生产、销售中要明确商品使用的正确途径；消费者应当按照产品使用说明的要求使用该商品，不能凭个人主观想象去使用。对于经营者提出的警示或者标示必须给予重视，否则都属于非正常使用，造成不良后果只能由自己承担。

所谓瑕疵，是指商品或者服务存在非根本性的缺点，但使用并不导致对人体的健康或安全造成危害。在消费者已经明知商品或服务存在瑕疵的情况下，仍然购买或接受该商品或服务，意味着消费者对于由此瑕疵所造成的风险自愿承担。但完全不符合我国有关保障人身健康和安全标准的商品或者服务，即使经营者明确标示其缺陷也不允许出售和提供。

经营者以广告、产品说明、实物样品或者其他方式标明商品或者质量状况的，应当保证其提供的商品或者服务的实际质量与表明的质量状况相符。此项包含以下内容：广告内容必须真实、可靠，不允许使用虚假言辞、夸张的手法误导消费者；产品说明必须如实介绍产品质量，与产品质量一致；经营者必须提供与商品样品质量状况相同的商品。

（8）履行“三包”或者其他责任的义务。经营者提供商品或者服务，按照国家规定或者与消费者的约定，承担包修、包换、包退或者其他责任的，应当按照国家规定或者约定履行，不得故意拖延或者无理拒绝。对某些商品实行“三包”，是经营者对提供的商品或者服务承担质量保证的一种方法。“三包”的基本内容是：经营者对于实行“三包”的商品，如果质量在一定期限内发生问题，便有免费修理、更换、退货的义务，经营者如果不履行此项义务，则应承担相应的民事责任。

（9）不得以格式合同等方式排除或者限制消费者权利的义务。格式合同又称定型化合同或者标准化合同。格式合同具有以下 4 个特征：制定格式合同的主体是经营者，由其决定合同内容并预先制定，相对于消费者占有优势地位；格式合同相对方是消费者，只有接受合同与否的自由而无参与决定合同内容的机会；格式合同所针对的是不特定的众多消费者，在适用对象上具有普遍性；格式合同一经制定，可以在较长时期内使用，具有固定性和连续性。

经营者不得以格式合同、通知、声明、店堂告示等方式作出对消费者不公平、不合理的规定，或者减轻、免除其损害消费者合法权益应当承担的民事责任。格式合同、通知、声明、店堂告示等含有上述内容的，其内容无效。

（10）不得侵犯消费者的人格尊严和人身自由的义务。经营者不得对消费者进行侮辱、诽谤，不得搜查消费者的身体及其携带的物品，不得侵犯消费者的人身自由。人格尊严是公民基本权利的重要组成部分，人身自由是任何公民都依法享有的最基本、最起码的也是最重要的权利，二者都是宪法赋予公民的基本权利。

不得侵犯消费者的人格尊严和人身自由的义务包括以下内容：尊重消费者的尊严和信

仰，不得采用漫骂、讽刺、威胁等手段对消费者进行侮辱、诽谤；维护消费者的财产权，不得搜查消费者随身携带的物品；维护消费者的人身自由，不得限制其人身自由，不得侵害消费者的身体健康和安全。

案例思考

某自选商场是某市一家大型的自选超市，2015 年 2 月 7 日王某去该超市购物，当王某欲从超市出来时，被服务员李某挡住了，李某说："我怀疑你拿了本店的东西，能否让我搜搜。"王某当即拒绝了他的要求，李某说："看你的样子，就知道不是好人，做贼心虚了吧!"李某遂叫保安人员，将王某强拉到保卫室，由超市的女工作人员对王某的衣兜进行检查，没有发现超市的东西，便放走了王某。王某很气愤，遂于 2015 年 6 月向法院提起了诉讼，要求自选超市公开赔礼道歉，并赔偿自己的损失。问：

（1）自选超市的行为是否违法？

（2）如违法，违反了什么法律规定？

（3）自选超市侵犯了消费者王某的何种权利？违反了什么义务？

11.3 消费者权益争议的解决及对消费者权益的保护

11.3.1 消费者权益争议的概念和解决途径

1. 消费者权益争议的概念

消费者权益争议是指消费者在购买、使用商品或者接受服务过程中，消费者与经营者之间就权利义务问题发生争执而引起的争议。其发生或是由于消费者认为经营者的行为侵犯了其合法权益，或是由于消费者与经营者之间就消费者权益有关问题有不同的认识，属于民事权益争议的范畴。对消费争议的处理直接关系到消费者的切身利益，及时公正地解决各种消费争议，对于保护消费者的合法权益、维护和发展正常的经济秩序具有十分重要的意义。

2. 消费者权益争议的解决途径

（1）消费者与经营者和解。消费者和经营者在协商解决争议的过程中要端正态度，以诚相待；要在平等的基础上进行协商；坚持原则，合乎法律。

（2）请求消费者协会调解。消费者协会调解应遵循自愿原则与合法原则。消费者协会调解程序是：消费者提出调解请求或者投诉；消费者协会接受调解请求或者投诉；调查取证；组织调解；制作调解书。消费者协会主持达成的调解协议不具有强制执行力，若当事人事后反悔的，则需采取其他解决途径。

（3）向有关部门申诉。我国的工商、物价、卫生、药监、技术质量监督等部门从不同角度履行着保护消费者合法权益的职能。

（4）根据与经营者达成的仲裁协议提请仲裁机构仲裁。

（5）向人民法院提起诉讼。

11.3.2　消费者权益的国家保护与社会保护

1. 国家对消费者权益的保护

（1）国家对消费者权益的整体保护。国家在制定有关保护消费者权益的法律、法规时，应当听取消费者的意见和要求。这是国家在立法方面对消费者权益的保护；各级人民政府应当加强领导，组织、协调督促有关行政部门做好保护消费者合法权益的工作。另外，还特别强调政府的一些具体职能部门在消费者权益保护方面的义务。这是国家在行政管理方面对消费者权益的保护；对违法犯罪行为有惩处权力的有关国家机关，应当依照法律、法规的规定，惩处经营者在提供商品和服务中侵害消费者合法权益的违法犯罪行为，以切实保护消费者的合法权益。这是国家在惩处违法犯罪行为方面对消费者权益的保护。

（2）政府有关部门对消费者权益的专门保护。工商、价格、质量监督等政府部门，从各自职能的角度对消费者权益进行专门的保护。

2. 社会对消费者权益的保护

（1）消费者协会对消费者权益的保护。① 消费者协会的性质和职能。中国消费者协会于 1984 年 12 月经国务院批准成立，是对商品和服务进行社会监督的保护消费者合法权益的全国性社会团体。中国消费者协会的宗旨是对商品和服务进行社会监督，保护消费者的合法权益，引导广大消费者合理、科学地消费，促进社会主义市场经济健康发展。消费者组织不得从事商品经营和营利性服务，不得以牟利为目的向社会推荐商品和服务。中国消费者协会的职能主要有：向消费者提供消费信息和咨询服务；参与有关行政部门对商品和服务的监督、检查；就有关消费者合法权益的问题，向有关行政部门反映、查询，提出建议；受理消费者的投诉，并对投诉事项进行调查、调解；投诉事项涉及商品和服务质量问题的，可以提请鉴定部门鉴定，鉴定部门应当告知鉴定结论；就损害消费者合法权益的行为，支持受损害的消费者提起诉讼；对损害消费者合法权益的行为，通过大众传播媒介予以揭露、批评。中国消费者协会的经费由政府资助和社会赞助组成。② 中国消费者协会受理投诉的原则。消费者协会依法受理消费者投诉，对投诉事项进行调查、调解；调解以双方自愿、合法、合理、公正为基础；调解以事实和证据为依据；按地域管辖责任分工受理；受理投诉要严肃认真，接待消费者要诚恳热情，做到件件有回音、事事有着落，努力遵守受理投诉的时间要求，全心全意为消费者服务；受理消费者投诉，一般应坚持无偿服务的原则；坚持舆论监督，通过大众传播，媒介定期或不定期公布消费者投诉情况。③ 中国消费者协会受理投诉范围。消费者协会主要受理下列投诉：受理消费者对经营者未履行法定义务的投诉；受理农民购买、使用直接用于农业生产的种子、化肥、农药、农膜、农机具等生产资料其权益受到损害的投诉。

（2）国家鼓励、支持一切组织和个人对损害消费者合法权益的行为进行社会监督。大众传播媒介尤其应当做好维护消费者权益的宣传，对损害消费者合法权益的行为进行有效的舆论监督。

案例思考

孙某从某商场购买了一款“泱泱”羽绒服，穿了几天后，感觉皮肤瘙痒，皮肤多处出现小红斑点。到医院检查，结果是皮肤过敏所致。孙某怀疑是自己刚买的羽绒服造成的，因为羽绒服散发出刺鼻的气味。于是孙某将羽绒服拿到有关部门进行检测，经某技术监督局检查大队检查，发现标注含绒量60%的羽绒服内只有一些碎毛片、毛屑、纸屑。按照国家规定，羽绒服内含绒量应达到45%以上。该商场出售的羽绒服中几乎没有绒质，且清洁度极差，耗氧指数超过规定，极易滋生细菌，对人体产生多种危害。问：

1. 孙某的什么权利受到了侵害？
2. 孙某可以通过什么途径解决此问题？

11.4 违反《消费者权益保护法》的法律责任

11.4.1 违反《消费者权益保护法》的法律责任的概念和类型

1. 违反《消费者权益保护法》的法律责任的概念

违反《消费者权益保护法》的法律责任是指经营者违反消费领域的法定义务或者约定义务，侵犯消费者合法权益而依法承受的不利的法律后果。它具体表现为经营者的民事责任、行政责任和刑事责任。民事责任属于私法责任，是经营者应向消费者承担的责任；行政责任和刑事责任则属于公法责任，是经营者应向国家承担的责任。

2. 违反《消费者权益保护法》的民事责任

（1）一般规定。经营者提供商品或者服务有下列情形之一的，除本法另有规定外，应当依照产品质量法和其他有关法律、法规的规定，承担民事责任：商品存在缺陷的；不具备商品应当具备的使用性能而出售时未作说明的；不符合在商品或者其包装上注明采用的商品标准的；不符合商品说明；实物样品等方式表明的质量状况的；生产国家明令淘汰的商品或者销售失效、变质的商品的；销售的商品数量不足的；服务的内容和费用违反约定的；对消费者提出的修理、重作、更换、退货、补足商品数量、退还货款和服务费用或者赔偿损失的要求，故意拖延或者无理拒绝的；法律、法规规定的其他损害消费者权益的情形。当侵犯消费者权益的行为同时符合消费者权益保护法和民法通则、合同法等普通民事法律的民事责任要件时，消费者有权选择适用消费者权益保护法请求保护。

（2）特殊规定。①“三包”责任。对国家规定或者经营者与消费者约定包修、包换、包退的商品，经营者应当负责修理、更换或者退货。在保修期内两次修理仍不能正常使用的，经营者应当负责更换或者退货。对于“三包”的大件商品，消费者要求经营者修理、更换、退货的，经营者应当承担运输等合理费用。② 邮购商品的民事责任。经营者以邮购方式提供商品的，应当按照约定提供。未按照约定提供的，应当按照消费者的要求履行约定或者退回货款，并应当承担消费者必须支付的合理费用。③ 预收款方式提供商品或服务的民事责任。经营者以预收款方式提供商品或服务的，应当按照约定提供，未按照约定提供的，应依照消费者的要求履行约定或者退回预付款；并应当承担预付款的利息、消费者必须支付的合理费用。④ 消费者购买的商品，依法经有关行政部门认定为不合格的，消费者可以要求退货，经营者应当负责退货，而不得无理拒绝。根据这一规定，一般商品，发现问题后应经过修理、更换，仍无法使用的再予以退货；对不合格商品，只要消费者要求退货，经营者即应负责办理，不得以修理、更换或者其他借口延迟或者拒绝消费者退货要求。

（3）因提供商品或服务造成人身伤害、死亡的民事责任。经营者提供商品或服务，造成消费者或其他人受伤、残疾、死亡的，应承担下列责任：造成消费者或者其他受害人人身伤害的，应当支付医疗费、治疗期间的护理费、因误工减少的收入等费用；造成残疾的，除上述费用外，还应支付残疾者生活自助具费、生活补助费、残疾赔偿金以及由其抚养的人所必需的生活费等费用；造成消费者或其他受害人死亡的，应当支付丧葬费、死亡赔偿金及由死者生前抚养的人所必需的生活费用。

（4）侵犯消费者人格尊严、人身自由的民事责任。经营者侵犯消费者的人格尊严或人身自由，应当停止侵害、恢复名誉、消除影响、赔礼道歉，并赔偿损失。

（5）造成财产损害的民事责任。经营者提供商品或者服务，造成消费者财产损害的，应当以修理、重作、更换、退货、补足商品数量、退还货款和服务费用或者赔偿损失等方式承担民事责任。双方对财产损害的补偿有约定的，可按照约定履行。

（6）对欺诈行为的惩罚性规定。经营者提供商品或者服务有欺诈行为的，应当按照消费者的要求增加赔偿其受到的损失，增加赔偿的金额为消费者购买商品的价格或者接受服务的费用的一倍。

欺诈行为是指经营者故意在提供的商品或服务中，以虚假陈述或者其他不正当手段欺骗、误导消费者，致使消费者权益受到损害的行为。

3. 违反《消费者权益保护法》的行政责任

经营者有下列情形之一，《产品质量法》和其他有关法律、法规对处罚机关和处罚方式有规定的，依照法律、法规的规定执行；法律、法规未作规定的，由工商行政管理部门责令改正，可以根据情节单处或者并处警告、没收违法所得、处以违法所得一倍以上五倍以下的罚款，没收违法所得的，处以一万元以下的罚款；情节严重的，责令停业整顿、吊销营业执照：

① 生产、销售的商品不符合保障人身、财产安全要求的；

② 在商品中掺杂、掺假，以假充真，以次充好，或者以不合格商品冒充合格商品的；

③ 生产国家明令淘汰的商品或者销售失效、变质的商品的；

④ 伪造商品的产地，伪造或者冒用他人的厂名、厂址，伪造或者冒用认证标志、名优标志等质量标志的；

⑤ 销售的商品应当检验、检疫而未检验、检疫或者伪造俭验、检疫结果的；

⑥ 对商品或者服务做引人误解和虚假宣传的；

⑦ 对消费者提出的修理、重作、更换、退货、补足商品数量、退还货款和服务费用或者赔偿损失的要求，故意拖延或者无理拒绝的；

⑧ 侵害消费者人格尊严或者侵犯消费者人身自由的；

⑨ 法律、法规规定的对损害消费者权益应当予以处罚的其他情形。

拒绝、阻碍有关行政部门工作人员依法执行职务，未使用暴力、威胁方法的，由公安机关依照《中华人民共和国治安管理处罚条例》的规定处罚。

经营者对行政处罚决定不服的，可以自收到处罚决定之日起 15 日内向上一级机关申请复议；对复议决定不服的，可以自收到复议决定书之日起 15 日内向人民法院提起诉讼，也可以直接向人民法院提起诉讼。

4. 违反《消费者权益保护法》的刑事责任

以暴力、威胁等方法阻碍有关行政部门工作人员依法执行职务的，依法追究刑事责任；国家机关工作人员玩忽职守或者包庇经营者侵害消费者合法权益的行为的，由其所在单位或者上级机关给予行政处分；情节严重，构成犯罪的，依法追究刑事责任。

11.4.2 承担损害赔偿责任的主体

1. 由生产者、销售者、服务者承担

（1）消费者在购买、使用商品时，其合法权益受到损害的，可以向销售者要求赔偿。销售者赔偿后，属于生产者的责任或者属于向销售者提供商品的其他销售者的责任的，销售者有权向生产者或者其他销售者追偿。

（2）消费者或者其他受害人因商品缺陷造成人身、财产损害的，可以向销售者要求赔偿，也可以向生产者要求赔偿。属于生产者责任的，销售者赔偿后，有权向生产者追偿。属于销售者责任的，生产者赔偿后，也有权向销售者追偿。

（3）消费者在接受服务时，其合法权益受到损害的，可以向服务者要求赔偿。

2. 侵犯消费者权益后，企业发生分离、合并后的责任承担

消费者在购买、使用商品或者接受服务时，其合法权益受到损害，因原企业分立、合并的，可以向变更后承受其权利义务的企业要求赔偿。

3. 由营业执照的使用人或持有人承担

使用他人营业执照的违法经营者提供商品或者服务，损害消费者合法权益的，消费者可以向其要求赔偿，也可以向营业执照的持有人要求赔偿。

4. 由从事虚假广告行为的经营者和广告的经营者承担

消费者因经营者利用虚假广告提供商品或者接受服务，其合法权益受到损害的，可以向经营者要求赔偿。广告的经营者发布虚假广告的，消费者可以请求行政主管部门予以惩处。广告的经营者不能提供经营者的真实名称、地址的，应当承担赔偿责任。

5. 消费者在展览会、租赁柜台购买商品或者接受服务，其合法权益受到损害的，可以向销售者或者服务者要求赔偿

展览会结束或者柜台租赁期满后，也可以向展览会的举办者、柜台的出租者要求赔偿。展览会的举办者、柜台的出租者赔偿后，有权向销售者或者服务者追偿。

案例思考

2016 年 3 月 18 日，赵某在某家电中心购买了一台著名品牌的电冰箱，价格 2 000 元。试机时发现冷冻室没有挂霜，家电中心经理认为这是因为室外湿度过高所致，并说电冰箱是直接从厂家进的货，质量没有问题，还表示 1 个月内如有质量问题包退包换，赵某在得到保证后遂运走了冰箱。3 月 28 日，赵某在家试机，发现冰箱不制冷，同时还发现冰箱上下门中间有一条边发烫，封条变形，冷冻室有流水现象。赵某立即找到该中心经理说明情况，经家电中心修理后，冰箱仍不制冷。赵某找到家电中心的经理，发现原来冰箱是一台因有质量问题而被其他客户退回来的次品，但家电中心经理却故意隐瞒了实情。问：

1. 赵某的什么权利受到了侵害？
2. 赵某可以通过什么途径解决此问题？
3. 家电中心应承担什么责任？

【实施与评价要点】

本项目一开始的任务导入中布置了一个任务：编写一份消费者权益保护手册。

1. 任务分析

为完成上面的任务，应认真学习和掌握《消费者权益保护法》的基本内容，主要解决以下问题：

（1）明确《消费者权益保护法》的适用范围；

（2）理解和掌握《消费者权益保护法》规定的消费者权利的内容和含义；

（3）理解和掌握《消费者权益保护法》规定的经营者义务的内容和含义；

（4）在消费者的权益被侵害时，如何准确选择承担责任的主体；

（5）在消费者的权益被侵害时，如何准确要求赔偿的数额；

（6）选择哪种求偿方式。

2. 任务实施及检测

(1) 任务内容：根据《消费者权益保护法》的规定，编写一份消费者权益保护手册，手册的内容应符合法律规定，并且达到使用者按照手册的指引，能够正确行使各项权利，保护自己的合法利益的要求。

(2) 任务要求：每20人一大组，选出组长，每大组分成两个小组，每个小组的10名成员各编写一份手册，用A4纸打印。每组把两份手册进行对比，找出差距，然后进行补正。

(3) 任务检测：每组组长进行作品展示。展示后每个人都可以对手册中存在的问题进行提问，每组组长进行答辩，教师根据每组展示和答辩情况进行总结点评打分。

重点概括

本项目介绍了消费者权益保护法的适用范围、消费者的权利和经营者的义务；阐述了国家和社会对消费者权益的保护内容；承担侵犯消费者权益的责任主体及违反消费者权益保护法的法律责任。

项目 12

设计对不正当竞争行为的处罚方案

【任务导入】

1. 项目内容

通过本项目的学习，能够根据实际需要，制订一份对不正当竞争行为的处罚方案。

某工商局干部接到某经营者的投诉，称与其有竞争关系的另一名经营者擅自使用自己商品特有的名称、包装、装潢，引起消费者误认为是自己的商品而购买该商品，使自己的商品销量下降，给自己造成了损失，请求工商部门予以处罚，并要求擅自使用自己商品特有的名称、包装、装潢的经营者对自己进行赔偿。某工商局干部在接到投诉进行调查后发现，不正当竞争事实成立，决定对擅自使用他人商品特有名称、包装、装潢的经营者进行处罚，为其设计一份处罚方案。

2. 项目要求

（1）设计的处罚方案符合反不正当竞争法的实体规定；

（2）设计的处罚方案程序合法；

（3）设计的处罚方案能够在实际中得到应用。

【理论知识要点】

1. 知识目标

（1）能正确理解不正当竞争行为的概念和特征；

（2）掌握我国反不正当竞争法中规定的不正当竞争行为；

（3）能熟知我国对不正当竞争行为的监督检查机关及其职权；

（4）掌握不正当竞争行为的法律责任。

2. 能力目标

（1）能够准确认定什么行为属于不正当竞争行为；

（2）能够按照反不正当竞争法的规定制订处罚方案。

案例导入

2013 年 2 月甲厂在国家商标局注册了用于白酒产品的“红星”牌商标。2014 年 10 月，乙厂注册了“太行”牌商标，商标图案中有“红星”字样，整个商标图形图案和文字除“太行”和“红星”字外，所有的文字、图案都与“红星”商标一样，并且连书写的字体、字型都相仿。从 2014 年 10 月到 2016 年 5 月，乙厂用“太行”牌商标共生产白酒 500 万瓶，销售了 350 多万瓶。销售额达 254 万元。因甲、乙两厂的商标相似，且乙厂采用了与甲厂白酒相似的装潢，致使广大消费者误认为乙厂生产的白酒就是甲厂生产的白酒，造成了消费者误解。甲厂生产的白酒销量出现显著下降，经济损失巨大。为此，2017 年 1 月，甲厂到当地工商局投诉乙厂进行不正当竞争行为。思考：

（1）乙厂的行为属于我国反不正当竞争法中规定的何种不正当竞争行为？

（2）何谓假冒或仿冒行为？如何认定？

（3）乙厂的行为违背了我国哪些法律、法规的规定？

（4）乙厂应对自己的行为应承担何种法律责任？

上述问题涉及本项目中有关设计对不正当竞争行为的处罚方案的内容。

【理论内容】

12.1 竞争法概述

12.1.1 竞争和竞争法的概念

1. 竞争的概念

竞争是市场经济中必不可少的内容，没有竞争，就没有市场经济。竞争是指两个以上的市场主体（经营者）在其通常活动的范围内，向同一需求者提供同种或类似的商品或劳务，或者接受同一供给者的同种或类似的商品或劳务时，为了追求有利的市场条件，实现经济利益而进行的各种商业性行为。

2. 竞争法的概念

竞争法是调整市场活动中经营者之间的竞争关系及管理者与经营者之间的竞争管理关系的法律规范的总称。

12.1.2 竞争法的调整对象及特征

1. 竞争法的调整对象

（1）经营者之间的竞争关系。这种竞争关系是平等主体的经营者之间的关系，是竞争法所调整的基础性的社会关系。竞争关系包括合法的竞争关系和违法的竞争关系。竞争法侧重于调整违法的竞争关系。

(2) 国家竞争管理机关与经营者之间的竞争管理关系。竞争管理关系是国家竞争管理机关在依照职权监督、管理市场的过程中所形成的社会关系，即国家竞争管理机关与经营者之间形成的一种管理与被管理的关系。经营者为了追求利益最大化往往会从事一些违反法律、社会公德和损害其他经营者或者消费者利益的行为，为了对此类行为进行制止和惩处，国家竞争管理机关就会对经营者的竞争行为进行规范和管理，从而形成了国家竞争管理机关与经营者之间的竞争管理关系，这也是竞争法的调整对象。

2. 竞争法的特征

(1) 适用对象具有多样性。竞争法的适用对象，主要是经营者，同时竞争法也适用于国家竞争管理机关，规范竞争管理机关的权利义务，也是竞争法的一项重要内容。

(2) 调整方法具有复杂性。竞争法调整的对象包括了竞争关系和竞争管理关系两个方面，而这两种关系中，前者属于平等主体之间的关系，后者属于不平等主体之间的关系，因此，竞争法既用自愿平等的方法调整平等主体之间的竞争行为关系，又用命令和服从的方法调整不平等主体之间的竞争管理关系。

(3) 法律内容的交叉性。竞争关系作为一种经济关系，其涉及面相当广泛，与其他经济关系有着十分密切的联系，这就导致了竞争法在内容上相对独立的同时，又形成了与其他法律的相互交叉与相互渗透。

(4) 法律责任的综合性。违反竞争法应承担的法律责任是一种综合性的责任，包括民事责任、行政责任和刑事责任。

12.2 反不正当竞争法

12.2.1 不正当竞争的概念和特征

1. 不正当竞争的概念

广义上的不正当竞争泛指一切违反有关法律规定或公认的商业习俗和道德而从事商品生产经营的行为。它包括垄断行为、限制竞争行为、其他采用不正当手段进行竞争的行为。狭义上的不正当竞争是指除垄断和限制竞争行为以外的，违反法律规定和公认的商业习俗和道德进行竞争的行为。我国《反不正当竞争法》规定，本法所称的不正当竞争，是指经营者违反本法规定，损害其他经营者的合法权益，扰乱社会经济秩序的行为。

2. 不正当竞争的特征

(1) 实施不正当竞争行为的主要主体是经营者。

(2) 经营者从事了违反《反不正当竞争法》的行为。

(3) 违反《反不正当竞争法》的行为是损害其他经营者合法权益、扰乱社会经济秩序、损害消费者合法权益的行为。

12.2.2 我国《反不正当竞争法》中规定的不正当竞争行为

1. 假冒、仿冒行为

（1）假冒、仿冒行为的概念。假冒、仿冒行为又称商业混同行为，是指生产者或经营者为了争夺竞争优势，在自己的商品或者营业标志上不正当地使用特定竞争对手的标志，使自己的商品或者营业与特定竞争对手经营的商品、营业相混淆，造成消费者误认或误购，牟取不正当利益的行为。

（2）假冒、仿冒行为的认定。假冒、仿冒行为应该具备以下几种构成要件：① 假冒、仿冒行为人具有主观故意；② 假冒、仿冒行为具有特定性；③ 仿冒行为具有误导性。

（3）假冒、仿冒行为的表现形式。① 假冒他人的注册商标。假冒他人注册商标的行为包括：未经注册商标所有人的许可，在同一种商品或者类似商品上使用与其注册商标相同或者近似的商标；销售明知是假冒注册商标商品的行为；伪造、擅自制造他人注册商标标识或者销售伪造、擅自制造注册商标标识的行为。② 擅自使用知名商品特有的名称、包装、装潢。指未经允许，擅自使用知名商品特有的名称、包装、装潢使购买者误认为是知名商品的行为。知名商品特有的名称、包装、装潢是该商品的无形资产，它不仅起到区别于其他同类商品制造者的作用，同时也在一定程度上反映了商品生产经营者的商业信誉和商品声誉，直接关系到商品市场销售情况。因此，对知名商品外在形象的仿冒，也就是对企业无形财产的侵犯。③ 擅自使用他人的企业名称或姓名。④ 在商品上伪造或者冒用认证标志、名优标志等质量标志，伪造产地，对商品质量作引人误解的虚假表示。

2. 商业贿赂行为

（1）商业贿赂行为的概念。商业贿赂是指经营者为争取交易机会，为销售或者购买商品而暗中给予交易对方有关人员和能够影响交易的其他相关人员以财物或者其他好处的行为。

（2）商业贿赂行为的认定。① 商业贿赂的主体是从事市场交易的经营者，既可以是卖方，也可以是买方。② 商业贿赂是经营者客观上出于故意和自愿进行的行为，其目的是排挤竞争对手。③ 商业贿赂在客观方面表现为违反国家有关财务、会计及廉政等方面的法律、法规的规定，秘密给付财物中其他报偿，具有很大的隐蔽性。④ 商业贿赂的形式除了金钱回扣之外，还有提供免费度假、旅游、高档宴席、赠送昂贵物品、房屋装修以及解决子女、亲属入学、就业等多种方式。⑤ 商业贿赂在后果上侵犯了同业竞争者的公平竞争权，扰乱了社会经济秩序。

（3）商业贿赂与折扣、佣金的区别。折扣即价格折扣，亦称让利，它是指在商品购销活动中经营者给对方以一定比例的减让而返还给对方的一种交易上的优惠。折扣和非法回扣的显著区别在于，折扣要以明示的方式给付对方，折扣的给付方和收受方都要如实入账，否则就要承担法律责任。佣金是指在市场交易活动中，给予为其提供服务的具有合法经营资格的中间人的劳动报酬。

3. 虚假宣传行为

（1）虚假宣传行为的概念。虚假宣传行为是指经营者利用广告或者其他方法，对商品的质量、制作成分、性能、用途、生产者、有效期限、产地等作的引人误解的虚假宣传。

（2）虚假宣传行为的认定。① 虚假宣传行为具有违法性。虚假宣传行为违反了我国的《广告法》《消费者权益保护法》《反不正当竞争法》等法律的有关规定，违背了公序良俗，损害了消费者或者其他生产经营者的合法权益，具有一定程度的社会危害性。② 虚假宣传行为的内容具有不真实性。虚假宣传行为的根本在于内容未能真实客观地介绍有关商品或服务的情况，与实际商品或服务情况明显不符。③ 虚假宣传行为的手段具有欺骗性。虚假宣传行为采取虚构事实、隐瞒真相等手段，故意欺骗或误导消费者，使其产生错误的认识，进而购买其宣传的商品或接受其宣传的服务。④ 虚假宣传行为的主体具有复杂性。虚假广告的主体既包括广告主，也包括广告经营者，还包括广告发布者。

4. 侵犯商业秘密的行为

（1）商业秘密的概念。商业秘密是指不为公众所知悉、能为权利人带来经济利益、具有实用性并经权利人采取了保密措施的技术信息和经营信息。商业秘密是一种无形财产，属于知识产权的一种。

（2）商业秘密的特征。商业秘密具有以下法律特征：商业秘密具有秘密性，这些信息必须是不为公众所知晓的；商业秘密具有价值性，这些信息必须具有实用性，能够为权利人带来实际的或潜在经济利益和竞争优势；商业秘密具有保密性：权利人必须为这些信息采取了适当的保密措施。

（3）侵犯商业秘密的行为的表现形式。① 以盗窃、利诱、胁迫或者其他不正当手段获取权利人的商业秘密。② 披露、使用或者允许他人使用以上述手段所获取的权利人的商业秘密。③ 违反约定或者违反权利人有关保守商业秘密的要求，披露、使用或者允许他人使用其掌握的商业秘密。第三人明知或者应知前款所列违法行为，获取、使用或者披露他人的商业秘密，视为侵犯商业秘密。

5. 不当低价销售行为

（1）不当低价销售行为的概念。不当低价销售行为是指经营者以排挤竞争对手为目的，以低于成本的价格销售商品的行为。

（2）不当低价销售行为的特征。不当低价销售的目的是排挤竞争对手；不当低价销售的价格一定低于生产成本或进货成本。

（3）不当低价销售行为的例外。有下列情形之一的，不属于不正当竞争行为：销售鲜活商品的；处理有效期限即将到期或者其他积压的商品的；季节性降价的；因清偿债务、转产、歇业降价销售商品的。

6. 不当有奖销售的行为

（1）不当有奖销售的行为的概念。有奖销售指经营者销售商品或提供服务附带性地向购买者提供物品、金钱或其他物质的行为，包括附赠式有奖销售和抽奖式有奖销售两种。法律并不禁止所有的有奖销售行为，但是对可能造成不良后果、破坏竞争规则的不正当的有奖销售加以禁止。不正当有奖销售的行为是指经营者违反诚实公平竞争原则，利用物质、金钱或其他经济利益引诱购买者与之交易，排挤竞争对手的不正当竞争行为。

（2）不正当有奖销售的行为的表现形式。① 采用谎称有奖或者故意让内定人员中奖的欺骗方式进行的有奖销售；② 利用有奖销售的办法，推销质次价高的商品的；③ 抽奖式的有奖销售，最高奖的金额超过 5 000 元的。

7. 不当搭售行为

（1）不当搭售行为的概念。不当搭售行为是指经营者利用其经济优势，在销售商品时，违背购买者的意愿搭售商品或者附加其他不合理的条件的行为。

（2）不当搭售行为的认定。① 经营者是否具有并滥用了市场优势。要求搭售商品或者附加其他不合理条件而销售商品的，一般都是具有并滥用市场优势的经营者。② 违背购买者意愿。③ 在进行搭售时，排挤其他厂商的竞争。

8. 诋毁商誉的行为

（1）诋毁商誉的行为的概念。商誉是指对经营者综合性的市场评价。诋毁商誉的行为是指经营者传播有关竞争对手的虚假信息，以破坏竞争对手的商业信誉的不正当竞争行为。其特点是以散布虚构的事实为手段，以达到损害竞争对手商业信誉、从中获利为目的。

（2）诋毁商誉行为的认定。① 捏造、散布虚伪事实是以贬低竞争对手为目的，意在削弱竞争对手或使其丧失竞争能力。② 散布的内容是凭空捏造的虚假、不实之情。③ 将捏造的虚伪事实加以散布。④ 有特定的诽谤对象，被诽谤对象是与诽谤者之间存在竞争关系的经营者。

9. 滥用优势地位的行为

（1）滥用优势地位的行为的概念。滥用优势地位的行为是指公用企业或者其他依法具有独占地位的经营者，限定他人购买其指定的经营者的商品，以排挤其他经营者的行为。经营者包括两类：一是公用企业，如电力、自来水、煤气和公共交通等企业；二是依法具有独占地位的经营者，在特定的市场上处于无竞争状态。

（2）滥用优势地位的行为的表现形式。① 限定用户或消费者只能购买和使用其附带提供的相关商品，而不得购买和使用其他经营者提供的符合技术标准的同类商品。② 限定用户或消费者只能购买和使用其指定的经营者生产或者经销的商品，而不得购买和使用其他经营者提供的符合技术标准的同类商品。③ 强制用户、消费者购买其提供的不必要的商品及配件。④ 强制用户、消费者购买其指定的经营者提供的不必要的商品。⑤ 以检验商品质量、性能等为借口，阻碍用户、消费者购买、使用其他经营者提供的符合技术标准的其他商品。⑥ 对不接受其不合理条件的用户、消费者拒绝、中断或者削减供应相关商品，或者滥收费用。⑦ 其他限制竞争的行为。

12. 滥用行政权力的行为

（1）滥用行政权力的行为的概念。滥用行政权力的行为是指政府及其所属部门滥用行政权力，限定他人购买其指定的经营者的商品，限制其他经营者正当的经营活动，限制外地商品进入本地市场，或者本地商品流向外地市场的行为。

（2）滥用行政权力的行为的表现形式。① 限定客户和消费者只能购买行政部门下属企业或挂靠企业生产或经营的商品。② 限定客户和消费者只能购买行政部门关系户的商品。③ 限定客户和消费者接受指定单位的有偿服务。④ 规定在本辖区内未经批准不得购买和销售某些外地商品。⑤ 在本辖区边界或交通要道设置检查站，阻止外地商品进入本地和阻止本地紧俏商品及重要原材料运往外地。⑥ 对进入本辖区的外地商品收取各种不合理的附加费等。⑦ 借口保护本地工商企业，封锁市场信息。

11. 串通招投标行为

（1）串通招投标行为的概念。串通招投标行为是指招标者与投标者之间或者投标者与投标者之间采用不正当手段，对招标投标事项串通，以排挤竞争对手或者损害招标者利益的行为。

（2）串通招投标行为的表现形式。① 投标者之间相互串通，抬高标价或者压低标价的行为，其目的在于采取联合行动以限制竞争。其表现形式主要有：相互串通一致抬高或降低标价；相互串通轮流以高价位或低价位中标；投标者之间先进行内部竞争，内定中标人，然后再参加投标；投标者之间其他串通投标行为。这些行为直接损害招标者的经济利益。② 投标者与招标者相互勾结行为，排挤竞争对手。其表现形式主要有：招标者在公开开标前，开启标书，并将投标情况告知其他投标者，或者协助投标撤换标书，更改标价；招标者向特定的投标者泄露其标底。投标者和招标者相互勾结，在招标投标时压低或抬高标价，中标后再给投标者或中标者以额外的补偿。招标者预先内定中标者，在确定中标者时以此决定取舍。

案例思考

2017 年 3 月，某县政府决定兴建一项防洪工程，并以招标方式确定该工程的承包商。为此，县政府向当地有资质资格的甲、乙、丙、丁 4 家建筑公司发出了招标邀请书。在规定的期限内，上述 4 家建筑公司均提交了投标书。在评标过程中，评标委员会发现各投标人的报价都偏高，但由于汛期将至，该县政府不得不接受其中报价相对较低的甲公司的报价，并与其签订了防洪工程承包合同。此后不久，县政府发现了有关投标的内幕真相。原来，上述 4 家建筑公司在投标前私下达成一致意见，决定联手抬高投标报价，并约定由最后中标的建筑公司给其余 3 家建筑公司各补偿 2 万元。问：应当对甲、乙、丙、丁 4 家建筑公司的行为如何定性？

12.2.3　对不正当竞争行为的监督检查

1. 对不正当竞争行为监督检查的种类

（1）政府专门机关的监督检查。对不正当竞争行为先例监督检查权的机关主要有：县级以上人民政府工商行政管理部门对不正当竞争行为监督检查；法律、行政法规规定的其他部门的监督。例如，物价、计量、技术监督、商品检验、银行等部门。

（2）社会监督。任何组织和个人均有权根据《反不正当竞争法》的规定，对不正当竞争行为进行举报、控告、申诉、社会舆论监督及其他各种形式的社会监督。国家对社会监督予以鼓励和支持。

2. 对不正当竞争行为监督检查机构的职权

（1）询问权。按照规定程序询问被检查的经营者、利害关系人、证明人，并要求提供证明材料或者与不正当竞争行为有关的其他资料。

（2）查询复制权。查询、复制与不正当竞争行为有关的协议、账册、单据、文件、记录、业务函电和其他资料。

（3）检查财务权。检查与《反不正当竞争法》第 5 条规定的不正当竞争行为有关的财物，必要时可以责令被检查的经营者说明该商品的来源和数量，暂停销售，听候检查，不得转移、隐匿、销毁财物。

12.2.4　违反《反不正当竞争法》的法律责任

不正当竞争行为的法律责任指不正当竞争行为的主体违反《反不正当竞争法》的规定，实施了不正当竞争行为所要承担的法律后果。它包括民事责任、行政责任和刑事责任 3 种形式。

1. 经营者的责任

（1）经营者的民事责任。经营者的民事责任是经营者违反《反不正当竞争法》，给被侵害经营者造成损害的，应当承担民事赔偿责任。被侵害的经营者的损失难以计算的，赔偿额为侵权人在侵权期间因侵权所获得的利润；并应当承担被侵害的经营者因调查该经营者侵害其合法权益的不正当竞争行为所支付的合理费用。民事责任形式主要有：停止侵权、赔礼道歉、恢复原状、赔偿损失等。

（2）经营者的行政责任。行政责任是指违反《反不正当竞争法》规定的经营者承担的行政法律后果。行政责任的责任形式主要有：责令停止违法待业、罚款、没收违法所得、取消经营者资格等。

（3）经营者的刑事责任。刑事责任是指依照刑事法律规定，行为人实施刑事法律禁止的行为所必须承担的后果。

经营者销售伪劣商品，构成犯罪的，依法追究刑事责任。

经营者采用财物或者其他手段进行贿赂以销售或者购买商品，构成犯罪的，依法追究刑事责任。

2. 政府及其所属部门的法律责任

政府及其所属部门违反法律规定，限定他人购买其指定的经营者的商品、限制其他经营者正当的经营活动，或者限制商品在地区之间正常流通的，由上级机关责令其改正；情节严重的，由同级或者上级机关对直接责任人员给予行政处分。被指定的经营者借此销售质次价高商品或者滥收费用的，监督检查部门应当没收违法所得，可以根据情节处以违法所得1倍以上3倍以下的罚款。

监督检查不正当竞争行为的国家机关工作人员滥用职权、玩忽职守，构成犯罪的，依法追究刑事责任；不构成犯罪的，给予行政处分。

监督检查不正当竞争行为的国家机关工作人员徇私舞弊，对明知有违反《反不正当竞争法》规定构成犯罪的经营者故意包庇不使他人受追诉的，依法追究刑事责任。

案例思考

甲公司生产一种保健产品营养液，销售量几年来保持全国同类产品的首位。乙公司也生产了一种与甲公司的产品类似的产品，销售情况一直不好。为了提高本厂产品的销售数量，乙公司在全国许多地方散发有关该产品的宣传材料。在材料中称甲公司的上述产品含有激素，会造成小孩早熟，将自己的产品和甲公司的产品进行对比，指出自己产品的各种有益成分均高于甲公司的产品。乙公司的行为致使甲公司在全国各地的产品销量明显下降，给甲公司造成的直接经济损失已达800万元。后经查明甲公司的保健产品营养液并不含有激素。问：

1. 乙公司的行为属于不正当竞争行为中的哪种行为?
2. 乙公司应承担何种法律责任?
3. 对于乙公司的行为，应由政府的哪个部门负责监督检查?

12.3* 反垄断法概述

12.3.1 反垄断法

1. 垄断的概念和特征

（1）垄断概念。垄断的原意是独占，垄断的经济学含义和垄断的法律含义不同，经济学上的垄断是指少数企业或经济组织之间为牟取高额利润，利用各种手段，达成协议独占某种商品的生产和销售。法律上的垄断是经营者或其利益代表者排除或限制竞争的违法行为或状态。经营者，是指从事商品生产、经营或者提供服务的自然人、法人和其他组织。

（2）垄断的特征。垄断具有以下特征：垄断的主体是经营者或其利益代表者；垄断的主观方面是牟取超额利益；垄断的客观方面是垄断行为；垄断的后果是排除或限制竞争；垄断具有违法性。

2. 反垄断法的概念和调整对象及适用范围

（1）反垄断法的概念。反垄断法是调整在国家规制垄断过程中所发生的社会关系的法律规范的总称。它是经济法的重要组成部分。

（2）反垄断法的调整对象。反垄断法的调整对象是指国家在反垄断行为的过程中所形成的社会关系，包括以下几方面的内容：在确定反垄断范围中发生的社会关系；在确定反垄断管理体制的过程中产生的社会关系；在制裁非法垄断行为过程中发生的社会关系。

（3）反垄断法的适用范围。反垄断法规定，中华人民共和国境内经济活动中的垄断行为，适用本法；中华人民共和国境外的垄断行为，对境内市场竞争产生排除、限制影响的，适用本法。

（4）反垄断法的适用除外。适用除外制度作为反垄断法的一项基本制度在各国反垄断立法中均得以确立。所谓反垄断法适用除外，亦称适用豁免，是指在某些领域对某些事项不适用反垄断法。经营者依照有关知识产权的法律、行政法规规定行使知识产权的行为，不适用本法；但是，经营者滥用知识产权，排除、限制竞争的行为，适用本法。

农业生产者及农村经济组织在农产品生产、加工、销售、运输、储存等经营活动中实施的联合或者协同行为，不适用本法。

12. 3. 2 我国反垄断法规定的垄断行为

我国反垄断法规定的垄断行为主要包括：经营者达成垄断协议；经营者滥用市场支配地位；具有或者可能具有排除、限制竞争效果的经营者集中。

1. 经营者达成垄断协议

（1）垄断协议的概念。垄断协议是指排除、限制竞争的协议、决定或者其他协同行为。

（2）垄断协议的表现形式。① 横向垄断协议。横向垄断协议是指具有竞争关系的经营者与经营者之间达成的垄断协议。我国禁止下列横向垄断协议：固定或者变更商品价格；限制商品的生产数量或者销售数量；分割销售市场或者原材料采购市场；限制购买新技术、新设备或者限制开发新技术、新产品；联合抵制交易；国务院反垄断执法机构认定的其他垄断协议。鉴于某些行业协会在市场竞争中发挥的负面作用，如协调本行业企业的产品价格，反垄断法规定：行业协会不得组织本行业的企业从事垄断协议行为。② 纵向垄断协议。纵向垄断协议是指经营者与交易相对人达成的垄断协议。我国禁止下列纵向垄断协议：固定向第三人转售商品的价格；限定向第三人转售商品的最低价格；国务院反垄断执法机构认定的其他垄断协议。这些限制不仅严重损害销售商的定价权，而且严重损害消费者的利益。

（3）垄断协议禁止的豁免。企业间订立限制竞争的协议不是在任何情况下都会妨害公平竞争，损害市场秩序；相反，有时对经济发展有利。经营者能够证明所达成的协议属于下列情形之一的，不被禁止：为改进技术、研究开发新产品的；为提高产品质量、降低成本、增进效率，统一产品规格、标准或者实行专业化分工的；为提高中小经营者经营效率，增强中小经营者竞争力的；为实现节约能源、保护环境、救灾救助等社会公共利益的；因经济不景气，为缓解销售量严重下降或者生产明显过剩的；存在上述 5 种情形，经营者还应当证明所达成的协议不会严重限制相关市场的竞争，并且能够使消费者分享由此产生的利益。此外，经营者能够证明所达成的协议是为保障对外贸易和对外经济合作中的正当利益的也是不被禁止的。

2. 经营者滥用市场支配地位

（1）市场支配地位的概念。市场支配地位是指经营者在相关市场内具有能够控制商品价格、数量或者其他交易条件，或者能够阻碍、影响其他经营者进入相关市场能力的市场地位。

相关市场是指经营者在一定时期内就特定商品或者服务（以下统称商品）进行竞争的商品范围和地域范围。

（2）滥用市场支配地位的表现形式。滥用市场支配地位的表现形式有：以不公平的高价销售商品或者以不公平的低价购买商品；没有正当理由，以低于成本的价格销售商品；没有正当理由，拒绝与交易相对人进行交易；没有正当理由，限定交易相对人只能与其进行交易或者只能与其指定的经营者进行交易；没有正当理由搭售商品，或者在交易时附加其他不合理的交易条件；没有正当理由，对条件相同的交易相对人在交易价格等交易条件上实行差别待遇；国务院反垄断执法机构认定的其他滥用市场支配地位的行为。

（3）认定经营者是否具有市场支配地位的依据。认定经营者是否具有市场支配地位的依据主要有以下因素：该经营者在相关市场的市场份额，以及相关市场的竞争状况；该经营者控制销售市场或者原材料采购市场的能力；该经营者的财力和技术条件；其他经营者对该经营者在交易上的依赖程度；其他经营者进入相关市场的难易程度；与认定该经营者市场支配地位有关的其他因素。

经营有下列情形可以推断其具有市场支配地位：一个经营者在相关市场的份额达到 1/2；两个经营者在相关市场的份额合计达到 2/3 以上；三个经营者在相关市场的份额合计达到 3/4 以上。有上述前两种情形，其中有的经营者市场份额不足 1/10 的，不应当推定该经营者具有市场支配地位。被推定具有市场支配地位的经营者，有证据证明不具有市场支配地位的，不应当认定其具有市场支配地位。

3. 经营者集中

经营者集中是指经营者通过合并、收购、联营或控制其他经营者的业务或人事等方式，集合经营者经济力，提高市场地位的行为。

1）经营者集中的表现形式

经营者集中是指下列情形：经营者合并；经营者通过取得股权或者资产的方式取得对其他经营者的控制权；经营者通过合同等方式取得对其他经营者的控制权或者能够对其他经营

者施加决定性影响。

2）对经营者集中的规制制度

（1）经营者集中申报制度。

① 集中申报。经营者集中达到国务院规定的申报标准的，经营者应当事先向国务院反垄断执法机构申报，未申报的不得实施集中。

② 集中申报的豁免。经营者集中有下列情形之一的，可以不向国务院反垄断执法机构申报：参与集中的一个经营者拥有其他每个经营者 50% 以上有表决权的股份或者资产的；参与集中的每个经营者 50% 以上有表决权的股份或者资产被同一个未参与集中的经营者拥有的。

③ 集中申报应当提交下列文件、资料。经营者向国务院反垄断执法机构申报集中，应当提交下列文件、资料：申报书；集中对相关市场竞争状况影响的说明；集中协议；参与集中的经营者经会计师事务所审计的上一会计年度财务会计报告；国务院反垄断执法机构规定的其他文件、资料。申报书应当载明参与集中的经营者的名称、住所、经营范围、预定实施集中的日期和国务院反垄断执法机构规定的其他事项。经营者提交的文件、资料不完备的，应当在国务院反垄断执法机构规定的期限内补交文件、资料。经营者逾期未补交文件、资料的，视为未申报。

（2）反垄断执法机关对经营者集中申报的审批制度。

① 初步审查。国务院反垄断执法机构应当自收到经营者提交的文件、资料之日起 30 日内，对申报的经营者集中进行初步审查，作出是否实施进一步审查的决定，并书面通知经营者。国务院反垄断执法机构作出决定前，经营者不得实施集中。国务院反垄断执法机构作出不实施进一步审查的决定或者逾期未作出决定的，经营者可以实施集中。

② 进一步审查。国务院反垄断执法机构决定实施进一步审查的，应当自决定之日起 90 日内审查完毕，作出是否禁止经营者集中的决定，并书面通知经营者。作出禁止经营者集中的决定，应当说明理由。审查期间，经营者不得实施集中。有下列情形之一的，国务院反垄断执法机构经书面通知经营者，可以延长前款规定的审查期限，但最长不得超过 60 日：经营者同意延长审查期限的；经营者提交的文件、资料不准确，需要进一步核实的；经营者申报后有关情况发生重大变化的。国务院反垄断执法机构逾期未作出决定的，经营者可以实施集中。

③ 审查经营者集中应当考虑的因素。审查经营者集中，应当考虑下列因素：参与集中的经营者在相关市场的市场份额及其对市场的控制力；相关市场的市场集中度；经营者集中对市场进入、技术进步的影响；经营者集中对消费者和其他有关经营者的影响；经营者集中对国民经济发展的影响；国务院反垄断执法机构认为应当考虑的影响市场竞争的其他因素。

④ 对经营者集中的审查决定。经营者集中具有或者可能具有排除、限制竞争效果的，国务院反垄断执法机构应当作出禁止经营者集中的决定。

经济是非常复杂和活跃的，有些合并即便具有排除、限制竞争的负面影响，同时也可能有利于提高市场竞争强度或者企业的经济效率。所以，《反垄断法》规定，经营者能够证明该集中对竞争产生的有利影响明显大于不利影响，或者符合社会公共利益的，国务院反垄断执法机构可以作出对经营者集中不予禁止的决定。对不予禁止的经营者集中，国务院反垄断执法机构可以决定附加减少集中对竞争产生不利影响的限制性条件。

国务院反垄断执法机构应当将禁止经营者集中的决定或者对经营者集中附加限制性条件的决定，及时向社会公布。

对外资并购境内企业或者以其他方式参与经营者集中，涉及国家安全的，除依照本法规定进行经营者集中审查外，还应当按照国家有关规定进行国家安全审查。

4. 滥用行政权力排除、限制竞争

1）滥用行政权力排除、限制竞争的概念

滥用行政权力排除、限制竞争是指行政机关和法律、法规授权的具有管理公共事务职能的组织滥用行政权力，限定或者变相限定单位或者个人经营、购买、使用其指定的经营者提供的商品的行为。

2）滥用行政权力排除、限制竞争的表现形式

行政机关和法律、法规授权的具有管理公共事务职能的组织滥用行政权力实施下列行为，妨碍商品在地区之间的自由流通视为滥用行政权力排除、限制竞争的行为：对外地商品设定歧视性收费项目、实行歧视性收费标准，或者规定歧视性价格；对外地商品规定与本地同类商品不同的技术要求、检验标准，或者对外地商品采取重复检验、重复认证等歧视性技术措施，限制外地商品进入本地市场；采取专门针对外地商品的行政许可，限制外地商品进入本地市场；设置关卡或者采取其他手段，阻碍外地商品进入或者本地商品运出；妨碍商品在地区之间自由流通的其他行为。

此外，行政机关和法律、法规授权的具有管理公共事务职能的组织滥用行政权力，以设定歧视性资质要求、评审标准或者不依法发布信息等方式，排斥或者限制外地经营者参加本地的招标投标活动；行政机关和法律、法规授权的具有管理公共事务职能的组织滥用行政权力，采取与本地经营者不平等待遇等方式，排斥或者限制外地经营者在本地投资或者设立分支机构；行政机关和法律、法规授权的具有管理公共事务职能的组织滥用行政权力，强制经营者从事本法规定的垄断行为；行政机关滥用行政权力，制定含有排除、限制竞争内容的规定等行为都属于滥用行政权力排除、限制竞争的表现形式。

12.3.3 反垄断法的执行与适用

1. 反垄断法的执行主体

国务院设立反垄断委员会，负责组织、协调、指导反垄断工作。反垄断委员会的职责主要有：

① 研究拟订有关竞争政策；② 组织调查、评估市场总体竞争状况，发布评估报告；③ 制定、发布反垄断指南；④ 协调反垄断行政执法工作；⑤ 国务院规定的其他职责。

2. 对涉嫌垄断行为的调查

对涉嫌垄断行为，任何单位和个人有权向反垄断执法机构举报。反垄断执法机构应当为举报人保密。

1）反垄断执法机构调查涉嫌垄断行为采取的措施

进入被调查的经营者的营业场所或者其他有关场所进行检查；询问被调查的经营者、利害关系人或者其他有关单位或者个人，要求其说明有关情况；查阅、复制被调查的经营者、利害关系人或者其他有关单位或者个人的有关单证、协议、会计账簿、业务函电、电子数据等文件、资料；查封、扣押相关证据；查询经营者的银行账户。

反垄断执法机构及其工作人员对执法过程中知悉的商业秘密负有保密义务。被调查的经营者、利害关系人或者其他有关单位或者个人应当配合反垄断执法机构依法履行职责，不得拒绝、阻碍反垄断执法机构的调查。被调查的经营者、利害关系人有权陈述意见。反垄断执法机构应当对被调查的经营者、利害关系人提出的事实、理由和证据进行核实。

反垄断执法机构对涉嫌垄断行为调查核实后，认为构成垄断行为的，应当依法作出处理决定，并可以向社会公布。

2）调查的中止

对反垄断执法机构调查的涉嫌垄断行为，被调查的经营者承诺在反垄断执法机构认可的期限内采取具体措施消除该行为后果的，反垄断执法机构可以决定中止调查。中止调查的决定应当载明被调查的经营者承诺的具体内容。反垄断执法机构决定中止调查的，应当对经营者履行承诺的情况进行监督。经营者履行承诺的，反垄断执法机构可以决定中止调查。

3）调查的恢复

有下列情形之一的，反垄断执法机构应当恢复调查：经营者未履行承诺的；作出中止调查决定所依据的事实发生重大变化的；中止调查的决定是基于经营者提供的不完整或者不真实的信息作出的。

12.3.4 违反反垄断法的法律责任

1. 民事责任

经营者实施垄断行为，给他人造成损失的，依法承担民事责任。

2. 行政责任

（1）经营者达成并实施垄断协议的，由反垄断执法机构责令停止违法行为，没收违法所得，并处上一年度销售额1%以上10%以下的罚款；尚未实施所达成的垄断协议的，可以处50万元以下的罚款。

经营者主动向反垄断执法机构报告达成垄断协议的有关情况并提供重要证据的，反垄断执法机构可以酌情减轻或者免除对该经营者的处罚。

行业协会违反本法规定，组织本行业的经营者达成垄断协议的，反垄断执法机构可以处50万元以下的罚款；情节严重的，社会团体登记管理机关可以依法撤销登记。

（2）经营者滥用市场支配地位的，由反垄断执法机构责令停止违法行为，没收违法所得，并处上一年度销售额 1% 以上 10% 以下的罚款。

（3）经营者实施集中的，由国务院反垄断执法机构责令停止实施集中、限期处分股份或者资产、限期转让营业以及采取其他必要措施恢复到集中前的状态，可以处 50 万元以下的罚款。

（4）行政机关和法律、法规授权的具有管理公共事务职能的组织滥用行政权力，实施排除、限制竞争行为的，由上级机关责令改正；对直接负责的主管人员和其他直接责任人员依法给予处分。反垄断执法机构可以向有关上级机关提出依法处理的建议。法律、行政法规对行政机关和法律、法规授权的具有管理公共事务职能的组织滥用行政权力实施排除、限制竞争行为的处理另有规定的，依照其规定。

（5）对反垄断执法机构依法实施的审查和调查，拒绝提供有关材料、信息，或者提供虚假材料、信息，或者隐匿、销毁、转移证据，或者有其他拒绝、阻碍调查行为的，由反垄断执法机构责令改正，对个人可以处 2 万元以下的罚款，对单位可以处 20 万元以下的罚款；情节严重的，对个人处 2 万元以上 10 万元以下的罚款，对单位处 20 万元以上 100 万元以下的罚款。

3. 刑事责任

（1）对反垄断执法机构依法实施的审查和调查，拒绝提供有关材料、信息，或者提供虚假材料、信息，或者隐匿、销毁、转移证据，或者有其他拒绝、阻碍调查行为，构成犯罪的，依法追究刑事责任。

（2）反垄断执法机构工作人员滥用职权、玩忽职守、徇私舞弊或者泄露执法过程中知悉的商业秘密，构成犯罪的，依法追究刑事责任；尚不构成犯罪的，依法给予处分。

【实施与评价要点】

本项目一开始的任务导入中布置了一个任务：某工商局干部接到某经营者的投诉，进行调查后发现，不正当竞争事实成立，决定对擅自使用他人商品特有名称、包装、装潢的经营者进行处罚，为其设计一份处罚方案。

1. 任务分析

为完成上面的任务，应围绕《反不正当竞争法》中有关假冒、仿冒行为的认定，结合本案的特点主要解决以下几个问题：

（1）应明确被调查人是否属于经营者；

（2）被调查者的行为是否属于不正当竞争行为；

（3）被调查者的行为属于不正当竞争行为的哪一种不正当竞争行为；

（4）该种不正当竞争行为应承担的法律责任是什么；

（5）按照法律规定对其处罚应遵循的法定程序是什么。

2. 任务实施及检测

（1）任务内容：对于违反《反不正当竞争法》从事不正当竞争行为的经营者，进行处罚，设计处罚方案。

（2）任务要求：每20人一大组，选出组长，每大组分成两个小组，每个小组的10名成员，根据任务目标共同设计处罚方案，用A4纸打印。每组把两份处罚方案进行对比，找出差距，然后进行补正。

（3）任务检测：每组组长进行作品展示。展示后每个人都可以对处罚方案中存在的问题进行提问，每组组长进行答辩，教师根据每组展示和答辩情况进行总结点评打分。

重点概括

本项目介绍了不正当竞争行为的概念和特征，重点阐述了我国反不正当竞争法规定的11种不正当竞争行为的认定标准及应承担的法律责任，介绍了我国对于不正当竞争行为的监督检查机关及其职权。

此外，本项目介绍了垄断的概念和特征，阐述了我国反垄断法规定的垄断行为及其认定标准和法律责任，对于我国反垄断法的执行和适用进行了简单介绍。

项目 13

设计票据拒付后的追索方案

【任务导入】

1. 项目内容

通过本项目的学习，能够根据实际需要，设计票据遭到拒付后的追索方案。

甲乙二人签订买卖合同，约定乙向甲购买水泥，约定使用票据结算。乙于甲交货后的第三日向甲签发汇票一张，金额为 1 000 万元，乙为出票人，收款人为甲，付款人为建设银行某市支行，到期日为 2016 年 10 月 1 日。在到期日前，甲因购买丙的钢材，将汇票通过背书转让给丙，丙又在到期日前将汇票转让给丁。丁于到期日要求建设银行某市支行兑现，遭到拒付。请为丁设计追索方案。

2. 项目要求

（1）设计的追索方案符合票据法的有关追索权行使的实质要件；

（2）设计的追索方案符合票据法的有关追索权行使的形式要件；

（3）能够使丁正确地行使其追索权。

【理论知识要点】

1. 知识目标

（1）能正确理解票据的特征；

（2）能理解票据法律关系；

（3）熟知票据上各种行为和票据权利的规定；

（4）掌握我国票据法关于汇票、本票、支票的规定。

2. 能力目标

（1）能依法进行各项票据行为；

（2）能够按票据法的规定正确行使票据上的各项权利。

案例导入

2016年3月20日，光华沙发厂与光明家具公司签订沙发买卖合同，金额50万元，约定以汇票结算。家具公司收到沙发后，于3月27日向光华沙发厂签发了一张以其开户银行为付款人、金额50万元的到期日为9月27日的汇票。3月29日，光华沙发厂将该汇票背书转让给某皮革厂，5月20日，皮革厂又将该汇票背书转让给某畜牧厂，以抵销所欠货款。畜牧厂在到期日向付款人提示付款，因家具公司在其开户行的存款不足而遭拒付。思考：

（1）银行可以拒付吗？

（2）畜牧厂可以采取什么救济措施？

（3）畜牧厂可以请求哪些单位承担责任？

（4）承担责任的单位之间的责任形式是什么？

上述问题涉及本项目设计票据遭到拒付后的追索方案的内容。

【理论内容】

13.1 票据法概述

13.1.1 票据

1. 票据的概念

广义上的票据，是指各种记载财产权利的书面凭证，包括钞票、发票、提单、仓单、保单、车票、船票、机票、债券、股票、借据、汇票、本票、支票等。狭义上的票据，仅指以无条件支付一定金额为内容，且由票据法规范的有价证券。票据法所称之票据均指狭义上的票据。

我国票据法中所称的票据是指出票人依法签发的，约定自己或委托付款人在见票时或指定的日期无条件支付确定的金额给收款人或持票人的有价证券，包括汇票、本票和支票。

2. 票据的特征

（1）票据是设权证券。票据是创设权利，而不是证明已经存在的权利。票据一经作成，票据上的权利便随之而确立。

（2）票据是完全有价证券。所谓完全有价证券，是指证券上的权利之发生、移转及行使三者全部与证券有不可分离关系。票据权利的产生以作成票据为必要；票据权利的转移以交付票据为必要；票据权利的行使以持有并提示票据为必要。

（3）票据是金钱债权证券。票据的持票人享有向票据上的债务人请求支付票载金额的请求权及追索权，这种付款请求权和追索权本质上都是债权，而且这种债权的内容就是请求支付一定的金额，因而票据是一种金钱债权证券。

（4）票据是无因证券。票据法理论上的无因性，指的是票据只要符合票据法规定的形式要件，票据权利就产生，其效力原则上不受产生票据的原因关系的影响。

（5）票据是要式证券。票据是依票据法签发的有价证券，其制作、转让、保证及承兑的方式等，票据法都有明确的规定，票据行为必须严格按照票据法规定的要素和款式作成，才能产生票据法上的效力。

（6）票据是文义证券。根据票据法，票据上的一切权利义务，只能按照票据上记载的文义来确定，票载文义之外的任何理由、任何事项都不得作为确定票据权利义务的根据。

（7）票据为流通证券。流通是票据的重要特征，是票据所采取的最高原则，票据法的一切制度，无不以此原则为出发点。

3. 票据的分类

1）法律上的分类

我国《票据法》规定票据包括汇票、本票和支票。

2）票据法学对票据的分类

（1）依照付款人是出票人还是出票人委托的人，将票据分为自付票据和委托票据。自付票据是指出票人付款的票据；委托票据是指出票人委托他人承担无条件付款义务的票据。

（2）依照票据作用上的主要差别，把票据分为信用票据和支付票据。支票属于支付票据。而汇票与本票则属于信用票据。

（3）依照出票时是否记载收款人名称，把票据分为记名式票据、不记名式票据和指示式票据。记名票据是指在票据上明确记载权利人的名称的票据；无记名票据是指票据上不记载收款人的名称，或者把权利人记作“持票人”或“来人”等字样的票据；指示式票据是指在票据上记载的收款人的姓名或名称之后，还附加记载有“或其指定之人”的票据。

（4）依票据的出票人不同，把票据分为银行票据和商业票据。银行票据的出票人是银行，商业票据的出票人为银行以外的人，如公司、企业、个人等。

（5）按付款期限不同，把票据分为即期票据和远期票据。即期票据是在票据上没有记载付款日期，记载“见票即付”字样或依法见票即付的票据。远期票据是在票据上记载到期日，付款人在到期日才承担付款义务的汇票。

13.1.2 票据法

1. 票据法的概念与特征

1）票据法的概念

广义的票据法，是指涉及票据关系调整的各种法律规范，既包括专门的票据法律、法规，也包括其他法律、法规中有关票据的规范。票据法是指调整票据关系以及与票据关系有关的其他社会关系的法律规范的总称，它规定了票据的种类、形式和内容，明确票据当事人之间的权利义务等内容。

2）票据法的特征

（1）票据法具有强行性。票据法中的规定几乎都是强行法规：票据种类由法律规定，不得由当事人任意创设；票据是严格的要式证券，各种票据行为也是严格的要式行为。当事人如果不按照票据法的规定进行相应的票据行为，除法律另有规定的场合以外，一般不承认当事人另行约定的优先效力。

（2）票据法具有技术性。票据法中的许多规定都是技术性规定。例如，关于票据形式的严格规定、关于票据行为的无因性规定、关于背书连续的规定、关于抗辩切断的规定、关于付款责任的规定等，都是根据票据本身特有的内部本质规律专门设计出来并加以规定的。

（3）票据法具有国际性。票据法是为商品经济和国际贸易服务的，随着商品经济和国际贸易的发展，不同地区、不同国家的票据法日趋统一。各国的票据立法都尽可能地与国际票据规则接轨，使各国的票据法在内容上日渐趋同。

（4）票据法兼具实体法和程序法特性。票据法既有规定当事人权利义务的内容，又有程序性规范的内容。票据的运作注重程序，许多规定都体现了票据法程序的严格性。

2. 我国的票据立法

1986 年 9 月，中国人民银行拟出《中华人民共和国票据法暂行条例（草案）》，向金融界、法律界征询意见。1990 年草拟了《中华人民共和国票据法》（讨论稿），1991 年 9 月形成了《中华人民共和国票据法》（修改稿），于 1994 年经国务院提请全国人民代表大会常务委员会审议，1995 年 5 月 10 日由第八届全国人民代表大会常务委员会第 13 次会议通过，并于 1996 年 1 月 1 日起实施，中华人民共和国第一部票据法由此诞生。

中国人民银行于 1997 年 8 月 21 日发布了《票据管理实施办法》，同年 10 月 1 日施行。为配合《中华人民共和国票据法》及《票据管理实施办法》的施行，中国人民银行于 1997 年 9 月 19 日又发布了《支付结算办法》，同年 12 月 1 日生效。最高人民法院审判委员会第 1102 次会议于 2000 年 2 月 24 日通过了《最高人民法院关于审理票据纠纷案件若干问题的规定》，并于 2000 年 11 月 14 日公布，于同年 11 月 21 日起施行。至此，我国的票据法体系得以基本完善。

案例思考

2016 年 10 月广州欣欣公司与上海华盛公司签订了买卖合同，广州欣欣公司购买上海华盛公司货物一批，约定价款 1 000 000 元，汇票结算，货到验收合格后付款。11 月，上海华盛公司将货物运到广州，广州欣欣公司验收合格。广州欣欣公司开出一张汇票，出票人为广州欣欣公司，收款人为上海华盛公司，付款人为中国建设银行上海某区支行，付款日期为出票后 10 天。由于财务人员的疏忽，将票据金额 1 000 000 元写成了 100 000 元。在付款日前上海华盛公司到付款银行进行了承兑。上海华盛公司在请求付款时，银行准备付款100 000元，此时上海华盛公司才发现票据记载的金额不是1 000 000元。上海华盛公司的工作人员拿出双方签订的合同，证明金额书写的错误，同时广州欣欣公司也发传真给付款银行证明确实是本单位工作人员的笔误，请求银行付款1 000 000元给上海华盛公司。问：银行能够根据合同和广州欣欣公司的传真支付给上海华盛公司1 000 000元？为什么？

13.2 票据法律关系

票据法律关系是指票据当事人之间在票据的签发和转让等票据运作过程中发生的权利义务关系。票据法律关系可分为票据关系和非票据关系两大类。

13.2.1 票据关系

1. 票据关系的概念和特征

1）票据关系的概念

票据关系是指当事人之间基于票据行为而发生的债权债务关系，如出票人与受款人之间的关系、受款人与付款人之间的关系、背书人与被背书人之间的关系等。票据关系是票据当事人之间的基本法律关系。

2）票据关系的特征

（1）票据关系是一种独立的债权债务关系。票据关系的独立性，是指各个票据行为及其所引起的票据关系之间是彼此独立的，各个票据行为及票据关系的效力互不相关。一个票据行为及票据关系无效，不影响票据上其他票据行为及票据关系的效力。票据关系是一种债权债务关系，票据关系的内容是票据当事人所享有的票据权利与所承担的票据义务，这种权利义务的客体，只能是一定数额的金钱。

（2）票据关系只能根据票据行为而产生。票据行为是产生票据权利义务的唯一原因。票据行为之外的任何行为，都不能引起票据权利义务关系的发生。

（3）票据关系是分离于基础关系的无因性法律关系。票据关系是分离于基础关系的无因性法律关系，是指票据关系一经合法成立，就与其赖以产生的基础关系相分离，效力不受其基础关系的影响。

2. 票据关系的分类

（1）票据的出票关系。因出票行为而产生的票据关系。

（2）票据背书转让关系。因背书行为而产生的票据关系。

（3）票据的承兑关系。因票据承兑行为而产生的票据关系。

（4）票据的保证关系。因票据保证行为而产生的票据关系。

3. 票据关系的当事人

票据关系的当事人，是指在票据上签名因而享有票据上的权利和承担票据上的义务的人。根据当事人是否随票据的出票行为而出现将票据关系的当事人分为基本当事人与非基本当事人。

（1）基本当事人。随出票行为直接出现的当事人，称为基本当事人，汇票基本当事人有三方：出票人、持票人、出票人委托的付款人。本票的基本当事人有两方，即出票人和持票人。支票的基本当事人有三方：出票人、持票人、出票人委托的付款人。

（2）非基本当事人。随着出票行为以外的其他票据行为出现的当事人是非基本当事人。如参加付款人、承兑人、保证人、背书人、被背书人等。

13.2.2 非票据关系

非票据关系是指与票据有密切联系，但不是基于票据行为而发生的关系。具体包括票据法上的非票据关系和票据的基础关系，票据的基础关系也称为民法上的非票据关系。

1. 票据法上的非票据关系

非票据关系是指票据法中规定的，与票据行为有联系，不是由票据行为本身所产生的法律关系。这类法律关系适用票据法而不适用其他法。票据法上的非票据关系主要有：失票人对出票人请求补发票据的关系；失票人向非法持票人请求返还票据的关系；丧失票据权利的持票人对出票人或承兑人请求返还利益的权利等。

2. 票据的基础关系

票据的基础关系是指作为票据行为发生的实质原因或前提的法律关系，是当事人实施票据行为、发生票据关系的债权关系。票据的基础关系包括 3 种：票据的原因关系、票据的资金关系和票据的预约关系。

（1）票据的原因关系。票据的原因关系指发票人签发票据、受款人接受票据及背书人转让票据的原因。这些原因可以是支付价金或劳务费用、借贷、定金、赠与、票据的买卖等。票据的原因关系，可以有对价，也可以无对价，如税收、继承、赠与等。

（2）票据的资金关系。票据的资金关系一般是指汇票或者支票的付款人与出票人或者其他资金义务人之间的基础关系，出票人之所以将某一特定的当事人作为前提和原因，是出票人曾向付款人提供过资金；出票人与付款人之间订有支付合同，出票人将其自有资金存于付款人处；付款人为抵销其对出票人所负债务，而代出票人履行债务等。

一般来说，票据资金关系只存在于汇票和支票中，本票是自付证券，不存在委托付款问题。

（3）票据的预约关系。票据的预约关系是指票据的直接当事人之间就授受票据所达成的合意。在发出票据之前，当事人就票据的种类、金额、到期日，记名有无，利息有无，付款地等事项达成的协议，实质上票据预约是民法上的合同。

票据当事人之间先有原因关系，后有票据预约，而后依据票据预约实施票据行为，才能发生票据关系，它可以说是票据原因关系与票据关系的中介和桥梁。

13. 2. 3 票据关系与其基础关系的分离与联系

票据关系与其基础关系之间，存在既相互独立、互不牵连而又在一定情况下相互牵连的关系。以彼此分离、各自独立为原则，以特殊情况下的相互牵连为例外。

1. 票据关系与票据原因关系的分离与联系

1）票据关系与票据原因关系的分离

（1）原因关系的无效或者有缺陷，票据关系仍然有效。

（2）票据权利人行使权利不必证明票据原因关系，只以自己合法持有票据为有效要件。

（3）债务人不得以票据原因关系不存在、瑕疵或无效等事由对抗善意持票人而拒绝履行义务。

2）票据关系与票据原因关系的联系

（1）对恶意或有重大过失的持票人，票据债务人有权以票据原因关系有瑕疵为由进行抗辩。根据《票据法》第 12 条规定，以欺诈、偷盗或者胁迫等手段取得票据的，或者明知有前列情形，出于恶意取得票据的，不得享有票据权利。持票人因重大过失取得不符合本法规定的票据的，也不得享有票据权利。

（2）持票人明知票据债务人与出票人或者与自己的前手之间存在抗辩事由而取得票据的，债务人可以票据原因关系对抗之。根据《票据法》第 13 条规定，票据债务人不得以自己与出票人或者与持票人的前手之间的抗辩事由，对抗持票人。但是，持票人明知存在抗辩事由而取得票据的除外。抗辩是指票据债务人根据《票据法》规定对票据债权人拒绝履行义务的行为。

（3）在授受票据的直接当事人之间，票据原因关系的有效与否，直接影响他们之间票据关系的效力。根据《票据法》第 13 条规定，票据债务人可以对不履行约定义务的与自己有直接债权债务关系的持票人，进行抗辩。

（4）如果原因关系无对价或对价欠缺，当事人之间可以主张抗辩权。根据《票据法》第 11 条规定，因税收、继承、赠与可以依法无偿取得票据的，不受给付对价的限制。但是，所享有的票据权利不得优于其前手的权利。前手是指在票据签章人或者持票人之前签章的其他票据债务人。

2. 票据关系与票据资金关系的分离和联系

（1）票据关系与票据资金关系的分离。① 出票人与付款人之间是否存在资金关系，不影响持票人的票据权利，持票人的付款请求权来自票据，与出票人是否向付款人提供资金无关。② 出票人不得以自己已经向付款人提供了足够的资金为理由，拒绝持票人或者出票人的其他后手向其行使追索权，出票人仍应当承担相应的票据义务。③ 即使存在票据资金关系，付款人也不因此当然成为汇票上的债务人，付款人仍有权自行决定是否承兑、付款。

（2）票据关系与票据资金关系的联系。① 当持票人是出票人时，持票人向付款人或承兑人请求付款时，如果出票人与付款人或承兑人之间没有资金关系，付款人或承兑人可以此为由拒绝付款。② 在支票关系中，当资金关系存在时，付款人必须在资信合同约定的范围内无条件付款；当资金关系不存在时，付款人可以拒绝付款。

3. 票据关系与票据预约关系的分离和联系

（1）票据关系与票据预约关系的分离。① 即使出票人或者背书人没有按照票据预约的内容实施票据行为，票据关系的内容仍然依票载文义确定。② 即使没有票据预约或者票据预约无效或被撤销，只要出票或者背书行为符合《票据法》的规定，由此行为产生的票据关系不受影响，仍然有效。

（2）票据关系与票据预约关系的联系。票据关系与票据预约关系的联系，主要体现在授受票据的直接当事人之间，债务人可以预约关系对抗债权人。

案例思考

2016 年 4 月 5 日，某销售公司与某物资公司签订买卖合同，约定由销售公司卖给物资公司某种货物，总价 100 万元，银行承兑汇票结算。物资公司与建设银行某支行于 4 月 7 日签订了银行承兑合同，约定承兑金额 100 万元，承兑申请人应于汇票到期 7 日前将票款足额交付承兑银行。同日，某销售公司、某物资公司、建设银行某支行签订了一份银行承兑保证协议。协议约定：销售公司为建设银行某支行与某物资公司的银行承兑合同承担保证责任。如某物资公司违约，销售公司在接到建设银行某支行通知后 5 个工作日内清偿。协议签订后，建设银行某支行如约向某物资公司签发了票面金额为 100 万元的银行承兑汇票，出票人为某物资公司，收款人为某销售公司，付款人为建设银行某支行，出票日为 2016 年 4 月 20 日，票据到期日为 2016 年 10 月 20 日。银行在汇票的承兑人一栏签章承兑。后某销售公司未足额向某物资公司供货，某物资公司在票据到期日 7 日前未将票款足额交付承兑银行。在票据到期日前，某销售公司向建设银行某支行提示付款，建设银行某支行以与该销售公司有约定的债权债务关系，该销售公司违约为由，拒绝付款。问：银行拒绝付款的理由成立吗？

13.3 票据行为

13.3.1 票据行为概述

1. 票据行为的概念

票据行为是指票据关系当事人之间以产生、变更或终止票据关系为目的而实施的法律行为。票据行为有广义与狭义之分。狭义的票据行为主要包括出票、背书、承兑、保证等；广义的票据行为，除了包括上述狭义的票据行为外，还包括付款、参加付款、见票、划线、涂销等。

2. 票据行为的分类

票据行为可以分为基本票据行为与附属票据行为。基本票据行为指创设票据的出票行为。出票行为是基本票据行为，是指出票人签发票据并将其交付给收款人的票据行为。

附属票据行为指出票行为以外的票据行为。主要有以下 3 种。

（1）背书。背书是指在票据背面或者粘单上记载有关事项并签章的票据行为。背书是票据转让的主要方式。

（2）承兑。承兑是指汇票付款人承诺在汇票到期日支付汇票金额的票据行为。承兑是汇票独有的行为，本票、支票没有承兑行为。

（3）保证。保证是指票据债务人以外的其他人，表示在被保证的票据债务人不履行票据义务时，由保证人代付履行责任的行为。保证只适用于汇票和本票。

各种票据共有的行为与某些票据独有的行为。各种票据共有的行为是出票和背书，保证为汇票和本票独有，承兑为汇票独有。

3. 票据行为的特征

（1）票据行为的要式性。票据行为具有严格的法定形式，票据法对每种票据行为都规定了必要的方式，不允许当事人自由决定或变更，否则票据不生法律效力，票据因此被称为“要式证券”。

（2）票据行为的文义性。票据行为的内容完全以票据上的文字记载为准，即使文字记载与实际情况不一致，也不允许当事人以票据上文字记载以外的证据对票据文字记载的内容加以解释或变更，票据因此被称为“文义证券”。

（3）票据行为的无因性。票据行为的无因性，是指票据行为一旦成立，就与其赖以产生的基础关系（票据原因关系、票据资金关系、票据预约关系）相分离，该基础关系有效与否，甚至存在与否都不会影响票据行为的效力。

（4）票据行为具有独立性。票据行为的独立性，是指依法成立的各个票据行为，分别依其在票据上所记载的文义独立发生效力，不受其他票据行为的影响，一个票据行为的无效，不会影响到同一票据上其他票据行为的效力。

13.3.2　票据行为的有效要件

1. 票据行为有效的实质要件

1）票据行为人的票据能力

票据行为人的票据能力包括票据权利能力和票据行为能力。票据权利能力是指行为人享有票据权利承担票据义务的资格；票据行为能力是指行为人享有票据权利承担票据义务的资格。

（1）自然人的票据权利能力和票据行为能力。自然人的民事权利能力始于出生，终于死亡。自然人的票据权利能力，一律平等。凡具有完全民事行为能力的自然人，也具有票据行为能力；凡属于限制民事行为能力人和无民事行为能力人，均不具有票据行为能力。无民事行为能力人或者限制民事行为能力人在票据上签章的，其签章无效，但是不影响其他签章的效力。

（2）法人的票据权利能力和票据行为能力。法人的票据权利能力与法人的民事权利能力一样，始于法人的成立，终于法人的消灭，并不受法人性质、目的及章程的限制，不同法人的票据权利能力并无区别。法人的票据行为能力与法人的民事行为能力是一致的，法人在其票据权利能力范围内享有票据行为能力，它始于法人的设立，终于法人的消灭。法人的票据行为能力是通过法人的法定代表人的行为实现的。

2）票据行为人的意思表示

票据行为人的意思表示必须真实，但由于票据行为具有文义性、无因性及流通性的特征，对票据行为的意思表示，只有在直接当事人之间行为人才可以主张其真实意思与票据上表示不一致或有瑕疵，而拒绝履行义务，对于善意第三人，不能就意思表示提出抗辩。

3）票据行为的合法性

票据行为是一种法律行为，必须具备合法要件。票据行为的合法性只要求票据行为的形式上合法。

2. 票据行为的形式要件

1）书面形式

我国《票据法》上所讲的书面形式，有其严格而具体的含义，不仅要求票据行为必须在特定的纸张上进行，而且对文字字体及书写笔墨等都有明确而具体的规定，票据行为必须符合这些规定，才能产生法律效力。

2）记载事项

票据行为必须符合法定的记载事项。票据法对各种票据行为的记载事项都有具体的要求，票据行为必须依票据法的要求记载相关事项，才能产生法律效力。票据法规定的记载事项由于其效力不同，可分为应该记载事项、可以记载事项、不得记载事项。

（1）应该记载事项。应该记载事项是票据法规定应当记载的内容。分为绝对必要记载事项和相对必要记载事项。绝对必要记载事项必须记载，否则票据行为无效。相对必要记载事项可以记载，如不记载，则直接适用票据法的规定。

（2）可以记载事项。可以记载事项由当事人任意决定，一旦记载就发生效力。

（3）不得记载事项。不得记载事项指在票据上不得记载，记载后无效的事项。

3）票据签章

签章是票据法对每一种票据行为所作的共同的强制性要求，票据签章是各种票据行为生效的必备要件。签章是确定票据义务人的最基本的要素，只有签章才能确定票据行为人成为票据债务人，并依其签章时的票载文义承担票据义务。

4）票据交付

交付是指票据行为人将票据交给相对人持有。只有将票据交付相对人，票据行为才能生效。

13.3.3　票据行为的代理

1. 票据行为代理的概念

票据行为代理是指代理人在其代理权限范围内，在票据上载明以被代理人的名义实施票据行为，其票据上的法律后果直接由被代理人承担的行为。

2. 票据行为代理的构成要件

（1）代理人在代理权限范围内行使代理权。

（2）代理人行使代理权以被代理人（本人）的名义，代理人在票据上表明即记载本人的姓名或名称。

（3）代理人必须在票据上表明代理关系存在。

（4）代理人必须在票据上签章。没有代理人的签章，则票据行为的代理不能成立。

3. 无权代理与越权代理

（1）无权代理。无权代理是指行为人没有代理权，在票据上明示被代理人的名义，表明自己为被代理人代理的意思并签章的行为。无权代理的后果由代理人承担。

（2）越权代理。越权代理是指代理人虽有代理权，但其超越代理权限范围而为的票据行为。代理人超越代理权限的，应当就其超越权限的部分承担票据责任。

案例思考

2015 年 4 月 3 日，百花商店与兴达公司订立了联营合同，其中约定：兴达公司在通化设立分公司，与百花商店联营家用电器，兴达公司给百花商店的商品按进价供应，货款结算办法采用银行承兑汇票，结算承兑期为 6 个月，按实销售额结算货款。合同有效期从签发汇票之日起到 2017 年 7 月 10 日止。2015 年 9 月 18 日，百花商店经理持“联营合同书”至其开户银行通化信用社，请求办理银行承兑汇票。通化信用社遂与百花商店签订了承兑协议，内容为：银行承兑汇票收款人为兴达公司，付款人为百花商店，汇票金额 120 万元，承兑银行通化信用社，汇票申请人百花商店。后来，百花商店签发了 X11623567 号汇票，因通化信用社不具有银行承兑资格，该社主任李某持 X11623567 号汇票到通化建行找到该行会计科长陈某，要求代盖通化建行章。陈某就在该汇票签发栏内盖上通化建行公章，未在承兑银行栏内盖章，该栏空白。后交给李某，李某转给百花商店经理。同年 9 月 28 日，百花商店经理将汇票送交兴达公司。问：该汇票是否为有效票据？

13.4 票据权利

13.4.1 票据权利概述

1. 票据权利的概念和特征

1）票据权利的概念

票据权利是指持票人向票据债务人请求支付票据金额的权利。包括付款请求权和追索权。

2）票据权利的特征

（1）票据权利是以实现票据金额为目的的完全的金钱债权。票据权利是持票人向票据债务人所行使的请求权，该请求权的内容只能是票载数额的货币，而不可能是金钱之外的任何物品或劳务。

（2）票据持票人向票据债务人行使的一种权利。票据为完全有价证券，票据权利附随在票据之上，票据权利和票据完全结合在一起，行使票据权利，必须以持有并提示票据为前提，不持有票据则无法行使票据权利。所以票据权利只能是持票人享有的权利。

（3）票据权利是双重请求权。票据权利包括付款请求权和追索权两种权利。付款请求权是第一次请求权；在票据到期时付款请求权不获实现或票据到期前因存在法定事由使付款请求权可能得不到实现时，则产生第二次请求权即追索权。

2. 票据权利的种类

1）付款请求权

付款请求权是指持票人向票据第一债务人或者其他付款人请求支付票据金额的权利。它是票据上的第一次请求权。

2）追索权

追索权是指持票人行使付款请求权被拒绝或有其他法定事由时，向其前手请求支付票据金额及其他法定款项的权利，为票据上的第二次权利，持票人不先行使付款请求权而先行使追索权遭拒绝提起诉讼的，人民法院不予受理。追索对象视票据种类有所不同，包括出票人、背书人、保证人、承兑人及参加承兑人。各追索对象为连带债务人，持票人可以不按先后顺序而对其中一人、数人或全体行使追索权；对一人或数人已进行追索而未得清偿时，持票人仍可对其他债务人行使追索权。持票人对前手（不包括出票人）的追索权时效为被拒绝承兑或被拒绝付款之日起 6 个月。被追索人清偿债务后取得再追索权，对其前手（不包括出票人）进行追索。再追索权时效为清偿日或被提起诉讼之日起 3 个月。

3. 票据权利的取得、行使、保全和消灭

1）票据权利的取得

票据权利的取得可以通过出票行为取得，可以依让与行为取得，还可以通过税收、继

承、赠与、企业合并等方式取得。票据权利的善意取得是指票据受让人依票据法所规定的票据转让方式，善意地从无处分权人手中取得票据，从而享有票据权利的一种法律制度。票据权利的善意取得，必须具备下列条件：① 持票人必须是从无处分票据权利的人手中取得票据；② 持票人必须是依票据法上的票据转让方式取得票据；③ 持票人取得票据时必须是善意的；④ 持票人必须是付出了对价而取得票据。

票据的取得必须给付对价，即应当给付票据双方当事人认可的相对应的代价。因税收、继承、赠与可以依法无偿取得票据的，不受给付对价的限制，但所享有的票据权利不得优于其前手的权利。因欺诈、偷盗、胁迫、恶意或重大过失取得票据的，不得享有票据权利。

2）票据权利的行使和保全

票据权利的行使是指票据权利人请求票据义务人履行票据义务的行为。票据权利的保全是指票据权利人为防止票据权利的丧失而做出的一切合法行为。持票人对票据债务人行使票据权利，或者保全票据权利，应当在票据当事人的营业场所和营业时间内进行，票据当事人无营业场所的，应当在其住所进行。

票据权利行使与保全的具体方法一般有两种：按期提示和作成拒绝证书。所谓按期提示，就是依票据法规定的期限，向票据债务人现实地出示票据，请求其履行票据债务；所谓作成拒绝证书，就是为证明持票人曾经依法行使票据权利而遭拒绝或根本无法行使票据权利即由法定机关制成的一种公证书，此证书是行使追索权的前提依据。

3）票据权利的消灭

票据权利的消灭指由于一定事实的出现，使票据权利（付款请求权、追索权）失去法律效力。票据权利消灭的原因可以分为付款请求权和追索权共有的消灭原因和追索权特有的消灭原因。

（1）付款请求权和追索权共有的消灭原因。付款请求权和追索权共有的消灭原因主要有：付款人付款；票据时效期间届满。票据权利在下列期限内不行使而消灭：持票人对票据的出票人和承兑人的权利，自票据到期日起 2 年。见票即付的汇票、本票，自出票日起 2 年；持票人对支票出票人的权利，自出票日起 6 个月；持票人对前手的追索权，在被拒绝承兑或者被拒绝付款之日起 6 个月；持票人对前手的再追索权，自清偿日或者被提起诉讼之日起 3 个月。

（2）追索权特有的消灭原因。未在法定的期间内提示承兑追索权消灭。提示承兑是指持票人向付款人出示汇票，并要求付款人承诺付款的行为。定日付款或者出票后定期付款的汇票，持票人应当在汇票到期日前向付款人提示承兑。见票后定期付款的汇票，持票人应当自出票日起一个月内向付款人提示承兑。汇票未按照规定期限提示承兑的，持票人丧失对其前手的追索权。

未在规定的期间内提示付款。持票人应当按照下列期限提示付款：见票即付的汇票，自出票日起一个月内向付款人提示付款；定日付款、出票后定期付款或者见票后定期付款的汇票，自到期日起10日内向承兑人提示付款。持票人未按照前款规定期限提示付款的，在作出说明后，承兑人或者付款人仍应当继续对持票人承担付款责任。

未在规定的期间内作成拒绝证明。我国《票据法》规定：持票人行使追索权时，应当提供被拒绝承兑或者被拒绝付款的有关证明。持票人提示承兑或者提示付款被拒绝的，承兑人或者付款人必须出具拒绝证明，或者出具退票理由书。未出具拒绝证明或者退票理由书的，应当承担由此产生的民事责任。持票人不能出示拒绝证明、退票理由书或者未按照规定期限提供其他合法证明的，丧失对其前手的追索权。但是，承兑人或者付款人仍应当对持票人承担责任。

4. 瑕疵票据及票据的更改与涂销

1）瑕疵票据

瑕疵票据指票据上存在影响票据权利的行为，使票据权利义务的实现受到影响。瑕疵票据包括票据的伪造和变造。

（1）票据伪造。票据伪造指无权限人假冒他人或虚构人名义签章的行为。签章的变造属于伪造。票据伪造的法律后果是：伪造人因没有在票据上签章，不承担票据责任，但须承担其他法律责任。伪造人应承担民事赔偿责任、行政责任，情节严重者还应承担刑事责任。被伪造人不承担任何票据责任，伪造的签章不影响真实签章的效力。付款人或代理付款人在付款时，只要按法律规定对票据签章和各记载事项进行了通常审查，即使未能辨认出伪造的签章，付款行为仍然有效。

（2）票据变造。票据变造是指无权更改票据内容的人，对票据上签章以外的记载事项加以改变的行为。票据伪造的法律后果是：变造人在票据上没有签章，不承担票据责任，但应负相应刑事、民事及行政责任；若变造人在票据上有签章，则按其变造以后的票据记载事项承担票据义务，并承担相应刑事、民事及行政责任；在变造之前签章的其他人对原记载事项负责；在变造之后签章的其他人对变造后的记载事项负责；不能辨别在变造之前签章或变造之后签章的，视为在变造之前签章。票据变造对票据的付款人的法律后果与票据伪造对票据付款人的法律后果基本相同。

2）票据更改

票据更改是指依我国《票据法》有更改权限的原记载人，以法定方式改写票据上的记载事项的行为。票据更改应在原记载人交付票据之前进行，交付之后进行更改的，须征得相关票据当事人同意，并由同意人在改写处签章。

有更改权限的人依法对票据法规定可以更改的记载事项进行更改后，更改后的记载事项代替原记载事项。票据更改前的签章人依票据更改前的记载事项承担票据责任；票据更改后的签章人依票据更改后的记载事项承担票据责任。

3）票据涂销

票据涂销是指有涂销权的人故意将票据记载事项进行涂抹或消除的行为。被涂销部分的记载事项失去票据记载效力，被涂销部分的票据权利消灭。

5. 票据的丧失与补救

1）票据丧失的概念

票据丧失是指持票人并非出于自己的本意而丧失对票据的占有，简称失票。票据丧失又分为票据的绝对丧失（票据已不存在，也称票据的灭失）与票据的相对丧失（票据脱离了原持有人的占有，票据仍然存在，只是原来的持票人丧失了对票据的占有，也称票据的遗失）。票据是完全有价证券，票据丧失将导致票据权利人无法行使票据权利。

2）票据丧失的补救办法

我国票据丧失的补救措施有挂失止付、公示催告和票据诉讼 3 种。

（1）挂失止付。挂失止付是指失票人将票据丧失的情况通知付款人，并请求付款人暂停支付票据款项的临时补救措施。票据丧失后失票人可以及时通知票据的付款人挂失止付，但是，未记载付款人或者无法确定付款人及其代理付款人的票据除外。收到挂失止付通知的付款人，应当暂停支付。

（2）公示催告。公示催告是指在票据丧失后，失票人向人民法院提出申请，请求人民法院依法定程序作出宣告票据无效的判决，从而使票据权利与票据本身相分离，失票人可以依据法院判决请求票据付款人支付票据金额的一种权利救济制度。公示催告只适用于按规定可以背书转让的票据。失票人向票据支付地的基层人民法院提出公示催告的申请，人民法院对公示催告申请进行审查。人民法院决定受理公示催告申请，应当同时通知付款人或者代理付款人停止支付，并自立案之日起 3 日内发出公告。国内票据自公告发布之日起 60 日，涉外票据可根据具体情况适当延长，但最长不得超过 90 日。在公示催告期间，票据不得质押、贴现或转让。在公示催告期间，利害关系人向人民法院申报权利，人民法院按照法律规定对利害关系人的申报进行处置。公告期间届满，没有人申报权利，或者申报被驳回的，公示催告申请人应自申报权利期间届满的次日起一个月内申请人民法院作出判决。逾期不申请的，终结公示催告程序。法院应根据申请人申请，作出除权判决。

（3）票据诉讼。票据诉讼是指票据丧失后，失票人在票据权利时效届满以前，提供了相应的担保，请求出票人补发票据或者请求债务人付款遭到拒绝，而向人民法院提起的，请求法院责令出票人补发票据或者责令债务人付款的诉讼。

6. 票据抗辩

1）票据抗辩的概念

票据抗辩是指票据债务人依照票据法的规定，对票据债权人拒绝履行义务的行为。票据抗辩权是票据债务人所享有的一种权利，票据债务人行使票据抗辩权以不履行票据债务为目的，行使票据抗辩权必须存在法定的抗辩事由。

2）票据抗辩的原因

票据债务人行使票据抗辩的原因可以分为对物的抗辩和对人的抗辩。

（1）对物的抗辩。对物的抗辩是由于票据本身的原因或票据记载的债务人的原因，可以由票据债务人来对抗一切持票人的票据抗辩。对物的抗辩又可以分为两类：任何票据债务人可以对任何持票人行使的抗辩和特定的票据债务人可以对任何持票人行使的抗辩。任何票据债务人可以对任何持票人行使的抗辩主要有：欠缺法定必要记载事项或有法定禁止记载事项或不符合法定格式；票据尚未到期；超过票据权利时效；票据因除权判决而被宣告无效。特定的票据债务人可以对任何持票人行使的抗辩主要有：票据债权人欠缺行为能力；票据债务人因持票人欠缺权利保全手续而解除了票据责任；持票人的票据权利因超过时效而消灭，票据债务人因而解除了被追索的票据义务；票据上记载的票据债务人已实际丧失负担票据义务的能力等。

（2）对人的抗辩。对人的抗辩是由于持票人自身的原因或者票据债务人与特定持票人之间的特殊关系而提出的，只能对抗特定的持票人的票据抗辩。可以分为任何票据债务人可以对特定持票人的抗辩和特定票据债务人可以对特定持票人的抗辩。任何票据债务人可以对特定持票人行使的抗辩主要有：票据债权人欠缺行为能力；持票人以背书方式取得票据但背书不连续；持票人以欺诈、胁迫、偷盗等非法手段取得票据，或明知有上述情形，出于恶意取得票据；持票人明知票据债务人与出票人或持票人的前手之间存在抗辩事由而取得票据；持票人因重大过失取得票据；持票人取得票据时欠缺对价。特定票据债务人可以向特定持票人行使的抗辩主要有：票据原因关系无效；票据原因关系欠缺；票据当事人违反了彼此之间的特别约定。

3）票据抗辩行使的限制

票据抗辩行使的限制是票据法对票据债务人不得对特定的持票人行使抗辩权的规定。票据抗辩行使的限制主要有：票据债务人不得以自己与出票人之间的抗辩事由对抗持票人；票据债务人不得以自己与持票人的前手之间的抗辩事由对抗持票人。

4）票据抗辩权行使限制的例外

持票人在取得票据的当时，明确知道票据债务人与出票人或与自己的前手之间存在抗辩事由，即不受前述抗辩限制的保护。

13.4.2 利益偿还请求权

1. 利益偿还请求权的概念

利益偿还请求权又称“受益偿还请求权”，指票据的持票人因票据权利时效届满或者手续欠缺而丧失票据权利时，可向票据的出票人或者承兑人请求返还其与未支付的票据金额相当的利益的权利。

2. 利益偿还请求权中的当事人

（1）利益偿还请求权中的权利人。利益偿还请求权中的权利人是因超过时效或者手续欠缺而丧失票据权利正当持票人。包括最后的被背书人、因履行追索义务而取得票据的背书人或保证人、因参加付款行为而取得票据的参加付款人等。

（2）利益偿还请求权中的义务人。利益偿还请求权中的义务人包括出票人、承兑人、支票的保付人等。

3. 利益偿还请求权的构成条件

（1）须有合格的当事人。利益偿还请求权的权利主体必须是曾经享有票据权利而又因法定原因丧失票据权利的持票人。权利主体只能是持票人，而且这一持票人曾经享有的票据权利已因法定原因丧失。

（2）票据权利必须是因时效期限届满或手续欠缺而消灭。

（3）返还义务人因票据权利消灭享有利益。如果持票人的票据权利因时效期限届满或手续欠缺而丧失，但出票人或承兑人并未因此受有任何利益，那么持票人则不应行使利益偿还请求权。

4. 利益偿还请求权的行使

持票人行使利益偿还请求权，不以持有票据并提示票据为必要，但应提供证明自己能够行使该权利的所有事实。利益偿还请求权的行使范围是与未支付的票据金额相当的利益。

案例思考

甲为出票人，因汽车买卖而签发自己为付款人的汇票交给乙。按照双方的约定，在乙交付汽车的同时，甲亦承兑了自己签发的汇票。后甲、乙双方就因汽车质量纠纷而诉诸法院。诉讼期间，乙又将本案所涉汇票背书给知悉该诉讼的丙。问：

（1）丙能否向甲主张票据权利，为什么？

（2）假如甲在质量纠纷诉讼中全部胜诉，其退货给乙的主张得到法院支持，甲据此拒绝支付票款给丙，那么，甲的这种抗辩属于什么性质的抗辩？

（3）在本案中，甲作为出票人与承兑人的抗辩权是否相同？

13.5 汇 票

13.5.1 汇票概述

1. 汇票的概念和特征

1）汇票的概念

汇票是出票人签发的、委托付款人在见票时或者在指定日期无条件支付确定的金额给收款人或者持票人的票据。

2）汇票的特征

（1）汇票是无条件支付的命令。汇票出票人签发汇票，承兑人或付款人在汇票到期日应无条件支付票款。

（2）汇票一般应经过承兑。承兑是汇票特有的制度，它与支票、本票不同。

（3）汇票是信用票据。汇票既可以是见票即付的即期汇票，也可以是记载将来某个日期为付款日的远期汇票。

2. 汇票当事人

汇票的当事人是在汇票法律关系中享有权利承担义务或者与汇票权利义务有密切关系的主体。分为基本当事人和非基本当事人。汇票基本当事人为出票人、付款人和收款人。出票人和付款人为票据义务人，收款人为票据权利人。汇票非基本当事人为背书人、保证人、参加付款人、参加承兑人等。

3. 汇票的种类

1）汇票在学理上的分类

（1）根据汇票上记载的到期日的不同可分为即期汇票与远期汇票。即期汇票是以汇票的出票日为到期日，付款人见票即付的汇票。远期汇票是汇票上记载了一定的付款日期，需到约定的日期才给予付款的汇票。依据出票人对票据付款日期的不同记载，远期汇票又分定日付款的汇票、出票后定期付款的汇票、见票后定期付款的汇票 3 种。

（2）根据汇票对权利人记载方式的不同可分为记名汇票、指示汇票与无记名汇票。记名汇票，也称为“抬头汇票”，是指出票人在汇票上明确记载了收款人的姓名或名称的汇票。指示汇票，是指出票人在汇票上不仅明确记载了收款人的姓名或名称，而且附加了“或其指定人”字样的汇票。无记名汇票，是指出票人没有在汇票上记载收款人的姓名或名称，或者将其记载为“持票人”或“来人”的汇票。

（3）根据汇票当事人的资格是否兼任可分为一般汇票与变式汇票。一般汇票，是指汇票的三方基本当事人分别由三个不同的主体充当，互不兼任的汇票。变式汇票，是指某一主体同时兼任两个或两个以上汇票基本当事人的汇票，包括指己汇票、付受汇票、对己汇票和己付己受汇票。

（4）根据汇票是否具有涉外因素可分为国内汇票与涉外汇票。国内汇票是指不具有涉外因素的汇票，即汇票上的全部当事人均为中国人，且票据上的全部行为都发生在中华人民共和国境内的汇票。涉外汇票是指具有涉外因素的汇票，即票据的当事人中有外国人或票据行为中有的发生在我国领域外的汇票，都属于涉外汇票。

（5）根据汇票的承兑或付款是否要求跟附单据可分为光票与跟单汇票。光票是无须附带任何商业单据，付款人或承兑人仅依汇票本身即可付款或承兑的汇票。跟单汇票，又称押汇汇票或信用汇票，是必须附带与交易有关的商业单据才能获得承兑或付款的汇票。

2）我国《票据法》中的汇票种类

（1）银行汇票。银行汇票是出票银行签发的，由其在见票时按照实际结算金额无条件支付给收款人或者持票人的票据。银行汇票的出票银行为银行汇票的付款人。根据银行汇票的用途，可将银行汇票分为现金银行汇票和转账银行汇票两种。

（2）商业汇票。商业汇票是出票人签发的，委托付款人在指定日期无条件支付确定的金额给收款人或者持票人的票据。根据承兑人的不同，商业汇票可以分为银行承兑汇票和商业承兑汇票，由银行承兑的商业汇票，称为银行承兑汇票；商业承兑汇票由银行以外的付款人承兑。

13.5.2 汇票的出票

出票是指出票人签发票据并将其交付给收款人的票据行为。

汇票的出票人必须与付款人具有真实的委托付款关系，并且具有支付汇票金额的可靠资金来源。汇票的出票人不得签发无对价的汇票用以骗取银行或者其他票据当事人的资金。

1. 出票的记载事项

（1）绝对必要的记载事项。绝对必要的记载事项是出票时必须在汇票上进行记载，如有欠缺、汇票无效的事项。汇票必须记载下列事项。① 表明“汇票”的字样。② 无条件支付的委托。③ 确定的金额。汇票上记载有实际结算金额的，以实际结算金额为汇票金额。银行汇票记载汇票金额而未记载实际结算金额的，以汇票金额为实际结算金额。实际结算金额大于汇票金额的，以汇票金额为付款金额。④ 付款人名称。⑤ 收款人名称。⑥ 出票日期。⑦ 出票人签章。

（2）相对必要记载事项。相对必要记载事项是出票人应当在汇票上记载，但是如果没有记载，也不影响汇票的效力，而是按照票据法的规定推定其内容的事项。汇票上记载付款日期、付款地、出票地等事项的，应当清楚、明确。汇票上未记载付款日期的，为见票即付。汇票上未记载付款地的，付款人的营业场所、住所或者经常居住地为付款地。汇票上未记载出票地的，出票人的营业场所、住所或者经常居住地为出票地。

（3）任意记载事项。任意记载事项是法律允许当事人自由选择记载，不记载并不影响汇票的效力，但一经记载，即发生票据法上的效力的事项。我国《票据法》主要规定了以下两项：禁止转让文句和有关汇票支付货币种类的约定条款。

（4）不发生票据法上的效力的记载事项。汇票上可以记载《票据法》规定事项以外的其他出票事项，但是该记载事项不具有汇票上的效力，在符合其他法律规定时，当然能够产生其他法律效力。

（5）记载本身无效的事项。记载本身无效的事项，也称为无益记载事项，记载不仅不能产生票据法上的效力，而且不产生任何法律效力，在票据法上视为无记载。

（6）记载使汇票无效的事项。记载使汇票无效的事项，又称为有害记载事项、不得记载事项或禁止记载事项，是指记载违反《票据法》的有关规定，导致汇票无效的事项，如附条件的支付委托。

2. 出票的效力

（1）对出票人的效力。汇票的出票使出票人成为汇票上的义务人，对其签发的汇票承担承兑和付款的担保责任，当汇票不获承兑或者付款时承担清偿责任。

（2）对付款人的效力。出票使付款人取得对汇票承兑、付款的资格。

（3）对收款人的效力。出票行为对收款人的效力，是使收款人取得汇票上的权利，包括付款请求权和追索权。

13.5.3 汇票的背书

背书是持票人以转让票据权利或将一定的票据权利授予他人行使为目的，在票据的背面或粘单上记载有关事项并签章，然后将票据交付他人的票据行为。

1. 背书连续

背书连续是票据从形式上看，第二次背书中的背书人为前一次背书中的被背书人，依次衔接，没有间断。

已背书转让的汇票，背书应当连续。背书连续具有以下的法律效力：持票人无须证明自己是真正权利人，只要票据背书连续，即可行使权利；只要票据背书连续，付款人无须审查持票人是否为正当权利人即可付款；背书连续的持票人不因背书人是无权利人而丧失票据权利。

2. 背书禁止

背书禁止是法律赋予出票人或背书人有权或因法律直接规定而对票据的背书加以限制的制度。分为约定的禁止和法定的禁止。

出票人在汇票上记载“不得转让”字样的，汇票不得转让。背书人在汇票上记载“不得转让”字样，其后手再背书转让的，原背书人对后手的被背书人不承担保证责任。

汇票被拒绝承兑、被拒绝付款或者超过付款提示期限的，不得背书转让；背书转让的，背书人应当承担汇票责任。填明“现金”字样的银行汇票、银行本票和用于支取现金的支票不得背书转让。

3. 非转让背书

非转让背书是以转让票据权利为目的的背书。分为委托收款背书和质押背书。

(1) 委托收款背书。背书记载“委托收款”字样的，被背书人有权代背书人行使被委托的汇票权利。但是被背书人不得再以背书转让汇票权利。

(2) 质押背书。汇票可以设定质押，质押时应当以背书记载“质押”字样。被背书人依法实现其质权时，可以行使汇票权利。

以汇票设定质押时，出质人在汇票上只记载了“质押”字样而未在票据上签章的，或者出质人未在汇票或粘单上记载“质押”字样而另行签订质押合同、质押条款的，不构成票据质押。

13.5.4 汇票的承兑

承兑是汇票的付款人承诺在汇票到期日无条件支付汇票金额的票据行为。汇票未按照规定期限提示承兑的，持票人丧失对其前手的追索权。见票即付的汇票无须提示承兑。

承兑一般经过下列程序。

1. 提示承兑

提示承兑是指持票人向付款人出示汇票，并要求付款人承诺付款的行为。

（1）提示承兑的效力。提示承兑是行使票据权利的行为，只有提示承兑，才能最终实现票据权利；提示承兑也是保全票据权利的手段，在规定的时间内提示承兑，才不至于丧失对前手的追索权。

（2）提示承兑的期限。定日付款或者出票后定期付款的汇票，持票人应当在汇票到期日前向付款人提示承兑。见票后定期付款的汇票，持票人应当自出票日起 1 个月内向付款人提示承兑。

2. 承兑或拒绝承兑

（1）承兑的期间。付款人对向其提示承兑的汇票，应当自收到提示承兑的汇票之日起 3 日内承兑或者拒绝承兑。

（2）承兑的记载事项。付款人承兑汇票的，应当在汇票正面记载"承兑"字样和承兑日期并签章；见票后定期付款的汇票，应当在承兑时记载付款日期。汇票上未记载承兑日期的，以持票人提示承兑之日起的第 3 日，即付款人承兑期的最后一日为承兑日期。汇票承兑的应记载事项必须记载于汇票的正面，而不能记载于汇票的背面或粘单上。付款人承兑汇票，不得附有条件；承兑附有条件的，视为拒绝承兑。

（3）承兑的效力。付款人一经承兑，即承担付款责任，付款人承兑后必须对付款请求权人和追索权人承担责任。持票人在票据到期日可以请求承兑人付款。付款人承兑后，出票人和背书人都免受由于票据拒绝承兑而遭受期前追索。

付款人可以拒绝承兑，持票人可以要求付款人出具拒绝证明或退票理由书，付款人必须出具。

13. 5. 5　汇票的保证

汇票保证是指汇票债务人以外的第三人，以担保特定汇票债务人履行票据债务为目的，而在票据上记载保证文句、签章后，将票据交付给持票人的票据行为。

1. 保证的当事人

保证的当事人为保证人和被保证人。

保证人是具有代为清偿票据债务能力的法人、其他组织或个人，保证人由汇票债务人以外的他人担当。国家机关、以公益为目的的事业单位、社会团体、企业法人的分支机构和职能部门不得为保证人。保证人为二人以上的，保证人之间承担连带责任。

被保证人是票据关系中的债务人，如出票人、承兑人、背书人。

2. 保证的记载事项

保证人必须在汇票或粘单上记载下列事项：① 表明"保证"的字样；② 保证人名称和住所；③ 被保证人的名称；④ 保证日期；⑤ 保证人签章。

保证人在汇票或者粘单上未记载被保证人名称的，已承兑的汇票，承兑人为被保证人；未承兑的汇票，出票人为被保证人。保证人在汇票或者粘单上未记载保证日期的，出票日期为保证日期。

保证不得附有条件；附有条件的，不影响对汇票的保证责任。

3. 保证的效力

保证人对合法取得汇票的持票人所享有的汇票权利，承担保证责任。但是，被保证人的债务因汇票记载事项欠缺而无效的除外。保证人应当与被保证人一起对持票人承担连带责任。被保证的汇票到期后得不到付款的，持票人有权向保证人请求付款，保证人应当足额付款。保证人清偿汇票债务后，可以行使持票人对被保证人及其前手的追索权。

13.5.6 汇票的付款

付款是付款人或代理付款人依据票据文义支付票据金额的行为。付款的效力是付款人依法足额付款后，全体汇票债务人的责任解除。付款包括提示付款和支付两个步骤。

1. 提示付款

提示付款是持票人向付款人或代理付款人出示票据，请求其付款的行为。持票人应当按照下列期限提示付款：见票即付的汇票，自出票日起 1 个月内向付款人提示付款；定日付款、出票后定期付款或者见票后定期付款的汇票，自到期日起 10 日内向承兑人提示付款。

持票人未按照上述规定期限提示付款的，在作出说明后，承兑人或者付款人仍应当继续对持票人承担付款责任。通过委托收款银行或者通过票据交换系统向付款人提示付款的，视同持票人提示付款。

2. 支付票款

持票人向付款人进行付款提示后，付款人应当在当日按票据金额足额支付给持票人。持票人获得付款的，应当在汇票上签收，并将汇票交给付款人。持票人委托银行收款的，受委托的银行将代收的汇票金额转账收入持票人账户，视同签收。

付款人及其代理付款人付款时，应当审查汇票背书的连续，并审查提示付款人的合法身份证明或者有效证件。付款人及其代理付款人以恶意或者有重大过失付款的，应当自行承担责任。

对定日付款、出票后定期付款或者见票后定期付款的汇票，付款人在到期日前付款的，由付款人自行承担所产生的责任。

汇票金额为外币的，按照付款日的市场汇价，以人民币支付。汇票当事人对汇票支付的货币种类另有约定的，从其约定。

13.5.7 汇票的追索权

1. 追索权概述

（1）追索权的概念。汇票追索权是汇票到期不获付款或期前不获承兑或有其他法定原因使持票人无法行使票据兑付请求权时，持票人在依法履行了保全手续以后，向汇票上的所有票据债务人请求偿还汇票金额、利息及其他法定款项的一种票据上的权利。

（2）追索权的种类。根据持票人行使追索权的时间的不同，可以将追索权分为期前追索权和后期追索权。根据行使追索权的人的不同，可以将追索权分为最初追索权和再追索权。

（3）追索权的当事人。包括追索权人和被追索人。追索权人分为最初的追索权人和再追索人。最初的追索权人是票据的持票人，再追索人包括背书人和保证人。

（4）追索权行使的范围。持票人行使追索权，可以请求被追索人支付下列金额和费用：被拒绝付款的汇票金额；汇票金额自到期日或者提示付款日起至清偿日止，按照中国人民银行规定的流动资金贷款利率计算的利息；取得有关拒绝证明和发出通知书的费用。被追索人行使再追索权，可以请求其他汇票债务人支付下列金额和费用：已清偿的全部金额及其自清偿日起至再追索清偿日止，按照中国人民银行规定的流动资金贷款利率计算的利息；发出通知书的费用。

2. 追索权的要件

（1）实质要件。追索权发生的实质要件包括：① 汇票到期被拒绝付款；② 汇票在到期日前被拒绝承兑；③ 在汇票到期日前，承兑人或付款人死亡、逃匿；④ 在汇票到期日前，承兑人或付款人被依法宣告破产或因违法被责令终止业务活动。

（2）形式要件。包括：① 持票人行使追索权时，应当提供被拒绝承兑或者被拒绝付款的有关证明；② 持票人因承兑人或者付款人死亡、逃匿或者其他原因，不能取得拒绝证明的，可以依法取得其他有关证明。其他有关证明主要有：承兑人或者付款人死亡的，出具医院或者有关单位出具的承兑人、付款人死亡的证明；承兑人或者付款人逃匿的，由司法机关出具的承兑人、付款人逃匿的证明；承兑人或者付款人被人民法院依法宣告破产的，人民法院的司法文书具有拒绝证明的效力；承兑人或者付款人因违法被责令终止业务活动的，有关行政主管部门的处罚决定具有拒绝证明的效力；公证机关出具的具有拒绝证明效力的文书。

拒绝证明应当包括下列事项：被拒绝承兑、付款的票据的种类及其主要记载事项；拒绝承兑、付款的事实依据和法律依据；拒绝承兑、付款的时间；拒绝承兑人、拒绝付款人的签章。

退票理由书应当包括下列事项：所退票据的种类；退票的事实依据和法律依据；退票时间；退票人签章。

持票人提示承兑或者提示付款被拒绝的，承兑人或者付款人必须出具拒绝证明，或者出具退票理由书。未出具拒绝证明或者退票理由书的，应当承担由此产生的民事责任。

3. 追索权的行使

持票人行使追索权的程序包括以下内容。

1）*发出追索通知*

（1）通知的当事人。通知的当事人分为通知人和被通知人。通知人是指持票人以及收到通知后再为通知的背书人及其保证人。被通知人是指向持票人承担担保承兑和付款的票据上的次债务人，包括出票人、背书人、保证人等。

（2）通知的期限。持票人应当自收到被拒绝承兑或者被拒绝付款的有关证明之日起 3 日内，将被拒绝事由书面通知其前手；其前手应当自收到通知之日起 3 日内书面通知其再前手。持票人也可以同时向各汇票债务人发出书面通知。持票人发出追索通知的起算日为其收到拒绝证明之日，收到追索通知的背书人及其保证人发出追索通知的起算日为其收到追索通知之日。

（3）通知的方式和通知应记载的内容。通知应当以书面形式发出。在规定期限内将通知按照法定地址或约定的地址邮寄的，视为已发出通知。书面通知应记明汇票的主要记载事项，并说明该汇票已被退票。

（4）未在规定期限内发出追索通知的后果。如果持票人未按规定期限发出追索通知或其前手收到通知未按规定期限再通知其前手，持票人仍可以行使追索权，因延期通知给其前手或者出票人造成损失的，由没有按照规定期限通知的汇票当事人，承担对该损失的赔偿责任，但是所赔偿的金额以汇票金额为限。

2）确定追索对象

（1）确定追索对象。被追索人包括出票人、背书人、承兑人和保证人。持票人可以不按照汇票债务人的先后顺序，对其中任何一人、数人或者全体行使追索权。持票人对票据债务人中的一人或者数人已经进行追索的，对其他票据债务人仍可以行使追索权。但是持票人为出票人的对其前手无追索权。持票人为背书人的，对其后手无追索权。

（2）被追索人的责任承担。被追索人对持票人承担连带责任。持票人对汇票债务人中的一人或者数人已经进行追索的，对其他汇票债务人仍可以行使追索权。被追索人清偿债务后，与持票人享有同一权利。

3）追索人的义务

持票人或行使再追索权的被追索人在接受清偿金额时，应当履行相应的义务，交出汇票和有关拒绝证明，并出具所收到利息和费用的收据。

4）被追索人清偿债务后的效力

被追索人清偿债务后，其票据责任解除。同时，被追索人清偿债务后，与持票人享有同一追索权利，可以向其他汇票债务人行使再追索权，请求其他汇票债务人支付相应的金额和费用。

案例思考

2016 年 10 月 8 日，某粮油公司业务员刘某要到某市购买大米，遂申请其开户银行签发银行汇票，以持往异地办理转账结算，其开户行签发了一张金额为 150 万元、收款人为刘某、兑付行为农业银行吉林市某区支行的汇票。刘某带着这张汇票到吉林后，购粮中间介绍人陈某以发运粮食需要抵押为由，将刘某携带的汇票要到手，交给了吉林市天龙粮油公司经理张某作抵押。张某拿到汇票后因购买该市某粮油站的大米，于是将这张已经承兑了的汇票背书转让给了某粮油站。该票据到期后，某粮油站持票向承兑行农业银行吉林市某区支行要求付款时，因背书不连续遭到拒绝。问：本案付款人可以拒绝付款吗？

13.6　涉外票据的法律适用

13.6.1　涉外票据的概念

涉外票据是指出票、背书、承兑、保证、付款等票据行为中，既有发生在我国境内的行为又有发生在我国境外的行为的票据。

13.6.2　我国涉外票据法律适用的具体规定

1. 国家条约优先适用

我国《票据法》规定，除我国声明保留的条款外，我国缔结或者参加的国际条约同我国《票据法》有不同规定的，适用国际条约的规定。

2. 涉外票据行为人的行为能力的法律适用

票据债务人的民事行为能力，适用其本国法律；如果依照其本国法律为无民事行为能力或者为限制民事行为能力，而依照行为地法律为完全民事行为能力的，适用行为地法律。

3. 涉外票记载事项的法律适用

汇票、本票出票时的记载事项，适用出票地法律；支票出票时的记载事项，适用出票地法律，经当事人协议，也可以适用付款地法律。在支票形式的法律适用上允许“当事人意思自治”的存在。

4. 涉外票据行为方式的法律适用

背书、承兑、保证等基本票据行为在方式上的有效性完全取决于是否遵守了行为地法，我国《票据法》规定，票据的背书、承兑、付款和保证行为，适用行为地法律。

5. 涉外票据追索权行使期限的法律适用

我国《票据法》规定，涉外票据的追索权的行使期限，适用出票地法律。

6. 涉外票据的提示期限、拒绝证明的出具方式等的法律适用

涉外票据的提示期限、有关拒绝证明的方式、出具拒绝证明的期限，适用付款地法律。票据丧失时，失票人请求保全票据权利的程序，适用付款地法律。

案例思考

2016 年 6 月，国内 X 银行某分行收到一美籍华人陈某提示的一张旅行支票。该支票记载的出票人及付款人均为美国纽约 M 银行，指定的代理付款人为 X 银行。支票的金额为 10 万美元，支票上收款人记载为陈某，并记载有陈某的美国护照号码。X 银行某分行按照惯常柜台审查手续进行审查后，认为除代理付款人记载较特别外，并无其他异常，于是兑付了票款。为稳妥起见，X 银行将持票人陈某以 X 银行为被背书人，进行了转让背书。支票兑付后的第 6 天，M 银行发来传真给 X 银行称：因上述支票原持票人挂失，请求 X 银行立即停止对该支票付款。此时，M 银行拒绝付款及支付手续费给 X 银行，理由是：支票款被冒领，实际领取支票款的持票人的护照是伪造的。X 银行于是依据双方业务关系协议中的仲裁条款，向某仲裁机构提起仲裁。问：

1. 本案支票属于涉外票据还是国外票据？
2. X 银行的实际法律地位如何？
3. 你对本案适用法律方面有何见解？

13.7* 本票和支票

13.7.1 本票

1. 本票的概念

本票是出票人签发的，承诺自己在见票时无条件支付确定的金额给收款人或者持票人的票据。我国《票据法》中所称的本票仅限于见票即付的银行本票，是银行签发的，承诺自己在见票时无条件支付确定的金额给收款人或者持票人的票据。

2. 本票的出票

本票的出票是指出票银行根据企业或者个人的申请，依法签发本票并将其交付给收款人的票据行为。

（1）绝对应当记载的事项。本票的绝对记载事项包括以下 6 个方面的内容。① 表明“本票”的字样。这是本票文句记载事项。② 无条件支付的承诺。这是有关支付文句，表明出票人无条件支付票据金额，而不附加任何条件。③ 确定的金额。④ 收款人名称。⑤ 出票日期。⑥ 出票人签章。本票上未记载上述绝对必要记载事项之一的，本票无效。

（2）相对应当记载的事项。本票的相对记载事项包括两项内容：付款地和出票地。本票上未记载付款地的，出票人的营业场所为付款地；本票上未记载出票地的，出票人的营业场所为出票地。

3. 本票出票的效力

（1）对出票人的效力。本票出票的效力在于，使出票人成为本票的付款人或者主债务人，负有无条件支付本票金额的绝对付款义务。这一义务只能因时效届满而消灭，在时效期限内，出票人的付款义务始终存在，即使持票人未在法定提示付款期限内进行提示，也不影响出票人的付款义务。

（2）对收款人的效力。本票的出票行为成立后，使本票上记载的收款人取得本票的付款请求权和追索权。

4. 本票的付款

(1) 本票的付款人。本票为自付证券，出票人就是付款人，不存在另外的付款人。

(2) 本票的付款期限。本票自出票日起，付款期限最长不得超过 2 个月。出票人不在此期限内提示付款，则丧失对出票人以外的前手的追索权。

13.7.2　支票

1. 支票的概念

支票是出票人签发的，委托办理支票存款业务的银行或者其他金融机构在见票时无条件支付确定的金额给收款人或者持票人的票据。从概念中可以看出，支票与汇票和本票相比，有两个显著特征：支票的付款人仅限于银行或者其他金融机构；支票是见票即付的票据。

支票分为现金支票、转账支票。所谓现金支票，是指支票上印制有“现金”字样，持票人依法只能请求付款人以现金方式付款的支票；所谓转账支票，是指支票上印制有“转账”字样，持票人依法只能请求付款人以转账方式付款的支票。

2. 支票的出票

支票的出票，是指由出票人作成支票并将其交付给收款人的行为。支票的出票人所签发的支票金额不得超过其付款时在付款人处实有的存款金额。出票人签发的支票金额超过其付款时在付款人处实有的存款金额的，为空头支票。我国禁止签发空头支票。

(1) 绝对应当记载的事项。绝对应当记载的事项有：① 表明“支票”的字样；② 无条件支付的委托；③ 确定的金额；④ 付款人名称；⑤ 出票日期；⑥ 出票人签章。缺少其中任何一项，支票无效。支票上的金额可以由出票人授权补记；未补记前的支票，不得使用。支票上未记载收款人名称的，经出票人授权，可以补记。出票人可以在支票上记载自己为收款人。

(2) 相对应当记载的事项。相对应当记载的事项有付款地和出票地两项。支票上未记载付款地的，付款人的营业场所为付款地；支票上未记载出票地的，出票人的营业场所、住所或者经常居住地为出票地。

(3) 支票出票的效力。① 对出票人的效力。支票出票对出票人而言，使其承担了担保支票付款的义务。② 对付款人的效力。支票的出票，对付款人而言，使其承担见票付款的义务。③ 对收款人或持票人的效力。支票出票后，收款人或持票人取得票据权利，有权在法定提示付款期间内向付款人请求付款并受领支票金额；如果付款人拒绝付款，则依法取得追索权；收款人或持票人也有权依法对支票进行转让。

3. 支票的付款

(1) 支票的付款提示期限。支票的持票人应当自出票日起 10 日内提示付款。异地使用的支票，其提示付款期限由中国人民银行另行规定。超过提示付款期限的，付款人可以不予付款；付款人不予付款的，出票人仍应当对持票人承担票据责任。

(2) 支票付款的程序。付款人对支票的审查，一是审查出票人在支票上的签章是否与其预留银行的签章相符，银行与出票人约定使用支付密码的，同时应当审查支付密码是否正确。二是付款人在付款时应当审查支票是否为空头支票，只有出票人在付款人处的存款足以支付支票金额时，付款人才于持票人提示付款的当日足额付款。

【实施与评价要点】

本项目一开始的任务导入中布置了一个任务：能够根据实际需要，设计票据遭到拒付后的追索方案。

1. 任务分析

为完成上面的任务，应围绕追索权行使的内容，结合案件的特点主要解决以下问题：

（1）应首先取得拒绝证明、退票理由书或其他证明文件；

（2）选择追索对象；

（3）计算需要追索的金额和费用；

（4）发出追索通知。

2. 任务实施及检测

（1）任务内容：在票据的持票人遭到拒绝承兑或拒绝付款的情况下，持票人应行使自己的追索权来实现票据权利，持票人应设计追索方案。

（2）任务要求：每 20 人一大组，选出组长，每大组分成两个小组，每个小组的 10 名成员共同设计追索方案，用 A4 纸打印。每组把两份追索方案进行对比，找出差距，然后进行补正。

（3）任务检测：每组组长进行作品展示。展示后每个人都可就追索方案中存在的问题进行提问，每组组长进行答辩，教师根据每组展示和答辩情况进行总结点评打分。

重点概括

本项目阐述了票据的概念、特征、票据法律关系、票据行为、票据权利的知识，介绍了我国《票据法》中关于汇票、本票、支票的法律规定。

票据法律关系包括票据关系和非票据关系两大类。

票据行为主要包括出票、背书、承兑、保证、付款等行为，对于各种行为的行使法律都有具体规定，当事人只有按照规定从事票据行为，才能产生法律效力。

票据权利包括付款请求权和追索权，其中追索权的行使要件、行使程序是非常重要的问题。

票据法对汇票的出票、背书、承兑、保证、付款等行为以及汇票的追索权都进行了具体的规定，票据当事人应按照规定进行票据行为行使票据权利。票据法对于本票和支票的出票、记载事项等不同于汇票的方面作出了特殊规定；其他问题，适用于汇票的规定。

项目 14

制订证券违法行为处理方案

【任务导入】

1. 项目内容

通过本项目的学习，能够分析具体的证券违法行为，并根据违法行为的性质，制订出处理方案。

2. 项目要求

(1) 能够正确分析证券违法行为的性质；

(2) 能够按照我国《证券法》的规定制订处理方案。

【理论知识要点】

1. 知识目标

(1) 掌握我国《证券法》关于证券发行的规定；

(2) 了解上市公司收购的规定；

(3) 了解我国证券机构的种类及业务范围；

(4) 熟知证券违法行为及法律责任。

2. 能力目标

(1) 能根据所学知识为公司发行证券提出建议和意见；

(2) 能依法正确分析证券违法行为的性质。

案例导入

海南民源现代农业发展股份有限公司（简称琼民源）为上市公司。1996 年下半年，民源海南公司（琼民源的控股公司）与深圳有色金属财务公司（琼民源股东财务顾问）联手炒作琼民源股票，某些传媒对琼民源业绩更是大加渲染。1996 年下半年，琼民源股票价格在短短的 5 个月时间内上涨了 4 倍。1997 年年初，琼民源公布的财务报告谎称 1996 年度“公司实现利润 5.7 亿元，资本公积金增加 6.57 亿元”。据此计算，琼民源利润比上一年增加了 1 000 倍。对于此财务报告，海南大正会计师事务所事先出具了琼民源的资产评估报告，同时中华会计师事务所、海南中华会计师事务所都出具了无保留意见的审计报告。当证券监督管理部门和广大投资者向其提出质疑并要求该公司董事对其报告的真实性负责时，琼民源公司的全体董事竟然集体辞职，并同时中止其上市股票。

问：琼民源及上述几家事务所的行为，构成了什么证券违法行为？应怎样处罚？

上述问题涉及本项目证券违法行为及处理方案问题。

【理论内容】

14.1 证券法概述

14.1.1 证券的概念和种类

证券有广义和狭义之分。广义的证券是记载并且代表一定权利的所有凭证的通称，是证明证券持有人享有一定权益的书面凭证。主要包括三类：一是财务证券，如提货单、购物券等；二是货币证券，如汇票、本票、支票等；三是资本证券，如股票、债券等。狭义的证券仅指资本证券，资本证券是指任何可以作为投资工具自由转让的，用来证明直接或间接的分享权或参与权或其他权益的凭证。包括股票、债券新股认购证书、证券投资基金的权益证明、期权或期货权益凭证以及其他派生金融投资工具。证券法上的证券指资本证券，包括股票、公司债券以及国务院依法认定的其他证券。

14.1.2 证券市场

1. 证券市场的概念

证券市场是股票、债券、投资基金等证券发行和交易的场所。证券市场分为发行市场和流通市场。发行市场又称为初级市场、一级市场，它是股份有限公司发行股票、筹集资金、将社会闲散资金转化为生产资金的场所。发行市场主要通过发行证券为上市公司筹集资金。流通市场又叫二级市场，是供投资者买卖已发行证券的场所。发行市场是流通市场的基础，决定着流通市场上流通证券的种类、数量和规模；流通市场则是发行市场存在和发展的保证，维持着投资者资金周转的积极性和流动的灵活性，两者互为条件又相互制约，有着密不可分的关系。

2. 证券市场的主体

证券市场的主体由证券发行人、中介机构（证券承销商）、证券投资者、交易所、自律性组织和监管机构组成。证券发行人是在证券市场上发行证券的单位，包括企业、金融机构和政府部门。中介机构（证券承销商）指证券经营机构、资产评估机构、会计师事务所、律师事务所等。证券投资者是证券市场上证券的购买者，包括个人投资者和机构投资者。自律性组织是在本所或本行业内进行监管，包括证券交易所和证券业协会。监管机构是代表政府对证券市场进行监督和管理的机构。在我国指中国证券监督管理委员会及其派出机构。

14.1.3　证券法

1. 证券法的概念

证券法是调整证券发行、交易和证券监管过程中发生的经济关系的法律规范的总称。狭义的证券法是《中华人民共和国证券法》（简称《证券法》），广义的证券法除《证券法》外，还包括其他法律中有关证券管理的内容、国务院有关证券管理的行政法规、有关证券管理的部门规章以及证券交易所等有关证券组织依法制定的业务规章和行业活动准则等。

2. 证券法的基本原则

（1）公开、公平和公正原则即三公原则。公开原则，又称信息公开原则，是指在证券发行和交易过程中，证券发行人和其他有关当事人必须向社会公众披露能够影响投资者作出投资决策的一切信息资料。包括三层含义：证券应当向社会公开发行；证券发行后，应当在证券交易场所公开上市交易，禁止非法“黑市”交易；必须公开与证券发行、交易相关的一切信息。信息公开的基本要求是真实、准确、全面、及时、易得、易解。公平原则是指在证券市场上，所有市场主体的法律地位一律平等，即平等地享有权利和承担义务，公平地开展竞争，合法权益受到法律保护。公平、平等、自愿、有偿是密不可分的。公正原则是指证券监督管理机构公正地执行法律，对一切被监管者给予公正待遇。它禁止任何人在证券发行或交易中滥用特权或优势，使他人蒙受损失。市场操纵、虚假陈述、欺诈客户、内幕交易等都是违反公正原则的行为。

（2）自愿、有偿、诚实信用原则。证券发行、交易活动的当事人具有平等的法律地位，应当遵守自愿、有偿、诚实信用的原则。

（3）守法原则。证券的发行、交易活动，必须遵守法律、行政法规；禁止欺诈、内幕交易和操纵证券市场的行为。

（4）分业经营与分业管理原则。证券业和银行业、信托业、保险业实行分业经营、分业管理，证券公司与银行、信托、保险业务机构分别设立。国家另有规定的除外。

（5）政府统一监管、行业自律相结合原则。国务院证券监督管理机构依法对全国证券市场实行集中统一监督管理。国务院证券监督管理机构根据需要可以设立派出机构，按照授权履行监督管理职责。在国家对证券发行、交易活动实行集中统一监督管理的前提下，依法设立证券业协会，实行自律性管理。

（6）审计监督原则。国家审计机关依法对证券交易所、证券公司、证券登记结算机构、证券监督管理机构进行审计监督。

3. 我国的证券立法

相关法律包括：1993 年 4 月 22 日国务院发布的《股票发行与交易管理暂行条例》，1993 年 7 月 7 日国务院证券委员会发布的《证券交易所管理暂行办法》，1993 年 8 月 15 日国务院批准的《禁止证券欺诈行为暂行办法》，1996 年 6 月 17 日国务院证券监督管理委员会发布的《证券经营机构股票承销业务管理办法》等。1998 年 12 月 29 日，第九届全国人民代表大会常务委员会第六次会议通过了《中华人民共和国证券法》，标志着我国证券市场法制建设进入了一个新的阶段。

4.《证券法》的适用范围

在中华人民共和国境内，股票、公司债券和国务院依法认定的其他证券的发行和交易，适用《证券法》;《证券法》未规定的，适用《公司法》和其他法律、行政法规的规定。政府债券、证券投资基金份额的上市交易，适用《证券法》；其他法律、行政法规另有规定的，适用其规定。证券衍生品种发行、交易的管理办法，由国务院依照《证券法》的原则规定。

14.2 证券发行

14.2.1 证券发行的一般规定

1. 公开发行证券的有关规定

公开发行证券必须符合法律、行政法规规定的条件，并依法报经国务院证券监督管理机构或者国务院授权的部门核准；未经依法核准，任何单位和个人不得公开发行证券。

有下列情形之一的，为公开发行：① 向不特定对象发行证券的；② 向特定对象发行证券累计超过 200 人的；③ 法律、行政法规规定的其他发行行为。

非公开发行证券，不得采用广告、公开劝诱和变相公开方式。

2. 公开发行证券的保荐制度

发行人申请公开发行股票、可转换为股票的公司债券，依法采取承销方式的，或者公开发行法律、行政法规规定实行保荐制度的其他证券的，应当聘请具有保荐资格的机构担任保荐人。保荐人应当遵守业务规则和行业规范，诚实守信，勤勉尽责，对发行人的申请文件和信息披露资料进行审慎核查，督导发行人规范运作。

14.2.2 股票发行的规定

1. 股票发行的概念

股票发行是股份有限公司或其承销机构，以同一条件对不特定若干人出售股票的行为。股票发行是股份发行的表现形式。股票发行分为设立发行和增资发行两种情况。设立发行是指股份有限公司在设立过程中发行股票，是以经批准拟成立的公司为募集股本设立公司首次发行股票。增资发行是已成立的股份有限公司为扩充资本，在首次发行股票以后的各次股票发行。

2. 股票发行的条件

1）设立股份有限公司公开发行股票的条件

设立股份有限公司公开发行股票，应当符合《公司法》规定的条件和经国务院批准的国务院证券监督管理机构规定的其他条件。根据我国有关法律、法规的规定，设立股份有限公司，申请公开发行股票，首要的条件是：股票发行人必须是具有股票发行资格的股份有限公司，包括经批准拟成立的股份有限公司。除以上之外，根据《股票发行与交易管理暂行条例》的规定，股份有限公司设立发行股票，还须符合下列条件：① 股份有限公司的生产经营符合国家产业政策；② 发行的普通股限于一种，同股同权；③ 发起人认购的股本数额不少于公司拟发行的股本总额的 35%；④ 在公司拟发行的股本总额中，发起人认购的部分不少于人民币 3 000 万元；⑤ 向社会公众发行的部分不少于公司拟发行股本总额的 25%，其中公司职工认购的股本数额不得超过拟向社会公众发行的股本总额的 10%；⑥ 发起人在 3 年内没有重大违法行为；⑦ 证券委规定的其他条件。

设立股份有限公司公开发行股票，应当向国务院证券监督管理机构报送募股申请和下列文件：① 公司章程；② 发起人协议；③ 发起人姓名或者名称，发起人认购的股份数、出资种类及验资证明；④ 招股说明书；⑤ 代收股款银行的名称及地址；⑥ 承销机构名称及有关的协议。

依照本法规定聘请保荐人的，还应当报送保荐人出具的发行保荐书。法律、行政法规规定设立公司必须报经批准的，还应当提交相应的批准文件。

2）改组设立发行股票的条件

原有企业改组设立股份有限公司，申请公开发行股票，除符合新设立的股份有限公司申请以公开发行股票的条件外，还应符合以下条件：发行前一年半，净资产在总资产中所占比例不低于 30%，无形资产在净资产中所占的比例不高于 20%，但是证券委另有规定的除外；近 3 年连续盈利。此外，国有企业改组设立股份有限公司公开发行股票的，国家股在股份总额中所占的比例应根据国务院或国务院授权部门的规定。

3）公开发行新股票的条件

公司公开发行新股，应当符合下列条件：① 具备健全且运行良好的组织机构；② 具有持续盈利能力，财务状况良好；③ 最近三年财务会计文件无虚假记载，无其他重大违法行为；④ 经国务院批准的国务院证券监督管理机构规定的其他条件。

上市公司非公开发行新股，应当符合经国务院批准的国务院证券监督管理机构规定的条件，并报国务院证券监督管理机构核准。

公司公开发行新股，应当向国务院证券监督管理机构报送募股申请和下列文件：① 公司营业执照；② 公司章程；③ 股东大会决议；④ 招股说明书；⑤ 财务会计报告；⑥ 代收股款银行的名称及地址；⑦ 承销机构名称及有关的协议。依照本法规定聘请保荐人的，还应当报送保荐人出具的发行保荐书。

公司对公开发行股票所募集的资金，必须按照招股说明书所列资金用途使用。改变招股说明书所列资金用途，必须经股东大会作出决议。擅自改变用途而未作纠正的，或者未经股东大会认可的，不得公开发行新股。

3. 股票发行的程序

（1）提出公开发行股票的申请。申请发行股票的股份有限公司（下称申请人）应聘请会计师事务所、资产评估机构、律师事务所等专业性机构对其资信、资产、财务状况进行审定、评估和就有关事项出具法律意见书。然后，按照隶属关系分别向省、自治区、直辖市、计划单列市人民政府或中央企业主管部门提出公开发行股票的申请。公司申请发行股票，提交申请报告应当提交招股说明书、审计报告、法律意见书等文件。招股说明书是企业申请发行股票时最主要的文件，因此法律对说明书的形式、制作及其内容的真实性、准确性、完整性均作出明确规定。

（2）审批。在国家下达的发行规模内，地方政府对地方企业的发行申请进行审批，中央企业主管部门在与申请人所在地政府协商后，对中央企业的发行申请进行审批；被批准的发行申请，送证监会复审。在发行申请经证监会复审同意后，申请人即向证券交易所上市委员会提出申请，经上市委员会同意后方可发行股票。国务院证券监督管理机构或者国务院授权的部门应当自受理证券发行申请文件之日起 3 个月内，依照法定条件和法定程序作出予以核准或者不予核准的决定，发行人根据要求补充、修改发行申请文件的时间不计算在内；不予核准的，应当说明理由。

（3）签署承销协议。发行人在发行申请得到主管机关的批准和证监会的复审批准后，应当与证券经营机构签署承销协议。

14.2.3 公司债券发行的规定

1. 债券的概念和种类

债券是依照法定程序发行的，约定在一定期限内还本付息的有价证券。债券根据发行人的不同可分为政府债券、金融债券和企业债券 3 类。政府债券包括国库券、中期公债和长期公债等；企业债券包括担保公司债、转换公司债等。

2. 债券发行的条件

公开发行公司债券，应当符合下列条件：① 股份有限公司的净资产不低于人民币 3 000 万元，有限责任公司的净资产不低于人民币 6 000 万元；② 累计债券余额不超过公司净资产额的 40%；③ 最近 3 年平均可分配利润足以支付公司债券 1 年的利息；④ 筹集的资金投向符合国家产业政策；⑤ 债券的利率不超过国务院限定的利率水平；⑥ 国务院规定的其他条件。

公开发行公司债券筹集的资金，必须用于核准的用途，不得用于弥补亏损和非生产性支出。上市公司发行可转换为股票的公司债券，除应当符合第一款规定的条件外，还应当符合《证券法》关于公开发行股票的条件，并报国务院证券监督管理机构核准。

申请公开发行公司债券，应当向国务院授权的部门或者国务院证券监督管理机构报送下列文件：① 公司营业执照；② 公司章程；③ 公司债券募集办法；④ 资产评估报告和验资报告；⑤ 国务院授权的部门或者国务院证券监督管理机构规定的其他文件。

依法规定聘请保荐人的，还应当报送保荐人出具的发行保荐书。

3. 不得再次公开发行公司债券的情形

（1）前一次公开发行的公司债券尚未募足。

（2）对已公开发行的公司债券或者其他债务有违约或者延迟支付本息的事实，仍处于继续状态。

（3）违反本法规定，改变公开发行公司债券所募资金的用途。

4. 债券发行的程序

（1）制定发行章程。发行债券的企业应首先制定发行章程。发行章程应当包括企业名称、住所、经营范围、法定代表人；企业近 3 年的生产经营状况和有关业务发展基本情况；财务报告；企业自有资产净值；筹集资金的用途；效益预测；发行对象、时间、期限、方式；债券的种类及期限；债券的利率；债券总面额；还本付息方式和审批机关要求载明的其他事项。

（2）审批。企业制定发行章程完毕，应向审批机关提出债券发行申请，请求审查批准。企业应向审批机关报送下列文件：发行企业债券的申请书；营业执照；发行章程；经会计师事务所审计的企业近 3 年的财务报告；审批机关要求提供的其他材料。国务院证券监督管理机构或者国务院授权的部门应当自受理证券发行申请文件之日起 3 个月内，依照法定条件和法定程序作出予以核准或者不予核准的决定，发行人根据要求补充、修改发行申请文件的时间不计算在内；不予核准的，应当说明理由。

（3）公示。企业的申请被批准后，应当公布经批准的发行章程和其他有关资料。企业发行债券必须给予投资者或潜在的投资者关于企业经营状况、偿债能力、还本付息方式等真实、准确、完整的介绍。这是企业债券能否发行成功的必要条件。

（4）承销。承销是指证券经营机构依照协议包销或者代销发行人所发行的证券的行为。

14.2.4　证券投资基金的发行

1. 证券投资基金的概念和种类

证券投资基金是指通过发行基金单位，集中投资者的资金，由基金托管人托管，由基金管理人管理和运用资金，从事股票、债券等金融工具投资的方式。

证券投资基金依照其运作方式，主要分为开放式基金和封闭式基金。开放式基金（开放式运作方式的基金）是基金份额总额不固定，基金份额可以在基金合同约定的时间和场所申购或者赎回的基金；封闭式基金（封闭式运作方式的基金）是经核准的基金份额总额在基金合同期限内固定不变，基金份额可以在依法设立的证券交易场所交易，但基金份额持有人不得申请赎回的基金。

2. 设立基金管理公司的条件

（1）有符合《证券投资基金法》和《公司法》规定的章程。

（2）注册资本不低于人民币 1 亿元，且必须为实缴货币资本。

（3）主要股东具有从事证券经营、证券投资咨询、信托资产管理或者其他金融资产管理的较好的经营业绩与良好的社会信誉，最近3年没有违法记录，注册资本不低于人民币3亿元。

（4）取得基金从业资格的人员达到法定人数。

（5）有符合要求的营业场所、安全防范设施和与基金管理业务有关的其他设施。

（6）有完善的内部稽核监控制度和风险控制制度。

（7）法律、行政法规规定的和经国务院批准的国务院证券监督管理机构规定的其他条件。

3. 基金的募集

基金管理人应当依照《证券投资基金法》的规定，发售基金份额，募集基金。

国务院证券监督管理机构应当自受理基金募集申请之日起6个月内依照法律、行政法规及国务院证券监督管理机构的规定和审慎监管原则进行审查，作出核准或者不予核准的决定。基金份额的发售，由基金管理人负责办理。基金管理人应当自收到核准文件之日起6个月内进行基金募集。基金募集不得超过国务院证券监督管理机构核准的基金募集期限。基金募集期限自基金份额发售之日起计算。

基金募集期限届满，封闭式基金募集的基金份额总额达到核准规模的80%以上，开放式基金募集的基金份额总额超过核准的最低募集份额总额，并且基金份额持有人人数符合国务院证券监督管理机构规定的，基金管理人应当自募集期限届满之日起10日内聘请法定验资机构验资，自收到验资报告之日起10日内，向国务院证券监督管理机构提交验资报告，办理基金备案手续，并予以公告。

14.2.5 证券发行的管理

1. 管理机关

我国管理机关有国家发展计划委员会、中国人民银行、财政部和国务院证券管理委员会。

2. 债券发行管理

发行人向国务院证券监督管理机构或者国务院授权的部门报送的证券发行申请文件，必须真实、准确、完整。为证券发行出具有关文件的证券服务机构和人员，必须严格履行法定职责，保证其所出具文件的真实性、准确性和完整性。

发行人申请首次公开发行股票的，在提交申请文件后，应当按照国务院证券监督管理机构的规定预先披露有关申请文件。

国务院证券监督管理机构设发行审核委员会，依法审核股票发行申请。发行审核委员会由国务院证券监督管理机构的专业人员和所聘请的该机构外的有关专家组成，以投票方式对股票发行申请进行表决，提出审核意见。国务院证券监督管理机构依照法定条件负责核准股票发行申请。核准程序应当公开，依法接受监督。参与审核和核准股票发行申请的人员，不得与发行申请人有利害关系，不得直接或者间接接受发行申请人的馈赠，不得持有所核准的发行申请的股票，不得私下与发行申请人进行接触。

证券发行申请经核准，发行人应当依照法律、行政法规的规定，在证券公开发行前，公告公开发行募集文件，并将该文件置备于指定场所供公众查阅。发行证券的信息依法公开前，任何知情人不得公开或者泄露该信息。发行人不得在公告公开发行募集文件前发行证券。

国务院证券监督管理机构或者国务院授权的部门对已作出的核准证券发行的决定，发现不符合法定条件或者法定程序，尚未发行证券的，应当予以撤销，停止发行。已经发行尚未上市的，撤销发行核准决定，发行人应当按照发行价并加算银行同期存款利息返还证券持有人；保荐人应当与发行人承担连带责任，但是能够证明自己没有过错的除外；发行人的控股股东、实际控制人有过错的，应当与发行人承担连带责任。

股票依法发行后，发行人经营与收益的变化，由发行人自行负责；由此变化引致的投资风险，由投资者自行负责。

14.2.6 证券的承销

1. 证券承销的概念

证券承销是指证券经营机构依照协议包销或者代销发行人向社会公开发行的证券的行为。发行人向不特定对象发行的证券，法律、行政法规规定应当由证券公司承销的，发行人应当同证券公司签订承销协议。公开发行证券的发行人有权依法自主选择承销的证券公司。证券公司不得以不正当竞争手段招揽证券承销业务。

2. 证券承销的方式

证券承销采取代销和包销两种方式。证券代销是指证券公司代发行人发售证券，在承销期结束时，将未售出的证券全部退还给发行人的承销方式。证券包销是指证券公司将发行人的证券按照协议全部购入或者在承销期结束时将售后剩余证券全部自行购入的承销方式。

3. 证券承销的协议

证券公司承销证券，应当同发行人签订代销或者包销协议。代销或者包销协议应载明下列事项：① 当事人的名称、住所及法定代表人姓名；② 代销、包销证券的种类、数量、金额及发行价格；③ 代销、包销的期限及起止日期；④ 代销、包销的付款方式及日期；⑤ 代销、包销的费用和结算办法；⑥ 违约责任；⑦ 国务院证券监督管理机构规定的其他事项。

证券公司承销证券，应当对公开发行募集文件的真实性、准确性、完整性进行核查；发现有虚假记载、误导性陈述或者重大遗漏的，不得进行销售活动；已经销售的，必须立即停止销售活动，并采取纠正措施。

4. 承销团承销证券

向不特定对象发行的证券票面总值超过人民币 5 000 万元的，应当由承销团承销。承销团应当由主承销和参与承销的证券公司组成。

5. 证券承销的期限

证券的代销、包销期限最长不得超过 90 日。证券公司在代销、包销期内，对所代销、包销的证券应当保证先行出售给认购人，证券公司不得为本公司预留所代销的证券和预先购入并留存所包销的证券。

股票发行采用代销方式，代销期限届满，向投资者出售的股票数量未达到拟公开发行股票数量 70% 的，为发行失败。发行人应当按照发行价并加算银行同期存款利息返还股票认购人。

公开发行股票，代销、包销期限届满，发行人应当在规定的期限内将股票发行情况报国务院证券监督管理机构备案。

案例思考

甲股份有限公司 2008 年亏损 1 000 万元，但其在账面上虚构收入，减计支出，编造虚假利润 1 500 万元，使其年度账面利润达到了 5 000 万元。在股票上市材料中，对重大责任事故的赔偿一事进行了隐瞒，从而骗取了公开发行新股的资格。问：甲公司的行为属于哪种证券违法行为？说明理由。

14.3 证券交易

14.3.1 证券交易的一般规定

1. 证券交易的概念

证券交易是指已发行的证券在证券市场上买卖或转让的活动。证券交易与证券发行相互促进、相互制约。一方面，证券发行为证券交易提供了对象，决定了证券交易的规模，是证券交易的前提；另一方面，证券交易使证券的流动性特征显示了出来，从而有利于证券发行的顺利进行。

2. 证券交易的规则

（1）证券交易的标的合法。证券交易当事人依法买卖的证券，必须是依法发行并交付的证券。非依法发行的证券，不得买卖。

（2）证券交易期限合法。依法发行的股票、公司债券和其他债券，法律对其转让期限有限制性规定的，在限定的期限内不得买卖。

发起人持有的本公司股份，自公司成立之日起 1 年内不得转让。公开发行股份前已经发行的股份自公司股票在证券交易所上市交易之日起 1 年内不得转让。

公司董事、监事、高级管理人员应当向公司申报所持有的本公司股份及其变动情况，在任职期间每年转让的股份不得超过其所持有本公司股份总数的 25%，所持本公司股份自公司股票上市交易之日起 1 年内不得转让。

上市公司董事、监事、高级管理人员、持有上市公司股份 5% 以上的股东，将其持有的该公司的股票在买入后 6 个月内卖出，或者在卖出后 6 个月内买入，由此所得收益归该公司所有，公司应当收回其所得收益。但是，证券公司因包销购入售后剩余股票而持有 5% 以上股份的，卖出该股票不受 6 个月时间限制。

通过证券交易所的证券交易，投资者持有或者通过协议、其他安排与他人共同持有一个上市公司已发行的股份达到 5% 时，应当在该事实发生之日起 3 日内，依法报告和公告。在上述规定的期限内，不得再行买卖该上市公司的股票。投资者持有或者通过协议、其他安排与他人共同持有一个上市公司已发行的股份达到 5% 后，其所持该上市公司的股份比例每增加或者减少 5%，应当依法报告和公告，在报告期限内和作出报告、公告 2 日内，不得再行买卖该上市公司的股票。

为股票发行出具审计报告、资产评估报告或者法律意见书等文件的证券服务机构和人员，在该股票承销期内和期满后 6 个月内，不得买卖该种股票。为上市公司出具审计报告、资产评估报告或者法律意见书等文件的证券服务机构和人员，自接受上市公司委托之日起至上述文件公开后 5 日内，不得买卖该种股票。

证券内幕信息的知情人和非法获取内幕信息的人，在内幕信息公开前，不得买卖该公司的股票。

通过证券交易所的证券交易，投资者持有发行人已发行的可转换公司债券达到 20% 时，应在该事实发生之日起 3 日内，向中国证监会、证券交易所作出书面报告，通知发行人并予以公告；在上述规定的期限内，不得再行买卖该发行人的可转换公司债券，也不得买卖该发行人的股票。投资者持有发行人已发行的可转换公司债券达到 20% 后，其所持该发行人已发行可转换公司债券比例每增加或者减少 10% 时，应按上述规定进行书面报告和公告。在报告期限内和作出报告、公告后 2 日内，不得再行买卖该发行人的可转换公司债券，也不得买卖该发行人的股票。

（3）证券交易场所必须合法。依法公开发行的股票、公司债券及其他证券，应当在依法设立的证券交易所上市交易或者在经国务院批准的其他证券交易所转让。

（4）证券交易的方式必须合法。证券在证券交易所上市交易，应当采用公开的集中交易方式或者国务院证券监督管理机构批准的其他方式。

（5）交易证券的凭证形式合法。证券交易当事人买卖的证券可以采用纸面形式或者国务院证券监督管理机构规定的其他形式。

（6）证券交易种类合法。证券交易以现货和国务院规定的其他方式进行交易。

（7）证券人员在任期或法定期限内不得持有和买卖股票。证券交易所、证券公司和证券登记结算机构的从业人员、证券监督管理机构的工作人员以及法律、行政法规禁止参与股票交易的其他人员，在任期或者法定限期内，不得直接或者以化名、借他人名义持有、买卖股票，也不得收受他人赠送的股票。任何人在成为上述所列人员时，其原已持有的股票，必须依法转让。

证券交易所、证券公司和证券登记结算机构的从业人员、证券监督管理机构的工作人员以及法律、行政法规禁止参与股票交易的其他人员，在任期或者法定限期内，不得直接或者以化名、借他人名义持有、买卖股票，也不得收受他人赠送的股票。

（8）证券交易所、证券公司、证券登记结算机构必须依法为客户开立的账户保密。

（9）证券交易的收费必须合理。证券交易的收费必须合理，并公开收费项目、收费标准和收费办法。证券交易的收费项目、收费标准和管理办法由国务院有关主管部门统一规定。

14.3.2 证券上市

1. 证券上市的概念

证券上市是依法发行的证券，经国务院证券监管机构审核批准后，在证券交易所挂牌交易的活动。

申请证券上市交易，应当向证券交易所提出申请，由证券交易所依法审核同意，并由双方签订上市协议。证券交易所根据国务院授权部门的决定安排政府债券上市交易。申请股票、可转换为股票的公司债券或者法律、行政法规规定实行保荐制度的其他证券上市交易，应当聘请具有保荐资格的机构担任保荐人。

2. 股票上市

（1）股票上市交易的条件。股份有限公司申请股票上市交易，应当符合下列条件：① 股票经国务院证券监督管理机构核准已公开发行；② 公司股本总额不少于人民币 3 000 万元；③ 公开发行的股份达到公司股份总数的 25% 以上；公司股本总额超过人民币 4 亿元的，公开发行股份的比例为 10% 以上；④ 公司最近 3 年无重大违法行为，财务会计报告无虚假记载。

证券交易所可以规定高于前款规定的上市条件，并报国务院证券监督管理机构批准。国家鼓励符合产业政策并符合上市条件的公司股票上市交易。

（2）股票上市交易报送的文件及公告。申请股票上市交易，应当向证券交易所报送下列文件：① 上市报告书；② 申请股票上市的股东大会决议；③ 公司章程；④ 公司营业执照；⑤ 依法经会计师事务所审计的公司最近三年的财务会计报告；⑥ 法律意见书和上市保荐书；⑦ 最近一次的招股说明书；⑧ 证券交易所上市规则规定的其他文件。

股票上市交易申请经证券交易所审核同意后，签订上市协议的公司应当在规定的期限内公告股票上市的有关文件，并将该文件置备于指定场所供公众查阅。

签订上市协议的公司除公告以上规定的文件外，还应当公告下列事项：① 股票获准在证券交易所交易的日期；② 持有公司股份最多的前 10 名股东的名单和持股数额；③ 公司的实际控制人；④ 董事、监事、高级管理人员的姓名及其持有本公司股票和债券的情况。

（3）股票暂停上市交易和终止上市交易。上市公司有下列情形之一的，由证券交易所决定暂停其股票上市交易：① 公司股本总额、股权分布等发生变化，不再具备上市条件；② 公司不按规定公开其财务状况，或者对财务会计报告作虚假记载，可能误导投资者；③ 公司有重大违法行为；④ 公司最近 3 年连续亏损；⑤ 证券交易所上市规则规定的其他情形。

上市公司有下列情形之一的，由证券交易所决定终止其股票上市交易：① 公司股本总额、股权分布等发生变化，不再具备上市条件，在证券交易所规定的期限内仍不能达到上市条件；② 公司不按规定公开其财务状况，或者对财务会计报告作虚假记载，且拒绝纠正；③ 公司最近 3 年连续亏损，在其后一个年度内未能恢复盈利；④ 公司解散或者被宣告破产；⑤ 证券交易所上市规则规定的其他情形。

3. 公司债券上市

（1）公司债券上市交易的条件。公司申请公司债券上市交易，应当符合下列条件：① 公司债券的期限为 1 年以上；② 公司债券实际发行额不少于人民币 5 000 万元；③ 公司申请债券上市时仍符合法定的公司债券发行条件。

（2）公司债券上市交易报送的文件。申请公司债券上市交易，应当向证券交易所报送下列文件：① 上市报告书；② 申请公司债券上市的董事会决议；③ 公司章程；④ 公司营业执照；⑤ 公司债券募集办法；⑥ 公司债券的实际发行数额；⑦ 证券交易所上市规则规定的其他文件。申请可转换为股票的公司债券上市交易，还应当报送保荐人出具的上市保荐书。

公司债券上市交易申请经证券交易所审核同意后，签订上市协议的公司应当在规定的期限内公告公司债券上市文件及有关文件，并将其申请文件置备于指定场所供公众查阅。

（3）公司债券暂停上市交易和终止上市交易。公司有下列情形之一的，由证券交易所决定暂停其公司债券上市交易：① 公司有重大违法行为；② 公司情况发生重大变化不符合公司债券上市条件；③ 公司债券所募集资金不按照核准的用途使用；④ 未按照公司债券募集办法履行义务；⑤ 公司最近 2 年连续亏损。

公司有上述第①项、第④项所列情形之一经查实后果严重的，或者有上述第②项、第③项、第⑤项所列情形之一，在限期内未能消除的，由证券交易所决定终止其公司债券上市交易。公司解散或者被宣告破产的，由证券交易所终止其公司债券上市交易。

4. 证券投资基金上市

（1）基金上市交易的条件。申请上市的基金，必须符合下列条件：① 基金的募集符合《证券投资基金法》的规定；② 基金合同期限为 5 年以上；③ 基金募集金额不低于人民币 2 亿元；④ 基金持有人不少于 1 000 人；⑤ 基金份额上市交易规则规定的其他条件。

基金上市应向证券交易所提出投资基金上市申请，并提交有关文件。证券交易所接到基金上市申请后，应当进行审查，认为符合上市条件的，将审查意见及拟订的上市时间连同相关文件一并报国务院证券监督管理机构批准。获得国务院证券监督管理机构批准后，由证券交易所出具上市通知书。获准上市的基金，须于上市首日前 3 个工作日内至少在国务院证券监督管理机构指定的报刊上刊登。

（2）基金的暂停上市或终止上市。出现下列情形之一的，暂时停止上市：① 发生重大变更而不符合上市条件；② 违反国家法律、法规，国务院证券监督管理机构决定暂停上市；③ 严重违反投资基金上市规则；④ 国务院证券监督管理机构和证券交易所认为须暂停上市的其他情形。

基金上市期间，有下列情形之一的，将终止上市：① 不再具备证券投资基金法规定的上市交易条件；② 基金合同期限届满；③ 基金份额持有人大会决定提前终止上市交易；④ 基金合同约定的或者基金份额上市交易规则规定的终止上市交易的其他情形。开放式基金在销售机构的营业场所销售及赎回，不上市交易。

14.3.3 持续信息公开

1. 持续信息公开的概念和要求

持续信息公开也称信息披露，主要包括证券发行时初次信息披露和证券交易中的信息披露。发行人、上市公司依法披露的信息，必须真实、准确、完整，不得有虚假记载、误导性陈述或者重大遗漏。公开的形式包括定期报告和临时性报告。

2. 定期报告

（1）中期报告。上市公司和公司债券上市交易的公司，应当在每一会计年度的上半年结束之日起两个月内，向国务院证券监督管理机构和证券交易所报送记载以下内容的中期报告，并予公告：① 公司财务会计报告和经营情况；② 涉及公司的重大诉讼事项；③ 已发行的股票、公司债券变动情况；④ 提交股东大会审议的重要事项；⑤ 国务院证券监督管理机构规定的其他事项。

（2）年度报告。上市公司和公司债券上市交易的公司，应当在每一会计年度结束之日起 4 个月内，向国务院证券监督管理机构和证券交易所报送年度报告，并予以公告：① 公司概况；② 公司财务会计报告和经营情况；③ 董事、监事、高级管理人员简介及其持股情况；④ 已发行的股票、公司债券情况，包括持有公司股份最多的前 10 名股东的名单和持股数额；⑤ 公司的实际控制人；⑥ 国务院证券监督管理机构规定的其他事项。

3. 临时性报告

发生可能对上市公司股票交易价格产生较大影响的重大事件，投资者尚未得知时，上市公司应当立即将有关该重大事件的情况向国务院证券监督管理机构和证券交易所报送临时报告，并予公告，说明事件的起因、目前的状态和可能产生的法律后果。下列情况为前款所称重大事件：① 公司的经营方针和经营范围的重大变化；② 公司的重大投资行为和重大的购置财产的决定；③ 公司订立重要合同，可能对公司的资产、负债、权益和经营成果产生重要影响；④ 公司发生重大债务和未能清偿到期重大债务的违约情况；⑤ 公司发生重大亏损或者重大损失；⑥ 公司生产经营的外部条件发生的重大变化；⑦ 公司的董事、1/3 以上监事或者经理发生变动；⑧ 持有公司 5% 以上股份的股东或者实际控制人，其持有股份或者控制公司的情况发生较大变化；⑨ 公司减资、合并、分立、解散及申请破产的决定；⑩ 涉及公司的重大诉讼，股东大会、董事会决议被依法撤销或者宣告无效；⑪ 公司涉嫌犯罪被司法机关立案调查，公司董事、监事、高级管理人员涉嫌犯罪被司法机关采取强制措施；⑫ 国务院证券监督管理机构规定的其他事项。

4. 信息的发布与监督

上市公司董事、高级管理人员应当对公司定期报告签署书面确认意见。上市公司监事会应当对董事会编制的公司定期报告进行审核并提出书面审核意见。上市公司董事、监事、高级管理人员应当保证上市公司所披露的信息真实、准确、完整。

发行人、上市公司公告的招股说明书、公司债券募集办法、财务会计报告、上市报告文件、年度报告、中期报告、临时报告以及其他信息披露资料，有虚假记载、误导性陈述或者重大遗漏，致使投资者在证券交易中遭受损失的，发行人、上市公司应当承担赔偿责任；发行人、上市公司的董事、监事、高级管理人员和其他直接责任人员以及保荐人、承销的证券公司，应当与发行人、上市公司承担连带赔偿责任，但是能够证明自己没有过错的除外；发行人、上市公司的控股股东、实际控制人有过错的，应当与发行人、上市公司承担连带赔偿责任。

依法必须披露的信息，应当在国务院证券监督管理机构指定的媒体发布，同时将其置备于公司住所、证券交易所，供社会公众查阅。

国务院证券监督管理机构对上市公司年度报告、中期报告、临时报告以及公告的情况进行监督，对上市公司分派或者配售新股的情况进行监督，对上市公司控股股东和信息披露义务人的行为进行监督。证券监督管理机构、证券交易所、保荐人、承销的证券公司及有关人员，对公司依照法律、行政法规规定必须作出的公告，在公告前不得泄露其内容。

证券交易所决定暂停或者终止证券上市交易的，应当及时公告，并报国务院证券监督管理机构备案。

14.3.4　禁止的交易行为

1. 内幕交易行为

内幕交易是指证券交易内幕信息的知情人和非法获取内幕信息的人员利用内幕信息进行证券交易的行为。内幕信息指证券交易活动中，涉及公司的经营、财务或者对该公司证券的市场价格有重大影响的尚未公开的信息。禁止证券交易内幕信息的知情人和非法获取内幕信息的人利用内幕信息从事证券交易活动。

（1）内幕信息的知情人种类。① 发行人的董事、监事、高级管理人员；② 持有公司5%以上股份的股东及其董事、监事、高级管理人员，公司的实际控制人及其董事、监事、高级管理人员；③ 发行人控股的公司及其董事、监事、高级管理人员；④ 由于所任公司职务可以获取公司有关内幕信息的人员；⑤ 证券监督管理机构工作人员以及由于法定的职责对证券发行、交易进行管理的其他人员；⑥ 保荐人、承销的证券公司、证券交易所、证券登记结算机构、证券服务机构的有关人员；⑦ 国务院证券监督管理机构规定的其他人员。

（2）内幕信息的范围。①《证券法》规定的可能对上市公司股票交易价格产生较大影响而投资者尚未得知的重大事件；② 公司分配股利或者增资的计划；③ 公司股权结构的重大变化；④ 公司债务担保的重大变更；⑤ 公司营业用主要资产的抵押、出售或者报废一次超过该资产的 30%；⑥ 公司的董事、监事、高级管理人员的行为可能依法承担重大损害赔偿责任；⑦ 上市公司收购的有关方案；⑧ 国务院证券监督管理机构认定的对证券交易价格有显著影响的其他重要信息。

（3）禁止进行内幕交易的行为。证券交易内幕信息的知情人和非法获取内幕信息的人，在内幕信息公开前，不得买卖该公司的证券，或者泄露该信息，或者建议他人买卖该证券。持有或者通过协议、其他安排与他人共同持有公司 5% 以上股份的自然人、法人、其他组织收购上市公司的股份，适用其规定。内幕交易行为给投资者造成损失的，行为人应当依法承担赔偿责任。

2. 操纵市场行为

（1）操纵市场。操纵市场是指单位或个人以获取不正当利益或者转嫁风险、减少损失为目的，利用其资金、信息等优势或者滥用职权影响证券交易价格或者交易量，制造证券市场假象，诱导或者致使投资者在不了解事实真相的情况下作出错误的投资判断的行为。

（2）操纵市场的行为的种类。禁止任何人以下列手段操纵证券市场：① 单独或者通过合谋，集中资金优势、持股优势或者利用信息优势联合或者连续买卖，操纵证券交易价格或者证券交易量；② 与他人串通，以事先约定的时间、价格和方式相互进行证券交易，影响证券交易价格或者证券交易量；③ 在自己实际控制的账户之间进行证券交易，影响证券交易价格或者证券交易量；④ 以其他手段操纵证券市场。操纵证券市场行为给投资者造成损失的，行为人应当依法承担赔偿责任。

3. 制造虚假信息行为

制造虚假信息包括编造、传播虚假信息和作虚假陈述或信息误导两种情况。

禁止国家工作人员、传播媒介从业人员和有关人员编造、传播虚假信息，扰乱证券市场。禁止证券交易所、证券公司、证券登记结算机构、证券服务机构及其从业人员，证券业协会、证券监督管理机构及其工作人员，在证券交易活动中作出虚假陈述或者信息误导。各种传播媒介传播证券市场信息必须真实、客观，禁止误导。

制造虚假信息的行为主要有：① 编制、传播影响证券交易的虚假信息；② 对已有的信息进行歪曲、篡改；③ 发行人、证券经营机构在招募说明书、上市公告书、公司报告及其他文件中作出虚假陈述；④ 律师事务所、会计师事务所、资产评估机构等专业性证券服务机构在其出具的法律意见书、审计报告、资产评估报告及参与制作的其他文件中作出虚假陈述；⑤ 证券交易所、证券业协会或者其他证券业自律性组织作出对证券市场产生影响的虚假陈述；⑥ 发行人、证券经营机构、专业性证券服务机构、证券业自律性组织在向证券监管部门提交的各种文件报告和说明中作出虚假陈述；⑦ 在证券发行、交易及其相关活动中的其他虚假陈述。

4. 欺诈客户行为

欺诈客户是指证券公司及其从业人员在证券交易中违背客户的真实意愿，严重侵害客户利益的违法行为。欺诈客户的行为主要包括：① 违背客户的委托为客户买卖证券；② 不在规定时间内向客户提供交易的书面确认文件；③ 挪用客户所委托买卖的证券或者客户账户上的资金；④ 未经客户的委托，擅自为客户买卖证券，或者假借客户的名义买卖证券；⑤ 为牟取佣金收入，诱使客户进行不必要的证券买卖；⑥ 利用传播媒介或者通过其他方式提供、传播虚假或者误导投资者的信息；⑦ 其他违背客户真实意思表示，损害客户利益的行为。

5. 其他禁止交易行为

其他禁止交易行为主要包括：① 依法拓宽资金入市渠道，禁止资金违规流入股市；② 禁止任何人挪用公款买卖证券；③ 国有企业和国有资产控股的企业买卖上市交易的股票，必须遵守国家有关规定；④ 证券交易所、证券公司、证券登记结算机构、证券服务机构及其从业人员对证券交易中发现的禁止的交易行为，应当及时向证券监督管理机构报告。

案例思考

××××年 9 月 16 日晚，中国农业银行襄樊市信托投资公司上海证券业务部（以下简称襄樊上证）与深圳宝安华阳保健用品公司（以下简称宝安华阳）双方业务人员洽谈业务时，谈及宝安华阳将大量购入上海延中实业股份有限公司股票（以下简称延中实业，股票代码：600601，公司现更名为北大方正延中科技股份有限公司），襄樊上证在得知此情况后，即于 9 月 17 日—9 月 27 日分 3 次自营购入延中实业股票 62.73 万股，并于 10 月 7 日除留下 5 200 股外，将其余股票全部高价抛出，获利 16 711 808 元。问：襄樊上证的行为属于什么性质？应得到怎样的处理？

14.4　上市公司的收购

14.4.1　上市公司收购的概述

1. 上市公司收购的概念和一般规定

上市公司收购指投资者公开收购已经依法上市交易的股份有限公司的股份，以获得或者进一步巩固对该股份有限公司的控制权的行为。

有下列情形之一的，表明已获得或拥有上市公司控制权：① 投资者为上市公司持股 50% 以上的控股股东；② 投资者可以实际支配上市公司股份表决权超过 30%；③ 投资者通过实际支配上市公司股份表决权能够决定公司董事会半数以上成员选任；④ 投资者依其可实际支配的上市公司股份表决权足以对公司股东大会的决议产生重大影响；⑤ 中国证监会认定的其他情形。

有下列情形之一的，不得收购上市公司：① 收购人负有数额较大债务，到期未清偿，且处于持续状态；② 收购人最近 3 年有重大违法行为或者涉嫌有重大违法行为；③ 收购人最近 3 年有严重的证券市场失信行为；④ 收购人为自然人的，存在《公司法》第 146 条规定情形，即依法不得担任公司董事、监事、高级管理人员的 5 种情形；⑤ 法律、行政法规规定以及中国证监会认定的不得收购上市公司的其他情形。

2. 上市公司收购方式

投资者可以采取要约收购、协议收购及其他合法方式收购上市公司。要约收购指投资者向目标公司的所有股东发出要约，表明愿意以要约中的条件购买目标公司的股票，以期达到对目标公司控制权的获得或巩固；协议收购指投资者在证券交易所外与目标公司的股东，主要是持股比例较高的大股东就股票的价格、数量等方面进行私下协商，购买目标公司的股票，以期达到对目标公司控制权的获得或巩固。

14.4.2 场内梯级收购

1. 场内梯级收购的概念

场内梯级收购是指投资者通过证券交易所的证券交易，购入上市公司的股票，实现对上市公司的控制。

2. 场内梯级收购的规则

通过证券交易所的证券交易，投资者持有或者通过协议、其他安排与他人共同持有一个上市公司已发行的股份达到 5%时，应当在该事实发生之日起 3 日内，向国务院证券监督管理机构、证券交易所作出书面报告，通知该上市公司，并予公告；在上述期限内，不得再行买卖该上市公司的股票。投资者持有或者通过协议、其他安排与他人共同持有一个上市公司已发行的股份达到 5%后，其所持该上市公司已发行的股份比例每增加或者减少 5%，应当依照前款规定进行报告和公告。在报告期限内和作出报告、公告后两日内，不得再行买卖该上市公司的股票。书面报告和公告，应当包括下列内容：① 持股人的名称、住所；② 持有股票的名称、数额；③ 持股达到法定比例或者持股增减变化达到法定比例的日期。

14.4.3 要约收购

1. 要约收购概念

要约收购指投资者依法定程序公开向上市公司的股东发出购买其手中持有的上市公司股票的意思表示。发出收购要约的投资者为收购人，作为收购标的股票的发行人为被收购人或目标公司。

2. 要约收购的规则

通过证券交易所的证券交易，投资者持有或者通过协议、其他安排与他人共同持有一个上市公司已发行的股份达到 30%时，继续进行收购的，应当依法向该上市公司所有股东发出收购上市公司全部或者部分股份的要约。依照规定发出收购要约，收购人必须事先向国务院证券监督管理机构报送上市公司收购报告书，并载明下列事项：① 收购人的名称、住所；② 收购人关于收购的决定；③ 被收购的上市公司名称；④ 收购目的；⑤ 收购股份的详细名称和预定收购的股份数额；⑥ 收购期限、收购价格；⑦ 收购所需资金额及资金保证；⑧ 报送上市公司收购报告书时持有被收购公司股份数占该公司已发行股份总数的比例。

收购人还应当将上市公司收购报告书同时提交证券交易所。收购人在报送上市公司收购报告书之日起 15 日后，公告其收购要约。在上述期限内，国务院证券监督管理机构发现上市公司收购报告书不符合法律、行政法规规定的，应当及时告知收购人，收购人不得公告其收购要约。收购上市公司部分股份的收购要约应当约定，被收购公司股东承诺出售的股份数额超过预定收购的股份数额的，收购人按比例进行收购。收购要约约定的收购期限不得少于 30 日，并不得超过 60 日。在收购要约确定的承诺期限内，收购人不得撤销其收购要约。收购人需要变更收购要约的，必须及时公告，载明具体变更事项。

收购要约提出的各项收购条件，适用于被收购公司的所有股东。采取要约收购方式的，收购人在收购期限内，不得卖出被收购公司的股票，也不得采取要约规定以外的形式和超出要约的条件买入被收购公司的股票。

14.4.4　协议收购

1. 协议收购的概念

收购人在证券交易所之外同被收购人的特定股东进行直接协商谈判，购入其持有的被收购人的股票从而达到对被收购人的控制。

2. 协议收购的规则

采取协议收购方式的，收购人可以依照法律、行政法规的规定同被收购公司的股东以协议方式进行股份转让。以协议方式收购上市公司时，达成协议后，收购人必须在 3 日内将该收购协议向国务院证券监督管理机构及证券交易所作出书面报告，并予公告。在公告前不得履行收购协议。

采取协议收购方式的，协议双方可以临时委托证券登记结算机构保管协议转让的股票，并将资金存放于指定的银行。采取协议收购方式的，收购人收购或者通过协议、其他安排与他人共同收购一个上市公司已发行的股份达到 30% 时，继续进行收购的，应当向该上市公司所有股东发出收购上市公司全部或者部分股份的要约。但是，经国务院证券监督管理机构免除发出要约的除外。

14.4.5　收购后事项的处理

1. 终止上市交易

收购期限届满，被收购公司股权分布不符合上市条件的，该上市公司的股票应当由证券交易所依法终止上市交易；其余仍持有被收购公司股票的股东，有权向收购人以收购要约的同等条件出售其股票，收购人应当收购。收购行为完成后，被收购公司不再具备股份有限公司条件的，应当依法变更企业形式。

2. 收购人持有的被收购的上市公司的股票转让

在上市公司收购中，收购人持有的被收购的上市公司的股票，在收购行为完成后的12个月内不得转让。

收购行为完成后，收购人与被收购公司合并，并将该公司解散的，被解散公司的原有股票由收购人依法更换。

3. 公告

收购行为完成后，收购人应当在15日内将收购情况报告国务院证券监督管理机构和证券交易所，并予公告。

14.5 证券机构

14.5.1 证券交易所

1. 证券交易所的概念

证券交易所是为证券集中交易提供场所和设施，组织和监督证券交易，实行自律管理的法人。证券交易所的设立和解散，由国务院决定。我国证券交易所目前的组织形式应为会员制。

2. 证券交易所的设立

设立证券交易所必须制定章程。证券交易所章程的制定和修改，必须经国务院证券监督管理机构批准。证券交易所必须在其名称中标明证券交易所字样。其他任何单位或者个人不得使用证券交易所或者近似的名称。

3. 证券交易所的财产

证券交易所可以自行支配的各项费用收入，应当首先用于保证其证券交易场所和设施的正常运行并逐步改善。实行会员制的证券交易所的财产积累归会员所有，其权益由会员共同享有，在其存续期间不得将其财产积累分配给会员。

4. 证券交易所的机构和人员条件

证券交易所设理事会。证券交易所设总经理一人，由国务院证券监督管理机构任免。有下列情形之一，或《公司法》规定的不得担任公司的董事、监事、高级管理人员的情形之一的，不得担任证券交易所的负责人。

（1）因违法行为或者违纪行为被解除职务的证券交易所、证券登记结算机构的负责人或者证券公司的董事、监事、高级管理人员，自被解除职务之日起未逾5年。

（2）因违法行为或者违纪行为被撤销资格的律师、注册会计师或者投资咨询机构、财务顾问机构、资信评级机构、资产评估机构、验证机构的专业人员，自被撤销资格之日起未逾 5 年。

（3）因违法行为或者违纪行为被开除的证券交易所、证券登记结算机构、证券服务机构、证券公司的从业人员和被开除的国家机关工作人员，不得招聘为证券交易所的从业人员。

5. 证券交易所的职责

（1）提供证券交易的场所和设施，进入证券交易所参与集中交易的，必须是证券交易所的会员。

（2）制定证券交易所的业务规则，证券交易所依照证券法律、行政法规制定上市规则、交易规则、会员管理规则和其他有关规则，并报国务院证券监督管理机构批准。

（3）接受上市申请，安排证券上市。

（4）组织、监督证券交易。

（5）对会员进行监管。

（6）对上市公司进行监管。

（7）管理和公布市场信息。证券交易所应当为组织公平的集中交易提供保障，公布证券交易即时行情，并按交易日制作证券市场行情表，予以公布。未经证券交易所许可，任何单位和个人不得发布证券交易即时行情。

（8）依照规定办理股票、公司债券的暂停上市、恢复上市或者终止上市的事务。

（9）在突发性事件发生时采取技术性停牌措施或者决定临时停牌。因突发性事件而影响证券交易的正常进行时，证券交易所可以采取技术性停牌的措施；因不可抗力的突发性事件或者为维护证券交易的正常秩序，证券交易所可以决定临时停市。证券交易所采取技术性停牌或者决定临时停市，必须及时报告国务院证券监督管理机构。

（10）证券监督管理机构赋予的其他职能。

6. 证券交易所的义务

（1）对交易所进行的证券交易实行实时监控，并按照国务院证券监督管理机构的要求，对异常的交易情况提出报告。

（2）从收取的交易费用和会员费、席位费中提取一定比例的资金设立风险基金。

（3）收存的交易保证金、风险基金应存入开户银行专门账户，不得擅自使用。

（4）证券交易所的负责人和其他从业人员在执行与证券交易有关的职务时，与其本人或者其亲属有利害关系的，应当回避。

（5）按照依法制定的交易规则进行的交易，不得改变交易结果。对交易中违规交易者应负的民事责任不得免除；在违规交易中所获利益，依照有关规定处理；对违反交易所有关交易规则的人员，应给予纪律处分；情节严重的，撤销其资格，禁止其入场进行证券交易。

14.5.2 证券公司

1. 证券公司的概念

证券公司是指依照《公司法》和本法规定设立的经营证券业务的有限责任公司或者股份有限公司。证券公司必须在其名称中标明证券有限责任公司或者证券股份有限公司字样。

2. 证券公司的设立条件

设立证券公司，必须经国务院证券监督管理机构审查批准。未经国务院证券监督管理机构批准，任何单位和个人不得经营证券业务。设立证券公司，应当具备下列条件：① 有符合法律、行政法规规定的公司章程；② 主要股东具有持续盈利能力，信誉良好，最近 3 年无重大违法违规记录，净资产不低于人民币 2 亿元；③ 有符合《证券法》规定的注册资本；④ 董事、监事、高级管理人员具备任职资格，从业人员具有证券从业资格；⑤ 有完善的风险管理与内部控制制度；⑥ 有合格的经营场所和业务设施；⑦ 法律、行政法规规定的和经国务院批准的国务院证券监督管理机构规定的其他条件。

申请设立证券公司，应向国务院证券监督管理机构提出申请，国务院证券监督管理机构应当自受理证券公司设立申请之日起 6 个月内，依照法定条件和法定程序并根据审慎监管原则进行审查，作出批准或者不予批准的决定，并通知申请人；不予批准的，应当说明理由。证券公司设立申请获得批准的，申请人应当在规定的期限内向公司登记机关申请设立登记，领取营业执照。证券公司应当自领取营业执照之日起 15 日内，向国务院证券监督管理机构申请经营证券业务许可证。未取得经营证券业务许可证，证券公司不得经营证券业务。

3. 证券公司的业务范围

经国务院证券监督管理机构批准，证券公司可以经营下列部分或者全部业务：① 证券经纪；② 证券投资咨询；③ 与证券交易、证券投资活动有关的财务顾问，证券公司经营上述业务的，注册资本最低限额为人民币 5 000 万元；④ 证券承销与保荐；⑤ 证券自营；⑥ 证券资产管理；⑦ 其他证券业务。

经营上述业务之一的，注册资本最低限额为人民币 1 亿元；经营上述业务中两项以上的，注册资本最低限额为人民币 5 亿元。证券公司的注册资本应当是实缴资本。国务院证券监督管理机构根据审慎监管原则和各项业务的风险程度，可以调整注册资本最低限额，但不得少于前款规定的限额。

4. 证券公司的经营管理

（1）证券公司高管的任职限制。证券公司的董事、监事、高级管理人员，应当正直诚实，品行良好，熟悉证券法律、行政法规，具有履行职责所需的经营管理能力，并在任职前取得国务院证券监督管理机构核准的任职资格。有《公司法》规定的不得担任公司的董事、监事、高级管理人员的情形或下列情形之一的，不得担任证券公司的董事、监事、高级管理人员：① 因违法行为或者违纪行为被解除职务的证券交易所、证券登记结算机构的负责人或者证券公司的董事、监事、高级管理人员，自被解除职务之日起未逾 5 年；② 因违法行为或者违纪行为被撤销资格的律师、注册会计师或者投资咨询机构、财务顾问机构、资信评级机构、资产评估机构、验证机构的专业人员，自被撤销资格之日起未逾 5 年。因违法行为或者违纪行为被开除的证券交易所、证券登记结算机构、证券服务机构、证券公司的从业人员和被开除的国家机关工作人员，不得招聘为证券公司的从业人员。国家机关工作人员和法律、行政法规规定的禁止在公司中兼职的其他人员，不得在证券公司中兼任职务。

（2）分支机构管理。证券公司设立、收购或者撤销分支机构，变更业务范围或者注册资本，变更持有 5% 以上股权的股东、实际控制人，变更公司章程中的重要条款，合并、分立、变更公司形式、停业、解散、破产，必须经国务院证券监督管理机构批准。

证券公司在境外设立、收购或者参股证券经营机构，必须经国务院证券监督管理机构批准。

（3）证券公司的稳健经营管理。国务院证券监督管理机构应当对证券公司的净资本，净资本与负债的比例，净资本与净资产的比例，净资本与自营、承销、资产管理等业务规模的比例，负债与净资产的比例，以及流动资产与流动负债的比例等风险控制指标作出规定。证券公司从每年的税后利润中提取交易风险准备金，用于弥补证券交易的损失，其提取的具体比例由国务院证券监督管理机构规定。

（4）禁止办理的业务。证券公司不得为其股东或者股东的关联人提供融资或者担保。

（5）证券公司的内部管理。证券公司应当建立健全内部控制制度，采取有效隔离措施，防范公司与客户之间、不同客户之间的利益冲突。证券公司必须将其证券经纪业务、证券承销业务、证券自营业务和证券资产管理业务分开办理，不得混合操作。

证券公司的自营业务必须以自己的名义进行，不得假借他人名义或者以个人名义进行。证券公司的自营业务必须使用自有资金和依法筹集的资金。证券公司不得将其自营账户借给他人使用。

（6）证券公司与客户的关系。证券公司客户的交易结算资金应当存放在商业银行，以每个客户的名义单独立户管理。具体办法和实施步骤由国务院规定。

证券公司不得将客户的交易结算资金和证券归入其自有财产。禁止任何单位或者个人以任何形式挪用客户的交易结算资金和证券。证券公司破产或者清算时，客户的交易结算资金和证券不属于其破产财产或者清算财产。非因客户本身的债务或者法律规定的其他情形，不得查封、冻结、扣划或者强制执行客户的交易结算资金和证券。

证券公司为客户买卖证券提供融资融券服务，应当按照国务院的规定并经国务院证券监督管理机构批准。证券公司办理经纪业务，不得接受客户的全权委托而决定证券买卖、选择证券种类、决定买卖数量或者买卖价格。证券公司不得以任何方式对客户证券买卖的收益或者赔偿证券买卖的损失作出承诺。证券公司及其从业人员不得未经过其依法设立的营业场所私下接受客户委托买卖证券。证券公司的从业人员在证券交易活动中，执行所属的证券公司的指令或者利用职务违反交易规则的，由所属的证券公司承担全部责任。证券公司应当妥善保存客户开户资料、委托记录、交易记录和与内部管理、业务经营有关的各项资料，任何人不得隐匿、伪造、篡改或者毁损。上述资料的保存期限不得少于 20 年。

（7）经纪业务的管理。证券公司办理经纪业务，应当置备统一制定的证券买卖委托书，供委托人使用。采取其他委托方式的，必须作出委托记录。

客户的证券买卖委托，不论是否成交，其委托记录应当按照规定的期限，保存于证券公司。证券公司接受证券买卖的委托，应当根据委托书载明的证券名称、买卖数量、出价方式、价格幅度等，按照交易规则代理买卖证券，如实进行交易记录；买卖成交后，应当按照规定制作买卖成交报告单交付客户。证券交易中确认交易行为及其交易结果的对账单必须真实，并由交易经办人员以外的审核人员逐笔审核，保证账面证券余额与实际持有的证券一致。

5. 证券公司的监督管理

国务院证券监督管理机构认为有必要时，可以委托会计师事务所、资产评估机构对证券公司的财务状况、内部控制状况、资产价值进行审计或者评估。具体办法由国务院证券监督管理机构会同有关主管部门制定。

（1）资料报送。证券公司应当按照规定向国务院证券监督管理机构报送业务、财务等经营管理信息和资料。国务院证券监督管理机构有权要求证券公司及其股东、实际控制人在指定的期限内提供有关信息、资料。证券公司及其股东、实际控制人向国务院证券监督管理机构报送或者提供的信息、资料，必须真实、准确、完整。

（2）监管措施。证券公司的净资本或者其他风险控制指标不符合规定的，国务院证券监督管理机构应当责令其限期改正；逾期未改正，或者其行为严重危及该证券公司的稳健运行、损害客户合法权益的，国务院证券监督管理机构可以区别情形，对其采取下列措施：① 限制业务活动，责令暂停部分业务，停止批准新业务；② 停止批准增设、收购营业性分支机构；③ 限制分配红利，限制向董事、监事、高级管理人员支付报酬、提供福利；④ 限制转让财产或者在财产上设定其他权利；⑤ 责令更换董事、监事、高级管理人员或者限制其权利；⑥ 责令控股股东转让股权或者限制有关股东行使股东权利；⑦ 撤销有关业务许可。证券公司整改后，应当向国务院证券监督管理机构提交报告。国务院证券监督管理机构经验收，符合有关风险控制指标的，应当自验收完毕之日起 3 日内解除对其采取的前款规定的有关措施。

证券公司的股东有虚假出资、抽逃出资行为的，国务院证券监督管理机构应当责令其限期改正，并可责令其转让所持证券公司的股权。股东按照要求改正违法行为、转让所持证券公司的股权前，国务院证券监督管理机构可以限制其股东权利。

证券公司的董事、监事、高级管理人员未能勤勉尽责，致使证券公司存在重大违法违规行为或者重大风险的，国务院证券监督管理机构可以撤销其任职资格，并责令公司予以更换。

证券公司违法经营或者出现重大风险，严重危害证券市场秩序、损害投资者利益的，国务院证券监督管理机构可以对该证券公司采取责令停业整顿、指定其他机构托管、接管或者撤销等监管措施。

在证券公司被责令停业整顿、被依法指定托管、接管或者清算期间或者出现重大风险时，经国务院证券监督管理机构批准，可以对该证券公司直接负责的董事、监事、高级管理人员和其他直接责任人员采取以下措施：① 通知出境管理机关依法阻止其出境；② 申请司法机关禁止其转移、转让或者以其他方式处分财产，或者在财产上设定其他权利。

14.5.3 证券登记结算机构

1. 证券登记结算机构的概念

证券登记结算机构是为证券交易提供集中登记、存管与结算服务，不以营利为目的的法人。

2. 证券登记结算机构的设立

设立证券登记结算机构必须经国务院证券监督管理机构批准。设立证券登记结算机构，应当具备下列条件：① 自有资金不少于人民币 2 亿元；② 具有证券登记、存管和结算服务所必需的场所和设施；③ 主要管理人员和从业人员必须具有证券从业资格；④ 国务院证券监督管理机构规定的其他条件。证券登记结算机构的名称中应当标明证券登记结算字样。

3. 证券登记结算机构的职能

（1）证券账户、结算账户的设立。

（2）证券的存管和过户。

（3）证券持有人名册登记。

（4）证券交易所上市证券交易的清算和交收。

（5）受发行人的委托派发证券权益。

（6）办理与上述业务有关的查询。

（7）国务院证券监督管理机构批准的其他业务。

4. 证券登记结算机构的经营管理

证券登记结算采取全国集中统一的运营方式。证券持有人持有的证券，在上市交易时，应当全部存管在证券登记结算机构。证券登记结算机构不得挪用客户的证券。证券登记结算机构应当向证券发行人提供证券持有人名册及其有关资料。

证券登记结算机构应当根据证券登记结算的结果，确认证券持有人持有证券的事实，提供证券持有人登记资料。证券登记结算机构应当保证证券持有人名册和登记过户记录真实、准确、完整，不得隐匿、伪造、篡改或者毁损。证券登记结算机构应当妥善保存登记、存管和结算的原始凭证及有关文件和资料。其保存期限不得少于 20 年。

证券登记结算机构应当采取下列措施保证业务的正常进行：① 具有必备的服务设备和完善的数据安全保护措施；② 建立完善的业务、财务和安全防范等管理制度；③ 建立完善的风险管理系统。

证券登记结算机构应当设立证券结算风险基金，用于垫付或者弥补因违约交收、技术故障、操作失误、不可抗力造成的证券登记结算机构的损失。证券结算风险基金从证券登记结算机构的业务收入和收益中提取，并可以由结算参与人按照证券交易业务量的一定比例缴纳。证券结算风险基金应当存入指定银行的专门账户，实行专项管理。证券登记结算机构以证券结算风险基金赔偿后，应当向有关责任人追偿。

证券登记结算机构申请解散，应当经国务院证券监督管理机构批准。

投资者委托证券公司进行证券交易，应当申请开立证券账户。证券登记结算机构应当按照规定以投资者本人的名义为投资者开立证券账户。投资者申请开立账户，必须持有证明中国公民身份或者中国法人资格的合法证件。国家另有规定的除外。

证券登记结算机构为证券交易提供净额结算服务时，应当要求结算参与人按照货银对付的原则，足额交付证券和资金，并提供交收担保。在交收完成之前，任何人不得动用用于交收的证券、资金和担保物。结算参与人未按时履行交收义务的，证券登记结算机构有权按照业务规则处理前款所述财产。

证券登记结算机构按照业务规则收取的各类结算资金和证券，必须存放于专门的清算交收账户，只能按业务规则用于已成交的证券交易的清算交收，不得被强制执行。

14.5.4　证券服务机构

1. 证券服务机构的概念

证券服务机构指为证券交易提供投资咨询、资信评估的机构。投资咨询机构、财务顾问机构、资信评级机构、资产评估机构、会计师事务所从事证券服务业务，必须经国务院证券监督管理机构和有关主管部门批准。

2. 证券服务机构从业人员的条件

投资咨询机构、财务顾问机构、资信评级机构从事证券服务业务的人员，必须具备证券专业知识和从事证券业务或者证券服务业务两年以上经验。

投资咨询机构及其从业人员从事证券服务业务不得有下列行为：① 代理委托人从事证券投资；② 与委托人约定分享证券投资收益或者分担证券投资损失；③ 买卖本咨询机构提供服务的上市公司股票；④ 利用传播媒介或者通过其他方式提供、传播虚假或者误导投资者的信息；⑤ 法律、行政法规禁止的其他行为。

有上述所列行为之一，给投资者造成损失的，依法承担赔偿责任。

3. 证券服务机构的从业要求

从事证券服务业务的投资咨询机构和资信评级机构，应当按照国务院有关主管部门规定的标准或者收费办法收取服务费用。证券服务机构为证券的发行、上市、交易等证券业务活动制作、出具审计报告、资产评估报告、财务顾问报告、资信评级报告或者法律意见书等文件，应当勤勉尽责，对所依据的文件资料内容的真实性、准确性、完整性进行核查和验证。其制作、出具的文件有虚假记载、误导性陈述或者重大遗漏，给他人造成损失的，应当与发行人、上市公司承担连带赔偿责任，但是能够证明自己没有过错的除外。

14.5.5　证券业协会

1. 证券业协会的概念

证券业协会是证券业的自律性组织，是社会团体法人。证券公司应当加入证券业协会。证券业协会的权力机构为全体会员组成的会员大会。证券业协会章程由会员大会制定，并报国务院证券监督管理机构备案。

2. 证券业协会履行的职责

（1）教育和组织会员遵守证券法律、行政法规。

（2）依法维护会员的合法权益，向证券监督管理机构反映会员的建议和要求。

（3）收集整理证券信息，为会员提供服务。

（4）制定会员应遵守的规则，组织会员单位的从业人员的业务培训，开展会员间的业务交流。

（5）对会员之间、会员与客户之间发生的证券业务纠纷进行调解。

（6）组织会员就证券业的发展、运作及有关内容进行研究。

（7）监督、检查会员行为，对违反法律、行政法规或者协会章程的，按照规定给予纪律处分。

（8）证券业协会章程规定的其他职责。

证券业协会设理事会。理事会成员依章程的规定由选举产生。

14.5.6　证券监督管理机构

国务院证券监督管理机构依法对证券市场实行监督管理，维护证券市场秩序，保障其合法运行。

1. 国务院证券监督管理机构的职责

（1）依法制定有关证券市场监督管理的规章、规则，并依法行使审批或者核准权。

（2）依法对证券的发行、上市、交易、登记、存管、结算，进行监督管理。

（3）依法对证券发行人、上市公司、证券公司、证券投资基金管理公司、证券服务机构、证券交易所、证券登记结算机构的证券业务活动，进行监督管理。

（4）依法制定从事证券业务人员的资格标准和行为准则，并监督实施。

（5）依法监督检查证券发行、上市和交易的信息公开情况。

（6）依法对证券业协会的活动进行指导和监督。

（7）依法对违反证券市场监督管理法律、行政法规的行为进行查处。

（8）法律、行政法规规定的其他职责。国务院证券监督管理机构可以和其他国家或者地区的证券监督管理机构建立监督管理合作机制，实施跨境监督管理。

2. 国务院证券监督管理机构的权利

（1）对证券发行人、上市公司、证券公司、证券投资基金管理公司、证券服务机构、证券交易所、证券登记结算机构进行现场检查。

（2）进入涉嫌违法行为发生场所调查取证。

（3）询问当事人和与被调查事件有关的单位和个人，要求其对与被调查事件有关的事项作出说明。

（4）查阅、复制与被调查事件有关的财产权登记、通信记录等资料。

（5）查阅、复制当事人和与被调查事件有关的单位和个人的证券交易记录、登记过户记录、财务会计资料及其他相关文件和资料；对可能被转移、隐匿或者毁损的文件和资料，可以予以封存。

（6）查询当事人和与被调查事件有关的单位和个人的资金账户、证券账户和银行账户；对有证据证明已经或者可能转移或者隐匿违法资金、证券等涉案财产或者隐匿、伪造、毁损重要证据的，经国务院证券监督管理机构主要负责人批准，可以冻结或者查封。

（7）在调查操纵证券市场、内幕交易等重大证券违法行为时，经国务院证券监督管理机构主要负责人批准，可以限制被调查事件当事人的证券买卖，但限制的期限不得超过15个交易日；案情复杂的，可以延长15个交易日。

3. 国务院证券监督管理机构履行监督职责的规范

国务院证券监督管理机构依法履行职责，进行监督检查或者调查，其监督检查、调查的人员不得少于两人，并应当出示合法证件和监督检查、调查通知书。监督检查、调查的人员少于两人或者未出示合法证件和监督检查、调查通知书的，被检查、调查的单位有权拒绝。国务院证券监督管理机构工作人员必须忠于职守，依法办事，公正廉洁，不得利用职务便利牟取不正当利益，不得泄露所知悉的有关单位和个人的商业秘密。国务院证券监督管理机构依法履行职责，被检查、调查的单位和个人应当配合，如实提供有关文件和资料，不得拒绝、阻碍和隐瞒。国务院证券监督管理机构依法制定的规章、规则和监督管理工作制度应当公开。国务院证券监督管理机构依据调查结果，对证券违法行为作出的处罚决定，应当公开。国务院证券监督管理机构依法履行职责，发现证券违法行为涉嫌犯罪的，应当将案件移送司法机关处理。国务院证券监督管理机构的人员不得在被监管的机构中任职。

案例思考

2016年10月8日，甲股份公司授权马某以张某、王某、李某的名义在乙证券营业部开立了3个个人账户，但并未向这些账户中投入保证金。10月9日至13日，乙证券营业部连续向这3个账户累计投入资金1亿元，用于购买A股份公司的股票。问：乙证券营业部的行为是否符合法律规定？说明理由。

14.6 违反证券法的法律责任

14.6.1 法律责任的形式与追究程序

我国《证券法》规定承担法律责任的形式主要有：责令停止；责令改正；责令依法处理；责令关闭；退还资金；依法赔偿；取缔；撤销证券任职或从业资格；暂停或撤销相关业务许可；暂停或撤销自营业务许可；撤销证券业务许可；吊销公司营业执照；警告；罚款；依治安处罚条例处罚；没收；行政处分；刑事处分等。其中，罚款有的是在一定标准内按一定比例罚款，最高达20%；有的是按一定标准的倍数罚款，最高达5倍；有的按金额罚款，最高达人民币60万元；有的则是按其非法买卖的证券等值以下罚款等。

违反法律、行政法规或者国务院证券监督管理机构的有关规定，情节严重的，国务院证券监督管理机构可以对有关责任人员采取证券市场禁入的措施。所谓证券市场禁入，是指在一定期限内直至终身不得从事证券业务或者不得担任上市公司董事、监事、高级管理人员的制度。

违反《证券法》的规定，应承担民事赔偿责任和缴纳罚款、罚金，其财产不足以同时支付时，先承担民事赔偿责任。依法收缴的罚款和没收的违法所得应全部上缴国库。

当事人对证券监督管理机构或者国务院授权部门的处罚决定不服的，可以依法申请行政复议，或者依法直接向人民法院提起诉讼。

14.6.2 证券犯罪

违反《证券法》规定，构成犯罪的，依法追究刑事责任。我国《刑法》规定有伪造、变造股票、公司、企业债券罪，擅自发行股票、公司、企业债券罪，内幕交易、泄露内幕信息罪，编造并传播证券交易虚假信息罪，诱骗投资者买卖证券罪，操纵证券交易价格罪，中介组织人员提供虚假证明文件罪，中介组织人员出具证明文件重大失实罪等。

【实施与评价要点】

本项目一开始的任务导入中布置了一个任务：能够分析具体的证券违法行为，并根据违法行为的性质制订出处理方案。

1. 任务分析

为完成上面的任务，应围绕我国《证券法》对证券发行、交易、证券机构等的规定，结合案件的特点主要解决以下问题：

（1）行为的性质是什么；

（2）行为发生在证券发行、交易的哪个阶段；

（3）行为的主体在证券法中的地位；

（4）法律针对此种行为的处罚规定是什么。

2. 任务实施及检测

（1）任务内容：分析具体的证券违法行为，并根据违法行为的性质，制订出处理方案。

（2）任务要求：同学分成两组，每20人一组，选出组长，每组同学共同讨论，分析行为的性质和处理方案，用A4纸打印。

（3）任务检测：每组组长进行作品展示。展示后每个人都可以对方案中存在的问题进行提问，每组组长进行答辩，教师根据每组的展示和答辩情况进行总结、点评、打分。

重点概括

本项目阐述了证券及证券法的概念，对证券上市、交易的规则、上市公司的收购、证券机构及证券违法行为和法律责任进行了介绍。

证券上市包括股票、债券、投资基金的上市，证券上市要经过批准，要符合规定的条件，报送的资料要真实、完整、准确、及时。

证券交易要依法进行，禁止内幕交易、操纵市场和欺诈客户的行为。

项目 15

签订一份劳动合同

【任务导入】

1. 项目内容

劳动者到用人单位应聘后被录用，双方需要签订一份劳动合同，要求通过本项目的学习，能够根据实际需要，签订一份符合劳动法和劳动合同法规定的劳动合同。

2. 项目要求

（1）签订的劳动合同符合劳动法与劳动合同法规定的要素；

（2）签订的劳动合同符合劳动法与劳动合同法的实质要求；

（3）签订的劳动合同能够在实践中得到应用。

【理论知识要点】

1. 知识目标

（1）正确理解劳动法和劳动合同法的概念、特征和适用范围；

（2）熟知劳动合同订立的内容；

（3）熟练掌握在各种条件下劳动合同的解除条件与法律责任；

（4）了解我国关于工作时间、休息休假和工资的规定；

（5）了解我国关于女职工和未成年工的特殊保护规定；

（6）熟悉我国的社会保险和福利制度；

（7）掌握我国关于劳动争议解决的方式和程序。

2. 能力目标

（1）能够按劳动合同法的要求签订一份劳动合同；

（2）能通过正确的方式解决劳动纠纷。

案例导入

小李到甲公司应聘，经过与公司负责人面谈后，公司决定录用小李为公司财务部经理。双方就以下问题达成一致意见：聘任期限为 5 年（自 2016 年 1 月 1 日至 2020 年 12 月 31 日），试用期 3 个月。工作内容是负责公司的财务、会计工作，具体工作内容同岗位职责规定，工作时间和休息休假遵照劳动法和劳动合同法的规定。劳动报酬每月保底工资4 000元，年终按照公司的奖惩制度发放年终奖。公司为小李承担劳动法规定的由用人单位承担社会保险费用和住房公积金，双方就岗位培训以及保守秘密的内容达成了一致意见。要求：根据上述内容，请你为小李和甲公司签订一份劳动合同。

上述问题涉及本项目签订劳动合同的内容。

【理论内容】

15.1 劳动法概述

15.1.1 劳动法的概念及其适用范围

1. 劳动法的概念

劳动法中的劳动是指劳动者为谋生将其劳动力有偿提供给他人使用。劳动法是调整劳动关系以及与劳动关系密切联系的其他社会关系的法律规范的总称。劳动关系是指在实现社会劳动过程中，劳动者与所在用人单位之间发生的劳动者有偿向用人单位提供劳动力，从而实现劳动力与生产资料相结合的社会关系。

我国劳动法包括促进就业、劳动合同、集体合同、工作时间和休息休假时间、工资、劳动安全卫生、女职工和未成年工特殊劳动保护、职业培训、劳动纪律、社会保险和福利、职工民主管理、劳动争议处理、劳动监督检查等方面内容的法律、法规。

2. 劳动法的适用范围

（1）在中华人民共和国境内的企业、个体经济组织、民办非企业单位等组织和与之形成劳动关系的劳动者。

（2）国家机关、事业单位、社会团体和与其建立劳动合同关系的工勤人员，订立、履行、变更、解除或者终止劳动合同，依照本法执行。

（3）实行企业化管理的事业组织的非工勤人员。

（4）其他通过劳动合同与国家机关、事业组织、社会团体建立劳动关系的劳动者。

劳动法不适用公务员和比照实行公务员制度的事业组织和社会团体的工作人员，以及农业劳动者、现役军人和家庭保姆等。

15.1.2 劳动法的调整对象

劳动法的调整对象是劳动关系以及与劳动关系密切联系的其他社会关系。

1. 劳动关系

劳动关系是劳动者和用人单位之间为实现劳动过程而发生的劳动者向用人单位有偿提供劳动力，从而实现劳动力与生产资料相结合的社会关系。

2. 与劳动关系密切联系的其他社会关系

具体包括：① 管理劳动力方面的社会关系；② 社会保险方面的社会关系；③ 因处理劳动争议所发生的社会关系；④ 工会组织与用人单位之间以及工会组织的社会关系；⑤ 有关国家机关对执行劳动法进行监督检查而发生的社会关系。

15.1.3　劳动法的基本原则

（1）劳动者享有劳动权利、履行劳动义务的原则。劳动法规定，劳动者享有平等就业和选择职业的权利、取得劳动报酬的权利、休息休假的权利、获得劳动安全卫生保护的权利、接受职业技能培训的权利、享受社会保险和福利的权利、提请劳动争议处理的权利以及法律规定的其他劳动权利。劳动者应当完成劳动任务，提高职业技能，执行劳动安全卫生规程，遵守劳动纪律和职业道德。

（2）保护劳动者合法权益原则。我国宪法、劳动法中，不但对劳动者的各项权利作了具体明确的规定，还规定了对于侵害劳动者合法权益的组织或个人应承担的法律责任，使劳动者的合法权益免受侵害。

（3）男女平等原则。劳动法规定，劳动者就业，不因民族、种族、性别、宗教信仰不同而受歧视。妇女享有与男子平等的就业权利。在录用职工时，除国家规定的不适合妇女的工种或者岗位外，不得以性别为由拒绝录用妇女或者提高对妇女的录用标准。残疾人、少数民族人员、退出现役的军人的就业，法律、法规有特别规定的，从其规定。

（4）劳动者民主管理原则。劳动法规定，劳动者有权依法参加和组织工会。工会代表和维护劳动者的合法权益，依法独立自主地开展活动。劳动者依照法律规定，通过职工大会、职工代表大会或者其他形式，参与民主管理或者就保护劳动合法权益与用人单位进行平等协商。

（5）促进就业的原则。国家采取各种措施，促进劳动就业，发展职业教育，制定劳动标准，调节社会收入，完善社会保险，协调劳动关系，逐步提高劳动者的生活水平。国家通过促进经济和社会发展，创造就业条件，扩大就业机会。国家鼓励企业、事业组织、社会团体在法律、行政法规规定的范围内兴办产业或者拓展经营，增加就业。国家支持劳动者自愿组织起来就业和从事个体经营实现就业。地方各级人民政府应当采取措施，发展多种类型的职业介绍机构，提供就业服务。

15.2　劳动合同

15.2.1　劳动合同概述

1. 劳动合同的概念和特征

1）*劳动合同的概念*

劳动合同亦称劳动契约、劳动协议，是劳动者与用人单位之间为确立劳动关系，依法确立双方劳动权利和义务关系的协议。根据协议，劳动者加入某一用人单位，承担某一工作和任务，遵守单位内部的劳动规则和其他规章制度。企业、事业、机关、团体等用人单位有义务按照劳动者的劳动数量和质量支付劳动报酬，并根据劳动法律、法规和双方的协议，提供各种劳动条件，保证劳动者享受本单位成员的各种权利和福利待遇。

2）劳动合同的特征

（1）劳动合同是建立劳动关系的一种法律形式，以合同形式确立了劳动者与用人单位的权利义务。

（2）劳动合同主体具有特定性。劳动合同双方当事人中，一方是具有劳动权利能力和劳动行为能力的劳动者，另一方是用人单位。

（3）劳动客体具有单一性，即劳动行为。

（4）劳动合同内容是明确双方当事人在实现劳动过程中的权利义务及法律责任。劳动合同内容具有劳动权利和义务的统一性，即双方当事人既是劳动权利主体，又是劳动义务主体，根据签订的劳动合同，劳动者有义务完成工作任务，遵守本单位内部的劳动规则，用人单位有义务按照劳动者劳动数量和质量支付劳动报酬。劳动者有权享受法律、法规及劳动合同规定的劳动保险和生活福利待遇，用人单位有义务提供劳动法律、法规及劳动合同规定的劳动保护条件。

2. 劳动合同的种类

（1）固定期限劳动合同。固定期限劳动合同是指用人单位与劳动者约定合同终止时间的劳动合同。用人单位与劳动者协商一致，可以订立固定期限劳动合同。

（2）无固定期限劳动合同。无固定期限劳动合同是指用人单位与劳动者约定无确定终止时间的劳动合同。用人单位与劳动者协商一致，可以订立无固定期限劳动合同。有下列情形之一，劳动者提出或者同意续订、订立劳动合同的，除劳动者提出订立固定期限劳动合同外，应当订立无固定期限劳动合同。① 劳动者在该用人单位连续工作满 10 年的。连续工作满 10 年的起始时间，应当自用人单位用工之日起计算，包括《劳动合同法》施行前的工作年限。劳动者非因本人原因从原用人单位被安排到新用人单位工作的，劳动者在原用人单位的工作年限合并计算为新用人单位的工作年限。原用人单位已经向劳动者支付经济补偿的，新用人单位在依法解除、终止劳动合同计算支付经济补偿的工作年限时，不再计算劳动者在原用人单位的工作年限。② 用人单位初次实行劳动合同制度或者国有企业改制重新订立劳动合同时，劳动者在该用人单位连续工作满 10 年且距法定退休年龄不足 10 年的。③ 连续订立两次固定期限劳动合同，且劳动者没有以下情形：在试用期间被证明不符合录用条件；严重违反用人单位的规章制度；劳动者患病或者非因工负伤在规定的医疗期满后不能从事原工作，也不能从事由用人单位另行安排的工作；劳动者不能胜任工作，经过培训或者调整工作岗位，仍不能胜任工作，续订劳动合同的。用人单位自用工之日起满一年不与劳动者订立书面劳动合同的，视为用人单位与劳动者已订立无固定期限劳动合同。

（3）以完成一定工作任务为期限的劳动合同。以完成一定工作任务为期限的劳动合同是指用人单位与劳动者约定以某项工作的完成为合同期限的劳动合同。

15.2.2　劳动合同的订立

1. 劳动合同订立的原则

（1）合法原则。合法原则就是订立劳动合同必须遵守国家的法律法规和政策的规定。它包括：订立劳动合同的主体必须合法，作为用人单位，必须是依法成立的企业、事业单位、国家机关、社会团体和个体经营户等用人单位；作为劳动者，必须是具有劳动权利能力和劳动行为能力的公民；劳动合同的内容必须合法，劳动合同程式条款都不能违反国家法律、法规和政策的规定，不得分割国家利益和社会公共利益；劳动合同订立的形式和程序必须合法。

（2）平等自愿、协商一致的原则。平等是指当事人双方在签订劳动合同时的法律地位平等，没有任何隶属关系、服从关系，用人单位与劳动者以平等的身份订立劳动合同。自愿是指订立劳动合同完全出于当事人自己的意志，任何一方不得将自己的意志强加给对方，也不允许第三者干涉劳动合同的订立。协商一致是指合同的双方当事人对合同的各项条款，只有在双方充分表达自己意志的基础上，经过平等协商，取得一致意见的情况下，劳动合同才能成立。凡是违反平等自愿、协商一致原则签订的劳动合同，不仅不具有法律效力，而且还应承担一定的法律责任。

2. 劳动合同的订立时间

用人单位自用工之日起即与劳动者建立劳动关系。用人单位应以建立职工名册备查。职工名册，应当包括劳动者姓名、性别、公民身份号码、户籍地址及现住址、联系方式、用工形式、用工起始时间、劳动合同期限等内容。建立劳动关系，应当订立书面劳动合同。已建立劳动关系，未同时订立书面劳动合同的，应当自用工之日起一个月内订立书面劳动合同。用人单位与劳动者在用工前订立劳动合同的，劳动关系自用工之日起建立。

3. 劳动合同的内容

1）*劳动合同的必备条款*

具体包括：① 用人单位的名称、住所和法定代表人或者主要负责人；② 劳动者的姓名、住址和居民身份证或者其他有效身份证件号码；③ 劳动合同期限；④ 工作内容和工作地点；⑤ 工作时间和休息休假；⑥ 劳动报酬；⑦ 社会保险；⑧ 劳动保护、劳动条件和职业危害防护；⑨ 法律、法规规定应当纳入劳动合同的其他事项。

2）*劳动合同的补充条款*

用人单位与劳动者可以约定试用期、培训、保守秘密、补充保险和福利待遇等其他事项。

（1）试用期条款。劳动合同约定试用期的期限为：劳动合同期限三个月以上不满一年的，试用期不得超过一个月；劳动合同期限一年以上不满三年的，试用期不得超过两个月；三年以上固定期限和无固定期限的劳动合同，试用期不得超过六个月。同一用人单位与同一劳动者只能约定一次试用期。以完成一定工作任务为期限的劳动合同或者劳动合同期限不满三个月的，不得约定试用期。试用期包含在劳动合同期限内。劳动合同仅约定试用期的，试用期不成立，该期限为劳动合同期限。劳动者在试用期的工资不得低于本单位相同岗位最低档工资或者劳动合同约定工资的80%，并不得低于用人单位所在地的最低工资标准。

（2）培训费用条款。用人单位为劳动者提供专项培训费用，对其进行专业技术培训的，可以与该劳动者订立协议，约定服务期。劳动者违反服务期约定的，应当按照约定向用人单位支付违约金。违约金的数额不得超过用人单位提供的培训费用。用人单位要求劳动者支付的违约金不得超过服务期尚未履行部分所应分摊的培训费用。用人单位与劳动者约定服务期的，不影响按照正常的工资调整机制提高劳动者在服务期期间的劳动报酬。培训费用，包括用人单位为了对劳动者进行专业技术培训而支付的有凭证的培训费用、培训期间的差旅费用以及因培训产生的用于该劳动者的其他直接费用。劳动合同期满，但是用人单位与劳动者约定的服务期尚未到期的，劳动合同应当续延至服务期满；双方另有约定的，从其约定。

（3）保密条款。用人单位与劳动者可以在劳动合同中约定保守用人单位的商业秘密和与知识产权相关的保密事项。

（4）竞业限制条款。对负有保密义务的劳动者，用人单位可以在劳动合同或者保密协议中与劳动者约定竞业限制条款，并约定在解除或者终止劳动合同后，在竞业限制期限内按月给予劳动者经济补偿。劳动者违反竞业限制约定的，应当按照约定向用人单位支付违约金。竞业限制的人员限于用人单位的高级管理人员、高级技术人员和其他负有保密义务的人员。竞业限制的范围、地域、期限由用人单位与劳动者约定，竞业限制的约定不得违反法律、法规的规定。

在解除或者终止劳动合同后，上述人员到与本单位生产或者经营同类产品、从事同类业务的有竞争关系的其他用人单位，或者自己开业生产或者经营同类产品、从事同类业务的竞业限制期限，不得超过两年。

劳动合同对劳动报酬和劳动条件等标准约定不明确，引发争议的，用人单位与劳动者可以重新协商；协商不成的，适用集体合同规定；没有集体合同或者集体合同未规定劳动报酬的，实行同工同酬；没有集体合同或者集体合同未规定劳动条件等标准的，适用国家有关规定。

15.2.3 劳动合同的法律效力

1. 劳动合同的有效要件

（1）合同主体必须合格，根据劳动法的规定，用人单位不得招收未满16周岁的人。

（2）合同内容必须合法，劳动合同的内容不得违反法律、法规。

（3）意思表示必须真实，劳动合同必须反映合同双方当事人的真实意思。

2. 无效劳动合同

无效劳动合同指劳动合同由于缺少有效要件而全部或部分不具法律效力。

1）无效劳动合同的种类

具体包括：① 以欺诈、胁迫的手段或者乘人之危，使对方在违背真实意思的情况下订立或者变更劳动合同的；② 用人单位免除自己的法定责任、排除劳动者权利的；③ 违反法律、行政法规强制性规定的。

2）造成劳动合同无效原因的主要方面

（1）主体不合格的劳动合同。劳动合同的一方或双方当事人不具有劳动法规定的主体资格而签订劳动合同的情形。主要指用人单位不具有劳动合同主体资格、用人单位非法招用童工，国家严禁用人单位非法招用未满 16 周岁未成年人，特定行业或岗位、工种不得招用未满 18 周岁的未成年人，否则即属非法。

（2）内容不合法的劳动合同。内容不合法主要指劳动合同内容违反国家强行性法律规范、劳动合同的内容严重违反权利、义务一致的原则而显失公平。

（3）意思表示不真实。劳动合同的订立必须遵循平等自愿、协商一致的原则，只有这样才能保证劳动合同的合法性、真实性。劳动合同当事人意思表示不真实主要指受欺诈而订立劳动合同、因胁迫或者乘人之危，使对方在违背真实意思的情况下订立或者变更劳动合同的。

3）无效劳动合同的后果

劳动合同部分无效，不影响其他部分效力的，其他部分仍然有效。无效的劳动合同，从订立时起就没有法律约束力，任何一方当事人不得根据无效的劳动合同要求另一方履行或承担违约责任。劳动合同被确认无效，劳动者已付出劳动的，用人单位应当向劳动者支付劳动报酬。劳动报酬的数额，参照本单位相同或者相近岗位劳动者的劳动报酬确定。劳动合同中的某项条款被确认无效，该项条款不得执行，应依法予以修改。修改后的合法条款应具有溯及力，溯及该合同生效之时。无效劳动合同所引起的赔偿责任主体是用人单位，不是劳动者。

4）无效劳动合同的确认机关

无效劳动合同的确认机关必须是劳动争议仲裁机构或人民法院，而不能由合同双方当事人或其他任何组织和个人确认。

15. 2. 4　劳动合同的履行和变更

1. 劳动合同的履行

依法订立的劳动合同具有约束力，用人单位与劳动者应当履行劳动合同约定的义务。用人单位应当依法建立和完善劳动规章制度，保障劳动者享有劳动权利、履行劳动义务。用人单位应当按照劳动合同约定和国家规定，向劳动者及时足额支付劳动报酬。用人单位拖欠或者未足额支付劳动报酬的，劳动者可以依法向当地人民法院申请支付令，人民法院应当依法发出支付令。用人单位应当严格执行劳动定额标准，不得强迫或者变相强迫劳动者加班。用人单位安排加班的，应当按照国家有关规定向劳动者支付加班费。劳动者拒绝用人单位管理人员违章指挥、强令冒险作业的，不视为违反劳动合同。劳动者对危害生命安全和身体健康的劳动条件，有权对用人单位提出批评、检举和控告。用人单位变更名称、法定代表人、主要负责人或者投资人等事项，不影响劳动合同的履行。用人单位发生合并或者分立等情况，原劳动合同继续有效，劳动合同由承继其权利和义务的用人单位继续履行。

2. 劳动合同的变更

用人单位与劳动者协商一致，可以变更劳动合同约定的内容。变更劳动合同，应当采用书面形式。变更后的劳动合同文本由用人单位和劳动者各执一份。

15.2.5 劳动合同的终止和解除

1. 劳动合同的终止

（1）劳动合同期满的。

（2）劳动者开始依法享受基本养老保险待遇的，劳动者达到法定退休年龄的。

（3）劳动者死亡，或者被人民法院宣告死亡或者宣告失踪的。

（4）用人单位被依法宣告破产的；用人单位被吊销营业执照、责令关闭、撤销或者用人单位决定提前解散的。

（5）劳动合同期满或者当事人约定的劳动合同终止条件出现。

（6）法律、行政法规规定的其他情形。

2. 劳动合同的解除

1）协商解除

协商解除指用人单位与劳动者在完全自愿的情况下，互相协商，在彼此达成一致意见的基础上提前终止劳动合同的效力。用人单位与劳动者协商一致，可以解除劳动合同。

2）法定解除

法定解除是指在履行劳动合同过程中出现法定解除合同情形，当事人有权解除合同。法定解除又分为两种情况。

（1）当事人须提前通知对方当事人解除合同。劳动者提前30日以书面形式通知用人单位，可以解除劳动合同。劳动者在试用期内提前三日通知用人单位，可以解除劳动合同。用人单位提前30日以书面形式通知劳动者本人或者额外支付劳动者一个月工资后，可以解除劳动合同：劳动者患病或者非因工负伤，在规定的医疗期满后不能从事原工作，也不能从事由用人单位另行安排的工作的；劳动者不能胜任工作，经过培训或者调整工作岗位，仍不能胜任工作的；劳动合同订立时所依据的客观情况发生重大变化，致使劳动合同无法履行，经用人单位与劳动者协商，未能就变更劳动合同内容达成协议的。用人单位额外支付劳动者一个月工资解除劳动合同的，其额外支付的工资应当按照该劳动者上一个月的工资标准确定。用人单位符合法定条件裁员，也应提前通知。有下列情形之一，需要裁减人员20人以上或者裁减不足20人但占企业职工总数10%以上的，用人单位提前30日向工会或者全体职工说明情况，听取工会或者职工的意见后，裁减人员方案经向劳动行政部门报告，可以裁减人员：依照《企业破产法》规定进行重整的；生产经营发生严重困难的；企业转产、重大技术革新或者经营方式调整，经变更劳动合同后，仍须裁减人员的；其他因劳动合同订立时所依据的客观经济情况发生重大变化，致使劳动合同无法履行的。按照《劳动合同法》规定，裁减人员时，应当优先留用下列人员：与本单位订立较长期限的固定期限劳动合同的；与本单位订立无固定期限劳动合同的；家庭无其他就业人员，有需要扶养的老人或者未成年人的。用人单位依照上述规定裁减人员，在 6 个月内重新招用人员的，应当通知被裁减的人员，并在同等条件下优先招用被裁减的人员。

（2）当事人一方解除劳动合同无须提前通知对方，即可解除合同。劳动者可以解除合同无须提前通知的情形有：未按照劳动合同约定提供劳动保护或者劳动条件的；未及时足额支付劳动报酬的；未依法为劳动者缴纳社会保险费的；用人单位的规章制度违反法律、法规的规定，损害劳动者权益的；用人单位以欺诈、胁迫的手段或者乘人之危，使劳动者在违背真实意思的情况下订立或者变更劳动合同致使劳动合同无效的；用人单位在劳动合同中免除自己的法定责任、排除劳动者权利的；法律、行政法规规定劳动者可以解除劳动合同的其他情形。用人单位以暴力、威胁或者非法限制人身自由的手段强迫劳动者劳动的，或者用人单位违章指挥、强令冒险作业危及劳动者人身安全的，劳动者可以立即解除劳动合同，不须事先告知用人单位。

用人单位可以解除合同无须提前通知的情形有：在试用期间被证明不符合录用条件的；严重违反用人单位的规章制度的；严重失职，营私舞弊，给用人单位造成重大损害的；劳动者同时与其他用人单位建立劳动关系，对完成本单位的工作任务造成严重影响，或者经用人单位提出，拒不改正的；因劳动者以欺诈、胁迫的手段或者乘人之危，使用人单位在违背真实意思的情况下订立或者变更劳动合同致使劳动合同无效的；劳动者被依法追究刑事责任的。用人单位单方解除劳动合同，应当事先将理由通知工会。用人单位违反法律、行政法规规定或者劳动合同约定的，工会有权要求用人单位纠正。用人单位应当研究工会的意见，并将处理结果书面通知工会。

3. 不得解除劳动合同的情形

（1）从事接触职业病危害作业的劳动者未进行离岗前职业健康检查，或者疑似职业病病人在诊断或者医学观察期间的。

（2）在本单位患职业病或者因工负伤并被确认丧失或者部分丧失劳动能力的。

（3）患病或者非因工负伤，在规定的医疗期内的。

（4）女职工在孕期、产期、哺乳期的。

（5）在本单位连续工作满 15 年，且距法定退休年龄不足 5 年的。

（6）法律、行政法规规定的其他情形。

4. 用人单位或劳动者终止和解除劳动合同的经济责任

1）用人单位终止和解除劳动合同的经济责任

用人单位终止和解除劳动合同的经济责任又包括用人单位的经济补偿责任和经济赔偿

责任。

（1）用人单位在下列情形下应对劳动者承担经济补偿责任。用人单位未按照劳动合同约定提供劳动保护或者劳动条件；未及时足额支付劳动报酬；未依法为劳动者缴纳社会保险费；用人单位的规章制度违反法律、法规的规定，损害劳动者权益；以欺诈、胁迫的手段或者乘人之危，使对方在违背真实意思的情况下订立或者变更劳动合同；用人单位以暴力、威胁或者非法限制人身自由的手段强迫劳动者劳动的，或者用人单位违章指挥、强令冒险作业危及劳动者人身安全；用人单位与劳动者协商一致，劳动合同期满后劳动者不同意订立无固定期限的劳动合同、法律、行政法规规定劳动者可以解除劳动合同的其他情形；劳动者解除劳动合同时，用人单位应当向劳动者支付经济补偿。此外，用人单位在劳动者患病或者非因工负伤，在规定的医疗期满后不能从事原工作，也不能从事由用人单位另行安排的工作；劳动者不能胜任工作，经过培训或者调整工作岗位，仍不能胜任工作；劳动合同订立时所依据的客观情况发生重大变化，致使劳动合同无法履行，经用人单位与劳动者协商，未能就变更劳动合同内容达成协议；用人单位依照企业破产法规定进行重整；用人单位生产经营发生严重困难、企业转产、重大技术革新或者经营方式调整，经变更劳动合同后，仍须裁减人员、用人单位被吊销营业执照、责令关闭、撤销或者用人单位决定提前解散；法律、行政法规规定的其他情形下，用人单位解除劳动合同的，用人单位应当向劳动者支付经济补偿。经济补偿的标准按劳动者在本单位工作的年限，每满一年支付一个月工资的标准向劳动者支付。六个月以上不满一年的，按一年计算；不满六个月的，向劳动者支付半个月工资的经济补偿。月工资按照劳动者应得工资计算，包括计时工资或者计件工资以及奖金、津贴和补贴等货币性收入。劳动者在劳动合同解除或者终止前 12 个月的平均工资低于当地最低工资标准的，按照当地最低工资标准计算。劳动者工作不满 12 个月的，按照实际工作的月数计算平均工资。劳动者月工资高于用人单位所在直辖市、设区的市级人民政府公布的本地区上年度职工月平均工资 3 倍的，向其支付经济补偿的标准按职工月平均工资 3 倍的数额支付，向其支付经济补偿的年限最高不超过 12 年。月工资是指劳动者在劳动合同解除或者终止前 12 个月的平均工资。以完成一定工作任务为期限的劳动合同因任务完成而终止的，用人单位应当依照上述规定向劳动者支付经济补偿。用人单位依法终止工伤职工的劳动合同的，除依照上述规定支付经济补偿外，还应当依照国家有关工伤保险的规定支付一次性工伤医疗补助金和伤残就业补助金。

（2）用人单位的经济赔偿责任。用人单位违反劳动合同法规定解除或者终止劳动合同，劳动者要求继续履行劳动合同的，用人单位应该继续履行；劳动者不要求继续履行劳动合同或者劳动合同已经不能继续履行的，用人单位应以上述的经济补偿标准的 2 倍向劳动者支付赔偿金。用人单位违反《劳动合同法》的规定解除或者终止劳动合同，依照《劳动合同法》第 87 条的规定支付了赔偿金的，不再支付经济补偿。赔偿金的计算年限自用工之日起计算。

2）*劳动者终止和解除劳动合同的经济责任*

劳动者应当按照劳动合同的约定向用人单位支付违约金的情形有：① 劳动者严重违反

用人单位的规章制度的；② 劳动者严重失职，营私舞弊，给用人单位造成重大损害的；③ 劳动者同时与其他用人单位建立劳动关系，对完成本单位的工作任务造成严重影响，或者经用人单位提出，拒不改正的；④ 劳动者以欺诈、胁迫的手段或者乘人之危，使用人单位在违背真实意思的情况下订立或者变更劳动合同的；⑤ 劳动者被依法追究刑事责任的；⑥ 劳动者违反《劳动合同法》规定解除劳动合同，或者违反劳动合同中约定的保密义务或者竞业限制，给用人单位造成损失的，应当承担赔偿责任。

15.2.6 用人单位违反《劳动合同法》的其他规定应承担的法律责任

（1）用人单位直接涉及劳动者切身利益的规章制度违反法律、法规规定的，由劳动行政部门责令改正，给予警告；给劳动者造成损害的，应当承担赔偿责任。

（2）用人单位提供的劳动合同文本未载明《劳动合同法》规定的劳动合同必备条款或者用人单位未将劳动合同文本交付劳动者的，由劳动行政部门责令改正；给劳动者造成损害的，应当承担赔偿责任。

（3）用人单位自用工之日起超过一个月不满一年未与劳动者订立书面劳动合同的，应当向劳动者每月支付 2 倍的工资。

（4）用人单位违反《劳动合同法》规定不与劳动者订立无固定期限劳动合同的，自应当订立无固定期限劳动合同之日起向劳动者每月支付 2 倍的工资。

（5）用人单位违反《劳动合同法》规定与劳动者约定试用期的，由劳动行政部门责令改正；违法约定的试用期已经履行的，由用人单位以劳动者试用期满月工资为标准，按已经履行的超过法定试用期的期间向劳动者支付赔偿金。

（6）用人单位违反《劳动合同法》规定，扣押劳动者居民身份证等证件的，由劳动行政部门责令限期退还劳动者本人，并依照有关法律规定给予处罚。

（7）用人单位违反《劳动合同法》的规定以担保或其他名义向劳动者收取财物的，由劳动行政部门责令限期退还劳动者本人，并以每人 500 元以上 2 000 元以下的标准处以罚款；给劳动者造成损害的，应当承担赔偿责任。劳动者依法解除或者终止劳动合同，用人单位扣押劳动者档案或者其他物品的，依照前款规定处罚。

（8）用人单位未按照劳动合同的约定或者国家规定及时足额支付劳动者劳动报酬的、低于当地最低工资标准支付劳动者工资的、安排加班不支付加班费的、解除或者终止劳动合同，未依照本法规定向劳动者支付经济补偿的，由劳动行政部门责令限期支付劳动报酬、加班费或者经济补偿，劳动报酬低于当地最低工资标准的，应当支付其差额部分；逾期不支付的，责令用人单位按应付金额 50% 以上 100% 以下的标准向劳动者加付赔偿金。

（9）用人单位以暴力、威胁或者非法限制人身自由的手段强迫劳动的、违章指挥或者强令冒险作业危及劳动者人身安全的、侮辱、体罚、殴打、非法搜查或者拘禁劳动者的、劳动条件恶劣、环境污染严重，给劳动者身心健康造成严重损害的，由劳动行政部门依法给予行政处罚；构成犯罪的，依法追究刑事责任；给劳动者造成损害的，应当承担赔偿责任。

（10）用人单位违反《劳动合同法》规定未向劳动者出具解除或者终止劳动合同的书面证明，由劳动行政部门责令改正；给劳动者造成损害的，应当承担赔偿责任。

（11）用人单位招用与其他用人单位尚未解除或者终止劳动合同的劳动者，给其他用人单位造成损失的，应当承担连带赔偿责任。

（12）劳务派遣单位违反《劳动合同法》规定的，由劳动行政部门和其他有关主管部门责令改正，情节严重的，以每人1 000元以上5 000元以下的标准处以罚款，并由工商行政管理部门吊销营业执照；给被派遣劳动者造成损害的，劳务派遣单位与用工单位承担连带赔偿责任。

（13）对不具备合法经营资格的用人单位的违法犯罪行为，依法追究法律责任。劳动者已经付出劳动的，该单位或者其出资人应当依照《劳动合同法》有关规定向劳动者支付劳动报酬、经济补偿、赔偿金；给劳动者造成损害的，应当承担赔偿责任。

（14）个人承包经营违反《劳动合同法》规定招用劳动者，给劳动者造成损害的，发包的组织与个人承包经营者承担连带赔偿责任。

案例思考

2016年1月31日，某房产公司聘用张某为建筑工地施工现场管理人员，双方签订的聘用合同约定：合同期限为2016年1月31日至同年10月31日；劳动报酬为每月工资总额1 200元、出差补助300元；其中变更、解除合同的条款约定，乙方（张某）患病或非工伤经治疗不能从事原工作也不能从事另行安排工作的，甲方（某房产公司）有权解除合同，但应提前30天以书面形式通知乙方；一方违约应给付对方违约金，违约金数额以乙方3个月的工资总额计算等。张某于2016年2月1日开始上班，同月23日在工作中不慎将腰扭伤致腰部旧病复发，房产公司派人将其送至医院就诊，共花去医疗、交通费用6 000多元。张某病愈后准备上班时，房产公司告知其不要上班。2016年8月30日，房产公司派人将原告张某的工作器具、生活用品从工作住地送回其原先住所，并结算其实际工作的半个月的劳动报酬。张某曾向某劳动仲裁委员会申请仲裁，该委员会于2016年9月6日以超出受理范围作出了不予受理通知。张某遂起诉至法院，称房产公司单方解除合同是违约行为，要求被告房产公司依合同约定给付劳动报酬1 500元、医药费用及车旅费5 000元、违约金3 600元，并承担本案诉讼费用。房产公司认为与张某的劳动合同中并无医疗待遇的约定，其腰病不是在工地上扭伤，不上全月班不能给付全月工资；答辩人从未通知原告张某不上班，如其认为可以上班，可以继续来上班。问：

（1）房产公司的行为是否应视为解除劳动合同？

（2）房产公司要解除合同应遵守什么规定？

（3）房产公司应承担怎样的法律责任？

15.3　工作时间、休息、休假和工资

15.3.1　工作时间

1. 工作时间的概念及立法意义

工作时间指法律、法规规定的劳动者应当从事生产或工作的时间，包括日工作时间、周工作时间、不定时工作制和综合计算工时工作制等。

国家在法律、法规中规定工作时间是为了合理安排职工的工作和休息时间，维护职工的休息权利，调动职工的积极性，维护生产、工作秩序，为创造社会财富提供时间保证；同时规定工作时间制度也可以加强用人单位劳动管理，提高工时利用率。

2. 工作时间的特征

（1）工作时间是履行劳动义务和计发劳动报酬的时间。劳动者按照用人单位依法规定的时间从事生产或工作，用人单位按照劳动者在工作时间内提供劳动的数量和质量计发劳动报酬。

（2）工作时间是法定的工作时间。工作时间最长限度由法律规定，用人单位安排劳动者劳动不得超过法定最高工作时间。法定工作时间适用于中华人民共和国境内的国家机关、社会团体、企业、事业单位、其他组织的职工。

（3）工作时间是实际工作时间与有关活动时间的总和。工作时间不仅包括劳动者的实际工作时间，还包括生产或工作的准备时间、结束前的整理与交接时间，以及工间休息时间、人体的自然需要时间、女职工哺乳时间、行政活动时间、工会活动时间、出差时间、履行社会职责的时间等。劳动者在法定工作时间内按照法律规定或用人单位的要求从事其他活动，虽然没有从事生产或工作，但由于这些活动时间大都与生产、再生产活动有关，也视为工作时间。

3. 我国法律、法规对于劳动者工作时间的规定

1）标准工作时间

标准工作时间是指工作日不超过 8 小时，工作周不超过 40 小时。它是一般职工在正常情况下普遍适用的工时制度。适用的条件为一般工种或工作岗位，常规情况下普遍适用的工时制度。实行这一工时制度，应保证完成生产和工作任务，不减少职工的收入。因工作性质或者生产特点的限制，不能实行每日工作 8 小时、每周工作 40 小时标准工作工时制度的，按照国家有关规定，可以实行其他工作和休息办法。

标准工时制实行计件工作的，应按标准工作日（周）的工时长度合理确定劳动定额和计件报酬标准。

2）缩短工作时间

缩短工作时间是指少于标准工作时间长度的一种工时制度。用人单位在特殊条件下

从事劳动和有特殊情况，需要在每周工作40小时的基础上再适当缩短工作时间的，应在保证完成生产和工作任务的前提下，根据《劳动法》第26条的规定，由企业根据实际情况决定。

3）延长工作时间

任何单位和个人不得擅自延长职工工作时间。因特殊情况和紧急任务确须延长工作时间的，用人单位经与工会和劳动者协商后可以延长工作时间，一般每日不得超过1小时；因特殊原因需要延长工作时间的在保障劳动者身体健康的条件下延长工作时间每日不得超过3小时，但是每月不得超过36小时。有下列情形之一的，延长工作时间不受上述规定的限制：发生自然灾害、事故或者因其他原因，威胁劳动者生命健康和财产安全，需要紧急处理的；生产设备、交通运输线路、公共设施发生故障，影响生产和公众利益，必须及时抢修的；必须利用法定节日或公休假日的停产期间进行设备检修、保养的；为完成国防紧急任务，或者完成上级在国家计划外安排的其他紧急生产任务，以及商业、供销企业在旺季完成收购、运输、加工农副产品紧急任务的；法律、行政法规规定的其他情形。

延长工作时间的形式有加班、加点两种。加班，是指雇员按照用人单位的要求，在法定节日或公休假日从事生产或工作；加点，是指雇员按照用人单位的要求，在正常工作日以外继续从事生产或工作。二者的区别在于：加班时间是特定的，仅仅限于法定节日和公休假日；加点时间则是任意的，可以在任何工作日进行。

用人单位不得违反《劳动法》规定延长劳动者的工作时间。按照法律规定延长工作时间的，企业应当按照《劳动法》的规定，给职工支付工资报酬或安排补休。

4）不定时工作制

不定时工作制是指因企业生产特点、工作特殊需要或职责范围的关系，无法按标准工作时间安排工作或因工作时间不固定，需要机动作业的职工所采用的弹性工时制度。不定时工作制适用于从事下列工种或者岗位的人员：高级管理人员；外勤、推销人员；长途运输人员；长驻外埠的人员；非生产性值班人员；可以自主决定工作、休息时间的特殊工作岗位的其他人员。

5）综合计算工时工作制

综合计算工时工作制，是指针对工作性质，须连续作业或受季节及自然条件限制的企业的部分岗位，采用以周、月、年等为周期，综合计算工作时间的一种工时制度，但其平均日工作时间和平均周工作时间应与法定标准工作时间基本相同。实行综合计算工时工作制的行业主要是指：交通、铁路、邮电、水运、航空、渔业等行业中因工作性质特殊，需要连续作业的职工；地质、石油及资源勘探、建筑、制盐、制糖、旅游等受季节和自然条件限制的行业的部分职工；亦工亦农或由于受能源、原材料供应等条件限制难以均衡生产的乡镇企业的职工等。另外，对于那些在市场竞争中，由于外界因素影响，生产任务不均衡的企业的部分职工也可以参照综合计算工时工作制的办法实施。

对于实行不定时工作制的职工，企业应当根据标准工时制度合理确定职工的劳动定额或其他考核标准，保障职工的休息权利。

15.3.2　休息休假

1. 休息休假时间的概念和种类

休息休假时间是指劳动者在工作时间以外，依法不从事生产或工作而自行支配的时间，是劳动者实现休息权的法定必要时间。它的种类有：工作日内间歇时间、工作日间的休息时间、公休假日、法定节日、探亲假、年休假、婚假、丧假等。

2. 我国劳动法律、法规关于休息和休假的规定

用人单位应当保证劳动者每周至少休息 1 日。国家机关、事业单位实行统一的工作时间，星期六和星期日为周休息日。企业和不能实行前款规定的统一工作时间的事业单位，可以根据实际情况灵活安排周休息日。不能按照每日工作 8 小时，每周工作 40 小时，不能保证劳动者每周至少休息 1 日的，经劳动行政部门批准，可以实行其他工作和休息办法。

（1）我国全体公民放假的节日有：① 新年，放假 1 天（1 月 1 日）；② 春节，放假 3 天（农历正月初一、初二、初三）；③ 清明节，放假 1 天（农历清明当日）；④ 劳动节，放假 1 天（5 月 1 日）；⑤ 端午节，放假 1 天（农历端午当日）；⑥ 中秋节，放假 1 天（农历中秋当日）；⑦ 国庆节，放假 3 天（10 月 1 日、2 日、3 日）。

（2）我国部分公民放假的节日及纪念日：① 妇女节（3 月 8 日），妇女放假半天；② 青年节（5 月 4 日），14 周岁以上的青年放假半天；③ 儿童节（6 月 1 日），不满 14 周岁的少年儿童放假 1 天；④ 中国人民解放军建军纪念日（8 月 1 日），现役军人放假半天。

（3）少数民族习惯的节日，由各少数民族聚居地区的地方人民政府，按照各该民族习惯，规定放假日期。

（4）二七纪念日、五卅纪念日、七七抗战纪念日、九三抗战胜利纪念日、九一八纪念日、教师节、护士节、记者节、植树节等其他节日、纪念日，均不放假。

全体公民放假的假日，如果适逢星期六、星期日，应当在工作日补假。部分公民放假的假日，如果适逢星期六、星期日，则不补假。

（5）国家实行带薪年休假制度。机关、团体、企业、事业单位、民办非企业单位、有雇工的个体工商户等单位的职工连续工作 1 年以上的，享受带薪年休假（以下简称年休假）。单位应当保证职工享受年休假。职工在年休假期间享受与正常工作期间相同的工资收入。

带薪年休假的时间具体为：职工累计工作已满 1 年不满 10 年的，年休假 5 天；已满 10 年不满 20 年的，年休假 10 天；已满 20 年的，年休假 15 天。国家法定休假日、休息日不计入年休假的假期。

职工有下列情形之一的，不享受当年的年休假：职工依法享受寒暑假，其休假天数多于年休假天数的；职工请事假累计 20 天以上且单位按照规定不扣工资的；累计工作满 1 年不满 10 年的职工，请病假累计 2 个月以上的；累计工作满 10 年不满 20 年的职工，请病假累计3个月以上的；累计工作满20年以上的职工，请病假累计4个月以上的。

年休假在1个年度内可以集中安排，也可以分段安排，一般不跨年度安排。单位因生产、工作特点确有必要跨年度安排职工年休假的，可以跨1个年度安排。单位确因工作需要不能安排职工休年休假的，经职工本人同意，可以不安排职工休年休假。对职工应休未休的年休假天数，单位应当按照该职工日工资收入的300%支付年休假工资报酬。

单位不安排职工休年休假又不依照本条例规定给予年休假工资报酬的，由县级以上地方人民政府人事部门或者劳动保障部门依据职权责令限期改正；对逾期不改正的，除责令该单位支付年休假工资报酬外，单位还应当按照年休假工资报酬的数额向职工加付赔偿金；对拒不支付年休假工资报酬、赔偿金的，属于公务员和参照公务员法管理的人员所在单位的，对直接负责的主管人员以及其他直接责任人员依法给予处分；属于其他单位的，由劳动保障部门、人事部门或者职工申请人民法院强制执行。

（6）探亲假制度。为了解决职工同亲属长期远居两地的探亲问题，国家规定了探亲假制度。① 探亲假适用的范围。凡在国家机关、人民团体和全民所有制企业、事业单位工作满一年的固定职工，与配偶不住在一起，又不能在公休假日团聚的，可以享受探望配偶的待遇；与父亲、母亲都不住在一起，又不能在公休假日团聚的，可以享受探望父母的待遇。但是，职工与父亲或与母亲一方能够在公休假日团聚的，不能享受探望父母的待遇。② 职工探亲假期的时间。职工探望配偶的，每年给予一方探亲假一次，假期为30天；未婚职工探望父母，原则上每年给假一次，假期为20天。如果因为工作需要，本单位当年不能给予假期，或者职工自愿两年探亲一次的，可以两年给假一次，假期为45天；已婚职工探望父母的，每4年给假一次，假期为20天。探亲假期是指职工与配偶、父母团聚的时间，另外，根据实际需要给予路程假。上述假期均包括公休假日和法定节日在内。③ 职工探亲假期的待遇。职工在规定的探亲假期和路程假期内，按照本人的标准工资发给工资。职工探望配偶和未婚职工探望父母的往返路费，由所在单位负担。已婚职工探望父母的往返路费，在本人月标准工资30%以内的，由本人自理；超过部分由所在单位负担。

（7）婚假、丧假制度。职工在结婚时，可享受3天带薪婚假。晚婚员工（男年满25周岁、女年满23周岁的初婚为晚婚）可享受8天带薪婚假。婚假必须一次休完（不含节假日）。职工直系亲属亡故时，职工享受带薪丧假3天，外地职工7天（含公休日）；旁系亲属亡故享受带薪丧假1天。

15.3.3 工资

1. 工资的概念

工资是用人单位依据国家有关规定或劳动合同的约定，以法定货币形式直接支付给劳动者的劳动报酬，一般包括计时工资、计件工资、奖金、津贴和补贴、延长工作时间的工资报酬以及特殊情况下支付的工资等。

2. 工资的特征

(1) 工资是劳动者基于劳动关系所获得的劳动报酬。

(2) 工资是用人单位对劳动者履行的劳动给付义务的物质补偿。履行劳动给付义务，一般是指劳动者按照劳动法规、集体合同和劳动合同的要求，从事用人单位所安排的劳动。

(3) 工资数额的确定，必须以劳动法规、劳动政策、集体合同和劳动合同的规定为依据，即必须符合法定和约定的工资标准。

(4) 工资必须以法定方式支付，即一般只能用法定货币支付，并且是持续的、定期的支付。

3. 我国法律、法规关于工资的规定

1) 我国工资分配的原则

《劳动法》规定，我国工资分配主要遵循以下几条原则：① 按劳分配原则；② 同工同酬原则；③ 工资水平在经济发展的基础上逐步提高，工资总量宏观调控原则；④ 效率优先、兼顾公平原则；⑤ 逐步提高工资水平原则。

2) 工资支付的项目

工资支付的项目一般包括计时工资、计件工资、奖金、津贴和补贴、延长工作时间的工资报酬以及特殊情况下支付的工资。但劳动者的以下劳动收入不属于工资范围：① 单位支付给劳动者个人的社会保险福利费用，如丧葬抚恤救济费、生活困难补助费、计划生育补贴等；② 劳动保护方面的费用，如用人单位支付给劳动者的工作服、解毒剂、清凉饮料费用等；③ 按规定未列入工资总额的各种劳动报酬及其他劳动收入，如根据国家规定发放的创造发明奖、国家星火奖、自然科学奖、科学技术进步奖、合理化建议和技术改进奖、中华技能大奖、稿费、讲课费、翻译费等。

3) 工资支付的时间

我国工资支付的法律规章明确规定，工资应当以货币形式按月支付给劳动者本人，不得克扣或者无故拖欠劳动者工资。劳动者在法定休假日和婚丧假期间以及依法参加社会活动期间，用人单位应当依法支付工资。工资应当按月支付，是指按照用人单位与劳动者约定的日期支付工资。如遇节假日或休息日，则应提前在最近的工作日支付。工资至少每月支付一次，对于实行小时工资制和周工资制的人员，工资也可以按周、日、小时发放。对完成一次性临时劳动或某项具体工作的劳动者，用人单位应按有关协议或合同规定在其完成劳动任务后即支付工资。劳动关系双方依法解除或终止劳动合同时，用人单位应在解除或终止劳动合同时一次付清劳动者工资。

4) 工资支付的形式

工资应当以法定货币支付，不得以实物及有价证券替代货币支付。

5) 工资支付的对象

用人单位应将工资支付给劳动者本人。劳动者本人因故不能领取工资时，可由其亲属或委托他人代领。用人单位可委托银行代发工资。

用人单位必须书面记录支付劳动者工资的数额、时间、领取者的姓名以及签字，并保存两年以上备查。用人单位在支付工资时应向劳动者提供一份其个人的工资清单。

6）特殊情况下的工资支付

（1）依法参加社会活动期间工资支付。劳动者在法定工作时间内依法参加社会活动期间，用人单位应视同其提供了正常劳动而支付工资。社会活动包括：依法行使选举权或被选举权；当选代表出席乡（镇）、区以上政府、党派、工会、青年团、妇女联合会等组织召开的会议；出任人民法庭证明人；出席劳动模范、先进工作者大会；《工会法》规定的不脱产工会基层委员会委员因工会活动占用的生产或工作时间；其他依法参加的社会活动。

（2）假期工资支付。劳动者依法享受年休假、探亲假、婚假、丧假期间，用人单位应按劳动合同规定的标准支付劳动者工资。

（3）停工、停产下工资支付。非因劳动者原因造成单位停工、停产在一个工资支付周期内的，用人单位应按劳动合同规定的标准支付劳动者工资。超过一个工资支付周期的，若劳动者提供了正常劳动，则支付给劳动者的劳动报酬不得低于当地的最低工资标准；若劳动者没有提供正常劳动，应按国家有关规定办理。上述（1）、（2）、（3）中规定的“按劳动合同规定的标准”，是指劳动合同规定的劳动者本人所在的岗位（职位）相对应的工资标准。

（4）加班、加点工资支付。用人单位在劳动者完成劳动定额或规定的工作任务后，根据实际需要安排劳动者在法定标准工作时间以外工作的，应按以下标准支付工资：用人单位依法安排劳动者在日法定标准工作时间以外延长工作时间的，按照不低于劳动合同规定的劳动者本人小时工资标准的150%支付劳动者工资；用人单位依法安排劳动者在休息日工作，而又不能安排补休的，按照不低于劳动合同规定的劳动者本人日或小时工资标准的200%支付劳动者工资；用人单位依法安排劳动者在法定休假节日工作的，按照不低于劳动合同规定的劳动者本人日或小时工资标准的300%支付劳动者工资。上述规定的在符合法定标准工作时间的制度工时以外延长工作时间及安排休息日和法定休假节日工作应支付的工资，是根据加班加点的多少，以劳动合同确定的正常工作时间工资标准的一定倍数所支付的劳动报酬，即凡是安排劳动者在法定工作日延长工作时间或安排在休息日工作而又不能补休的，均应支付给劳动者不低于劳动合同规定的劳动者本人小时或日工资标准150%、200%的工资；安排在法定休假日工作的，应另外支付给劳动者不低于劳动合同规定的劳动者本人小时或日工资标准300%的工资。关于劳动者日工资折算，可统一按劳动者本人的月工资标准除以每月制度工作天数进行折算。根据国家关于职工每日工作8小时，每周工作时间为40小时的规定，每月制度工时天数为21.5天。实行计件工资的劳动者，在完成计件定额任务后，由用人单位安排延长工作时间的，应根据上述规定的原则，分别按照不低于其本人法定工作时间计件单价的150%、200%、300%支付其工资。经劳动行政部门批准实行综合计算工时工作制的，其综合计算工作时间超过法定标准工作时间的部分，应视为延长工作时间，并应按本规定支付劳动者延长工作时间的工资。实行不定时工时制度的劳动者，不执行上述规定。

（5）用人单位依法破产时工资的支付。用人单位依法破产时，劳动者有权获得其工资。在破产清偿中用人单位应按《中华人民共和国企业破产法》规定的清偿顺序，首先支付欠付本单位劳动者的工资。

（6）关于特殊人员的工资支付。劳动者受行政处分后仍在原单位工作（如留用察看、降级等）或受刑事处分后重新就业的，应主要由用人单位根据具体情况自主确定其工资报酬；劳动者受刑事处分期间，如收容审查、拘留（羁押）、缓刑、监外执行或劳动教养期间，其待遇按国家有关规定执行；学徒工、熟练工、大中专毕业生在学徒期、熟练期、见习期、试用期及转正定级后的工资待遇由用人单位自主确定。新就业复员军人的工资待遇由用人单位自主确定；分配到企业军队转业干部的工资待遇，按国家有关规定执行。

7）工资的保障

工资保障指为劳动者提供的使其工资足以成为其生活主要来源和维持基本生活的一系列法定措施。

（1）最低工资保障制度。最低工资是指劳动者在法定工作时间内提供了正常劳动的前提下，其所在用人单位应支付的最低劳动报酬。获得最低工资，是劳动者劳动报酬权利中最基本的内容，受到国家的法律保障。实行计件工资或提成工资等工资形式的企业，必须进行合理的折算，其相应的折算额不得低于按时、日、周、月确定的相应的最低工资率。最低工资的具体标准由省、自治区、直辖市人民政府规定，报国务院备案。

（2）工资支付保障。工资支付保障是对劳动者获得的全部应得工资及其所得工资支配权的保障。工资应当以货币形式按月支付给劳动者本人，不得克扣或者无故拖欠。“克扣”是指用人单位无正当理由扣减劳动者应得工资（即在劳动者已提供正常劳动的前提下用人单位按劳动合同规定的标准应当支付给劳动者的全部劳动报酬）。“无故拖欠”是指用人单位无正当理由超过规定付薪时间未支付劳动者工资。有下列情况之一的，用人单位可以代扣劳动者工资：用人单位代扣代缴的个人所得税；用人单位代扣代缴的应由劳动者个人负担的各项社会保险费用；法院判决、裁定中要求代扣的抚养费、赡养费；法律、法规规定可以从劳动者工资中扣除的其他费用。因劳动者本人原因给用人单位造成经济损失的，用人单位可按照劳动合同的约定要求其赔偿经济损失。经济损失的赔偿，可从劳动者本人的工资中扣除。但每月扣除的部分不得超过劳动者当月工资的 20%。若扣除后的剩余工资部分低于当地月最低工资标准，则按最低工资标准支付。

（3）克扣或者无故拖欠工资的法律责任。用人单位有下列侵害劳动者合法权益行为的，由劳动行政部门责令其支付劳动者工资和经济补偿，并可责令其支付赔偿金：克扣或者无故拖欠劳动者工资的；拒不支付劳动者延长工作时间工资的；低于当地最低工资标准支付劳动者工资的。企业欠付一个月以内的向劳动者支付所欠工资的 20% 赔偿金；欠付 3 个月以内的向劳动者支付所欠工资的 50% 赔偿金；欠付 3 个月以上的向劳动者支付所欠工资的 100% 赔偿金。拒发所欠工资和赔偿金的，对企业和责任人给予经济处罚。

案例思考

某工厂厂长以生产任务紧，工厂人手不足为由，将原来由7人承担工作改由赵某等4人承担。一个星期后，赵某等4人向厂长提出灯泡装箱入库工作由赵某等4人承担工作量太大，4人每天得多干4个多小时才能完成任务，要求厂长再给增加一个人。厂长不同意加人，但提出4人的超时超量工作可以给加班费。3个月后，赵某等4人均感到身体已极度疲乏，无法再坚持长时间的超量劳动，又一次向厂方反映情况，但厂长却说："干不了可以走嘛。在这里就这个干法。"双方遂为此产生争议。问：某工厂违反了《劳动法》的什么规定？

15.4 女职工和未成年工的特殊保护

15.4.1 女职工特殊保护

1. 女职工特殊保护的概念

女职工特殊保护又称女职工劳动保护，是指根据女职工身体结构、生理特点和哺育子女的需要，对其在劳动过程中的安全健康所采取的有别于男子的保护，包括禁止或限制女职工从事某些作业、女职工"四期"保护（经期保护、孕期保护、产期保护、哺乳期保护）等内容。

2. 女职工特殊保护的内容

（1）禁止安排女职工从事矿山井下、森林业伐木、归楞及流放作业、建筑业脚手架的组装和拆除作业、电力、电信行业的高处架线作业、连续负重（指每小时负重次数在6次以上）每次负重超过20公斤，间断负重每次负重超过25公斤的作业等国家规定的第四级体力劳动强度的劳动和其他禁忌从事的劳动。

（2）不得安排女职工在经期从事高处、低温、冷水作业和国家规定的第三级体力劳动强度的劳动。

（3）不得安排女职工在怀孕期间从事国家规定的第三级体力劳动强度的劳动和孕期禁忌从事的劳动。对怀孕7个月以上的女职工，不得安排其延长工作时间和夜班劳动。

（4）女职工生育享受不少于90天的产假。其中产前假15天，难产的增加产假15天。多胞胎生育的，每多生育一个婴儿，增加产假15天。

（5）不得安排女职工在哺乳未满1周岁的婴儿期间从事国家规定的第三级体力劳动强度的劳动和哺乳期禁忌从事的其他劳动，不得安排其延长工作时间和夜班劳动。对不能胜任原劳动的，应当根据医务部门证明，予以减轻劳动量或者安排其他劳动。在劳动时间内应给予其休息1小时，并扣除相应劳动定额。上班确有困难的，经本人申请，单位批准，可休产前假 60 天。休假期间，其工资不得低于 80%。怀孕的女职工，在劳动时间内进行产前检查，应当算作劳动时间。

（6）至少每两年对女职工（含退休女职工）普查一次妇女病。普查妇女病按公假处理。

15.4.2　未成年工特殊劳动保护

1. 未成年工特殊劳动保护的概念

未成年工劳动特殊保护是指根据未成年工生长发育的特点及其接受义务教育的需要，对其在劳动法律关系中所应享有特殊权益的保护。包括限制就业年龄、限制工作时间、禁止从事某些作业、定期进行健康检查等特殊保护。未成年工与未成年人或童工不同，未成年人是指未满 18 岁的公民。童工是指未满 16 周岁，与单位或个人发生劳动关系，从事有经济收入的劳动或者从事个体劳动的少年、儿童。禁止用人单位招用 16 周岁以下的未成年人。

2. 未成年工特殊劳动保护的原则

对未成年工特殊劳动保护的原则包括尊重未成年工人格尊严的原则；适应未成年工身心发展的原则；保障未成年人特殊权益的原则。

3. 未成年工的特殊保护的内容

（1）国家规定用人单位不得安排未成年工从事以下范围的劳动：《生产性粉尘作业危害程度分级》国家标准中第一级以上的接尘作业；《有毒作业分级》国家标准中第一级以上的有毒作业；《高处作业分级》国家标准中第二级以上的高处作业；《冷水作业分级》国家标准中第二级以上的冷水作业；《高温作业分级》国家标准中第三级以上的高温作业；《低温作业分级》国家标准中第三级以上的低温作业；《体力劳动强度分级》国家标准中第四级体力劳动强度的作业；矿石井下及矿山地面采石作业；森林业中的伐木、流放及守林作业；工作场所接触放射性物质的作业；有易燃易爆、化学性烧伤和热烧伤等危险性大的作业；地质勘探和资源勘探的野外作业；潜水、涵洞、涵道作业和海拔 3 000 米以上的高原作业（不包括世居高原者）；连续负重每小时在 6 次以上并每次超过 20 公斤，间断负重每次超过 25 公斤的作业；使用凿岩机、捣固机、气镐、气铲、铆钉机、电锤的作业；工作中需要长时间保持低头、弯腰、上举、下蹲等强迫体位和动作频率每分钟大于 50 次的流水线作业；锅炉司炉。

（2）用人单位应按下列要求对未成年工定期进行健康检查：安排工作岗位之前；工作满一年；年满 18 周岁，距前一次体检时间已超过半年。

（3）国家还规定对未成年工的使用和特殊保护实行登记制度。用人单位招收使用未成年工，除符合一般用工要求外，还须向所在地的县级以上劳动行政部门办理登记。劳动行政部门根据《未成年工健康检查表》《未成年工登记表》，核发《未成年工登记证》。未成年工须持《未成年工登记证》上岗。

15.4.3　违反女职工和未成年工保护规定的法律责任

（1）用人单位违反《劳动法》对女职工和未成年工的保护规定，侵害其合法权益的，由劳动行政部门责令改正，处以罚款；对女职工或者未成年工造成损害的，应当承担赔偿责任。

（2）用人单位有下列侵害女职工和未成年工合法权益行为之一的，应责令改正，并按每侵害一名女职工或未成年工罚款 3 000 元以下的标准处罚：安排女职工从事矿山井下、国家规定的第四级体力劳动强度的劳动和其他禁忌从事的劳动；安排女职工在经期从事高处、低温、冷水作业和国家规定的第三级以上劳动强度的劳动；安排女职工在哺乳未满 1 周岁的婴儿期间从事国家规定的第三级以上体力劳动强度的劳动和哺乳期禁忌从事的其他劳动及安排其延长工作时间和夜班劳动的；安排未成年工从事矿山井下、有毒有害、国家规定的第四级体力劳动强度的劳动和其他禁忌从事的劳动。

（3）用人单位有下列行为之一的，由劳动保障行政部门责令改正，按照受侵害的劳动者每人 1 000 元以上 5 000 元以下的标准计算，处以罚款：安排女职工从事矿山井下劳动、国家规定的第四级体力劳动强度的劳动或者其他禁忌从事的劳动的；安排女职工在经期从事高处、低温、冷水作业或者国家规定的第三级体力劳动强度的劳动的；安排女职工在怀孕期间从事国家规定的第三级体力劳动强度的劳动或者孕期禁忌从事的劳动的；安排怀孕 7 个月以上的女职工夜班劳动或者延长其工作时间的；女职工生育享受产假少于 90 天的；安排女职工在哺乳未满 1 周岁的婴儿期间从事国家规定的第三级体力劳动强度的劳动或者哺乳期禁忌从事的其他劳动，以及延长其工作时间或者安排其夜班劳动的；安排未成年工从事矿山井下、有毒有害、国家规定的第四级体力劳动强度的劳动或者其他禁忌从事的劳动的；未对未成年工定期进行健康检查的。

案例思考

某公司某月刚招聘了一名英文翻译，但经过一个月的试用，发现该员工的英文基础较差，经常出现一些基础性语法错误，几次提醒后仍未见改善，该公司认为该员工不符合作为专业英文翻译的录用条件，拟解除与其的劳动合同。但是公司得知该员工现已怀孕。问：

（1）在女职工怀孕时是否一律不得解除劳动合同？

（2）在试用期内解除劳动合同的条件是什么？

15.5 社会保险和福利

15.5.1 社会保险

1. 社会保险的概念及特征

1）社会保险的概念

社会保险是指具有一定劳动关系的劳动者在暂时或永久丧失劳动能力，或在职业中断期间失去生活来源时，为保障其基本生活，由国家和社会提供物质帮助的一种社会保障制度。广义的社会保险对象涉及全体社会成员，狭义的社会保险对象仅涉及企业、事业单位职工和国家机关工作人员等。

我国《劳动法》根据《宪法》对社会保险和福利加以规定，既体现了《宪法》保护劳动者合法权益的基本精神，也为社会保险立法提供了依据。

2）我国社会保险的特征

我国社会保险的特征主要有 5 种。

（1）社会性。我国社会保险的对象包括社会上不同层次、不同行业、不同所有制形式和不同身份的各种劳动者。

（2）补偿性。指对劳动者所遇劳动风险的补偿。

（3）强制性。指社会保险是通过国家立法和政府的行政手段建立并强制实施的。

（4）互济性。指社会保险是按照社会共担风险的原则进行组织的，社会保险费用按照不同的保险种类分别由国家、单位和劳动者个人共同承担，遇到劳动风险的劳动者从没有遇到风险的劳动者那里获得一部分帮助。

（5）非营利性。指社会保险是由政府的专门机构承办经营，是对劳动者所遇劳动风险的补偿。保险基金的筹集、运营不以追求利润为目的，不允许参与可能使保险基金流失或受到损失的经济活动。但保险基金可以在回避风险的前提下，进行投资，以确保该基金的增值。

2. 社会保险的组成

我国的社会保险制度包括国家基本保险、单位补充保险、个人储蓄保险 3 个层次。

（1）国家基本保险。国家基本保险是指国家立法强制实施的保障劳动者遇到劳动风险时最低生活需要的保险制度。其特点是：覆盖面广、标准统一、强制程度高。

（2）单位补充保险。单位补充保险是指除了基本保险以外，用人单位根据自己的经济条件为劳动者投保高于基本保险的补充保险。具体体现为，劳动者与用人单位的社会保险关系与劳动关系同时产生，保险费的交纳数额、保险金的领取标准也由国家统一规定。同时，凡法定的保险对象都必须投保，承保主体必须接受投保，双方不得选择，否则要承担相应的法律责任。

（3）个人储蓄保险。个人储蓄保险是指劳动者个人以储蓄形式参加社会保险。

3. 我国社会保险的种类和主要内容

1）养老保险

养老保险是社会保障制度的重要组成部分，是社会保险五大险种中最重要的险种之一。所谓养老保险（或养老保险制度），是国家和社会根据一定的法律和法规，为解决劳动者在达到国家规定的解除劳动义务的劳动年龄界限，或因年老丧失劳动能力退出劳动岗位后的基本生活而建立的一种社会保险制度。养老保险是在法定范围内的老年人完全或基本退出社会劳动生活后才自动发生作用的。养老保险的目的是为保障老年人的基本生活需求，为其提供稳定可靠的生活来源。养老保险是以社会保险为手段来达到保障的目的。养老保险费用来源，一般由国家、单位和个人三方或单位和个人双方共同负担，并实现广泛的社会互济。

享受养老保险的条件有：职工到达法定离退休年龄，凡个人缴费累计满 15 年，或养老保险办法实施前参加工作连续工龄（包括缴费年限）满 10 年的人员，均可享受基本养老保险待遇，按月领取养老金。

养老保险实行国家基本养老保险、单位补充养老保险和个人储蓄养老保险相结合。

国家基本养老保险亦称基本养老保险，它是按国家统一政策规定强制实施的为保障广大离退休人员基本生活需要的一种养老保险制度。

企业年金是指企业及其职工在依法参加基本养老保险的基础上，自愿建立的补充养老保险制度，是多层次养老保险体系的组成部分，由国家宏观指导、企业内部决策执行。企业年金由企业和员工共同承担，单位缴费一般不超过上年度工资总额的 1/12，单位和职工合计缴费一般不超过上年度工资总额的 1/6。

职工个人储蓄性养老保险是我国多层次养老保险体系的一个组成部分，是由职工自愿参加、自愿选择经办机构的一种补充保险形式。由社会保险机构经办的职工个人储蓄性养老保险，由社会保险主管部门制定具体办法，职工个人根据自己的工资收入情况，按规定缴纳个人储蓄性养老保险费，记入当地社会保险机构在有关银行开设的养老保险个人账户，并应按不低于或高于同期城乡居民储蓄存款利率计息，以提倡和鼓励职工个人参加储蓄性养老保险，所得利息记入个人账户，本息一并归职工个人所有。

2）失业保险

失业保险是指国家通过立法强制实行的，由社会集中建立基金，对因失业而暂时中断生活来源的劳动者提供物质帮助的制度。

（1）参加失业保险的条件。根据《失业保险条例》的规定，城镇的国有企业、集体企业、外商投资企业、港澳台投资企业、私营企业等各类企业，以及事业单位都必须参加失业保险并按规定缴纳失业保险费。上述单位的职工也要按规定缴纳失业保险费，失业后符合条件的可以享受失业保险待遇。社会团体及其专职人员、民办非企业单位及其职工、城镇中有雇工的个体工商户及其雇工是否适用《失业保险条例》，由各省级人民政府确定。

（2）失业保险所需资金的来源和如何缴纳失业保险费。失业保险所需资金来源于 4 个部分：失业保险费，包括单位缴纳和个人缴纳两部分；财政补贴，由政府负担；基金利息，基金存入银行和购买国债的收益部分；其他资金，主要是指对不按期缴纳失业保险费的单位征收的滞纳金等。失业保险费由城镇企业事业单位按照本单位工资总额的 2% 缴纳，城镇企业事业单位职工按照本人工资的 1% 缴纳失业保险费。

（3）失业人员可享受到哪些失业保险待遇。失业人员可以按月领取失业保险金，领取失业保险金期间的医疗补助金，领取失业保险金期间死亡的失业人员的丧葬补助金及其供养的配偶、直系亲属的抚恤金。另外，还可以为失业人员在领取失业保险金期间开展职业培训、职业介绍的机构或接受职业培训、职业介绍的本人给予补贴，以帮助失业人员实现再就业，并减轻失业人员的经济负担。

失业保险金的领取时间是由失业人员失业前所在单位和本人按照规定累计缴费时间决定的，满 1 年不足 5 年的，最长不超过 12 个月；满 5 年不足 10 年的，最长不超过 18 个月；10 年以上的，最长不超过 24 个月。

失业人员享受失业保险待遇的条件，除了原单位和本人按规定履行缴费义务外，还必须符合失业不是因自己意愿造成的、失业后办理了失业登记手续并有求职要求这两个条件。失业人员在领取失业保险金期间重新就业、应征服役、移居境外、享受基本养老保险待遇、被判刑收监执行或者被劳动教养、无正当理由拒不接受当地人民政府指定的部门或者机构介绍的工作的，以及有法律、行政法规规定的其他情形的，应停止领取失业保险金，并同时停止享受其他失业保险待遇。

3）医疗保险

医疗保险就是当人们生病或受到伤害后，由国家或社会给予的一种物质帮助，即提供医疗服务或经济补偿的一种社会保障制度。医疗保险费用主要由用人单位和职工个人缴纳。单位缴费率控制在职工工资总额的 6% 左右，职工个人缴费率控制在本人工资的 2% 左右。医疗保险待遇主要包括医疗待遇，疾病、负伤、残废期间的生活待遇。

4）工伤保险

工伤保险是社会保险制度中的重要组成部分，指国家和社会为在生产、工作中遭受事故伤害和患职业性疾病的劳动及亲属提供医疗救治、生活保障、经济补偿、医疗和职业康复等物质帮助的一种社会保障制度。工伤保险费全部由单位缴纳，平均缴费率原则上要控制在职工工资总额的 1.0% 左右。

（1）工伤的认定。职工有下列情形之一的，应当认定为工伤：在工作时间和工作场所内，因工作原因受到事故伤害的；工作时间前后在工作场所内，从事与工作有关的预备性或者收尾性工作受到事故伤害的；在工作时间和工作场所内，因履行工作职责受到暴力等意外伤害的；患职业病的；因工外出期间，由于工作原因受到伤害或者发生事故下落不明的；在上下班途中，受到机动车事故伤害的；法律、行政法规规定应当认定为工伤的其他情形。

职工有下列情形之一的，视同工伤：在工作时间和工作岗位，突发疾病死亡或者在 48 小时之内经抢救无效死亡的；在抢险救灾等维护国家利益、公共利益活动中受到伤害的；职工原在军队服役，因战、因公负伤致残，已取得革命伤残军人证，到用人单位后旧伤复发的。

职工有下列情形之一的，不得认定为工伤或者视同工伤：因犯罪或者违反治安管理伤亡的；醉酒导致伤亡的；自残或者自杀的。

职工发生事故伤害或者按照职业病防治法规定被诊断、鉴定为职业病，所在单位应当自事故伤害发生之日或者被诊断、鉴定为职业病之日起 30 日内，向统筹地区劳动保障行政部门提出工伤认定申请。用人单位未按前款规定提出工伤认定申请的，工伤职工或者其直系亲属、工会组织在事故伤害发生之日或者被诊断、鉴定为职业病之日起 1 年内，可以直接向用人单位所在地统筹地区劳动保障行政部门提出工伤认定申请。劳动保障行政部门应当自受理工伤认定申请之日起60日内作出工伤认定的决定，并书面通知申请工伤认定的职工或者其直系亲属和该职工所在单位。

（2）工伤保险待遇。职工因工作遭受事故伤害或者患职业病进行治疗，享受工伤医疗待遇。职工住院治疗工伤的，由所在单位按照本单位因公出差伙食补助标准的70%发给住院伙食补助费；经医疗机构出具证明，报经办机构同意，工伤职工到统筹地区以外就医的，所需交通、食宿费用由所在单位按照本单位职工因公出差标准报销。

工伤职工因日常生活或者就业需要，经劳动能力鉴定委员会确认，可以安装假肢、矫形器、假眼、假牙和配置轮椅等辅助器具，所需费用按照国家规定的标准从工伤保险基金支付。

职工因工作遭受事故伤害或者患职业病需要暂停工作接受工伤医疗的，在停工留薪期内，原工资福利待遇不变，由所在单位按月支付。停工留薪期一般不超过12个月。生活不能自理的工伤职工在停工留薪期需要护理的，由所在单位负责。

工伤职工已经评定伤残等级并经劳动能力鉴定委员会确认需要生活护理的，从工伤保险基金按月支付生活护理费。生活护理费按照生活完全不能自理、生活大部分不能自理或者生活部分不能自理3个不同等级支付，其标准分别为统筹地区上年度职工月平均工资的50%、40%或者30%。

职工因工死亡，其直系亲属按照下列规定从工伤保险基金领取丧葬补助金、供养亲属抚恤金和一次性工亡补助金：丧葬补助金为6个月的统筹地区上年度职工月平均工资；供养亲属抚恤金按照职工本人工资的一定比例发给由因工死亡职工生前提供主要生活来源、无劳动能力的亲属。标准为：配偶每月40%，其他亲属每人每月30%，孤寡老人或者孤儿每人每月在上述标准的基础上增加10%。核定的各供养亲属的抚恤金之和不应高于因工死亡职工生前的工资。

5）生育保险

生育保险是通过国家立法规定，在劳动者因生育子女而导致劳动力暂时中断时，由国家和社会及时给予物质帮助的一项社会保险制度。生育保险费用全部由单位缴纳，计提比例不超过工资总额的1%。我国生育保险待遇主要包括两项。一是生育津贴，用于保障女职工产假期间的基本生活需要。在实行生育保险社会统筹的地区，支付标准按本企业上年度职工月平均工资的标准支付，期限不少于90天；在没有开展生育保险社会统筹的地区，生育津贴由本企业或单位支付，标准为女职工生育之前的基本工资和物价补贴，期限一般为90天。二是生育医疗待遇，用于保障女职工怀孕、分娩期间以及职工实施节育手术时的基本医疗保健需要。

15.5.2 社会福利

1. 社会福利的概念和特征

我国《劳动法》规定：国家发展社会福利事业，兴建公共福利设施，为劳动者休息、休养和疗养提供条件。用人单位应当创造条件，改善集体福利，提高劳动者的福利待遇。社会福利具有保障对象的全民性、内容的广泛性、保障的福利性等特征。

2. 社会福利的主要内容

（1）公共福利。公共福利是指国家和社会为了改善和提高全体社会成员的物质和精神生活而提供的单向利益。包括健康保健方面福利、住房福利、文化娱乐方面福利、教育方面福利、生活环境方面福利、生活服务方面福利等。

（2）职业福利。职业福利是行业和单位为满足职工物质文化生活需要，保证职工一定生活质量而提供的工资收入以外的津贴、设施和福利性服务项目。

（3）专项福利。包括老年福利、妇女福利、儿童福利、残疾人福利等专对特殊人群的福利。

案例思考

2016 年 4 月，王某应聘到某公司，公司在待遇方面提出如果职工坚持要求办理社会保险的话，从职工工资中每月扣除 300 元。王某等觉得还是多拿点工资好，至于办不办社会保险，也没什么关系。于是双方签订了 3 年的劳动合同，在合同中规定每月工资 2 000 元，对社会保险事宜公司不予负责。2016 年 12 月，劳动保障部门在进行检查中发现该单位没有依法为签订劳动合同的职工办理社会保险，遂对其下达限期整改指令书，要求该公司为刘某等办理参加社会保险手续。该公司则认为，公司不负责社会保险是经双方协商同意，在劳动合同中已明确约定，单位不为其办理社会保险。问：协商一致，就可以不为劳动者办理社会保险吗？

15.6 劳动争议

15.6.1 劳动争议概述

1. 劳动争议的概念

劳动争议是指用人单位（含个体工商户）与职工（含学徒、帮工），因实现劳动权利和履行劳动义务而发生的纠纷。

2. 劳动争议分类

（1）按照劳动争议中是否含有涉外因素来分类，可分为国内劳动争议和涉外劳动争议。

（2）按照劳动争议的内容来分类，可分为权利争议和利益争议。权利争议指因实现劳动法规、集体合同和劳动合同所规定的权利和义务所发生的争议。利益争议指因主张有待确定的权利和义务所发生的争议。

（3）按照职工一方当事人涉及的人数来分类，可分类为集体争议和个人争议。

（4）按照劳动争议的客体来划分，可分为履行劳动合同争议、开除争议、辞退争议、辞职争议、工资争议、保险争议、福利争议、培训争议等。

15.6.2 劳动争议的解决方式

1. 劳动争议的协商

发生劳动争议，劳动者可以与用人单位协商，也可以请工会或者第三方共同与用人单位协商，达成和解协议。

劳动争议的协商是指发生争议的劳动者与用人单位通过自行协商，或者劳动者请工会或者其他第三方共同与用人单位进行协商，从而使当事人的矛盾得以化解，自愿就争议事项达成协议，使劳动争议及时得到解决的一种活动。发生劳动争议后，由当事人双方进行协商和解，有利于使劳动争议在比较平和的气氛中得到解决，防止矛盾激化，促进劳动关系和谐稳定。劳动者可以请工会或者第三方共同与用人单位进行协商。

协商和解成功后，当事人双方应当签订和解协议。协商程序是建立在双方自愿的基础上，任何一方，或者第三方都不得强迫另一方当事人进行协商。如果当事人不愿协商、协商不成或者达成和解协议后不履行的，另一方当事人仍然可以向劳动争议调解组织申请调解，或者向劳动争议仲裁机构申请仲裁。

2. 劳动争议的调解

1）劳动争议调解的概念

劳动争议调解是指劳动争议调解委员会对当事人双方自愿申请调解的劳动争议，在查明事实、分清是非的前提下，依据法规、政策的规定和集体合同、劳动合同的约定，通过说服教育和劝解协商，促使当事人双方在相互谅解的基础上自愿达成解决劳动争议的协议。

2）调解组织

发生劳动争议，当事人可以到下列调解组织申请调解：企业劳动争议调解委员会；依法设立的基层人民调解组织；在乡镇、街道设立的具有劳动争议调解职能的组织。

企业劳动争议调解委员会由职工代表和企业代表组成。职工代表由工会成员担任或者由全体职工推举产生，企业代表由企业负责人指定。企业劳动争议调解委员会主任由工会成员或者双方推举的人员担任。劳动争议调解组织的调解员应当由公道正派、联系群众、热心调解工作，并具有一定法律知识、政策水平和文化水平的成年公民担任。

3）调解的申请

当事人申请劳动争议调解可以书面申请，也可以口头申请。口头申请的，调解组织应当当场记录申请人基本情况、申请调解的争议事项、理由和时间。

4）调解的程序及调解书

调解劳动争议，应当充分听取双方当事人对事实和理由的陈述，耐心疏导，帮助其达成协议。经调解达成协议的，应当制作调解协议书。调解协议书由双方当事人签名或者盖章，经调解员签名并加盖调解组织印章后生效，对双方当事人具有约束力，当事人应当履行。因支付拖欠劳动报酬、工伤医疗费、经济补偿或者赔偿金事项达成调解协议，用人单位在协议约定期限内不履行的，劳动者可以持调解协议书依法向人民法院申请支付令。人民法院应当依法发出支付令。

5）调解与仲裁的关系

自劳动争议调解组织收到调解申请之日起 15 日内未达成调解协议的，当事人可以依法申请仲裁。达成调解协议后，一方当事人在协议约定期限内不履行调解协议的，另一方当事人可以依法申请仲裁。

3. 劳动争议的仲裁

1）劳动争议仲裁的概念

劳动争议仲裁指劳动争议仲裁机构对当事人请求解决的劳动争议，依法居中公断的执法行为。在我国的劳动争议处理体制中，它作为诉讼前的法定必经程序，是处理劳动争议的一种主要方式。

2）劳动争议仲裁委员会

劳动争议仲裁委员会是依法设立的组织领导劳动争议仲裁工作的地方性最高组织形式。

（1）劳动争议仲裁委员会的设立。劳动争议仲裁委员会按照统筹规划、合理布局和适应实际需要的原则设立。省、自治区人民政府可以决定在市、县设立；直辖市人民政府可以决定在区、县设立。直辖市、设区的市也可以设立一个或者若干个劳动争议仲裁委员会。劳动争议仲裁委员会不按行政区划层层设立。国务院劳动行政部门依照《中华人民共和国仲裁法》有关规定制定仲裁规则。省、自治区、直辖市人民政府劳动行政部门对本行政区域的劳动争议仲裁工作进行指导。

（2）劳动争议仲裁委员会的组成。劳动争议仲裁委员会由劳动行政部门代表、工会代表和企业方面代表组成。劳动争议仲裁委员会组成人员应当是单数。

（3）劳动争议仲裁委员会的职责。劳动争议仲裁委员会依法履行下列职责：聘任、解聘专职或者兼职仲裁员；受理劳动争议案件；讨论重大或者疑难的劳动争议案件；对仲裁活动进行监督。劳动争议仲裁委员会下设办事机构，负责办理劳动争议仲裁委员会的日常工作。

（4）劳动争议仲裁委员会的仲裁员。仲裁员应当公道正派并符合下列条件之一：曾任审判员的；从事法律研究、教学工作并具有中级以上职称的；具有法律知识、从事人力资源管理或者工会等专业工作满 5 年的；律师执业满 3 年的。

3）劳动争议仲裁的管辖

劳动争议仲裁委员会负责管辖本区域内发生的劳动争议。劳动争议由劳动合同履行地或者用人单位所在地的劳动争议仲裁委员会管辖。双方当事人分别向劳动合同履行地和用人单位所在地的劳动争议仲裁委员会申请仲裁的，由劳动合同履行地的劳动争议仲裁委员会管辖。

4）劳动争议仲裁的参加人

发生劳动争议的劳动者和用人单位为劳动争议仲裁案件的双方当事人。劳务派遣单位或者用工单位与劳动者发生劳动争议的，劳务派遣单位和用工单位为共同当事人。与劳动争议案件的处理结果有利害关系的第三人，可以申请参加仲裁活动或者由劳动争议仲裁委员会通知其参加仲裁活动。

当事人可以委托代理人参加仲裁活动。委托他人参加仲裁活动，应当向劳动争议仲裁委员会提交有委托人签名或者盖章的委托书，委托书应当载明委托事项和权限。丧失或者部分丧失民事行为能力的劳动者，由其法定代理人代为参加仲裁活动；无法定代理人的，由劳动争议仲裁委员会为其指定代理人。劳动者死亡的，由其近亲属或者代理人参加仲裁活动。劳动争议仲裁公开进行，但当事人协议不公开进行或者涉及国家秘密、商业秘密和个人隐私的除外。

5）劳动争议仲裁的程序

（1）劳动争议仲裁的申请。

（2）劳动争议仲裁的受理。劳动争议仲裁委员会收到仲裁申请之日起 5 日内，认为符合受理条件的，应当受理，并通知申请人；认为不符合受理条件的，应当书面通知申请人不予受理，并说明理由。对劳动争议仲裁委员会不予受理或者逾期未作出决定的，申请人可以就该劳动争议事项向人民法院提起诉讼。

（3）劳动争议仲裁的开庭。劳动争议仲裁委员会裁决劳动争议案件实行仲裁庭制。仲裁庭由 3 名仲裁员组成，设首席仲裁员。简单劳动争议案件可以由 1 名仲裁员独任仲裁。劳动争议仲裁委员会应当在受理仲裁申请之日起 5 日内将仲裁庭的组成情况书面通知当事人。

（4）劳动争议仲裁的裁决。当事人申请劳动争议仲裁后，可以自行和解。达成和解协议的，可以撤回仲裁申请。仲裁庭在作出裁决前，应当先行调解。调解达成协议的，仲裁庭应当制作调解书。调解书应当写明仲裁请求和当事人协议的结果。调解书由仲裁员签名，加盖劳动争议仲裁委员会印章，送达双方当事人。调解书经双方当事人签收后，发生法律效力。调解不成或者调解书送达前，一方当事人反悔的，仲裁庭应当及时作出裁决。仲裁庭裁决劳动争议案件，应当自劳动争议仲裁委员会受理仲裁申请之日起 45 日内结束。案情复杂需要延期的，经劳动争议仲裁委员会主任批准，可以延期并书面通知当事人，但是延长期限不得超过 15 日。逾期未作出仲裁裁决的，当事人可以就该劳动争议事项向人民法院提起诉讼。

6）劳动争议仲裁的先予执行

仲裁庭对追索劳动报酬、工伤医疗费、经济补偿或者赔偿金的案件，根据当事人的申请，可以裁决先予执行，移送人民法院执行。

7）劳动争议仲裁的收费

劳动争议仲裁不收费，劳动争议仲裁委员会的经费由财政予以保障。

4. 劳动争议的诉讼

仲裁庭逾期未作出仲裁裁决的，当事人可以就该劳动争议事项向人民法院提起诉讼。

下列劳动争议，除《中华人民共和国仲裁法》另有规定的，仲裁裁决为终局裁决，裁决书自作出之日起发生法律效力：追索劳动报酬、工伤医疗费、经济补偿或者赔偿金，不超过当地月最低工资标准 12 个月金额的争议；因执行国家的劳动标准在工作时间、休息休假、社会保险等方面发生的争议。

劳动者对上述规定的仲裁裁决不服的，可以自收到仲裁裁决书之日起 15 日内向人民法院提起诉讼。

用人单位有证据证明上述规定的仲裁裁决有下列情形之一，可以自收到仲裁裁决书之日起 30 日内向劳动争议仲裁委员会所在地的中级人民法院申请撤销裁决：适用法律、法规确有错误的；劳动争议仲裁委员会无管辖权的；违反法定程序的；裁决所根据的证据是伪造的；对方当事人隐瞒了足以影响公正裁决的证据的；仲裁员在仲裁该案时有索贿受贿、徇私舞弊、枉法裁决行为的。人民法院经组成合议庭审查核实裁决有前款规定情形之一的，应当裁定撤销。仲裁裁决被人民法院裁定撤销的，当事人可以自收到裁定书之日起 15 日内就该劳动争议事项向人民法院提起诉讼。

劳动争议诉讼的程序按照诉讼法的有关规定执行。

15.7* 集体劳动合同

15.7.1 集体合同概述

1. 集体合同的概念

集体合同是企业职工一方与用人单位通过平等协商，就劳动报酬、工作时间、休息休假、劳动安全卫生、保险福利等事项签订的书面协议。

2. 集体合同的特征

（1）集体合同的主体一方是企业，另一方必须是职工自愿结合而成并具有法人资格的工会。

（2）集体合同的内容规定的是劳动者集体劳动的劳动条件、工作时间、劳动报酬、福利待遇等，明确的是有关企业的整体性措施。

（3）集体合同适用于企业的全体职工。

（4）集体合同的法律效力高于劳动合同的法律效力，劳动者个人与企业订立的劳动合同的条款的标准不得低于集体合同的规定，两者出现不一致时，应以集体合同规定的条款为准。

15.7.2 集体合同的订立和效力

1. 集体劳动合同的订立

集体合同由工会代表企业职工一方与用人单位订立；尚未建立工会的用人单位，由上级工会指导劳动者推举的代表与用人单位订立。集体合同草案应当提交职工代表大会或者全体职工讨论通过。企业职工一方与用人单位可以订立劳动安全卫生、女职工权益保护、工资调整机制等专项集体合同。在县级以下区域内，建筑业、采矿业、餐饮服务业等行业可以由工会与企业方面代表订立行业性集体合同，或者订立区域性集体合同。

2. 集体劳动合同的效力

集体合同订立后，应当报送劳动行政部门；劳动行政部门自收到集体合同文本之日起15日内未提出异议的，集体合同即行生效。依法订立的集体合同对用人单位和劳动者具有约束力。行业性、区域性集体合同对当地本行业、本区域的用人单位和劳动者具有约束力。

集体合同中劳动报酬和劳动条件等标准不得低于当地人民政府规定的最低标准；用人单位与劳动者订立的劳动合同中劳动报酬和劳动条件等标准不得低于集体合同规定的标准。

用人单位违反集体合同，侵犯职工劳动权益的，工会可以依法要求用人单位承担责任；因履行集体合同发生争议，经协商解决不成的，工会可以依法申请仲裁、提起诉讼。

【实施与评价要点】

本项目一开始的任务导入中布置了一个任务：劳动者到用人单位应聘，用人单位同意录用该劳动者，请帮助签订一份劳动合同。

1. 任务分析

为完成上面的任务，应熟知我国《劳动法》规定的劳动合同包含的必备条款和补充条款，结合用人单位、劳动者、工作岗位的特点主要解决以下问题：

(1) 用人单位的名称、住所和法定代表人或者主要负责人；

(2) 劳动者的姓名、住址和居民身份证或者其他有效身份证件号码；

(3) 劳动合同期限；

(4) 工作内容和工作地点；

(5) 工作时间和休息休假；

(6) 劳动报酬；

(7) 社会保险；

(8) 劳动保护、劳动条件和职业危害防护；

(9) 劳动合同约定试用期及工资待遇；

(10) 劳动培训费用的承担；

(11) 保守商业秘密和与知识产权相关的保密条款；

(12) 有无竞业限制条款。

2. 任务实施及检测

(1) 任务内容：签订一份劳动合同。

(2) 任务要求：将学生分成两个小组，一组代表用人单位，一组代表劳动者，双方就劳动合同的主要条款进行协商，达成一致意见后签订劳动合同，将合同用A4纸打印出来。

(3) 任务检测：教师对劳动合同的完备程度进行总结点评。

本项目介绍了劳动合同的订立原则，知晓劳动合同的条款包括必备条款和补充条款；详细阐述了劳动合同的终止和解除的条件及劳动者和用人单位违反劳动合同应承担的法律责任。

对于我国《劳动法》关于工作时间、休息休假和工资的规定进行了介绍，并对劳动者中的特殊群体女职工和未成年工的特殊保护的法律规定作了说明。

为保护劳动者的权益，我国《劳动法》还专门规定了劳动者应享有的社会保险和福利制度。

当劳动者与用人单位发生争议时，可以通过协商、调解、仲裁、诉讼的方式解决。

项目 16

指出会计违法行为

【任务导入】

1. 项目内容

通过本项目的学习，能够根据给出的会计资料，分析会计处理方法，指出会计违法行为。

2. 项目要求

（1）了解会计核算的业务范围、要求；

（2）熟知会计机构的设置、会计机构负责人和会计主管人员的条件，我国《会计法》对总会计师制度、会计人员的任职资格、会计人员的职业道德要求、教育和培训的规定；

（3）掌握我国会计监督的体系；

（4）掌握《会计法》规定的法律责任。

【理论知识要点】

1. 知识目标

（1）能正确阐述会计核算的范围和要求；

（2）熟悉会计机构的设置要求和会计人员的要求；

（3）熟知会计监督体系和内容；

（4）掌握会计法律责任。

2. 能力目标

（1）能够按照我国《会计法》的规定指出各类会计违法行为；

（2）能正确分析各类违法行为应承担的法律责任。

案例导入

2016 年 4 月，某市财税部门对 A 公司在进行例行检查中，发现 A 公司 3 月份发生以下事项。

1. 会计王某休产假，公司一时找不到合适人选，决定由出纳李某兼任王某的收入、费用账目的登记工作。

2. 处理生产家具剩余的边角料，取得收入（含增值税）1 170 元，公司授意出纳员李某将该笔收入在公司会计账册之外另行登记保管。

3. 账上记录 3 月份实现利润 4 万元，但实际利润是 2.5 万元。经查不属于差错，而是公司经理指示会计人员这样做的。

思考：

（1）A 公司让出纳李某兼任王某的收入、费用账目的登记工作是否符合我国《会计法》的规定？简要说明理由。

（2）公司 3 月份账上记录实现利润与实际盈利不符，根据《会计法》和《公司法》的规定当属什么行为？应负何种法律责任？

上述问题涉及本项目会计违法行为的内容。

【理论内容】

16.1 会计法概述

16.1.1 会计、会计法的概念

1. 会计的概念

会计以货币为主要计量单位，通过对单位经济业务全面、连续、系统的记录、计算、分析、比较和反映，实现其对经济活动的监督、预测和控制。在经济管理活动中，会计的基本职能是进行会计核算，实行会计监督，并在此基础上，通过对经济前景的预测和分析，参与决策。会计具有货币计量、连续性、系统性、完整性的特征。

2. 会计法的概念

会计法是由国家制定的，调整在社会经济活动中发生的会计核算、会计监督、会计管理及其他会计关系的法律规范的总称。广义的会计法是指由国家权力机关和行政机关制定的调整各种会计关系的规范性文件的总称，包括会计法律、行政法规、行政规章等。狭义的会计法是指由国家最高权力机关通过一定的立法程序颁布施行的会计法律。这里所讲的会计法是指狭义的会计法，即由全国人民代表大会常务委员会依照法定程序制定的，以国家强制力保障其实施的《中华人民共和国会计法》（简称《会计法》）。

我国第一部《会计法》于 1985 年 1 月 21 日由第六届全国人民代表大会常务委员会第九次会议通过，同年 5 月 1 日起施行。1993 年 12 月 29 日，第八届全国人民代表大会常务委员会第五次会议通过了《关于修改〈中华人民共和国会计法〉的决定》，对《会计法》作了修改。1999 年 10 月 31 日，第九届全国人民代表大会常务委员会第十二次会议审议通过了重新修订的《会计法》。重新修订后的《会计法》，自 2000 年 7 月 1 日起施行。

16.1.2 我国《会计法》的适用范围

1.《会计法》在地域上的适用范围

我国《会计法》地域适用范围除法律另有规定外及于全国。我国在境外投资设立的企业，向国内报送财务会计报告也应当按照国内法办理。

2.《会计法》对人的适用范围

我国《会计法》对人的效力范围包括办理会计事务的单位和个人（《会计法》规定的国家机关、社会团体、公司、企业、事业单位和其他组织）和会计主管机关和其他有关机关（财政、审计、税务、人民银行、证券监管、保险监管等部门）。

3.《会计法》在时间上的适用范围

自2000年7月1日起，重新修订后的《会计法》开始发生效力，在此之前制定的有关法律、法规与重新修订后的《会计法》的规定不一致的，自行失效。

16.2 会计核算

16.2.1 会计核算的概念

会计核算是以货币为计量单位，运用专门的会计方法，对生产经营活动或者预算执行过程及其结果进行连续、系统、全面的记录、计算、分析，定期编制并提供财务会计报告和其他一系列内部管理所需的会计资料，为作出经营决策和宏观经济管理提供依据的一项会计活动。

16.2.2 进行会计核算的业务范围

下列经济业务事项，应当办理会计手续，进行会计核算：① 款项和有价证券的收付；② 财物的收发、增减和使用；③ 债权债务的发生和结算；④ 资本、基金的增减；⑤ 收入、支出、费用、成本的计算；⑥ 财务成果的计算和处理；⑦ 需要办理会计手续、进行会计核算的其他事项。

16.2.3 会计年度、记账本位币及会计记录的文字

会计年度自公历1月1日起至12月31日止。

会计核算以人民币为记账本位币。业务收支以人民币以外的货币为主的单位，可以选定其中一种货币作为记账本位币，但是编报的财务会计报告应当折算为人民币。

会计记录的文字应当使用中文。在民族自治地方，会计记录可以同时使用当地通用的一种民族文字。在中华人民共和国境内的外商投资企业、外国企业和其他外国组织的会计记录可以同时使用一种外国文字。

16.2.4 会计核算的要求

《会计法》规定，各单位必须根据实际发生的经济业务事项进行会计核算，填制会计凭证，登记会计账簿，编制财务会计报告。任何单位不得以虚假的经济业务事项或者资料进行会计核算。会计凭证、会计账簿、财务会计报告和其他会计资料，必须符合国家统一的会计制度的规定。使用电子计算机进行会计核算的，其软件及其生成的会计凭证、会计账簿、财务会计报告和其他会计资料，也必须符合国家统一的会计制度的规定。任何单位和个人不得伪造、变造会计凭证、会计账簿及其他会计资料，不得提供虚假的财务会计报告。

1. 对会计凭证的要求

会计凭证是指具有一定格式、用以记录经济业务事项发生和完成情况，明确经济责任，并作为记账的书面证明，是会计核算的重要会计资料。会计凭证按其来源和用途，分为原始凭证和记账凭证两种。

1）对原始凭证的填制要求

办理会计手续，进行会计核算的经济业务事项，必须填制或者取得原始凭证并及时送交会计机构。会计机构、会计人员必须按照国家统一的会计制度的规定对原始凭证进行审核，对不真实、不合法的原始凭证有权不予接受，并向单位负责人报告；对记载不准确、不完整的原始凭证予以退回，并要求按照国家统一的会计制度的规定更正、补充。

原始凭证记载的各项内容均不得涂改；原始凭证有错误的，应当由出具单位重开或者更正，更正处应当加盖出具单位印章。原始凭证金额有错误的，应当由出具单位重开，不得在原始凭证上更正。

2）记账凭证的填制要求

记账凭证应当根据经过审核的原始凭证及有关资料编制。

2. 对会计账簿登记的要求

（1）会计账簿的种类。会计账簿包括总账、明细账、日记账和其他辅助性账簿。

（2）会计账簿登记的基本要求。各单位发生的各项经济业务事项应当在依法设置的会计账簿上统一登记、核算，不得违反本法和国家统一的会计制度的规定私设会计账簿登记、核算。会计账簿登记，必须以经过审核的会计凭证为依据，并符合有关法律、行政法规和国家统一的会计制度的规定。会计账簿应当按照连续编号的页码顺序登记。会计账簿记录发生错误或者隔页、缺号、跳行的，应当按照国家统一的会计制度规定的方法更正，并由会计人员和会计机构负责人（会计主管人员）在更正处盖章。

使用电子计算机进行会计核算的，其会计账簿的登记、更正，应当符合国家统一的会计制度的规定。

各单位应当定期将会计账簿记录与实物、款项及有关资料相互核对，保证会计账簿记录与实物及款项的实有数额相符、会计账簿记录与会计凭证的有关内容相符、会计账簿之间相对应的记录相符、会计账簿记录与会计报表的有关内容相符。

3. 对会计处理方法的要求

各单位采用的会计处理方法，前后各期应当一致，不得随意变更；确有必要变更的，应当按照国家统一的会计制度的规定变更，并将变更的原因、情况及影响在财务会计报告中说明。

4. 对财务会计报告的要求

财务会计报告指单位对外提供的、反映单位某一特定日期财务状况和某一会计期间经营成果及现金流量等会计信息的文件。

1）企业财务会计报告的组成

财务会计报告由会计报表、会计报表附注和财务情况说明书组成。企业财务会计报告按编制时间分为年度、半年度、季度和月度财务会计报告。

2）对财务会计报告的要求

财务会计报告应当根据经过审核的会计账簿记录和有关资料编制，并符合《会计法》和国家统一的会计制度关于财务会计报告的编制要求、提供对象和提供期限的规定；其他法律、行政法规另有规定的，从其规定。

向不同的会计资料使用者提供的财务会计报告，其编制依据应当一致。有关法律、行政法规规定会计报表、会计报表附注和财务情况说明书须经注册会计师审计的，注册会计师及其所在的会计师事务所出具的审计报告应当随同财务会计报告一并提供。

财务会计报告应当由单位负责人和主管会计工作的负责人、会计机构负责人（会计主管人员）签名并盖章；设置总会计师的单位，还须由总会计师签名并盖章。单位负责人应当保证财务会计报告真实、完整。

单位提供的担保、未决诉讼等或有事项，应当按照国家统一的会计制度的规定，在财务会计报告中予以说明。

5. 对会计资料保管的要求

会计资料是记录经济业务事项的重要史料和证据。各单位对会计凭证、会计账簿、财务会计报告和其他会计资料应当建立档案，妥善保管。会计档案保管期限分永久和定期两类。定期保管分为3年、5年、10年、15年、25年5种。

6. 公司、企业会计核算的特别规定

公司、企业进行会计核算，除应当遵守上述规定外，还应当遵守下列规定。

（1）公司、企业必须根据实际发生的经济业务事项，按照国家统一的会计制度的规定确认、计量和记录资产、负债、所有者权益、收入、费用、成本和利润。

（2）公司、企业进行会计核算不得有下列行为：① 随意改变资产、负债、所有者权益的确认标准或者计量方法，虚列、多列、不列或者少列资产、负债、所有者权益；② 虚列或者隐瞒收入，推迟或者提前确认收入；③ 随意改变费用、成本的确认标准或者计量方法，虚列、多列、不列或者少列费用、成本；④ 随意调整利润的计算、分配方法，编造虚假利润或者隐瞒利润；⑤ 违反国家统一的会计制度规定的其他行为。

案例思考

2016 年年初，某审计工作组的审计人员在审计甲企业的管理费用支出明细账时，发现 2015 年 8 月 15 日现付 25#凭证上存在问题，该号凭证上面列支了该企业的行政办公室办公用品费 6 750 元，所附发票只作以下标明。名称：办公用品；金额：6 750 元；以现金方式付给某大型商场。而且此类发票数量较多，累计金额达 78 500 元。经审计人员核查该企业办公用品的支出情况，数量较大的办公用品早已购买，而且都按照会计制度规定进行详细列示。而这些发票却没有详细列示，并都是以现金支付，数量较大。带着这个问题，审计人员到某商场进行调查核实，抽查原发票存根联，发现所购办公用品都与生活用品有关，与发票根本不符。经审计人员进一步追问，商场说明了实际情况。原来该企业并没有从商场购买所谓的办公用品，而是购买了高档护肤品，用于个人消费，价值 6 750 元。其他类似发票经查也是这种情况。至此情况已完全清楚。

思考：甲企业的行为属于什么行为？违反了《会计法》的哪些规定？

16.3 会计机构、会计人员

16.3.1 会计机构

1. 会计机构的设置

会计机构是国家机关、企业单位、事业单位、个体工商户和其他组织办理会计业务的职能部门。《会计法》规定，各单位应当根据会计业务的需要，设置会计机构，或者在有关机构中设置会计人员并指定会计主管人员。

根据上述规定，各单位可以根据本单位的会计业务繁简情况决定是否设置会计机构。为了科学、合理地组织开展会计工作，保证本单位正常的经济核算，各单位原则上应设置会计机构。不能单独设置会计机构的单位，应当在有关机构中设置会计人员并指定会计主管人员。会计主管人员是指负责组织管理会计事务、行使会计机构负责人职权的负责人。不具备设置会计机构和会计人员条件的，应当委托经批准设立从事会计代理记账业务的中介机构代理记账。

2. 会计机构负责人和会计主管人员的条件

会计机构负责人（会计主管人员）是指在一个单位内具体负责会计工作的中层领导人员。会计机构负责人的任职资格和条件是：① 具有会计从业资格证书；② 具有会计师以上专业技术职务资格或者从事会计工作 3 年以上经历；③ 坚持原则，做到廉洁奉公；④ 主管一个单位或者单位内一个重要方面的财务会计工作时间不少于 3 年；⑤ 熟悉国家的财经法律、法规、规章制度和方针、政策，掌握本行业业务管理的有关知识；⑥ 应具有较强的组织能力；⑦ 身体状况能够适应本职工作的要求。

3. 总会计师制度

《会计法》规定，国有的和国有资产占控股地位或者主导地位的大中型企业必须设置总会计师。我国《总会计师条例》规定，全民所有制大中型企业设置总会计师；事业单位和业务主管部门根据需要，经批准可以设置总会计师。总会计师由具有会计师以上技术职称的人员担任。总会计师是单位行政领导成员，协助单位主要行政领导人工作，直接对单位的主要行政领导人负责。总会计师组织领导本单位的财务管理、成本管理、预算管理、会计核算和会计监督等方面的工作，参与本单位重要经济问题的分析和决策。总会计师具体组织本单位执行国家有关财经法律、法规、方针、政策和制度，保护国家财产。总会计师的职权受国家法律保护。单位主要行政领导人应当支持并保障总会计师依法行使职权。

1）总会计师任免与奖惩

企业的总会计师由本单位主要行政领导人提名，政府主管部门任命或者聘任；免职或者解聘程序与任命或者聘任程序相同。事业单位和业务主管部门的总会计师依照干部管理权限任命或者聘任；免职或者解聘程序与任命或者聘任程序相同。

总会计师的任职条件是：坚持社会主义方向，积极为社会主义建设和改革开放服务；坚持原则，廉洁奉公；取得会计师任职资格后，主管一个单位或者单位内一个重要方面的财务会计工作时间不少于3年；有较高的理论政策水平，熟悉国家财经法律、法规、方针、政策和制度，掌握现代化管理的有关知识；具备本行业的基本业务知识，熟悉行业情况，有较强的组织领导能力；身体健康，能胜任本职工作。

总会计师在工作中成绩显著，有下列情形之一的，依照国家有关企业职工或者国家行政机关工作人员奖惩的规定给予奖励：在加强财务会计管理，应用现代化会计方法和技术手段，提高财务管理水平和经济效益方面，取得显著成绩的；在组织经济核算，挖掘增产节约，增收节支潜力，加速资金周转，提高资金使用效果方面，取得显著成绩的；在维护国家财经纪律，抵制违法行为，保护国家财产，防止或者避免国家财产遭受重大损失方面，有突出贡献的；在廉政建设方面，事迹突出的；有其他突出成就或者模范事迹的。

总会计师在工作中有下列情形之一的，应当区别情节轻重，依照国家有关企业职工或者国家行政机关工作人员奖惩的规定给予处分：违反法律、法规、方针、政策和财经制度，造成财会工作严重混乱的；对偷税漏税、截留应当上缴国家的收入，滥发奖金、补贴，挥霍浪费国家资财，损害国家利益的行为，不抵制、不制止、不报告，致使国家利益遭受损失的；在其主管的工作范围内发生严重错误，或者由于玩忽职守，致使国家利益遭受损失的；以权谋私，弄虚作假，徇私舞弊，致使国家利益遭受损失，或者造成恶劣影响的；有其他渎职行为和严重错误的。总会计师有前款所列行为，情节严重，构成犯罪的，由司法机关依法追究刑事责任。

2）总会计师的职责

总会计师负责组织本单位的下列工作：编制和执行预算、财务收支计划、信贷计划，拟订资金筹措和使用方案，开辟财源，有效地使用资金；进行成本费用预测、计划、控制、核算、分析和考核，督促本单位有关部门降低消耗、节约费用、提高经济效益；建立、健全经济核算制度，利用财务会计资料进行经济活动分析；承办单位主要行政领导人交办的其他工作。

总会计师负责对本单位财会机构的设置和会计人员的配备、会计专业职务的设置和聘任提出方案；组织会计人员的业务培训和考核；支持会计人员依法行使职权。总会计师协助单位主要行政领导人对企业的生产经营、行政事业单位的业务发展以及基本建设投资等问题作出决策。总会计师参与新产品开发、技术改造、科技研究、商品（劳务）价格和工资奖金等方案的制订；参与重大经济合同和经济协议的研究、审查。

3）总会计师的权限

总会计师对违反国家财经法律、法规、方针、政策、制度和有可能在经济上造成损失、浪费的行为，有权制止或者纠正。制止或者纠正无效时，提请单位主要行政领导人处理。总会计师有权组织本单位各职能部门、直属基层组织的经济核算、财务会计和成本管理方面的工作。总会计师主管审批财务收支工作。除一般的财务收支可以由总会计师授权的财会机构负责人或者其他指定人员审批外，重大的财务收支，须经总会计师审批或者由总会计师报单位主要行政领导人批准。预算、财务收支计划、成本和费用计划、信贷计划、财务专题报告、会计决算报表，须经总会计师签署。涉及财务收支的重大业务计划、经济合同、经济协议等，在单位内部须经总会计师会签。会计人员的任用、晋升、调动、奖惩，应当事先征求总会计师的意见。财会机构负责人或者会计主管人员的人选，应当由总会计师进行业务考核，依照有关规定审批。

案例思考

晓东电子公司会计赵丽因工作努力，钻研业务，积极提出合理化建议，多次被公司评为先进会计工作者。赵丽的丈夫在一家私有电子企业任总经理，在其丈夫的多次请求下，赵丽将在工作中接触到的公司新产品研发计划及相关会计资料复印件提供给其丈夫，给公司带来一定的损失。公司认为赵丽不宜继续担任会计工作。思考：

（1）赵丽违反了哪些会计职业道德要求？

（2）哪些单位或部门可以对赵丽违反会计职业道德行为进行处理？并说明理由。

4. 会计机构内部的稽核制度

会计稽核制度是会计机构本身对于会计核算工作进行的一种自我检查或审核制度。其目的在于防止会计核算工作中所出现的差错和有关人员的舞弊。通过稽核，对日常核算工作中所出现的疏忽、错误等及时加以纠正或制止，以提高会计核算工作的质量。《会计法》规定，会计机构内部应当建立稽核制度。出纳人员不得兼任稽核、会计档案保管和收入、支出、费用、债权债务账目的登记工作。

会计机构内部稽核制度的内容包括：审核财务、成本、费用等计划指标项目是否齐全，编制依据是否可靠，有关计算是否正确，各项计划指标是否互相衔接等；审核实际发生的经济业务或财务收支是否符合现行法律、法规、规章制度的规定；审核会计凭证、会计账簿、财务会计报告和其他会计资料的内容是否真实、完整，计算是否正确，手续是否齐全，是否符合有关法律、法规、规章、制度的规定；审核各项财产物资的增减变动和结存情况，并与账面记录进行核对，确定账实是否相符。

5. 会计机构内部牵制及回避制度

为了加强会计岗位间的相互核对、相互牵制，合理组织会计工作，防止失误，及时纠正错误，使业务处理程序规范化，在会计机构内部建立牵制及回避制度。凡涉及购物和货币资金的收付，结算及登记的任何一项工作必须要经过授权、批准后由两个或两个以上的人共同办理，以起到相互约制的作用；出纳人员必须遵守国家现金管理制度，执行会计内部稽核制度，严把支出关口，不坐支挪用现金，不涂改，抽换或伪造凭证，保证现金安全和票据安全。任何未经审批的凭证、发票不得支付、入账；按《会计法》规定，出纳人员不得兼任稽核和会计档案以及收入、支出、债权债务的登记工作，出纳人员不得在稽核人员离岗时暂代稽核职务，也不得在自己临时离岗时将出纳工作委托稽核人员代办；不相同岗位由不同人员兼任，要求各会计岗位工作必须认真履行自己的岗位职责，钱、账、物实行分开管理，责任要分清楚。财务人员必须严格遵守财务纪律，互相监督，虚心听取群众意见，增加透明度，杜绝一切贪、挪、占现象的发生。

6. 代理记账制度

《会计法》规定，不具备设置条件的单位，应当委托经批准设立从事会计代理记账业务的中介机构代理记账。代理记账是会计咨询机构、会计服务机构、会计师事务所等会计中介机构代替独立核算单位办理记账、算账、报账等业务的行为。

（1）设立代理记账机构的条件。有 3 名以上持有会计从业资格证书的专职从业人员；主管代理记账业务的负责人必须具有会计师以上的专业技术职务资格；有固定的办公场所；有健全的代理记账业务规范和财务会计管理制度。

（2）代理记账机构的业务范围。财务核算业务；对外提供财务会计报告；向税务机关提供税务资料，申报纳税；受委托的其他会计业务。

16.3.2 会计人员

1. 会计人员的任职资格

从事会计工作的人员，必须取得会计资格从业证书。担任会计机构负责人（会计主管人员）的，除取得会计从业资格证书外，还应具备会计师以上专业技术职务资格或者从事会计工作 3 年以上经历。会计人员从业资格管理办法由国务院财政部门规定。会计证实行注册登记和年检考核制度。持证人员调离原单位的，应在离岗日 30 天内，由所在单位报发证机关备案。因有提供虚假财务会计报告，做假账，隐匿或者故意销毁会计凭证、会计账簿、财务会计报告，贪污、挪用公款、职务侵占等与会计职务有关的违法行为被依法追究刑事责任的人员，不得取得或者重新取得会计从业资格证书。因违法违纪行为被吊销会计从业资格证书的人员，自被吊销会计从业资格证书之日起 5 年内，不得重新取得会计从业资格证书。

2. 会计人员调动或离职时应当办理交接手续

会计人员调动或者因故离职，必须将本人所经管的会计工作全部移交给接替人员。没有办理交接手续的，不得调动或离职。一般会计人员办理交接手续，由会计机构负责人（会计主管人员）监交；会计机构负责人（会计主管人员）办理交接手续，由单位负责人监交，必要时主管单位可以派人会同监交。移交人员对所移交的会计资料的合法性、真实性承担法律责任。

3. 会计人员的职业道德

会计人员在会计工作中要遵守职业道德，树立良好的职业品质、严谨的工作作风，严守工作纪律，努力提高工作效率和工作质量；热爱本职工作，努力钻研业务，使自己的知识和技能适应所从事的工作要求；熟悉财经法律、法规、规章和国家统一会计制度，并结合会计工作进行广泛宣传；按照会计法律、法规和国家统一会计制度规定的程序和要求进行会计工作，保证所提供的会计信息合法、真实、准确、及时、完整；会计人员办理会计事务应当实事求是、客观公正；会计人员应当熟悉本单位的生产经营和业务管理情况，运用掌握的会计信息和会计方法，为改善单位内部管理、提高经济效益服务；会计人员应当保守本单位的商业秘密。

4. 会计人员的教育和培训

会计人员应当按照国家有关规定参加会计业务培训。各单位应当合理安排会计人员的培训，保证会计人员每年有一定的时间用于学习和参加培训。

（1）会计人员继续教育的对象。会计人员继续教育的对象是取得并持有会计从业资格证书的人员。会计人员继续教育分为高级、中级、初级 3 个级别。高级会计人员继续教育的对象为取得或者受聘高级会计专业技术资格（职称）及具备相当水平的会计人员；中级会计人员继续教育的对象为取得或者受聘中级会计专业技术资格（职称）及具备相当水平的会计人员；初级会计人员继续教育的对象为取得或者受聘初级会计专业技术资格（职称）的会计人员，以及取得会计从业资格证书但未取得或者受聘初级会计专业技术资格（职称）的会计人员。

（2）会计人员参加继续教育的时间。会计人员每年接受培训（面授）的时间累计不应少于 24 小时。会计人员由于病假、在境外工作、生育等原因，无法在当年完成接受培训时间的，可由本人提供合理证明，经归口管理的当地财政部门或中央主管单位（以下简称继续教育管理部门）审核确认后，其参加继续教育时间可以顺延至以后年度完成。

（3）会计人员继续教育的内容。会计人员继续教育的内容主要包括会计理论、政策法规、业务知识、技能训练和职业道德等。

16.4 会计监督

16.4.1 会计监督的概念

会计监督是以国家的法律规范为准绳，以会计信息资料为主要依据，对即将进行或已经进行的经济活动的合法性进行评价，规范经济单位的会计行为，并据以施加限制或影响的过程。各单位必须依照有关法律、行政法规的规定，接受有关监督检查部门依法实施的监督检查，如实提供会计凭证、会计账簿、财务会计报告和其他会计资料以及有关情况，不得拒绝、隐匿、谎报。

16.4.2 会计监督的体系

会计监督包括单位内部监督、国家会计监督、社会会计监督。

1. 单位内部监督

单位内部监督就是各单位的会计机构、会计人员对本单位的经济活动进行会计监督。《会计法》规定，各单位应当建立、健全本单位内部会计监督制度。

（1）单位内部监督的要求：单位内部监督制度应当符合下列要求：记账人员与经济业务事项和会计事项的审批人员、经办人员、财物保管人员的职责权限应当明确，并相互分离、相互制约；重大对外投资、资产处置、资金调度和其他重要经济业务事项的决策和执行的相互监督、相互制约程序应当明确；财产清查的范围、期限和组织程序应当明确；对会计资料定期进行内部审计的办法和程序应当明确。

（2）相关人员在内部监督中的职责权限。单位负责人应当保证会计机构、会计人员依法履行职责，不得授意、指使、强令会计机构、会计人员违法办理会计事项。会计机构、会计人员对违反本法和国家统一的会计制度规定的会计事项，有权拒绝办理或者按照职权予以纠正。会计机构、会计人员发现会计账簿记录与实物、款项及有关资料不相符的，按照国家统一的会计制度的规定有权自行处理的，应当及时处理；无权处理的，应当立即向单位负责人报告，请求查明原因，作出处理。

2. 国家会计监督

会计工作的国家监督是一种外部监督，指财政部门或其他国家机关代表国家对各单位和单位中相关人员的会计行为实施的监督检查，以及对发现的违法会计行为实施的行政处罚。

（1）国家监督的监督对象。财政部门实施会计监督检查的对象是会计行为，并对发现的有违法会计行为的单位和个人实施行政处罚。财政部门有权对会计师事务所出具审计报告的程序和内容进行监督。

（2）国家监督的内容。国家监督的内容主要有：是否依法设置会计账簿；会计凭证、会计账簿、财务会计报告和其他会计资料是否真实、完整，发现重大违法嫌疑时，国务院财政部门及其派出机构可以向与被监督单位有经济业务往来的单位和被监督单位开立账户的金融机构查询有关情况，有关单位和金融机构应当给予支持；会计核算是否符合《会计法》和国家统一的会计制度的规定；从事会计工作的人员是否具备会计从业资格。

（3）国家其他部门的监督。财政、审计、税务、人民银行、证券监管、保险监管等部门应当依照有关法律、行政法规规定的职责，对有关单位的会计资料实施监督检查。监督检查部门对有关单位的会计资料依法实施监督检查后，应当出具检查结论。有关监督检查部门已经作出的检查结论能够满足其他监督检查部门履行本部门职责需要的，其他监督检查部门应当加以利用，避免重复查账。依法对有关单位的会计资料实施监督检查的部门及其工作人员对在监督检查中知悉的国家秘密和商业秘密负有保密义务。

3. 社会会计监督

《会计法》规定，任何单位和个人对违反《会计法》和国家统一的会计制度规定的行为，有权检举。收到检举的部门有权处理的，应当依法按照职责分工及时处理；无权处理的，应当及时移送有权处理的部门处理。收到检举的部门、负责处理的部门应当为检举人保密，不得将检举人姓名和检举材料转给被检举单位和被检举人个人。

有关法律、行政法规规定，须经注册会计师进行审计的单位，应当向受委托的会计师事务所如实提供会计凭证、会计账簿、财务会计报告和其他会计资料及有关情况。任何单位或者个人不得以任何方式要求或者示意注册会计师及其所在的会计师事务所出具不实或者不当的审计报告。

1）社会会计监督的概念

社会会计监督是一种外部监督，指由注册会计师及其所在的会计师事务所等中介机构接受委托，依法对受托单位的经济活动进行审计，出具审计报告，发表审计意见的一种监督制度。

2）社会会计监督的业务范围

注册会计师及其所在的会计师事务所可依法承办下列审计业务：审查企业财务会计报告，出具审计报告；验证企业资本，出具验资报告；办理企业合并、分立、清算事宜中的审计业务，出具有关的报告；法律、行政法规规定的其他审计业务。财政部门有权对会计师事务所出具审计报告的程序和内容进行监督。

案例思考

甲公司是一家国有大型企业。2016 年 12 月，公司总经理针对公司效益下滑、面临亏损的情况，电话请示正在外地出差的董事长。董事长指示把财务会计报告做得漂亮一些，总经理把这项工作交给公司总会计师，要求按董事长意见办。总会计师按公司领导意图，对当年度的财务会计报告进行了技术处理，虚拟了若干笔无交易的销售收入，从而使公司报表由亏变盈。经乙会计师事务所审计后，公司财务会计报告对外报出。

2017 年 4 月，在《会计法》执行情况检查中，当地财政部门发现该公司存在重大会计作假行为，依据《会计法》及相关法律、法规、制度，拟对该公司董事长、总经理、总会计师等相关人员进行行政处罚，并分别下达了行政处罚告知书。甲公司相关人员接到行政处罚告知书后，均要求举行听证会。

在听证会上，有关当事人作了以下陈述。

公司董事长称："我前一段时间出差在外，对公司情况不太了解，虽然在财务会计报告上签名并盖章，但只是履行会计手续，我不能负任何责任。具体情况可由公司总经理予以说明。"

公司总经理称："我是搞技术出身的，主要抓公司的生产经营，对会计我是门外汉，我虽在财务会计报告上签名并盖章，那也只是履行程序而已。以前也是这样做的，我不应承担责任。有关财务会计报告情况应由公司总会计师解释。"

公司总会计师称："公司对外报出的财务会计报告是经过乙会计师事务所审计的，他们出具了无保留意见的审计报告。乙会计师事务所应对本公司财务会计报告的真实性、完整性负责，承担由此带来的一切责任。"

思考：根据我国会计法律、法规、制度规定，分析公司董事长、总经理、总会计师在听证会上的陈述是否正确，并分别说明理由。

16.5 《会计法》规定的各种违法行为应承担的法律责任

1. 不依法进行会计管理、核算和会计监督的法律责任

1）主要违法行为

不依法进行会计管理、核算和会计监督的违法行为主要包括：① 不依法设置会计账簿的；② 私设会计账簿的；③ 未按照规定填制、取得原始凭证或者填制、取得的原始凭证不符合规定的；④ 以未经审核的会计凭证为依据登记会计账簿或者登记会计账簿不符合规定的；⑤ 随意变更会计处理方法的；⑥ 向不同的会计资料使用者提供的财务会计报告编制依据不一致的；⑦ 未按照规定使用会计记录文字或者记账本位币的；⑧ 未按照规定保管会计资料，致使会计资料毁损、灭失的；⑨ 未按照规定建立并实施单位内部会计监督制度或者拒绝依法实施的监督或者不如实提供有关会计资料及有关情况的；⑩ 任用会计人员不符合规定的。

2）法律责任

有上列行为之一的，由县级以上人民政府财政部门责令限期改正，可以对单位并处

3 000 元以上 5 万元以下的罚款；对其直接负责的主管人员和其他直接责任人员，可以处 2 000 元以上 2 万元以下的罚款；属于国家工作人员的，还应当由其所在单位或者有关单位依法给予行政处分。有前款所列行为之一，构成犯罪的，依法追究刑事责任。会计人员有上列行为之一，情节严重的，由县级以上人民政府财政部门吊销会计从业资格证书。

2. 伪造、变造会计凭证、会计账簿，编制虚假财务会计报告的法律责任

伪造、变造会计凭证、会计账簿，编制虚假财务会计报告，构成犯罪的，依法追究刑事责任。尚不构成犯罪的，由县级以上人民政府财政部门予以通报，可以对单位并处 5 000 元以上 10 万元以下的罚款；对其直接负责的主管人员和其他直接责任人员，可以处 3 000 元以上 5 万元以下的罚款；属于国家工作人员的，还应当由其所在单位或者有关单位依法给予撤职直至开除的行政处分；对其中的会计人员，并由县级以上人民政府财政部门吊销会计从业资格证书。

3. 隐匿或者故意销毁依法应当保存的会计凭证、会计账簿、财务会计报告的法律责任

隐匿或者故意销毁依法应当保存的会计凭证、会计账簿、财务会计报告构成犯罪的，依法追究刑事责任。尚不构成犯罪的，由县级以上人民政府财政部门予以通报，可以对单位并处 5 000 元以上 10 万元以下的罚款；对其直接负责的主管人员和其他直接责任人员，可以处 3 000 元以上 5 万元以下的罚款；属于国家工作人员的，还应当由其所在单位或者有关单位依法给予撤职直至开除的行政处分；对其中的会计人员，并由县级以上人民政府财政部门吊销会计从业资格证书。

4. 授意、指使、强令会计机构、会计人员及其他人员伪造、变造会计凭证、会计账簿，编制虚假财务会计报告或者隐匿、故意销毁依法应当保存的会计凭证、会计账簿、财务会计报告的法律责任

授意、指使、强令会计机构、会计人员及其他人员伪造、变造会计凭证、会计账簿，编制虚假财务会计报告或者隐匿、故意销毁依法应当保存的会计凭证、会计账簿、财务会计报告，构成犯罪的，依法追究刑事责任；尚不构成犯罪的，可以处 5 000 元以上 5 万元以下的罚款；属于国家工作人员的，还应当由其所在单位或者有关单位依法给予降级、撤职、开除的行政处分。

5. 单位负责人对依法履行职责、抵制违反本法规定行为的会计人员实行打击报复的法律责任

单位负责人对依法履行职责、抵制违反本法规定行为的会计人员以降级、撤职、调离工作岗位、解聘或者开除等方式实行打击报复，构成犯罪的，依法追究刑事责任；尚不构成犯罪的，由其所在单位或者有关单位依法给予行政处分。对受打击报复的会计人员，应当恢复其名誉和原有职务、级别。

6. 其他违法行为的法律责任

将检举人姓名和检举材料转给被检举单位和被检举人个人的，由所在单位或者有关单位依法给予行政处分。

财政部门及有关行政部门的工作人员在实施监督管理中滥用职权、玩忽职守、徇私舞弊或者泄露国家秘密、商业秘密，构成犯罪的，依法追究刑事责任；尚不构成犯罪的，依法给予行政处分。

案例思考

某审计师事务所对甲企业的财务情况进行审计。审计人员在审计企业的“银行存款日记账”中，发现该企业4月16日银收26#凭证的摘要记录“存入暂存款”，金额为5万元，4月27日、30日分别在银付29#、36#凭证摘要注明“提现”，金额各为2.5万元。审计人员怀疑该企业有出租账号行为。审计人员调出26#收款凭证，其会计分录为：

借：银行存款　　　　　　　　　50 000

　　贷：其他应付款——乙单位　　　　　50 000

所附的原始凭证仅有一张“银行收款进账单”。调出29#凭证，支票用途为“差旅费”；调出36#凭证，支票用途为“备用金”。根据这一线索查阅“现金日记账”时，发现4月30日现付款凭证108#，摘要为“暂付存款”5万元。调出108#凭证，其会计分录为：

借：其他应付款——丙单位　　　50 000

　　贷：现金　　　　　　　　　　　　50 000

其原始凭证是乙单位打出的白条收据。审计人员查乙单位的账簿记录，但乙单位已经停业，审计人员找到乙单位的银行存款账户，发现该账户已无余额，其最后一笔业务就是5万元的转销额。据银行反映，该企业准备不经营了，想清户，但银行不给提现金，因此乙单位决定把清户款转到甲单位的账户上，然后通过甲单位提现金，所以发生了以上的经济业务。

从以上情况，审计人员认为，该企业出租账户，非法套取现金5万元。在审计人员进一步查证后，在事实面前，该经办人员说出全部真相。原来在出租账户过程中，该会计和出纳各得好处费5 000元，其余款项全部交给乙企业。

问：甲企业的行为是否属于出租账户行为，如果是出租账户行为，它违反了《会计法》的哪些规定？应该如何处理？

【实施与评价要点】

本项目一开始的任务导入中布置了一个任务：指出会计违法行为。

1. 任务分析

为完成上面的任务，应围绕会计核算的有关内容，结合各类会计违法行为的特点，主要解决以下问题：

(1) 进行会计核算的业务范围；

(2) 会计年度、记账本位币及会计记录的文字；

(3) 会计核算中对会计凭证的要求；

(4) 会计核算中对会计账簿登记的要求；

(5) 会计核算中对会计处理方法的要求；

(6) 会计核算中对财务会计报告的要求；

(7) 会计核算中对会计资料保管的要求；

(8) 会计核算中公司、企业会计核算的特别规定。

2. 任务实施及检测

(1) 任务内容：结合具体案例，指出各案例中会计及有关人员的违法行为。

(2) 任务要求：分成两个小组，每组 20 人，选出组长，每组分别对案例进行分析，各自指出会计违法行为及应承担的法律责任，形成文字材料。

(3) 任务检测：每组组长进行作品展示。展示后每个人都可对材料中存在的问题进行提问，每组组长进行答辩，教师根据每组展示和答辩情况进行总结点评打分。

重点概括

本项目介绍了会计及《会计法》的概念和适用范围、会计核算的要求、会计监督的内容和体系、各类会计违法行为的法律责任。

各单位必须根据实际发生的经济业务事项进行会计核算，填制会计凭证，登记会计账簿，编制财务会计报告。任何单位不得以虚假的经济业务事项或者资料进行会计核算。会计凭证、会计账簿、财务会计报告和其他会计资料，必须符合国家统一的会计制度的规定。任何单位和个人不得伪造、变造会计凭证、会计账簿及其他会计资料，不得提供虚假的财务会计报告。

项目 17

模拟开庭

【任务导入】

1. 项目内容

通过本项目的学习，能够根据经济纠纷的具体情况，进行案件分析，模拟法庭开庭。

甲与乙签订了买卖合同，约定甲于某日交货，甲却将货物提前卖给他人，乙要求甲履行合同未果，将甲诉至法院，请模拟法庭审理此案。

2. 项目要求

（1）审判人员的组成符合法律规定；

（2）法庭审理程序符合程序法规定；

（3）法庭的判决符合实体法规定。

【理论知识要点】

1. 知识目标

（1）了解我国仲裁机构的设立条件，掌握仲裁协议的内容，掌握仲裁程序的规定；

（2）了解行政复议的概念和特征，行政复议法的适用范围，掌握行政复议范围、行政复议申请和受理的规定、行政复议决定的效力；

（3）了解民事诉讼法的基本原则和基本制度，掌握民事诉讼管辖、审判组织的规定，诉讼参加人的种类及其权利和义务，掌握民事诉讼证据的种类及举证责任规定；

（4）熟悉一审、二审、审判监督、督促、公示催告程序。

2. 能力目标

（1）能够按照法律的规定组成审判庭；

（2）结合案件情况作出公正判决；

（3）当事人能正确行使自己的诉讼权利。

案例导入

2016 年 2 月，甲区建设公司需水泥 200 吨，便与乙区贸易公司达成协议，约定由贸易公司组织供应，每吨 200 元。同年 3 月，贸易公司同丙区水泥厂进行洽谈，向其购买水泥200吨，约定货到付款。3个月后，水泥厂委托该区汽车队将200吨水泥运到贸易公司，但贸易公司不久前被注销。这时丁区家具厂声称与水泥厂有债务关系，则甲区建设公司认为水泥是贸易公司为其订购的，于是汽车队将其所运水泥分送家具厂和建设公司，两个单位各自接受了水泥100吨。当水泥厂向他们索取货款时，家具厂和建设公司各持理由拒绝给付。水泥厂无奈，于同年8月向丁区人民法院提起诉讼，一审人民法院以家具厂和建设公司为共同被告，汽车队为第三人，组成合议庭审理本案。合议庭未经双方当事人同意便进行了两次调解，但因双方争议较大，而未能达成协议，只好于9月1日开庭审理此案，判决家具厂和建设公司及汽车队分别承担责任。判决后，汽车队不服，以货已到位，不应由其承担责任为由提出上诉。二审法院组成合议庭对此案进行了全面审理，发现一审在认定水泥厂价格上不符合国家标准，于是开庭审理此案，判决家具厂和建设公司付给水泥厂货款及承担诉讼费用。思考：

（1）如果建设公司在一审调解中提出，水泥厂的经理与本案审判长是同学，可能影响案件公正裁判，故不应由丁区人民法院受理，而应移送甲区法院审理，此异议能否成立？为什么？

（2）如果水泥厂只起诉贸易公司不履行合同，则此诉讼如何进行？

（3）如果汽车队不参与诉讼，人民法院应如何处理？

上述问题涉及民事诉讼问题。

【理论内容】

17.1 仲 裁 法

17.1.1 仲裁及仲裁法概述

1. 仲裁的概念

仲裁也称“公断”，是指纠纷当事人之间自愿达成协议，将纠纷提交仲裁机构进行审理，并作出对争议各方均有约束力的裁决的解决纠纷的活动。仲裁法中的仲裁只对普通民事、经济纠纷的仲裁，不包括行政仲裁和劳动仲裁。

2. 仲裁具有以下特征

（1）自愿性。当事人是否采取仲裁方式解决纠纷，完全基于当事人双方的自愿。任何一方不同意用仲裁的方式解决纠纷，都不会引起仲裁程序的适用。

（2）约束性。仲裁的裁决对当事人均有约束力，一方当事人不履行的，另一方当事人可以向人民法院申请执行，受理申请的人民法院应当执行。

（3）灵活性。当事人可以选择仲裁庭的组成形式、开庭的方式，以及仲裁规则等，仲裁程序、仲裁形式等与经济诉讼相比，具有很大的灵活性。

（4）效率性。仲裁实行一裁终局制度，不同于法院审判的两审终审制度，可以使当事人的纠纷在较短时间内得到解决。

3. 仲裁与调解和诉讼的区别

（1）仲裁与调解的区别主要有两个方面。① 灵活度不同。调解是在第三者主持下，由当事人双方自愿协商一致达成协议，而仲裁是仲裁机构按照程序进行仲裁，当事人不得随意改变、终止仲裁程序。② 效力不同。调解书经当事人双方签收后都有法律效力；仲裁裁决则由仲裁庭依照事实和法律作出，无须经当事人的同意，而且裁决一经作出即生效，不需要当事人的签字。

（2）仲裁与诉讼的区别主要有 4 个方面。① 性质不同，仲裁属于民间组织进行的活动；审判是国家司法机关行使审判权的活动。② 管辖权取得的条件不同。仲裁机构的管辖权来自当事人自愿达成的协议；司法机关的管辖权来自法律的规定。③ 审理的程序不同。仲裁适用仲裁规则；审判适用诉讼法规定的程序。④ 审理的原则不同。人民法院审理民事案件除法律有明确规定的几种情形外，应该公开审理；仲裁活动一般不公开，其裁决也不须公开，除当事人另有协议外。仲裁属于民间组织所进行的活动，不具有国家意志性。

4. 仲裁法

1）仲裁法的概念

仲裁法是指国家制定或认可的，调整在仲裁过程中发生的各种关系的法律规范的总称。1994 年 8 月 31 日全国人大常委会第九次会议通过了《中华人民共和国仲裁法》（简称《仲裁法》），自 1995 年 9 月 1 日起施行。

2）仲裁的适用范围

根据《仲裁法》的规定，平等主体的公民、法人和其他组织之间发生的合同纠纷和其他财产权益纠纷，可以仲裁，如买卖合同、租赁合同、知识产权转让合同等。下列纠纷不能仲裁：① 婚姻、收养、监护、抚养、继承纠纷；② 依法应当由行政机关处理的行政争议；③ 劳动争议和农业集体经济组织内部的农业承包合同纠纷的仲裁。

3）《仲裁法》的基本原则

《仲裁法》的基本原则是仲裁立法的指导思想，是贯穿整个仲裁过程、仲裁机构和双方当事人必须遵循的基本准则。① 自愿原则。《仲裁法》规定，当事人采用仲裁方式解决纠纷，应当双方自愿，达成仲裁协议。没有仲裁协议，一方申请仲裁的，仲裁委员会不予受理。② 以事实为根据，以法律为准绳原则。仲裁应当根据事实，符合法律规定，公平合理地解决纠纷。③ 独立原则。仲裁依法独立进行，不受行政机关、社会团体和个人的干涉。

17. 1. 2 仲裁机构

1. 仲裁委员会

仲裁委员会是组织进行仲裁工作，解决经济纠纷的事业单位法人。

（1）仲裁委员会的设立。仲裁委员会可以在直辖市和省、自治区人民政府所在地的市设立，也可以根据需要在其他设区的市设立，不按行政区层层设立。仲裁委员会由规定的市人民政府组织有关部门和商会统一组建。设立仲裁委员会，应当经省、自治区、直辖市的司法行政部门登记。仲裁委员会独立于行政机关，与行政机关没有隶属关系。仲裁委员会之间也没有隶属关系。

（2）仲裁委员会应当具备的条件。仲裁委员会应当具备下列条件：有自己的名称、住所和章程；有必要的财产；有该委员会的组成人员；有聘任的仲裁员。

（3）仲裁委员会的组成。仲裁委员会由主任1人、副主任2～4人和委员7～11人组成。仲裁委员会的组成人员中，法律、经济贸易专家不得少于2/3。

（4）仲裁员的条件。仲裁委员会应当从公道正派的人员中聘任仲裁员。仲裁员应当符合下列条件之一：从事仲裁工作满8年的；从事律师工作满8年的；曾任审判员满8年的；从事法律研究、教学工作并具有高级职称的；具有法律知识、从事经济贸易等专业工作并具有高级职称或者具有同等专业水平的。

2. 仲裁协会

中国仲裁行业协会是以仲裁员和仲裁机构为成员的自律性行业组织。仲裁协会是社会团体法人。中国仲裁协会实行会员制。各仲裁委员会是中国仲裁协会的法定会员。

仲裁协会根据章程对仲裁委员会及其组成人员、仲裁员的违纪行为进行监督，依照仲裁法和民事诉讼法的有关规定制定仲裁规则。

17.1.3 仲裁协议

1. 仲裁协议的概念

仲裁协议是指双方当事人自愿把他们之间可能发生或者已经发生的经济纠纷提交仲裁机构裁决的书面约定。仲裁协议包括合同中订立的仲裁条款和以其他书面方式在纠纷发生前或者纠纷发生后达成的请求仲裁的协议。

2. 仲裁协议的内容

仲裁协议应当具有下列内容：① 请求仲裁的意思表示；② 有仲裁事项；③ 有选定的仲裁委员会。

3. 仲裁协议的无效

有下列之一的，仲裁协议无效：① 约定的仲裁事项超出了法律规定的仲裁范围；② 无民事行为能力或限制民事行为能力人订立的仲裁协议；③ 一方采取胁迫手段，迫使对方订立的仲裁协议；④ 口头订立的仲裁协议；⑤ 仲裁协议对仲裁委员会没有约定或者约定不明确，当事人又达不成补充协议的。

仲裁协议仲裁协议独立存在，合同的变更、解除、终止或者无效，不影响仲裁协议的效力。仲裁庭有权确认合同的效力。当事人对仲裁协议的效力有异议的，可以请求仲裁委员会作出决定或者请求人民法院作出裁定。一方请求仲裁委员会作出决定，另一方请求人民法院作出裁定的，由人民法院裁定。当事人对仲裁协议的效力有异议，应当在仲裁庭首次开庭前提出。

17.1.4 仲裁程序

1. 申请和受理

1）当事人申请仲裁应当符合的条件

当事人申请仲裁应当符合下列条件：① 有仲裁协议——仲裁协议是当事人双方自愿将他们之间可能发生的或已经发生的争议提请仲裁机构予以裁决的意思表示；② 有具体的仲裁请求和事实、理由；③ 属于仲裁委员会的受理范围。当事人申请仲裁，应当向仲裁委员会递交仲裁协议、仲裁申请书及副本。

仲裁申请书应当载明下列事项：① 当事人的姓名、性别、年龄、职业、工作单位和住所，法人或者其他组织的名称、住所和法定代表人或者主要负责人的姓名、职务；② 仲裁请求和所根据的事实、理由；③ 证据和证据来源、证人姓名和住所。

2）受理

仲裁委员会自收到仲裁申请书之日起 5 日内，认为符合受理条件的，应当受理，并通知当事人；认为不符合受理条件的，应当书面通知当事人不予受理，并说明理由。

仲裁委员会受理仲裁申请后，应当在仲裁规则规定的期限内将仲裁规则和仲裁员名册送达申请人，并将仲裁申请书副本和仲裁规则、仲裁员名册送达被申请人。被申请人收到仲裁申请书副本后，应当在仲裁规则规定的期限内向仲裁委员会提交答辩书。仲裁委员会收到答辩书后，应当在仲裁规则规定的期限内将答辩书副本送达申请人。被申请人未提交答辩书的，不影响仲裁程序的进行。

当事人达成仲裁协议，一方向人民法院起诉未声明有仲裁协议，人民法院受理后，另一方在首次开庭前提交仲裁协议的，人民法院应当驳回起诉，但仲裁协议无效的除外；另一方在首次开庭前未对人民法院受理该案提出异议的，视为放弃仲裁协议，人民法院应当继续审理。申请人可以放弃或者变更仲裁请求。被申请人可以承认或者反驳仲裁请求，有权提出反请求。

一方当事人因另一方当事人的行为或者其他原因，可能使裁决不能执行或者难以执行的，可以申请财产保全。当事人申请财产保全的，仲裁委员会应当将当事人的申请依照民事诉讼法的有关规定提交人民法院。申请有错误的，申请人应当赔偿被申请人因财产保全所遭受的损失。

当事人、法定代理人可以委托律师和其他代理人进行仲裁活动。委托律师和其他代理人进行仲裁活动的，应当向仲裁委员会提交授权委托书。

2. 仲裁庭的组成

1）组成方式

仲裁庭的组成方式有两种：合议制和独任制仲裁庭。合议制由 3 名组成，应各自选定或各自委托仲裁委员会主任指定 1 名仲裁员，第 3 名仲裁员是首席仲裁员，由当事人共同选定或共同委托仲裁委员会主任指定。独任制由 1 名仲裁员独任仲裁的，应当由当事人共同选定或者共同委托仲裁委员会主任指定。

当事人没有在仲裁规则规定的期限内约定仲裁庭的组成方式或者选定仲裁员的，由仲裁委员会主任指定。仲裁庭组成后，仲裁委员会应当将仲裁庭的组成情况书面通知当事人。

2）仲裁员的回避

仲裁员回避情形有：① 是本案当事人或当事人、代理人的近亲属的；② 与本案有利害关系的；③ 与本案当事人、代理人有其他关系，可能影响公正仲裁的；④ 私自会见当事人、代理人，或接受当事人、代理人的请客送礼的。

当事人提出回避，应当说明理由，在首次开庭前提出。回避事由在首次开庭后知道，可在最后一次开庭终结前提出。仲裁员是否回避由仲裁委员会主任决定；仲裁委员会主任担任仲裁员时，由仲裁委员会集体决定。因回避或其他原因不能履行职责的，应当依法重新选定或指定仲裁员。因回避而重新选定或者指定仲裁员后，当事人可以请求已进行的仲裁程序重新进行，是否准许，由仲裁庭决定；仲裁庭也可以自行决定已进行的仲裁程序是否重新进行。

3. 开庭和裁决

1）开庭

仲裁的开庭审理方式有开庭审理和书面审理，仲裁应当开庭进行。当事人协议不开庭的，仲裁庭可以根据仲裁申请书、答辩书及其他材料作出裁决。

仲裁不公开进行。当事人协议公开的，可以公开进行，但涉及国家秘密的除外。开庭前，仲裁委员会应当在仲裁规则规定的期限内将开庭日期通知双方当事人。当事人有正当理由的，可在仲裁规则规定的期限内请求延期开庭。申请人经书面通知，无正当理由不到庭或未经仲裁庭许可中途退庭的，可视为撤回仲裁申请。被申请人经书面通知，无正当理由不到庭或未经许可中途退庭的，可缺席裁决。

当事人在仲裁过程中有权进行辩论。辩论终结时，首席仲裁员或者独任仲裁员应当征询当事人的最后意见。仲裁庭应当将开庭情况记入笔录。当事人和其他仲裁参与人认为对自己陈述的记录有遗漏或者差错的，有权申请补正。如果不予补正，应当记录该申请。笔录由仲裁员、记录人员、当事人和其他仲裁参与人签名或者盖章。

2）举证

当事人应当对自己的主张提供证据。仲裁庭认为有必要收集的证据，可以自行收集。仲裁庭对专门性问题认为需要鉴定的，可以交由当事人约定的鉴定部门鉴定，也可以由仲裁庭指定的鉴定部门鉴定。根据当事人的请求或者仲裁庭的要求，鉴定部门应当派鉴定人参加开庭。当事人经仲裁庭许可，可以向鉴定人提问。证据应当在开庭时出示，当事人可以质证。在证据可能灭失或者以后难以取得的情况下，当事人可以申请证据保全。当事人申请证据保全的，仲裁委员会应当将当事人的申请提交证据所在地的基层人民法院。

3）和解与调解

当事人申请仲裁后，可自行和解。当事人达成和解协议，撤回仲裁申请后反悔的，可以根据仲裁协议申请仲裁。仲裁庭在作出裁决前，可以先行调解。当事人自愿调解的，仲裁庭应当调解；调解不成的应当及时作出裁决。调解达成协议的，仲裁庭应当制作调解书或者根据协议的结果制作裁决书。调解书与裁决书具有同等法律效力。调解书应当写明仲裁请求和当事人协议的结果。调解书由仲裁员签名，加盖仲裁委员会印章，送达双方当事人。调解书经双方当事人签收后，即发生法律效力。在调解书签收前当事人反悔的，仲裁庭应当及时作出裁决。

4）裁决

裁决指仲裁庭根据事实和法律，对当事人提交仲裁的争议事项作出的具有法律效力的实体判决。采取独任制仲裁庭的，由独任制仲裁员作出；采用合议制仲裁庭的，裁决应当按照多数仲裁员的意见作出，少数仲裁员的不同意见可以记入笔录。仲裁庭不能形成多数意见时，裁决应当按照首席仲裁员的意见作出。

仲裁裁决书应当写明仲裁请求、争议事实、裁决理由、裁决结果、仲裁费用的负担和裁决日期。当事人协议不愿写明争议事实和裁决理由的，可以不写。对裁决持不同意见的仲裁员，可以签名，也可以不签名。

仲裁庭仲裁纠纷时，其中一部分事实已经清楚，可以就该部分先行裁决。对裁决书中的文字、计算错误或者仲裁庭已经裁决但在裁决书中遗漏的事项，仲裁庭应当补正；当事人自收到裁决书之日起 30 日内，可以请求仲裁庭补正。裁决书自作出之日起发生法律效力，我国实行“一裁终局的原则”，不存在上诉问题。

5）撤销裁决

当事人提出证据证明裁决有下列情形之一的，可以向仲裁委员会所在地的中级人民法院申请撤销裁决：没有仲裁协议的；裁决的事项不属于仲裁协议的范围或者仲裁委员会无权仲裁的；仲裁庭的组成或者仲裁的程序违反法定程序的；裁决所根据的证据是伪造的；对方当事人隐瞒了足以影响公正裁决的证据的；仲裁员在仲裁该案时有索贿受贿，徇私舞弊，枉法裁决行为的。

人民法院经组成合议庭审查核实裁决有前款规定情形之一的，应当裁定撤销。人民法院认定该裁决违背社会公共利益的，应当裁定撤销。

当事人申请撤销裁决的，应当自收到裁决书之日起 6 个月内提出。人民法院应当在受理撤销裁决申请之日起两个月内作出撤销裁决或者驳回申请的裁定。人民法院受理撤销裁决的申请后，认为可以由仲裁庭重新仲裁的，通知仲裁庭在一定期限内重新仲裁，并裁定中止撤销程序。仲裁庭拒绝重新仲裁的，人民法院应当裁定恢复撤销程序。

6）执行

当事人应当履行裁决。一方当事人不履行的，另一方当事人可以依照民事诉讼法的有关规定向人民法院申请执行，受申请的人民法院应当执行。一方当事人申请执行裁决，另一方当事人申请撤销裁决的，人民法院应当裁定中止执行。人民法院裁定撤销裁决的，应当裁定终结执行。撤销裁决的申请被裁定驳回的，人民法院应当裁定恢复执行。

案例思考

1987 年 9 月 13 日，三洋国际贸易公司（下称三洋公司）与江苏省对外贸易公司（下称江苏外贸公司）在南京市签订一项购销制造乳胶手套合同。合同规定：三洋公司向江苏外贸公司出售一套乳胶手套制造设备，价款 CIF 南通 53 万美元，其中 75% 即 397 500 美元以信用证支付，25% 即 132 500 美元以产品补偿。此外，合同中还约定了出现争议提交中国国际经济贸易仲裁委员会仲裁的条款。合同签订后，三洋公司交付了设备，江苏外贸公司支付了 75% 的货款。后来，双方就设备投产后的产品质量及补偿产品的价格等问题产生争议。为此，三洋公司与该设备的实际用户江苏省滨海合成纤维厂协商，于 1988 年 11 月 26 日签订了备忘录，对设备投产后的遗留问题作出规定，并将原合同中以产品补偿货款 25% 的付款方式变更为以现款方式，于 1989 年 3 月 30 日前分两次支付给三洋公司 14 万美元。江苏外贸公司作为合同的买方和用户的代理人在备忘录上签署了同意的意见。付款期限过后，三洋公司在多次催要剩余货款，江苏外贸公司始终拒付的情况下，于 1990 年 1 月 19 日，依照合同中的仲裁条款，向中国国际经济贸易仲裁委员会申请仲裁。1990 年 11 月 12 日，仲裁委员会作出裁决：江苏外贸公司于 1991 年 1 月 15 日前分两次支付给三洋公司货款 132 500 美元，逾期加计年利率为 12.5% 的利息。1991 年 2 月 21 日，因江苏外贸公司未按仲裁裁决履行，三洋公司向仲裁机关所在地的北京市中级人民法院申请执行。

问：北京市中级人民法院应否强制执行。

17.2 行政复议

17.2.1 行政复议及行政复议法概述

1. 行政复议的概念和特征

1）行政复议的概念

行政复议是指行政管理的相对人认为行政主体的具体行政行为侵犯其合法权益，依法向法定的机关提出申请，由受理机关根据法定程序对具体行政行为的合法性和适当性进行审查并作出相应决定的活动。

2）行政复议的特征

行政复议具有以下特点：① 行政复议的起因是由行政管理的相对人认为行政主体的具体行政行为侵犯其合法权益；② 行政复议由法定的行政机关受理；③ 行政复议的目的是对

引起争议的具体行政行为的合法性和适当性进行审查，并作出相应的决定，最终解决行政争议。

2. 行政复议法的概念和适用范围

1）行政复议法的概念

行政复议法是调整在行政复议过程中发生法律关系的法律规范的总称。

2）行政复议法的适用范围

行政复议法规定，公民、法人或者其他组织认为具体行政行为侵犯其合法权益，向行政机关提出行政复议申请，行政机关受理行政复议申请、作出行政复议决定，适用行政复议法。

3. 行政复议范围

公民、法人或者其他组织对于行政机关的下列具体行政行为侵犯其合法权益，可以申请行政复议。

（1）对行政机关作出的警告、罚款、没收违法所得、没收非法财物、责令停产停业、暂扣或者吊销许可证、暂扣或者吊销执照、行政拘留等行政处罚决定不服的。

（2）对行政机关作出的限制人身自由或者查封、扣押、冻结财产等行政强制措施决定不服的。

（3）对行政机关作出的有关许可证、执照、资质证、资格证等证书变更、中止、撤销的决定不服的。

（4）对行政机关作出的关于确认土地、矿藏、水流、森林、山岭、草原、荒地、滩涂、海域等自然资源的所有权或者使用权的决定不服的。

（5）认为行政机关侵犯合法的经营自主权的。

（6）认为行政机关变更或者废止农业承包合同，侵犯其合法权益的。

（7）认为行政机关违法集资、征收财物、摊派费用或者违法要求履行其他义务的。

（8）认为符合法定条件，申请行政机关颁发许可证、执照、资质证、资格证等证书，或者申请行政机关审批、登记有关事项，行政机关没有依法办理的。

（9）申请行政机关履行保护人身权利、财产权利、受教育权利的法定职责，行政机关没有依法履行的。

（10）申请行政机关依法发放抚恤金、社会保险金或者最低生活保障费，行政机关没有依法发放的。

（11）认为行政机关的其他具体行政行为侵犯其合法权益的。

公民、法人或者其他组织认为行政机关的具体行政行为所依据的下列规定不合法，在对具体行政行为申请行政复议时，可以一并向行政复议机关提出对该规定的审查申请：① 国务院部门的规定；② 县级以上地方各级人民政府及其工作部门的规定；③ 乡、镇人民政府的规定。

上述规定不含国务院部、委员会规章和地方人民政府规章。规章的审查依照法律、行政法规办理。

4. 行政复议的参加人

行政复议的参加人包括申请人、被申请人和第三人。

1）行政复议的申请人和申请时效

行政复议的申请人是指依照行政复议法申请行政复议的公民、法人或者其他组织。公民、法人或者其他组织认为具体行政行为侵犯其合法权益的，可以自知道该具体行政行为之日起 60 日内提出行政复议申请；但是法律规定的申请期限超过 60 日的除外。因不可抗力或者其他正当理由耽误法定申请期限的，申请期限自障碍消除之日起继续计算。

有权申请行政复议的公民死亡的，其近亲属可以申请行政复议。有权申请行政复议的公民为无民事行为能力人或者限制民事行为能力人的，其法定代理人可以代为申请行政复议。有权申请行政复议的法人或者其他组织终止的，承受其权利的法人或者其他组织可以申请行政复议。

2）行政复议的被申请人

行政复议的被申请人是被指其具体行政行为侵犯公民、法人或者其他组织的合法权益的行政机关。

3）行政复议的第三人

行政复议的第三人是同申请行政复议的具体行政行为有利害关系的其他公民、法人或者其他组织。

申请人、第三人可以委托代理人代为参加行政复议。

17.2.2 行政复议的申请和受理

1. 行政复议的申请

申请人申请行政复议，可以书面申请，也可以口头申请；口头申请的，行政复议机关应当当场记录申请人的基本情况、行政复议请求、申请行政复议的主要事实、理由和时间。

2. 行政复议的管辖

（1）对县级以上地方各级人民政府工作部门的具体行政行为不服的，由申请人选择，可以向该部门的本级人民政府申请行政复议，也可以向上一级主管部门申请行政复议。对海关、金融、国税、外汇管理等实行垂直领导的行政机关和国家安全机关的具体行政行为不服的，向上一级主管部门申请行政复议。

（2）对地方各级人民政府的具体行政行为不服的，向上一级地方人民政府申请行政复议。对省、自治区人民政府依法设立的派出机关所属的县级地方人民政府的具体行政行为不服的，向该派出机关申请行政复议。

（3）对国务院部门或者省、自治区、直辖市人民政府的具体行政行为不服的，向作出该具体行政行为的国务院部门或者省、自治区、直辖市人民政府申请行政复议。对行政复议决定不服的，可以向人民法院提起行政诉讼；也可以向国务院申请裁决，国务院依法的规定作出最终裁决。

（4）对县级以上地方人民政府依法设立的派出机关的具体行政行为不服的，向设立该派出机关的人民政府申请行政复议。

（5）对政府工作部门依法设立的派出机构依照法律、法规或者规章规定，以自己的名义作出的具体行政行为不服的，向设立该派出机构的部门或者该部门的本级地方人民政府申请行政复议。

（6）对法律、法规授权的组织的具体行政行为不服的，分别向直接管理该组织的地方人民政府、地方人民政府工作部门或者国务院部门申请行政复议。

（7）对两个或者两个以上行政机关以共同的名义作出的具体行政行为不服的，向其共同上一级行政机关申请行政复议。

（8）对被撤销的行政机关在撤销前所作出的具体行政行为不服的，向继续行使其职权的行政机关的上一级行政机关申请行政复议。

3. 复议与诉讼的关系

公民、法人或者其他组织申请行政复议，行政复议机关已经依法受理的，或者法律、法规规定应当先向行政复议机关申请行政复议、对行政复议决定不服再向人民法院提起行政诉讼的，在法定行政复议期限内不得向人民法院提起行政诉讼。公民、法人或者其他组织向人民法院提起行政诉讼，人民法院已经依法受理的，不得申请行政复议。

4. 行政复议的受理

1）受理决定的作出

行政复议机关收到行政复议申请后，应当在5日内进行审查，对不符合本法规定的行政复议申请，决定不予受理，并书面告知申请人；对符合《行政复议法》规定，但是不属于本机关受理的行政复议申请，应当告知申请人向有关行政复议机关提出。除上述规定外，行政复议申请自行政复议机关负责法制工作的机构收到之日起即为受理。

对政府工作部门依法设立的派出机构依照法律、法规或者规章规定，以自己的名义作出的具体行政行为不服的，向设立该派出机构的部门或者该部门的本级地方人民政府申请行政复议的，接受行政复议申请的县级地方人民政府，对依法属于其他行政复议机关受理的行政复议申请，应当自接到该行政复议申请之日起7日内，转送有关行政复议机关，并告知申请人。接受转送的行政复议机关应当依法办理。

法律、法规规定应当先向行政复议机关申请行政复议、对行政复议决定不服再向人民法院提起行政诉讼的，行政复议机关决定不予受理或者受理后超过行政复议期限不作答复的，公民、法人或者其他组织可以自收到不予受理决定书之日起或者行政复议期满之日起15日内，依法向人民法院提起行政诉讼。

公民、法人或者其他组织认为行政机关的具体行政行为侵犯其已经依法取得的土地、矿藏、水流、森林、山岭、草原、荒地、滩涂、海域等自然资源的所有权或者使用权的，应当先申请行政复议；对行政复议决定不服的，可以依法向人民法院提起行政诉讼。

根据国务院或者省、自治区、直辖市人民政府对行政区划的勘定、调整或者征用土地的决定，省、自治区、直辖市人民政府确认土地、矿藏、水流、森林、山岭、草原、荒地、滩涂、海域等自然资源的所有权或者使用权的行政复议决定为最终裁决。

公民、法人或者其他组织依法提出行政复议申请，行政复议机关无正当理由不予受理的，上级行政机关应当责令其受理；必要时，上级行政机关也可以直接受理。

2）复议期间具体行政行为的执行

行政复议期间具体行政行为不停止执行；但是，有下列情形之一的，可以停止执行：被申请人认为需要停止执行的；行政复议机关认为需要停止执行的；申请人申请停止执行，行政复议机关认为其要求合理，决定停止执行的；法律规定停止执行的。

5. 行政复议的决定

1）行政复议的审理方式和程序

行政复议原则上采取书面审查的办法，但是申请人提出要求或者行政复议机关负责法制工作的机构认为有必要时，可以向有关组织和人员调查情况，听取申请人、被申请人和第三人的意见。

行政复议机关负责法制工作的机构应当自行政复议申请受理之日起 7 日内，将行政复议申请书副本或者行政复议申请笔录复印件发送被申请人。被申请人应当自收到申请书副本或者申请笔录复印件之日起 10 日内，提出书面答复，并提交当初作出具体行政行为的证据、依据和其他有关材料。

2）行政复议的证据收集规定

在行政复议过程中，被申请人不得自行向申请人和其他有关组织或者个人收集证据。被申请人不按照法律规定提出书面答复、提交当初作出具体行政行为的证据、依据和其他有关材料的，视为该具体行政行为没有证据、依据，决定撤销该具体行政行为。

3）行政复议的审理期限

申请人在申请行政复议时，一并提出对有关规定的审查申请的，行政复议机关对该规定有权处理的，应当在 30 日内依法处理；无权处理的，应当在 7 日内按照法定程序转送有权处理的行政机关依法处理，有权处理的行政机关应当在 60 日内依法处理。处理期间，中止对具体行政行为的审查。

行政复议机关在对被申请人作出的具体行政行为进行审查时，认为其依据不合法，本机关有权处理的，应当在 30 日内依法处理；无权处理的，应当在 7 日内按照法定程序转送有权处理的国家机关依法处理。处理期间，中止对具体行政行为的审查。

4）行政复议的决定

行政复议机关负责法制工作的机构应当对被申请人作出的具体行政行为进行审查，提出意见，经行政复议机关的负责人同意或者集体讨论通过后，按照下列规定作出行政复议决定。① 具体行政行为认定事实清楚，证据确凿，适用依据正确，程序合法，内容适当的，决定维持。② 被申请人不履行法定职责的，决定其在一定期限内履行。③ 具体行政行为有下列情形之一的，决定撤销、变更或者确认该具体行政行为违法：主要事实不清、证据不足的；适用依据错误的；违反法定程序的；超越或者滥用职权的；具体行政行为明显不当的。

行政复议机关责令被申请人重新作出具体行政行为的，被申请人不得以同一的事实和理由作出与原具体行政行为相同或者基本相同的具体行政行为。

申请人在申请行政复议时可以一并提出行政赔偿请求，行政复议机关对符合国家赔偿法的有关规定应当给予赔偿的，在决定撤销、变更具体行政行为或者确认具体行政行为违法时，应当同时决定被申请人依法给予赔偿。申请人在申请行政复议时没有提出行政赔偿请求的，行政复议机关在依法决定撤销或者变更罚款，撤销违法集资、没收财物、征收财物、摊派费用以及对财产的查封、扣押、冻结等具体行政行为时，应当同时责令被申请人返还财产，解除对财产的查封、扣押、冻结措施，或者赔偿相应的价款。

5）行政复议的期间

行政复议机关应当自受理申请之日起60日内作出行政复议决定；但是法律规定的行政复议期限少于60日的除外。情况复杂，不能在规定期限内作出行政复议决定的，经行政复议机关的负责人批准，可以适当延长，并告知申请人和被申请人；但是延长期限最多不超过30日。

6）行政复议决定的效力

行政复议机关作出行政复议决定，应当制作行政复议决定书，并加盖印章。行政复议决定书一经送达，即发生法律效力。被申请人应当履行行政复议决定。被申请人不履行或者无正当理由拖延履行行政复议决定的，行政复议机关或者有关上级行政机关应当责令其限期履行。申请人逾期不起诉又不履行行政复议决定的，或者不履行最终裁决的行政复议决定的，按照下列规定分别处理：维持具体行政行为的行政复议决定，由作出具体行政行为的行政机关依法强制执行，或者申请人民法院强制执行；变更具体行政行为的行政复议决定，由行政复议机关依法强制执行，或者申请人民法院强制执行。

17.3 经济诉讼

17.3.1 诉讼与诉讼法概述

1. 诉讼的概念

诉讼是指国家司法机关在当事人和其他诉讼参与人的参加下，依照法定程序处理案件的活动。诉讼分为民事诉讼、行政诉讼和刑事诉讼3种。

2. 诉讼法的概念

诉讼法是调整诉讼过程中所产生的社会关系的法律规范的总称。诉讼法包括民事诉讼法、行政诉讼法和刑事诉讼法。

3. 诉讼证据

诉讼证据是指能够证明案件真实情况的客观事实。证据的基本特征如下。

（1）客观性。客观性指证据必须是客观存在的事实，是独立于人的主观意志之外，不以人的意志为转移的客观存在，是证据最基本的要素。

（2）相关性（关联性）。相关性是指作为证据的事实必须与案件中的待证事实有客观的联系，能够证明案件中的有关待证事实。

（3）合法性。合法性是指作为证据的某些事实必须以法律、法规的特殊形式存在，并且证据的提供、收集、调查和保全应符合法定程序。

案例思考

甲单位认为乙单位在同一种商品上，使用了与其注册商标近似的商标，遂向县工商局要求处理乙单位。县工商局责令乙单位立即停止侵权行为，并赔偿甲单位的损失10万元。乙单位向上级工商行政管理机关申请复议，复议机关改变县工商局的决定，决定让乙单位赔偿甲单位8万元。乙单位仍不服向人民法院提起诉讼。人民法院受理后，经过审理，认为工商行政管理机关的决定赔偿额过多，于是判决变更，判令乙单位赔偿甲单位6万元。问：

（1）乙单位可向何地人民法院起诉？

（2）应以谁作为被告？

17.3.2 民事诉讼法

1. 民事诉讼法的概念

民事诉讼法是指由国家制定的规定人民法院、当事人及当事人之外的所有诉讼参与人进行民事诉讼活动和执行活动所应遵守的规则、原则的总称。民事诉讼法是人民法院处理、解决民事案件的操作规程，是当事人起诉、应诉，进行诉讼和申请执行的行为准则，是所有诉讼参与人必须遵循的法律规范。

2. 民事诉讼法的效力范围

人民法院受理公民之间、法人之间、其他组织之间以及他们相互之间因财产关系和人身关系提起的民事诉讼，适用民事诉讼法的规定。凡在中华人民共和国领域内进行民事诉讼，必须遵守民事诉讼法。外国人、无国籍人、外国企业和组织在人民法院起诉、应诉，同中华人民共和国公民、法人和其他组织有同等的诉讼权利义务。外国法院对中华人民共和国公民、法人和其他组织的民事诉讼权利加以限制的，中华人民共和国人民法院对该国公民、企业和组织的民事诉讼权利，实行对等原则。

3. 民事诉讼法的基本原则

民事诉讼法的基本原则是指贯穿于民事诉讼全过程，对民事诉讼法律关系主体和整个诉讼活动起指导作用的根本性准则。民事诉讼的基本原则主要有以下 5 个。

（1）当事人诉讼权利平等的原则。当事人诉讼权利平等的原则是指在民事诉讼中，当事人平等地享有和行使诉讼权利。民事诉讼规定，民事诉讼当事人有平等的诉讼权利。人民法院审理民事案件，应当保障和便利当事人行使诉讼权利，对当事人在适用法律上一律平等。

（2）法院调解的原则。法院调解是指在人民法院审判人员的主持下，诉讼当事人就争议的问题，通过自愿协商，达成协议，解决其民事纠纷的活动。民事诉讼法规定，人民法院审理民事案件，应当根据自愿和合法的原则进行调解；调解不成的，应当及时判决。

（3）人民法院独立行使审判权的原则。民事案件的审判权由人民法院行使。人民法院依照法律规定对民事案件独立进行审判，不受行政机关、社会团体和个人的干涉。

（4）辩论原则。辩论原则是指当事人在民事诉讼活动中，有权就案件所争议的事实和法律问题，在人民法院的主持下进行辩论、各自陈述自己的主张和根据，互相进行反驳与答辩，从而查明案件事实，以维护自己的合法权益。民事诉讼法规定，人民法院审理民事案件时，当事人有权进行辩论。

（5）处分原则。处分原则是指民事诉讼当事人在法律规定的范围内，有权按照自己的意愿支配自己的民事权利和诉讼权利，即可以自行决定是否行使或如何行使自己的民事权利和诉讼权利。民事诉讼法规定，当事人有权在法律规定的范围内处分自己的民事权利和诉讼权利。

4. 民事诉讼法的基本制度

（1）合议制与独任制。合议制度是指由 3 名以上的法官或法官与陪审员组成合议庭，对案件进行审理并作出裁判的法律制度；独任制度，是指由一名法官独立负责对案件审理并作出裁判的法律制度。独任制适用于审理简单的诉讼案件和一般的非讼案件。

（2）回避制度。回避制度是指为公平和正义起见，法官和其他有关人员，在法律规定的情况下，退出对案件的审理的制度。回避制度的适用包括法官书记员、翻译人员、鉴定人、勘验人。民事诉讼法规定，审判人员有下列情形之一的，必须回避，当事人有权用口头或者书面方式申请他们回避：是本案当事人或者当事人、诉讼代理人的近亲属；与本案有利害关系；与本案当事人有其他关系，可能影响对案件公正审理的。上述规定，适用于书记员、翻译人员、鉴定人、勘验人。

当事人提出回避申请，应当说明理由，在案件开始审理时提出；回避事由在案件开始审理后知道的，也可以在法庭辩论终结前提出。被申请回避的人员在人民法院作出是否回避的决定前，应当暂停参与本案的工作，但案件需要采取紧急措施的除外。院长担任审判长时的回避，由审判委员会决定；审判人员的回避，由院长决定；其他人员的回避，由审判长决定。

人民法院对当事人提出的回避申请，应当在申请提出的 3 日内，以口头或者书面形式作出决定。申请人对决定不服的，可以在接到决定时申请复议一次。复议期间，被申请回避的人员，不停止参与本案的工作。人民法院对复议申请，应当在 3 日内作出复议决定，并通知复议申请人。

（3）公开审判与不公开审判。公开审判制度是指法院对民事案件的审理过程和判决结果向群众、向社会公开的制度。民事诉讼法还规定了应当不公开及可以不公开审判的案件。应当不公开审理的案件包括涉及国家秘密的案件、涉及个人隐私的案件和法律另有规定的案件。可以不公开审理的案件包括离婚案件、涉及商业秘密的案件。涉及商业秘密的案件，法律赋予当事人选择审判方式的权利，可以申请不公开审理。

5. 民事诉讼的管辖

民事诉讼中的管辖是指人民法院之间受理第一审民事案件的分工和权限。民事诉讼法的管辖分为级别管辖、地域管辖、移送管辖和指定管辖等。

1）级别管辖

级别管辖是指人民法院受理第一审民事案件的分工。根据民事诉讼法的规定，基层人民法院管辖第一审民事案件，但民事诉讼法另有规定的除外。中级人民法院管辖下列第一审民事案件：重大涉外案件；在本辖区有重大影响的案件；最高人民法院确定由中级人民法院管辖的案件。高级人民法院管辖在本辖区有重大影响的第一审民事案件。最高人民法院管辖下列第一审民事案件：在全国有重大影响的案件；认为应当由本院审理的案件。

2）地域管辖

地域管辖是指同级人民法院之间受理第一审民事案件的分工和权限。分为一般地域管辖、特殊地域管辖和专属管辖。

（1）一般地域管辖。一般地域管辖是指根据当事人的住所地确定管辖法院。一般适用“原告就被告”原则。对民事诉讼，由被告住所地人民法院管辖；被告住所地与经常居住地不一致的，由经常居住地人民法院管辖。在特殊情况下，也可以由原告的住所地或经常居住地人民法院管辖。民事诉讼法规定，下列民事诉讼，由原告住所地人民法院管辖。原告住所地与经常居住地不一致的，由原告经常居住地人民法院管辖：对不在中华人民共和国领域内居住的人提起的有关身份关系的诉讼；对下落不明或者宣告失踪的人提起的有关身份关系的诉讼；对被劳动教养的人提起的诉讼；对被监禁的人提起的诉讼。

对法人或者其他组织提起的民事诉讼，由被告住所地人民法院管辖。

同一诉讼的几个被告住所地、经常居住地在两个以上人民法院辖区的，此两个人民法院都有管辖权。

（2）特殊地域管辖。特殊地域管辖是指以诉讼标的所在地或法律事实发生地为标准确定管辖法院。因合同纠纷提起的诉讼，由被告住所地或者合同履行地人民法院管辖。合同的双方当事人可以在书面合同中协议选择被告住所地、合同履行地、合同签订地、原告住所地、标的物所在地人民法院管辖，但不得违反本法对级别管辖和专属管辖的规定。

因保险合同纠纷提起的诉讼，由被告住所地或者保险标的物所在地人民法院管辖。

因票据纠纷提起的诉讼，由票据支付地或者被告住所地人民法院管辖。

因铁路、公路、水上、航空运输和联合运输合同纠纷提起的诉讼，由运输始发地、目的地或者被告住所地人民法院管辖。

因侵权行为提起的诉讼，由侵权行为地或者被告住所地人民法院管辖。

因铁路、公路、水上和航空事故请求损害赔偿提起的诉讼，由事故发生地或者车辆、船舶最先到达地、航空器最先降落地或者被告住所地人民法院管辖。

因船舶碰撞或者其他海事损害事故请求损害赔偿提起的诉讼，由碰撞发生地、碰撞船舶最先到达地、加害船舶被扣留地或者被告住所地人民法院管辖。

因海难救助费用提起的诉讼，由救助地或者被救助船舶最先到达地人民法院管辖。

因共同海损提起的诉讼，由船舶最先到达地、共同海损理算地或者航程终止地的人民法院管辖。

（3）专属管辖。专属管辖是指法律规定某些民事案件只能由特定的人民法院管辖。因不动产纠纷提起的诉讼，由不动产所在地人民法院管辖；因港口作业中发生纠纷提起的诉讼，由港口所在地人民法院管辖；因继承遗产纠纷提起的诉讼，由被继承人死亡时住所地或者主要遗产所在地人民法院管辖。

3）移送管辖和指定管辖

移送管辖是指人民法院发现受理的案件不属于本院管辖的，应当移送有管辖权的人民法院，受移送的人民法院应当受理。受移送的人民法院认为受移送的案件依照规定不属于本院管辖的，应当报请上级人民法院指定管辖，不得再自行移送。指定管辖有管辖权的人民法院由于特殊原因，不能行使管辖权的，由上级人民法院指定管辖。

两个以上人民法院都有管辖权的诉讼，原告可以向其中一个人民法院起诉；原告向两个以上有管辖权的人民法院起诉的，由最先立案的人民法院管辖。人民法院之间因管辖权发生争议，由争议双方协商解决；协商解决不了的，报请其共同上级人民法院指定管辖。上级人民法院有权审理下级人民法院管辖的第一审民事案件，也可以把本院管辖的第一审民事案件交下级人民法院审理。下级人民法院对它所管辖的第一审民事案件，认为需要由上级人民法院审理的，可以报请上级人民法院审理。

4）管辖权异议

人民法院受理案件后，当事人对管辖权有异议的，应当在提交答辩状期间提出。人民法院对当事人提出的异议，应当审查。异议成立的，裁定将案件移送有管辖权的人民法院；异议不成立的，裁定驳回。

6. 审判组织

人民法院审理第一审民事案件，由审判员、陪审员共同组成合议庭或者由审判员组成合议庭。合议庭的成员人数，必须是单数。适用简易程序审理的民事案件，由审判员一人独任审理。陪审员在执行陪审职务时，与审判员有同等的权利与义务。人民法院审理第二审民事案件，由审判员组成合议庭发回重审的案件，原审人民法院应当按照第一审程序另行组成合议庭。审理再审案件，原来是第一审的，按照第一审程序另行组成合议庭；原来是第二审的或者是上级人民法院提审的，按照第二审程序另行组成合议庭。合议庭的审判长由院长或者庭长指定审判员一人担任；院长或者庭长参加审判的，由院长或者庭长担任。合议庭评议案件，实行少数服从多数的原则。评议应当制作笔录，由合议庭成员签名。评议中的不同意见，必须如实记入笔录。

7. 诉与诉讼参加人

1）诉及反诉

当事人向人民法院提出通过审判以保护其民事权益的请求，称为诉。反诉指作为本诉的民事案件的诉讼程序开始后，被告人以本诉的原告为被告，向人民法院提出同本诉在诉讼标的和诉讼理由上有牵连的保护自己民事权益的独立的诉讼请求。

诉的构成要素包括诉讼当事人、诉讼标的、诉讼理由。

2）当事人、诉讼代理人和第三人

（1）当事人。民事诉讼当事人是指因民事权益受到侵害或发生争议，以自己的名义起诉、应诉，并受人民法院裁判约束的利害关系人。

公民、法人和其他组织可以作为民事诉讼的当事人。法人由其法定代表人进行诉讼。其他组织由其主要负责人进行诉讼。当事人主要有原告、被告和第三人。

原告是指因民事权益受到侵害或发生争议，以自己的名义请求人民法院保护其合法权益而提起诉讼的人。

被告是指被原告指控为侵害其民事权益或者与其发生民事权益争议，被人民法院传唤应诉的人。

第三人是指为了保护自己的合法权益而参加到他人正在进行的民事诉讼中的人。

当事人可以查阅本案有关材料，并可以复制本案有关材料和法律文书。查阅、复制本案有关材料的范围和办法由最高人民法院规定。当事人必须依法行使诉讼权利，遵守诉讼秩序，履行发生法律效力的判决书、裁定书和调解书。双方当事人可以自行和解。原告可以放弃或者变更诉讼请求。被告可以承认或者反驳诉讼请求，有权提起反诉。

（2）代理人。当事人有权委托代理人，提出回避申请，收集、提供证据，进行辩论，请求调解，提起上诉，申请执行。民事诉讼代理人包括法定代理人、指定代理人、委托代理人。

8. 民事诉讼证据的种类及举证责任

1）民事诉讼法中规定的证据种类

民事诉讼法中规定的证据种类有：书证、物证、视听资料、证人证言、当事人的陈述、鉴定结论、勘验笔录。以上证据必须查证属实，才能作为认定事实的根据。

2）民事诉讼的举证责任

民事诉讼中贯彻“谁主张，谁举证”原则，即当事人对自己提出的主张，有责任提供证据。

当事人及其诉讼代理人因客观原因不能自行收集的证据，或者人民法院认为审理案件需要的证据，人民法院应当调查收集。人民法院应当按照法定程序，全面地、客观地审查核实证据。人民法院有权向有关单位和个人调查取证，有关单位和个人不得拒绝。

证据应当在法庭上出示，并由当事人互相质证。对涉及国家秘密、商业秘密和个人隐私的证据应当保密，需要在法庭出示的，不得在公开开庭时出示。经过法定程序公证证明的法律行为、法律事实和文书，人民法院应当作为认定事实的根据。但有相反证据足以推翻公证证明的除外。书证应当提交原件。物证应当提交原物。提交原件或者原物确有困难的，可以提交复制品、照片、副本、节录本。提交外文书证，必须附有中文译本。

人民法院对视听资料，应当辨别真伪，并结合本案的其他证据，审查确定能否作为认定事实的根据。

凡是知道案件情况的单位和个人，都有义务出庭作证。有关单位的负责人应当支持证人作证。证人确有困难不能出庭的，经人民法院许可，可以提交书面证言。不能正确表达意志的人，不能作证。人民法院对当事人的陈述，应当结合本案的其他证据，审查确定能否作为认定事实的根据。当事人拒绝陈述的，不影响人民法院根据证据认定案件事实。在证据可能灭失或者以后难以取得的情况下，诉讼参加人可以向人民法院申请保全证据，人民法院也可以主动采取保全措施。

9. 财产保全和先予执行

1）财产保全

财产保全是指法院在诉讼过程中或者诉讼开始前，因具备法定事由，为了保障将来的生效判决得以顺利执行，保护利害关系人或者当事人的合法权益，对案件有关财产采取的强制措施。财产保全的目的是，保护利害关系人或者当事人的权益不受损失。

（1）财产保全的范围。财产保全限于请求的范围，或者与本案有关的财物。

（2）财产保全的种类。财产保全有诉讼财产保全和诉前财产保全。诉讼财产保全是指法院在案件受理后，判决作出前，为了保证判决得到执行，对当事人的财产或者争议的标的物采取的强制措施。诉讼财产保全的前提是因当事人一方的行为或者其他原因，使判决不能执行或者难以执行。诉前财产保全是指当事人尚未起诉，为了及时保护利害关系人的合法权益，根据申请对争议有关财产采取的强制措施。诉前保全应当符合以下条件。

① 存在必须是情况紧急。如果等到法院受理案件以后才采取保全措施，将会使申请人的合法权益受到难以弥补的损害。

② 必须由利害关系人向有管辖权的法院提出申请。

③ 申请人必须提供担保。

（3）财产保全的措施。人民法院接受申请后，对情况紧急的，必须在 48 小时内作出裁定；裁定采取财产保全措施的，应当立即开始执行。申请人在人民法院采取保全措施后 15 日内不起诉的，人民法院应当解除财产保全。财产保全的措施有查封、扣押、冻结 、其他方法。

2）先予执行

先予执行是指法院在作出判决前，为了解决权利人的生活或者生产经营急需，裁定义务人履行一定义务的诉讼制度。

（1）可以申请先予执行的案件范围。人民法院对下列案件，根据当事人的申请，可以裁定先予执行：追索赡养费、扶养费、抚育费、抚恤金、医疗费用的；追索劳动报酬的；因情况紧急需要先予执行的。

（2）先予执行的条件。人民法院裁定先予执行的，应当符合下列条件：当事人之间权利义务关系明确，不先予执行将严重影响申请人的生活或者生产经营的；被申请人有履行能力。

人民法院可以责令申请人提供担保，申请人不提供担保的，驳回申请。申请人败诉的，应当赔偿被申请人因先予执行遭受的财产损失。当事人对财产保全或者先予执行的裁定不服的，可以申请复议一次。复议期间不停止裁定的执行。

10. 审判程序

1）一审程序

一审程序包括一审普通程序和简易程序。一审普通程序是人民法院审理案件时通常适用的程序。

（1）一审普通程序包括起诉和受理、审理前的准备和开庭审理几个阶段。起诉和受理。起诉的条件包括：原告是与本案有直接利害关系的公民、法人和其他组织；有明确的被告；有具体的诉讼请求和事实、理由；属于法院受理民事诉讼的范围和受诉法院管辖。

起诉应当向人民法院递交起诉状，并按照被告人数提出副本。起诉状应当记明下列事项：当事人的姓名、性别、年龄、民族、职业、工作单位和住所，法人或者其他组织的名称、住所和法定代表人或者主要负责人的姓名、职务；诉讼请求和所根据的事实与理由；证据和证据来源，证人姓名和住所。

人民法院收到起诉状，经审查，认为符合起诉条件的，应当登记立案；对当场不能判定是否符合起诉条件的应当接收材料，并出具注明收到日期的书面凭证。需要补充必要相关材料的，应及时告知当事人，在补齐材料后，应当在7日内决定是否立案，立案后发现不符合起诉条件的，裁定驳回起诉。

（2）审理前的准备。案件审理之前，人民法院应当在立案之日起5日内将起诉状副本发送被告，被告在收到之日起15日内提出答辩状。被告提出答辩状的，人民法院应当在收到之日起5日内将答辩状副本发送原告。被告不提出答辩状的，不影响人民法院审理。人民法院对决定受理的案件，应当在受理案件通知书和应诉通知书中向当事人告知有关的诉讼权利义务，或者口头告知。合议庭组成人员确定后，应当在3日内告知当事人。

（3）开庭审理。人民法院审理民事案件，除涉及国家秘密、个人隐私或者法律另有规定的以外，应当公开进行。离婚案件、涉及商业秘密的案件，当事人申请不公开审理的，可以不公开审理。人民法院审理民事案件，应当在开庭3日前通知当事人和其他诉讼参与人。公开审理的，应当公告当事人姓名、案由和开庭的时间、地点。开庭审理前，书记员应当查明当事人和其他诉讼参与人是否到庭，宣布法庭纪律。开庭审理时，由审判长核对当事人，宣布案由，宣布审判人员、书记员名单，告知当事人有关的诉讼权利义务，询问当事人是否提出回避申请。

法庭调查按照下列顺序进行：当事人陈述；告知证人的权利义务，证人作证，宣读未到庭的证人证言；出示书证、物证和视听资料；宣读鉴定结论；宣读勘验笔录。当事人在法庭上可以提出新的证据。当事人经法庭许可，可以向证人、鉴定人、勘验人发问。当事人要求重新进行调查、鉴定或者勘验的，是否准许，由人民法院决定。原告增加诉讼请求，被告提出反诉，第三人提出与本案有关的诉讼请求，可以合并审理。

法庭辩论按照下列顺序进行：原告及其诉讼代理人发言；被告及其诉讼代理人答辩；第三人及其诉讼代理人发言或者答辩；互相辩论。法庭辩论终结，由审判长按照原告、被告、第三人的先后顺序征询各方最后意见。

法庭辩论终结，应当依法作出判决。判决前能够调解的，还可以进行调解，调解不成的，应当及时判决。原告经传票传唤，无正当理由拒不到庭的，或者未经法庭许可中途退庭的，可以按撤诉处理；被告反诉的，可以缺席判决。被告经传票传唤，无正当理由拒不到庭的，或者未经法庭许可中途退庭的，可以缺席判决。

判决书应当写明：案由、诉讼请求、争议的事实和理由；判决认定的事实、理由和适用的法律依据；判决结果和诉讼费用的负担；上诉期间和上诉的法院。判决书由审判人员、书记员署名，加盖人民法院印章。

书记员应当将法庭审理的全部活动记入笔录，由审判人员和书记员签名。法庭笔录由当事人和其他诉讼参与人签名或者盖章。拒绝签名盖章的，记明情况附卷。

人民法院对公开审理或者不公开审理的案件，一律公开宣告判决。当庭宣判的，应当在10日内发送判决书；定期宣判的，宣判后立即发给判决书。宣告判决时，必须告知当事人上诉权利、上诉期限和上诉的法院。宣告离婚判决，必须告知当事人在判决发生法律效力前不得另行结婚。

人民法院适用普通程序审理的案件，应当在立案之日起6个月内审结。有特殊情况需要延长的，由本院院长批准，可以延长6个月；还需要延长的，报请上级人民法院批准。

（4）简易程序。简易程序适用于基层人民法院和它派出的法庭审理事实清楚、权利义务关系明确、争议不大的简单的民事案件。对简单的民事案件，原告可以口头起诉。当事人双方可以同时到基层人民法院或者它派出的法庭，请求解决纠纷。基层人民法院或者它派出的法庭可以当即审理，也可以另定日期审理。基层人民法院和它派出的法庭审理简单的民事案件，可以用简便方式随时传唤当事人、证人。简单的民事案件由审判员一人独任审理。人民法院适用简易程序审理案件，应当在立案之日起3个月内审结。

2）第二审程序

第二审程序是指人民法院审理民事上诉案件进行审理时所适用的程序。我国实行两审终审制，当事人不服地方各级人民法院或专门法院的第一审判决、裁定的，可以向上一级人民法院提起上诉。上诉应当由上诉人以上诉状的形式提出。上诉应当递交上诉状。上诉状的内容，应当包括当事人的姓名、法人的名称及其法定代表人的姓名或者其他组织的名称及其主要负责人的姓名；原审人民法院名称、案件的编号和案由；上诉的请求和理由。对判决提起上诉的期限为15日，对裁定提起上诉的期限为10日。上诉状应当通过原审人民法院，也可以直接向第二审法院提出，并按照对方当事人或者代表人的人数提出副本。第二审人民法院应当对上诉请求的有关事实和适用法律进行审查。第二审人民法院对上诉案件，应当组成合议庭，开庭审理。经过阅卷和调查，询问当事人，在事实核对清楚后，合议庭认为不需要开庭审理的，也可以径行判决、裁定。

第二审人民法院对上诉案件，经过审理，按照下列情形，分别处理：原判决认定事实清楚，适用法律正确的，判决驳回上诉，维持原判决；原判决适用法律错误的，依法改判；原判决认定事实错误，或者原判决认定事实不清，证据不足，裁定撤销原判决，发回原审人民法院重审，或者查清事实后改判；原判决违反法定程序，可能影响案件正确判决的，裁定撤销原判决，发回原审人民法院重审。

第二审人民法院的判决、裁定，是终审的判决、裁定。人民法院审理对判决的上诉案件，应当在第二审立案之日起3个月内审结。有特殊情况需要延长的，由本院院长批准。人民法院审理对裁定的上诉案件，应当在第二审立案之日起30日内作出终审裁定。

3）审判监督程序

各级人民法院院长对本院已经发生法律效力的判决、裁定，发现确有错误，认为需要再审的，应当提交审判委员会讨论决定。最高人民法院对地方各级人民法院已经发生法律效力的判决、裁定，上级人民法院对下级人民法院已经发生法律效力的判决、裁定，发现确有错误的，有权提审或者指令下级人民法院再审。

当事人对已经发生法律效力的判决、裁定，认为有错误的，可以向上一级人民法院申请再审，但不停止判决、裁定的执行。当事人的申请符合下列情形之一的，人民法院应当再审：有新的证据，足以推翻原判决、裁定的；原判决、裁定认定的基本事实缺乏证据证明的；原判决、裁定认定事实的主要证据是伪造的；原判决、裁定认定事实的主要证据未经质证的；对审理案件需要的证据，当事人因客观原因不能自行收集，书面申请人民法院调查收集，人民法院未调查收集的；原判决、裁定适用法律确有错误的；违反法律规定，管辖错误的；审判组织的组成不合法或者依法应当回避的审判人员没有回避的；无诉讼行为能力人未经法定代理人代为诉讼或者应当参加诉讼的当事人，因不能归责于本人或者其诉讼代理人的事由，未参加诉讼的；违反法律规定，剥夺当事人辩论权利的；未经传票传唤，缺席判决的；原判决、裁定遗漏或者超出诉讼请求的；据以作出原判决、裁定的法律文书被撤销或者变更的。当事人申请再审的，应当提交再审申请书等材料。人民法院应当自收到再审申请书之日起5日内将再审申请书副本发送对方当事人。

对违反法定程序可能影响案件正确判决、裁定的情形，或者审判人员在审理该案件时有贪污受贿，徇私舞弊，枉法裁判行为的，人民法院应当再审。

人民法院应当自收到再审申请书之日起3个月内审查，符合规定的，裁定再审；不符合规定的，裁定驳回申请。

因当事人申请裁定再审的案件由中级人民法院以上的人民法院审理。最高人民法院、高级人民法院裁定再审的案件，由本院再审或者交其他人民法院再审，也可以交原审人民法院再审。

当事人申请再审，应当在判决、裁定发生法律效力后两年内提出；两年后据以作出原判决、裁定的法律文书被撤销或者变更，以及发现审判人员在审理该案件时有贪污受贿，徇私舞弊，枉法裁判行为的，自知道或者应当知道之日起 3 个月内提出。

4）督促程序

债权人请求债务人给付金钱、有价证券，符合下列条件的，可以向有管辖权的基层人民法院申请支付令：债权人与债务人没有其他债务纠纷的；支付令能够送达债务人的。

申请书应当写明请求给付金钱或者有价证券的数量和所根据的事实、证据。

债权人提出申请后，人民法院应当在 5 日内通知债权人是否受理。人民法院受理申请后，经审查债权人提供的事实、证据，对债权债务关系明确、合法的，应当在受理之日起 15 日内向债务人发出支付令；申请不成立的，裁定予以驳回。债务人应当自收到支付令之日起 15 日内清偿债务，或者向人民法院提出书面异议。债务人在前款规定的期间不提出异议又不履行支付令的，债权人可以向人民法院申请执行。人民法院收到债务人提出的书面异议后，应当裁定终结督促程序，支付令自行失效，债权人可以起诉。

5）公示催告程序

按照规定可以背书转让的票据持有人，因票据被盗、遗失或者灭失，可以向票据支付地的基层人民法院申请公示催告。

申请人应当向人民法院递交申请书，写明票面金额、发票人、持票人、背书人等票据主要内容和申请的理由、事实。

人民法院决定受理申请，应当同时通知支付人停止支付，并在 3 日内发出公告，催促利害关系人申报权利。公示催告的期间，由人民法院根据情况决定，但不得少于 60 日。支付人收到人民法院停止支付的通知，应当停止支付，至公示催告程序终结。公示催告期间，转让票据权利的行为无效。

利害关系人应当在公示催告期间向人民法院申报。人民法院收到利害关系人的申报后，应当裁定终结公示催告程序，并通知申请人和支付人。申请人或者申报人可以向人民法院起诉。没有人申报的，人民法院应当根据申请人的申请，作出判决，宣告票据无效。判决应当公告，并通知支付人。自判决公告之日起，申请人有权向支付人请求支付。利害关系人因正当理由不能在判决前向人民法院申报的，自知道或者应当知道判决公告之日起 1 年内，可以向作出判决的人民法院起诉。

6）执行程序

发生法律效力的民事判决、裁定，当事人必须履行。一方拒绝履行的，对方当事人可以向人民法院申请执行，也可以由审判员移送执行员执行。调解书和其他应当由人民法院执行的法律文书，当事人必须履行。一方拒绝履行的，对方当事人可以向人民法院申请执行。对依法设立的仲裁机构的裁决，一方当事人不履行的，对方当事人可以向有管辖权的人民法院申请执行。受申请的人民法院应当执行。对公证机关依法赋予强制执行效力的债权文书，一方当事人不履行的，对方当事人可以向有管辖权的人民法院申请执行，受申请的人民法院应当执行。申请执行的期间为两年。

执行员接到申请执行书或者移交执行书，应当向被执行人发出执行通知，责令其在指定的期间履行，逾期不履行的，强制执行。被执行人未按执行通知履行法律文书确定的义务，应当报告当前以及收到执行通知之日前 1 年的财产情况。被执行人拒绝报告或者虚假报告的，人民法院可以根据情节轻重对被执行人或者其法定代理人、有关单位的主要负责人或者直接责任人员予以罚款、拘留。被执行人未按执行通知履行法律文书确定的义务，人民法院有权向银行、信用合作社和其他有储蓄业务的单位查询被执行人的存款情况，有权冻结、划拨被执行人的存款，但查询、冻结、划拨存款不得超出被执行人应当履行义务的范围。被执行人未按执行通知履行法律文书确定的义务，人民法院有权扣留、提取被执行人应当履行义务部分的收入，但应当保留被执行人及其所扶养家属的生活必需费用。被执行人未按执行通知履行法律文书确定的义务，人民法院有权查封、扣押、冻结、拍卖、变卖被执行人应当履行义务部分的财产，但应当保留被执行人及其所扶养家属的生活必需品。被执行人不履行法律文书确定的义务，并隐匿财产的，人民法院有权发出搜查令，对被执行人及其住所或者财产隐匿地进行搜查。被执行人未按判决、裁定和其他法律文书指定的期间履行给付金钱义务的，应当加倍支付迟延履行期间的债务利息。被执行人未按判决、裁定和其他法律文书指定的期间履行其他义务的，应当支付迟延履行金。被执行人不履行法律文书确定的义务的，人民法院可以对其采取或者通知有关单位协助采取限制出境，在征信系统记录、通过媒体公布不履行义务信息以及法律规定的其他措施。

案例思考

2014 年 7 月，A 市甲健身房与 B 市乙健身器械公司签订了一份购销合同。合同中的仲裁条款规定："因履行合同发生的争议，由双方协商解决；无法协商解决的，由仲裁机构仲裁。"2014 年 9 月，双方发生争议，甲健身房向其所在地的某市仲裁委员会递交了仲裁申请书，但乙健身器械公司拒绝答辩。同年 11 月，双方经过协商，重新签订了一份仲裁协议，并商定将此合同争议提交该健身器械公司所在地的 B 市仲裁委员会仲裁。事后健身房担心 B 市仲裁委员会实行地方保护主义，偏袒健身器械公司，故未申请仲裁，却向合同履行地人民法院提起诉讼，且起诉时说明此前两次约定仲裁的情况，法院受理此案，并向健身器械公司送达了起诉状副本，器械公司向法院提交了答辩状。法院经审理判决被告健身器械公司败诉，被告不服，理由是双方事先有仲裁协议，法院判决无效。问：

（1）购销合同中的仲裁条款是否有效？请说明理由。

（2）争议发生后，双方签订的协议是否有效？为什么？

（3）原告健身房向法院提起诉讼正确与否？为什么？

（4）人民法院审理本案是否正确？为什么？

（5）被告健身器械公司的上诉理由是否正确？为什么？

（6）被告是否具有上诉权？为什么？

【实施与评价要点】

本项目一开始的任务导入中布置了一个任务：根据经济纠纷的具体情况，进行案件分析，模拟法庭开庭。

1. 任务分析

为完成上面的任务，应围绕民事诉讼法的程序，结合案件的情况，主要解决以下问题：

（1）确定法院的管辖权；

（2）审判组织的组成；

（3）诉讼参加人的诉讼身份和地位；

（4）当事人的举证责任；

（5）一审法庭开庭程序及简易程序；

（6）第二审程序；

（7）审判监督程序及执行程序。

2. 任务实施及检测

（1）任务内容：结合案件实际情况，模拟开庭。

（2）任务要求：同学分成3组，第1组是法官组，选出3名审判人员，1名书记员参与开庭；第2组是原告组，选出原告和每名原告2名代理人、必要时的证人；第3组是被告组，选出被告及每名被告2名代理人、必要的证人，按照民事程序进行诉讼活动。

（3）任务检测：教师根据学生材料准备情况进行指导，并对开庭程序及要点进行提炼，模拟开庭结束后，教师及各组同学对开庭活动进行点评。

重点概括

本项目介绍了我国经济纠纷的解决途径。

仲裁机构、仲裁协议、仲裁庭组成、举证责任、仲裁裁决的执行。

行政复议范围、行政复议的申请、行政复议的管辖、行政复议的决定。

民事诉讼法的基本原则和制度、民事诉讼的管辖、审判组织、诉讼参加人、举证责任、一审程序、第二审程序、审判监督程序、执行程序和执行措施。

参 考 文 献

［1］程宝山．经济法基本理论研究．郑州：郑州大学出版社，2003．
［2］田燕苗．新合伙企业法讲读．北京：工人出版社，2006．
［3］赵旭东．公司法．北京：中国政法大学出版社，2007．
［4］崔建远，王世远，王轶，等．合同法．北京：法律出版社，2007．
［5］吴汉东．知识产权法．北京：北京大学出版社，2007．
［6］李东方．市场管理法教程．北京：中国政法大学出版社，2003．
［7］罗培新．最新证券法解读．北京：北京大学出版社，2006．
［8］贾俊玲．劳动法与社会保障法学．北京：中国劳动与社会保障出版社，2005．
［9］张守文．经济法概论．北京：北京大学出版社，2005．
［10］刘文华．经济法概论．北京：中国财政经济出版社，2004．
［11］徐学鹿．票据法教程．北京：首都经济贸易大学出版社，2006．
［12］财政部会计资格评价中心．经济法．北京：中国财政经济出版社，2007．